하나님의 어릿광대

— 복음의 어리석음과 설교의 아이러니 —

찰스 L. 캠벨·요한 H. 실리에 지음

김 대 진 옮김

기독교문서선교회

기독교문서선교회(Christian Literature Crusade: 약칭 CLC)는
1941년 영국 콜체스터에서 켄 아담스에 의해 시작되었으며
국제 본부는 영국의 쉐필드에 있습니다.
국제 CLC는 59개 나라에서 180개의 본부를 두고, 약 650여 명의
선교사들이 이동도서차량 40대를 이용하여 문서 보급에 힘쓰고 있으며
이메일 주문을 통해 130여 국으로 책을 공급하고 있습니다.
한국 CLC는 청교도적 복음주의 신학과 신앙서적을 출판하는
문서선교기관으로서, 한 영혼이라도 구원되길 소망하면서
주님이 오시는 그날까지 최선을 다할 것입니다.

Preaching Fools
The Gospel as a Rhetoric of Folly

Written by
Charles L. Campbell · Johan H. Cilliers

Translated by
Daejin Kim

Copyright © 2012 by Charles L. Campbell · Johan H. Cilliers

Originally published in English under the title as
Preaching Fools
: The Gospel as a Rhetoric of Folly
by Baylor University Press,
Translated and used by the permission of
Baylor University Press,
Waco, Texas 76798-7363, U.S.A.

All rights reserved.

Korean Edition
Copyright © 2014 by Christian Literature Crusade
Seoul, Korea

추천사 1

강 영 안 박사
서강대학교 철학과 교수, 한국기독교철학회 회장

　이 책을 읽으면서 줄곧 나는 남아공의 투투 대주교를 떠올렸다. 2003년 2월 미국이 이라크를 선제공격했을 때 투투 대주교가 칼빈 대학교와 신학교가 있는 미시간 주 그랜드 래피즈를 찾았다. 6,000명이 모인 실내 체육관에서 투투 대주교는 때로는 당당하게 때로는 마치 광대처럼 우스꽝스러운 몸짓으로 남아공이 어떻게 인종차별정책을 없애고 화해의 절차를 평화롭게 밟았는지 설명했다.
　그는 미국인들의 도움에 대한 감사의 말을 수없이 반복해서 전했다. 그의 표정, 그의 말투, 그의 표현 방식은 너무나 천진난만한 것이었다. 그런데 끝날 무렵, 그는 예화 하나를 들려주었다. 어느 농부가 닭을 키우고 있었다. 그 가운데 독수리가 한 마리 닭들과 같이 모이를 쪼아 먹고 살았다. 독수리는 자신이 닭인 줄 알고 닭처럼 행동했다. 어느 날 농부는 독수리를 품에 안고 산꼭대기에 올라갔다.

손끝에 독수리를 앉히고는 하늘 높이 들면서 말했다. "너는 독수리다! 날아라! 날아가라! 하늘 끝까지!" 투투 대주교는 이 이야기를 끝내고는 잠시 멈추었다. 이윽고 이렇게 말했다. "미국인들이여, 당신들은 독수리입니다. 그런데 어떻게 닭처럼 행동한단 말입니까?" 이 물음으로 그 날 저녁 집회는 끝났다. 모두 박수로 화답했지만, 숙연한 표정으로, 누구도 한마디 말을 할 생각도 하지 않고 자리에서 일어나 밖으로 나갔다.

나는 투투 대주교의 그 날 설교가 어릿광대 같은 표정, 장난기 있는 말, 그가 끌어들인 이야기를 통해서 그 자리에 앉은 미국 신자들의 삶 속에 끼어들고, 그것을 흔들어서, 새롭게 현실을 보고 분별할 수 있게 해 준 설교의 전형이라 생각한다.

이 책에서 강조하는 설교가 바로 이런 설교다. 우리의 기대를 만족하게 하고 우리가 듣고 싶어 하는 설교가 아니라 삶을 교란시키고, 끝까지 우리를 경계 너머까지 몰아붙이고, 현실을 다르게 지각하고 판단하고 행동하게 하는 설교이다. 누구보다도 신학생들, 설교자들, 설교학 교수들이 먼저 읽어야 할 책이지만 설교를 듣는 자리에 앉아 있는 성도들도 큰 유익을 얻을 수 있는 책이라고 나는 믿는다. 사람들이 보기에 어리석은 복음, 미련한 설교, 그리고 설교하는 바보들이야말로 삶을 바꾸고 참된 지혜를 갖게 하는 현실임을 이 책을 읽으면서 깊이 체험할 수 있기를 바란다. 쉬운 번역으로 한국 독자들에게 귀한 매개자 역할을 한 번역자의 노고를 치하한다.

추천사 2

이 승 진 박사
합동신학대학원대학교 설교학 교수

모든 시대 모든 설교자가 온 세상을 향하여 영원토록 선포할 복음의 핵심적인 메시지는, "삼위 하나님은 해답 없는 인류를 위하여 자기 독생자를 십자가에 달려 죽게 하셨으며 그를 죽음 가운데에서 다시 살리시고 성령 하나님을 보내 주셨다"라는 진리이다. 그런데 사도 바울의 고백과 같이 십자가에 못 박힌 그리스도의 복음은 하나님을 이해하지 못하는 세상 사람들이 보기에는 참으로 어리석고 미련한 것이다(고전 1:23). 세상 사람들은 이렇게 십자가를 무시하고 조롱하지만, 하나님의 섭리를 따라서 하나님의 말씀을 전하도록 부름을 받은 설교자와 복음 전도자들에게는 예수 그리스도의 십자가야말로 인류의 구원을 위한 "하나님의 능력이요 하나님의 지혜"(고전 1:24)이다.

설교자는 능력과 지혜와 영광의 하나님과 무지와 강포에 휩싸인 사람들 사이에 서 있다. 문제는 무지와 패역에 휩싸인 사람들이 보기에는 능력과 지혜와 영광의 하나님이 하시는 복음의 일이나 그 메시지가 참으로 어리석어 보이고 바보스러워 보일 수밖에 없다는 것이다. 그래서 청중이 보기에 설교자는 한편으로는 유식하고 똑똑하고 설득력 있어 보이기도 하고 또 다른 한편으로는 무식하고 어리석고 전혀 설득력이 없어 보일 수밖에 없다. 복음을 전하는 설교자는 이러한 이중의 긴장과 갈등 구조를 시지프스의 바위와 같이 숙명처럼 짊어지고 강단에 오르는 메신저들이다. 한편으로는 자신의 메시지가 청중들로부터 조롱과 배척을 받을지도 모른다는 불안감을 품고서, 그러나 또 다른 한편으로는 이 메시지가 바로 살아계신 하나님이 해답 없는 사람들을 위하여 지금 당장 말씀하시기를 기뻐하신다는 확신 속에서 주일마다 강단을 오르내린다.

이 책의 저자인 요한 실리에와 찰스 캠벨은 필자에게 어리석어 보이는 설교의 부담과 놀라운 영광의 실체에 대하여 제대로 눈을 뜰 수 있도록 안내해 준 또 다른 탁월한 설교자들이자 설교학자들이다. 요한 실리에 교수는 필자를 남아공에서 그 풍성한 설교학의 세계에 입문하도록 안내해 주었던 베델 뮬러(Bethel Müller) 교수의 제자로서, 뮬러 교수가 은퇴하는 바람에 채 마치지 못했던 필자의 박사학위 논문을 마무리할 수 있도록 도와준 지도교수이다. 이후에 필자는『설교 심포니: 살아 있는 복음의 음성』(서울: CLC, 2014) (*The Living Voice of the Gospel*)에 담긴 이 분의 풍성하고도 깊이 있는 남아공의 스텔렌보쉬 설교학(Stellenbosch homiletic)을 한국에 번역, 소개할 수 있는 특권을 누렸다. 또 이 책의 공동저자인 찰스 캠벨 교수에 대해서는 필자가 그의 박사학위 논문을 출간한『프리칭 예수: 한스 프라이의 탈자유주의 신학에 근거한 설교학의 새 지평』(서울: CLC, 2001) (*Preaching Jesus:*

The New Directions for Homiletics in Hans Frei's Postliberal Theology』을 한국에 번역, 소개하는 특권도 누렸다.

실리에 교수의『설교 심포니: 살아 있는 복음의 음성』은 하나님과 성경, 설교자, 그리고 청중의 네 가지 상이한 음성들이 설교를 통하여 하나의 하나님의 음성으로 통합되는 신비로운 과정을 추적한다면, 캠벨 교수의『프리칭 예수: 한스 프라이의 탈자유주의 신학에 근거한 설교학의 새 지평』은 복음서의 내러티브로부터 설교 전달 기법만을 끄집어내는 데 관심을 가진 현대 설교학의 풍조를 비판하면서 독자와 회중의 마음속에 구세주로서의 예수 그리스도의 독특한 정체성을 각인할 의도를 가졌던 복음서의 의도에 충실할 것을 강조하고 있다.

이제 이 두 저자가 새롭게 의기투합하여『하나님의 어릿광대: 복음의 어리석음과 설교의 아이러니』를 통해서, 복음을 선포하는 모든 기독교 설교자들이 사람들 앞에서 세속적인 인기를 구하거나 세속적인 평가에 휩쓸리지 말고 하나님의 어릿광대답게 어리석어 보이는 복음을 과감하게 수용하여 아이러니하게 들리는 하나님의 말씀으로서의 설교를 있는 그대로 선포할 것을 촉구하고 있다.

세속적인 평가에 연연해 하거나 값싼 복음만을 양산하는 한국 교회 강단을 염려하는 마음으로, 그리고 쉽게 읽을 수 있는 몇 권의 설교집 수준에 머물러 있는 한국 교회 설교학의 발전과 성숙을 위하는 마음으로, 신학적으로 깊이 있을 뿐만 아니라 미학적으로도 방대한 이론들을 담고 있는 이 책의 번역을 기꺼이 감당해 낸 김대진 박사의 노고에 박수를 보낸다. 이 책의 번역자인 김대진 박사는 이 책의 저자인 요한 실리에 교수의 지도 아래 "설교 청취의 해석학"에 관하여 연구하였으며 2013년에 필자가 외부 심사관(external examiner)으로 함께 심사했던 논문이 최종 통과되어 설교학 박사학위를 취득하였고 귀국 이후 전문적인 설교학자로 그 중요한 역할을 감당해 가고 있다.

이제 이 책을 통해서 하나님의 어릿광대로서 세상 사람들이 보기에 때로는 어리석어 보이고 바보스러워 보이더라도 때로는 올곧고 우직하게 오직 예수 그리스도의 십자가 복음만을 단호하게 선포함으로 참으로 한국 교회 강단을 새롭게 일구시는 하나님의 놀라운 부흥의 역사가 다시금 일어날 수 있기를 기원한다.

추천사 3

레오노라 터스브 티스데일(Leonora Tubbs Tisdale) 박사
Yale Civinity School 설교학 교수

깊이 있는 신학적, 다차원적, 도전적인 묘사로 강단에서 바보가 된다는 것이 무엇을 의미하는지에 대해 보여주는 이 책은 하나의 보물이다!

❖ ❖ ❖

알렌 보삭(Allan Boesak) 박사
Free State University, South Africa
인종, 화해, 사회정의 국제연구소 상임 신학자

캠벨과 실리에는 바보들의 순진함에 대해서 그리고 그 순진함이 세상을 흔들어 놓는 것에 대해서 놀라운 책을 썼다. 하나님의 어릿광대는 우리를 당황케 하면서도 동시에 우리에게 용기를 불어넣어 주는 깊이 있는 책이다. 또한 이 책은 우리를 강권하면서도 자유롭게 하는 책이다. 이 책은 진리를 전하기 위해 필수적인 어리석음의 수사학을 용감히 수용하고자 하는 설교자들을 위한 경이로운 도구임이 분명하다.

❖ ❖ ❖

알브렉히트 그뢰징거(Albercht Grözinger) 박사
University of Basel, Switzerland 실천신학 교수

하나님의 어릿광대는 그림과 언어를 통해 설교학을 조망하는 감동적인 여행으로 우리를 초대한다. 여러분이 이 여행에 동참한다면, 설교학에 접근할 수 있는 가장 본질적이고 근원적인 방법을 배울 수 있을 것이다.

❖ ❖ ❖

알렉산더 딕(Alexander Deeg) 박사
Leipzig University, Germany 실천신학 교수

누구든지 자신의 설교 신학을 철저히 되돌아보기를 원하는 자라면 반드시 이 책을 읽어야만 한다.

❖ ❖ ❖

데니스 엑커만(Denise M. Ackermann) 박사
Stellenbosch University, South Africa 설교학 교수

이 책은 설교자의 역할에 대해 상투적이지 않은 심오한 견해를

보여주는 예리한 작품이며 설교자의 유머와 경계성 그리고 세상과의 부조화를 다루는 통찰력 있는 작품이다.

❖ ❖ ❖

데일 앤드류(Dael P. Andrews) 박사
Vanderbilt University 설교학, 사회정의, 실천신학 교수

캠벨과 실리에는 어리석음이 거룩한 지혜로 변화되는 그 경계성의 공간으로 우리를 불러낸다. 하나님의 어릿광대는 우리의 기대를 넘어서는 어처구니없는 선물, 바로 그것이다.

PREACHING FOOLS

The Gospel as a Rhetoric of Folly

목 차

추천사 1 (강영안 박사: 서강대학교 철학과 교수) / 5
추천사 2 (이승진 박사: 합동신학대학원대학교 설교학 교수) / 7
추천사 3 (레오노라 터스브 티스데일[Leonora Tubbs Tisdale] 박사 외 5명) / 11
한국어판 서문 / 16
저자 서문 / 17
감사의 글 / 25
역자 서문 / 31
그림 목록 / 35

제1장 돈키호테와 십자가 / 37
제2장 설교, 그 본연의 미련함 / 65
제3장 파편(fragment)과 형태(form) 사이의 신학 / 107
제4장 세상의 견고함 녹이기 / 161
제5장 세상 우롱하기: 예수의 미련함 / 233
제6장 웃음과 비탄(悲嘆) / 283
제7장 설교하는 바보들 / 331
제8장 어리석음의 수사학 / 389

참고문헌 / 465
색인 / 482

한국어판 저자 서문

　한국 교회 현장에서 설교는 가장 중요한 역할을 감당해 왔다. 하나님은 탁월하고 헌신된 설교자들을 통해서 한국 교회에 실로 큰 은혜를 베풀어 주셨다. 설교는 언약의 복음을 전한다. 그러나 또한 유혹에 빠질 수도 있다. 설교는 인간의 필요에 의해 길들여 질 수 있고, 상투적으로 변질될 수 있으며, 심지어 인기에 영합하는 유행이 될 수도 있다. 이 책에서 우리는 세상을 훼방함으로 세상을 치유하는 놀라운 예수 그리스도의 어리석은 복음을 다시 소개한다. 우리는 복음이 어리석다는 것과 설교가 미련한 일이며 설교자들도 바보들이라는 것을 믿는다. 그러나 또한 하나님의 지혜인 이 어리석음이 이 세상에 절대적으로 필요하다는 것을 믿는다. 우리는 이 책이 어리석은 복음을 설교하는 하나님의 어릿광대들을 불 일 듯 다시 일으킬 수 있기를 기도한다.

　　　　　　　　　한국어판 출판을 감사하며 2014년 8월 8일
　　　　　　　　　　　　찰스 L. 캠벨 · 요한 H. 실리에

저자 서문

복음은 어리석다. 설교는 미련한 일이다. 설교자들은 바보들이다. 이 간단하고 함축적인 문장이 이 책 전체에 나타나는 반복적인 흐름이다. 그러나 시작하는 마당에 한 문장을 더 첨가해야 할 필요가 있다. 설교학자들도 바보들이다. 실제로 설교학자들은 미련한 설교의 실제를 이해하고, 설명하며, 가르치고자 노력하고 있기 때문이다. 무엇이 이보다 더 큰 조롱거리가 될 수 있을까? 어쩌면 이것이 더 큰 웃음거리가 될 수 있을 것 같기도 하다. 두 명의 설교학자가 설교의 어리석음에 대해서 각주를 단 학구적이고 학문적인 책을 썼다는 이야기를 들어 본 적이 있는가? 혹은 개혁주의 대학교의 두 명의 백인 남성 설교학자들이 고린도에서 바울이 미련한 복음을 들어 비판했던 문화적 엘리트를 대표함에도 불구하고, 설교의 어리석음에 대해서 글을 쓴다는 이야기를 들어 본 적이 있는가? 한 명은 남아프리카 공화국 출신, 다른 한 명은 미국 출신인 두 명의 설교학자들이 이메일을 주고받으며 한 권의 책을 쓰려고 노력했다는 이야기를 실제로 들어본 적이 있는가? 이 책의 집필 자체가 정말 어리석은 작업이었음을 고백한다. 이 책을 쓴다는 것은 확실히 역설적인 작업이었음이 분명하다. 그 과정에서 우리는 어릿광대, 트릭스터[1] 그리고 거룩한 바보로 사람들에게 알려졌다. 예수와 사도바울을 가리키던 비웃음의 손가락들은 또한 우리를 가리키고 있었다. 우리가 이 제안서를 가지고 접촉했던 첫 번째 편집자는 "당신들 도대체 왜 그런 책을 쓰려고 합니까?"라고 반응했다. 초고를 읽고 난 후 이 책의 편집자인 베일러대학교출판부의 카레이 뉴만은 우리가 정신과 상담을 받을 필요가 있는 것 아니냐고 물었다. 심지어 우리 스스로도 "우리가 어쩌자고 이런 일을 벌였을까?"라며 농담섞인 의문을 던진 적이 많았다.

이런 멍청한 짓을 하면서도 우리는 정말 재미있게 지냈다. 그리고 우리가 서로 대화하면서, 서로에게서 듣고, 서로 나눔으로써 배운 것에 대해 감사한다. 이 책의 씨앗들은 2008년 코펜하겐에서 열린 세계설교학회(Societas Homiletica)의 모임 중에 심어졌다. 상당히 역설적이지만 적절하게도, 그 국제적 설교학회에서 우리는 각각 설교의 미련함에 대한 학문적 강의를 했었다. 초면임에도 불구하고, 각자의 강의가 끝난 후 우리는 점심시간에, 버스 안에서, 모임들 사이사이에, 혹은 모임이 끝난 후에 중단 없는 대화를 이어갔다. 그 대화 속에서 우리는 이미 함께 한 권의 책을 쓰는 것에 대해서 상상하

---

1 트릭스터(trickster)는 "장난꾸러기" 혹은 "요술쟁이"라는 의미로서, 특히 신화에 나오는 등장인물을 가리킨다. 미국의 옛날 이야기에서는 토끼, 거미, 거북이 등의 동물에 비유되는 경우가 많다. 트릭스터는 질서의 교란자, 규범의 파괴자라는 반사회적인 존재이지만, 동시에 사회질서나 규범의 틀을 넘어서기 위해 불, 물, 곡물 등 인간생활에 반드시 필요한 것을 외부에서 가져오는 "문화적 영웅"이라는 측면도 있다. 상반되는 특징을 아울러 갖는 양면성 때문에 트릭스터는 다른 세계의 매개자가 되고 경직화된 현실감각을 유연하게 한다는 광대 같은 존재이다—역주.

게 되었다. 설교학에 있어서 더욱 국제적인 협력이 필요한 시기라는 것은 알고 있었으나, 이런 책이 실제적인 것이 될 수 있을지, 혹은 심지어 가능할 수 있을지조차 확신하지는 못했었다. 그럼에도 불구하고 많은 이메일과 함께 아홉 달을 보낸 후 우리는 집필을 시도하기로 결정했다.

그 후 이 년 동안 우리의 대화는 기본적으로 이메일을 통해서 계속 되었고 요한 실리에 교수가 미국에 머무는 동안 두 번의 긴 만남을 통해서 이어졌다. 그 기간에 우리는 서로에게 새로운 문화들, 새로운 신학자들, 새로운 저자들, 새로운 예술가들 그리고 새로운 관점들에 대해서 소개했다. 게다가 우리 둘은 우리가 만난 바보들, 전 세계의 다른 나라와 문화에서 온 구름 같은 놀랍고도 특별한 증인들로부터 많은 것을 배웠다. 이런 인물들과 만나는 것은 흥분되는 일이었다. 그들은 우리에게 도전했고 우리를 변화시켰다.

무엇보다 우리는 고착되지 않는 것이 좋다는 것을 배웠다. 우리 나름의 신학적 확실성들과 스스로 세워놓은 정체성들을 경계성복음(境界性福音, a liminal gospel)의 유동성과 흐름 안으로 끌어들이는 것이 좋다는 것을 배웠다. 실로 이 책 자체가 불안정한 것이다. 우리가 만난 미련한 복음이 근본적으로 우리를 무너뜨리고 흔들어 놓기 때문에 가장 심오한 수준에서 그것은 고착되지 않은 불안정한 상태에 있었다. 그러나 이 책은 또 다른 이유에서 불안정한 상태에 있다. 우리들 사이의 유사점들에도 불구하고, 우리는 서로를 결코 완전히 이해하지 못하기 때문이다. 우리들 사이에는 더 많은 대화와 더 깊은 이해를 끊임없이 요구하는 어떤 틈이 남아있다.

그러나 우리는 우리의 서로 다른 배경 사이에서 접촉점을 발견했다. 그 접촉점이 이 책에 분명히 나타날 것이다. 남아공과 미국

두 나라의 토착민들은 식민지화를 경험했다. 많은 미국 원주민들은 오늘날 보호구역 안에서 산다. 남아공 원주민들은 아파르트헤이트(*apartheid*, 흑백분리정책)기간 동안 "자치구역"(homeland) 안에서 살았다. 미국에서는 노예제도와 인종차별, 남아공에서는 식민정책과 분리정책 때문에 두 나라의 흑인들 모두 억압을 경험했다. 비록 두 나라 모두 아직까지 심각한 인종 불평등이 남아있지만, 두 나라 모두 부족하나마 과거에 대한 죄책감을 가지고 새로운 방향으로 나아가기 시작했다. 미국의 시민 평등권 운동, 남아공의 진실화해위원회, 넬슨 만델라와 버락 오바마를 보면 알 수 있듯이 말이다.

이러한 접촉점들은 또한 우리들의 개인적 생활까지 확장된다. 찰스 캠벨 교수는 아칸소 주 리틀 록[2] 출신의 남부 사람이다. 그는 인종적 편견, 인종차별 그리고 시민 평등권 운동의 투쟁이라는 그늘에서 자랐다. 요한 실리에 교수는 그의 가족이 남아공에서 열 세대를 거치며 살아온 아프리카너, 아프리카 사람이다.[3] 그는 아파르트

---

2 1957년 찰스 캠벨이 세 살이었을 때, 리틀 록은 인종차별에 대한 반대 투쟁에 있어서 가장 극적이고 중대한 사건들이 일어났던 장소들 가운데 한 곳이다. 오발 파우버스(Oval Faubus) 주지사가 흑인 학생들의 백인중앙고등학교(all-white Central High School) 등록을 막았을 때, 아이젠하워 대통령은 연방 부대들에게 그 학교의 인종차별폐지를 실시하도록 명령했다. 그 부대들은 말 그대로 흑인 학생들을 그 건물 안으로 호위하여 들여보냈다. 거기에 참여한 한 사람에 의한 사건들에 대한 자세한 설명을 위해서 데이지 베이츠(Daisy Bates)가 쓴 『리틀 록의 긴 그림자』(*The Long Shadow of little Rock* [New York: David Mckay 1962: repr., Fayetteville: University of Arkansas 1986])를 보라. 1962년에 출간된 이 책은 남부 전체에 대대적으로 보도되었다.

3 요한은 그 스스로 경계성의 인물이다. 그는 아프리칸스를 모국어로 하는 아프리카 백인이다. 그는 아프리카의 한 부분이고 철저히 아프리카 사람이다. 그러나 그의 종교적 신학적 전통은 또한 화란 개혁주의이다. 이 전통은 여전히 많은 서구, 특별히 유럽의 전제로 작동하고 있다. 그의 조상들은 프랑스 위그노들이었다(그의 성 "실리

헤이트 시대를 경험했고 그 붕괴의 증인이면서 또한 남아공 민주화의 시작을 보았다. 게다가 우리 둘 다 한때는 왕성했으나 지금은 쇠퇴하고 있는 교단들을 섬긴다. 그 두 교단 모두 흑인 탄압을 지지했었다. 전 미국장로교회(남부장로교회)는 노예제도를 지지했고, 남아공의 화란개혁교회는 아파르트헤이트를 지지했다. 우리 모두는 흑인을 배척하고 억압했던 신학의 위험과 그 신학을 숭배하는 교회들의 위험을 직접 경험했다. 끝으로 우리 둘은 종교적 단체들과 교회들의 현실을 지금 경험하고 있다. 그곳에는 깊은 변화들이 이루어지고 있고, 정체성들이 전환되고 있다. 특별히 주목할 점은 전통적 특권층 사이에 구 시대의 힘을 강화하고 싶어하는 유혹이 현존하고 있다는 것이다. 배타적 정체성들과 보수적 안전보장장치들에 집착하거나, 혹은 그것들을 발전시킴으로 예전의 힘을 다시 얻고 싶은 그런 유혹이다.

그러나 이러한 접촉점에도 불구하고, 우리의 글은 문자적, 비유적 표현 둘 다의 관점에서 차이가 있다. 한편으로 문학적 측면에서 보면 우리는 다른 감지능력과 글쓰기 스타일을 가지고 있고, 서로 다른 신학적이고 미학적인 재료를 끌어다 쓰고 있다. 우리가 단순한 에세이 모음집이 아니라 전체적으로 통합된 한 권의 책을 만들기 위

에"[Cilliers]는 불어의 한 단어로서 문자적으로 "포도원지기" 혹은 "와인제조자"를 의미한다). 그는 1700년 첫 번째 실리에 부부가 케이프에 도착한 이후 열 번째 세대이다(조수에와 엘리자베스 그들은 분명히 와인 제조업자들이다). 그의 조상들 가운데 한 사람 사렐 실리에(조스에와 엘리자베스의 다섯 번째 세대)는 소위 피의 강 전투에서 중요한 역할을 맡았었다. 그리고 그는 지금의 남아공 북쪽 국경지역을 향해 내륙여행을 한 부어트랙커들(대부분 화란 정착자들)의 중요한 영적 지도자로 보인다. 요한 실리에는 아프리카 사람이다. 그러나 또한 경계성(liminality)에 대해서, 서로 다른 세계들 사이에서 존재하는 것에 대해 알고 있다.

해서 열심히 노력해 왔지만, 이러한 차이점들은 의심할 여지없이 독자들에게 나타나게 될 것이다.

다른 한편으로, 우리의 글쓰기 안에는 문학적 차이에서 반영된 더 깊은 간격이 있다. 그것은 우리의 계속되는 대화가 해결되지 않고 끝나지 않는 특성을 가지고 있기 때문이며, 또한 우리가 쓰는 글들이 우리 각자에게 다른 것을 의미할 뿐 아니라 우리의 다른 배경에서도 다르게 해석될 수 있음을 겸손히 인식하기 때문이다.

우리는 결코 서로의 세계를 완전히 이해할 수 없다. 대체 어떤 미국인이 아프리카너들의 투쟁, 고통, 용기, 자긍심과 죄책감을 이해할 수 있을까? 그리고 어떻게 미국인이 남아공 사회의 그 고통, 조롱, 갈등 혹은 경계성(liminality)을 파악할 수 있을까? 동일하게, 어떻게 남아공 출신의 어떤 사람이 미국 사회의 정치적 뉘앙스와 복합성을 이해할 수 있을까? 혹은 호강대국의 일원으로 익숙해져 있으나, 이제 다소 불확실한 미래에 직면하고 있는 평범한 미국인들의 두려움을 이해할 수 있을까?

우리 중 누구도 이 책을 홀로 쓰지는 못했을 것이다. 이 책은 우리 사이의 연관성과 차이 가운데서 이루어진 대화를 통해서 나타났기 때문이다. 그리고 그것은 아주 적절해 보인다. 단독 저자는 자신이 어느 정도 복음의 어리석음과 설교의 미련함에 대해서 정통했다고 생각하는 유혹에 빠질 수도 있을 것이다. 그러나 바보들을 보면 알 수 있듯이, 사람은 신학적으로나 설교학적으로나 어리석음에 정통할 수는 없다. 그러므로 마치 책에서 언급되는 바보들처럼, 이 책 자체가 겸손을 필요로 한다. 즉 우리 자신이 가지고 있는 사회의 특권적 위치로 인한 겸손, 각자의 다른 상황들로 인한 겸손, 그리고 특별히 길들여지지 않는 어리석은 복음 앞에서의 겸손을 요구하는 것이다. 우리는 이 책을 우리 스스로에 대한 약간의 조롱과 함께 선보이고자 한다.

    역시, 설교학자들은 바보들이다. 우리는 최선을 다해 어리석은 설교의 실제를 이해하고, 설명하고, 가르치기 위하여 비틀거리고 때로는 넘어진다. 이 책을 쓰고 난 후, 우리는 이 책이 우리가 할 수 있는 최선이라는 것에 동의했다. 바보들은 서로에게 좋은 동료, 즉 고착되지 않는 동료가 될 수 있음을 발견했기 때문이다.

찰스 L. 캠벨·요한 H. 실리에

PREACHING FOOLS

The Gospel as a Rhetoric of Folly

감사의 글

이와 같은 한 권의 책이 나오기까지는 감사해야 할 많은 분들이 있다. 베일러대학교출판부의 책임자이자, 우리 책의 편집자인 카레이 뉴만은 다루기 힘든 이 프로젝트의 가능성을 보고, 이 책의 개념에서부터 그 마지막 형태까지 모든 과정들을 지도했다. 그는 이 원고를 몇 번 읽으면서 매번 적절한 시기에 맞춰서 밀어붙이기도 하고, 칭찬도 하며, 도전도 하고, 용기도 주었다. 우리는 이 책을 위한 그의 헌신과 더 좋은 책을 만들기 위한 그의 노력에 대해 뭐라고 감사의 말을 전해야 할지 모르겠다.

2008년 코펜하겐에서 열린 세계설교학회(Societas Homiletica)를 통해서 우리는 이 프로젝트를 꿈꿀 수 있는 기회를 얻었다. 또한 이 모임 가운데 우리의 강의를 듣고 논평하고, 질문하며 지원해주었던 많은 동료들에게 감사를 전한다. 특별히, 세계설교학회의 전직 회장, 모겐스 린트하르트(Mogens Lindhardt)는 우리가 서로에 대해 알아야 할 필요가 있다고 말해주었고, 늘 그랬듯이, 그의 말은 정확했다.

수잔 이스트만(Susan Eastman), 다니엘 로우(Daniel Louw), 요엘 마커

스(Joel Marcus), 그리고 도니엘 멕크레이(Donyelle McCray)가 원고의 부분들을 읽고 통찰력 있는 건설적인 제안들을 제시하였다. 덧붙여, 외부 논평자들이 귀한 논평과 추천들을 제공하였다. 도니엘 멕크레이(Donyelle McCray), 로이스 헨더슨(Lois Henderson), 킴벌리 모니한(Kimberly Mournighan), 다이앤 데커(Diane Decker)는 각주와 인용구를 점검하는 것부터 사본 사용 허락을 얻는 것과 마지막 초고를 우송하는 일까지 모든 일들을 챙겨주었다. 루소로 티티마니(Luxolo Titimani)는 4장에 있는 코사어로 된 구전 시들을 번역해 주었다.

베일러대학교출판부에 있는 분들은 전문적이면서도 너그러운 마음으로 우리의 초고를 한 권의 책으로 바꾸어 주었으며, 그것을 독자들에게 배송해 주었다. 조단 페닌(Jordan Fannin), 제니 헌트(Jenny Hunt), 캐롤린 기어(Caroline Gear), 그리고 다이앤 스미스(Diane Smith)는 출판 과정의 각 단계마다 우리를 도와주었다. 원고 교정하는 분들은 해야 할 일 그 이상을 해 주었고, 딘 본스타인(Dean Bornstein)은 우리의 엉뚱한 요구를 훨씬 뛰어넘는 표지 디자인을 해주었다.

우리는 또한 우리의 각 기관들에 있는 동료들, 친구들, 그리고 학생들에게 감사드리고 싶다.

스텔렌보쉬대학교 신학부 도서관의 직원은 요한 실리에 교수가 그의 연구를 위해서 필요로 했던 모든 책들(때때로 특별한 책들)을 찾기 위해서 연장근무를 했다. 요한 실리에 교수의 친구이자 동료인 이안 넬(Ian Nell) 교수는 요한이 안식년을 갖는 동안 대리자 역할을 했다.

스텔렌보쉬대학교 실천신학 그리고 선교학과의 학과장과 신학부의 동료들은 요한 실리에 교수가 이 책을 집필하는 동안 안식년이라는 특혜를 허락해 주었다. 콜롬비아신학교의 많은 분들이 찰스 캠벨 교수의 어리석음에 대한 탐구들을 지그시 참아주었을 뿐 아니라 사실은 교실 안팎에서 격려해 주었다. 특별히, 하루코 워드(Haruko Ward)는 이 책의 앞부분을 위해서 유용한 자료들을 제공하였고, 지원해 주었다. 안나 카터 프로렌스(Anna Carter Florence)는 이 프로젝트를 전적으로 이해하고 축하해 주었다. 스텐 사운더스(Stan Saunders)는 제자도, 설교 그리고 교육학과 관련된 어리석은 복음의 의미들과 또한 어릿광대와 카니발의 다루기 힘든 실체까지 찰스 캠벨 교수와 함께 연구했다. 이 책이 결실을 맺을 수 있게 한 씨앗들은 스텐 사운더스와 함께한 대화와 실험들이었다.

듀크신학교의 새로운 동료들, 친구들 그리고 학생들은 이 책의 완성을 격려했을 뿐 아니라 찰스 캠벨 교수의 가르치는 일과 학문을 풍성하게 했다.

전문가적 입장의 학회 회원들 또한 우리의 일반적 학문 활동과 특별히 이 책을 위한 우리의 작업 모두를 위해서 특별한 기여를 했다.

세계설교학회(Societas Homiletica)와 국제실천신학회(International Academy of Practical Theology)에 속한 요한 실리에 교수의 동료들과 친구들은—특별히, 베를린 훔볼트대학교의 빌헬름 그렙(Wilhelm Gräb), 화란 자유대학교의 마셀 바나르트(Marcel Barnard), 스위스 바젤대학교의 알브레히트 그뢰진거(Albrecht Grözinger), 스웨덴 우메아대학교의 토마스 기말름(Thomas Girmalm), 벨기에 루뱅대학교의 요리스 겔트호프(Joris Geldhof), 남아공 스텔렌보쉬대학교의 다니엘 로우(Daniel Louw)—여러 가지 직간접적인 방법들과 수년간에 걸친 많은 토론들을 통해서 그의 신학을 형성하고 그의 인격을 풍성하게 했다. 또한, 세계설교학회와 남아공실천신학회(Practical Theological Society of South Africa)의 회원들 모두 이 책에서 다루어진 요한의 몇 가지 자료들에 대한 유익한 반응을 보내 주었다.

이와 비슷하게, 세계설교학회와 북미설교학회(The Academy of Homiletics)에 있는 찰스 캠벨 교수의 친구들과 동료들도-특히, 존 맥클루(John McClure)와 알렉산더 딕(Alexander Deeg)-이루 헤아릴 수 없이 귀중한 대화의 파트너들이었다. 게다가, 북미설교학회의 수사학 연구그룹의 참가자들은 거룩한 바보들과 설교학을 다루는 초기 글들에 대한 유익한 피드백을 제공해주었다.

이 책은 또한 찰스 캠벨 교수가 강의했던 몇몇 컨퍼런스에서의 비평과 질문들에 의해서 풍성해지고 발전되었다. 그것들은 설교에 대한 로체스터대학교 강좌, 목사들을 위한 메노나이트교회 동부캐나다학교, 노스캐롤라이나 몬트리트에서의 본문회복컨퍼런스, 테네시 오크 릿지에서의 평신도와 성직자를 위한 연합감리교 사순절 워크숍, 독일 비텐베르크의 복음주의 설교문화센터이다.

우리는 또한 이전에 출간된 소논문들의 일부분을 사용할 수 있도록 허락해 준 몇몇 출판사에 감사드린다. 그 책들은 「남아공 실천신학」(*Practical Theology in South Africa*): "교회를 위한 종교적 문화적 변화와 도전: 남아공의 관점에서"(Religious and Cultural Transformations and the Challenges for the Churches: A South African Perspective)그리고 "우스꽝스러움에서 숭고함까지: 유머의 치유능력에 대한 실천신학적 관점"(From the Ridiculous to the Sublime: Practical Theological Perspectives on the Healing Power of Humor), 「설교: 그것은 효과가 있는가?」(*Preaching: Does It Make a Difference?*): "변화를 위한 익살부리기: 찰스 캠벨의 설교에 대한 코믹 비전에 대한 비평"(Clowning for Change: Comments on Charles Campbell's Comic Vision on Preaching) 그리고 "우분투와 인토 사이의 의미에 대한 고찰: 남아공 아파르트헤이트 이후 설교에 대한 관점들"(In Search of Meaning between Ubuntu and Into: Perspectives on Preaching in Post-apartheid South Africa), 『더딘 말과 부정한 입술』(*Slow of Speech and Unclean Lips*) (윕과 스톡출판사의 허락으로 사용. www.wipfandstock.com), "어리석은 사람으로서의 설교자: 꾸밈없는 통속적 설교와 설교학적 어리석음"(Preacher as Ridiculous Person: Naked Street Preaching and Homiletical Foolishness), 『산상수훈 설교하기: 그것이 상상하는 세계』(*Preaching the Sermon on the Mount: The World It Imagines*): "산상수훈의 어리석음"(The Folly of the Sermon on the Mount)과 "상상하라"(Imagine)이다. 또한 『임봉기 이종 엑스한티니』(*Imbongi Ijong' Exhantini*)에 수록된 모든 시는 옥스퍼드대학교출판부의 친절한 허락으로 사용되었다.

끝으로, 우리 둘 모두는 우리의 배우자들, 엘나 실리에와 다나 캠벨과 이 책을 쓰는 동안 극한의 인내와 지지를 보내준 가족들에게 한없는 감사를 전한다. 허다한 어리석음을 군소리 없이 참아준 가족들에게 어떻게 감사의 마음을 전해야 할지 잘 모르겠다.

찰스 L. 캠벨 · 요한 H. 실리에

PREACHING FOOLS

The Gospel as a Rhetoric of Folly

역자 서문

어떤 학생이 나에게 물었다. "번역하고 있는 책이 어떤 종류의 책입니까? 강해서입니까? 설교 방법론입니까? 아니면 설교 이론에 관한 책입니까?" 선뜻 대답하기 어려운 질문이었다. 이 책은 성경 강해서가 아니면서도 고린도전서 1, 2장에 관한 가장 깊이 있는 강해를 포함하고 있다. 이 책은 설교 이론 서적이 아니면서도 설교의 본질에 대해 명료하게 선포하고 있다. 이 책은 설교 방법론에 관한 책이 아니면서도 어떻게 설교해야 할지를 구체적으로 선명하게 보여주고 있다. 한마디로 『하나님의 어릿광대』는 어리석은 복음과 그 복음을 설교하는 바보들이라는 관점과 미학적인 접근으로 설교 이론과 방법과 강해의 실제를 꿰뚫고 있는 새로운 차원의 책이라고 할 수 있다.

또한 이 책은 설교 신학 전반의 문제도 다루고 있다. 예를 들어 정통 신학을 추구했던 화란개혁교회와 미국장로교회가 아파르트헤이트(흑백분리정책)와 노예제도 같은 죄를 범하게 된 원인에 대해서 깊이 있는 신학적 성찰을 하고 있다. 이 책은 설교자들의 설교는 설교자들의 신학에 의해서 영향을 받으며 그 설교가 하나님의 나라와는 상관없이 우리의 성을 쌓을 수 있음을 구체적으로 보여준다. 공동체를 보지 못하게 하는 개인주의적 번영 신학, 꿩 잡는 것이 매라는 실용주의적 신학, 이 모든 것들을 가능케 하는 것은 힘이기에 힘과 능력을 추구하는 힘의 신학 등등 설교자들은 예외 없이 나름의 설교 신학을 가지고 있다. 우리가 신학교에서 배우고 공부했던 신학들은 설교자들의 이런 힘의 신학들을 그럴듯하게 포장하는 포장 신학으로 전락해 버린 것은 아닌가?라는 생각이 들 정도이다.

목회자들을 위한 어느 설교학 특강 모임에서 개척한 지 20여 년 가까이 된 한 목사님이 이런 질문을 하셨다. "설교한다고 교인들이 변하지 않던데요?" 이 질문은 우리에게 정말 중요한 것이다. 강의가 끝나갈 무렵 다시 한 번 질문을 드렸다. "혹시 설교한대로 된 것은 아닙니까?" 많은 목사님들이 고개를 끄덕였던 기억이 있다.

설교한 대로 변한 것이다. 자기중심적 번영을 우선적으로 추구하는 힘의 신학에 근거한 설교들이 교인들을 그렇게 만든 것이다. 이런 설교를 듣고 신앙생활을 해 왔던 교인들은 결정적인 순간에 교회 공동체의 유익보다는 자기 자신의 이익을 선택한다. 온갖 정성을 다해 키워 놓아도 더 크고 더 나은 교회가 있으면 더 크고 강한 힘을 따라 주저 없이 떠나간다. 나는 이 책을 읽으면서 나도 힘의 신학을 추구하고 있었던 것은 아닌가?라는 질문을 스스로에게 던져 볼 수밖에 없었다. 십자가를 따르는 바보가 되려 하기보다는 나의 성을 쌓고 많은 사람들을 거느리며 똑똑하고 능력 있는 리더가 되고자 했던 설교자로서의 나를 보게 되었다.

설교자는 설교라는 무대의 주인공이 아니라 어릿광대이다. 하나님의 장단에 춤을 추며, 하나님의 무대를 위해 봉사하며, 주인공이

신 하나님을 돋보이게 하는 하나님의 어릿광대이다. 설교자와 설교자의 철학이 무대의 주인공이 되려 할 때 참된 주인공이신 하나님은 등장하지 않는다. 하나님의 어릿광대로서 설교자는 예수 그리스도를 설교의 주인공으로 모신다. 한국 교회 강단에 이런 십자가를 따르는 하나님의 어릿광대들이 절실한 때이다. 하나님의 어릿광대로 세상이 아니라 하나님의 장단에 춤을 추고자 하는 설교자들에게 이 책이 큰 도움이 될 것을 확신한다.

끝으로 귀한 추천사를 써주신 강영안 교수님과 이승진 교수님, 그리고 한국독자들을 위해 저자 서문을 써주신 실리에 교수님과 캠벨 교수님께 깊은 감사의 말씀을 드린다. 또한 이 책의 출판을 위해 수고해주신 CLC의 박영호 대표님과 의무를 뛰어 넘는 애정으로 책을 편집해 주신 박상민 편집부장님을 비롯한 모든 직원들에게 진심으로 감사드린다.

김 대 진 識

PREACHING FOOLS

The Gospel as a Rhetoric of Folly

그림 목록

그림 1.1   알렉사메노스의 낙서, 로마 팔라티네 언덕 / 41

그림 1.2   십자가상, 앙골라 북서부 지역 / 50

그림 3.1   십자가상(파편), 지오반니 테데스코 / 136

그림 3.2   "그때와 지금", 조나단 자피로 / 152

그림 6.1   카니발과 사순절 사이의 싸움, 피터르 부뤼헐 / 292

그림 6.2   "존스 목사", 조나단 자피로 / 305

그림 6.3   "회교 사원", 마이크 루코비치 / 308

그림 6.4   "이라크와 버지니아 공대" 마이크 루코비치 / 321

그림 6.5   웃음과 비탄의 가면 삽화 / 322

그림 7.1   슬픔의 사람: 에이즈와 함께하는 그리스도, 맥스웰 로턴 / 386

PREACHING FOOLS

The Gospel as a Rhetoric of Folly

제1장

돈키호테와 십자가

복음은 어리석다. 설교는 미련한 일이다. 설교자들은 바보들이다.[1] 그러나 그 어리석은 복음의 설교자들은 그들의 미련함 속에 홀로 남겨져 있지 않고, 다양한 색깔을 가진 활기찬 동료들과 함께 있다. 바보들은 어디에나 있기 때문이다.[2] 트릭스터에서 만담꾼까지, 거룩한 바보에서 어릿광대까지, 바보들은 다양한 시대와 장소에 걸쳐서 폭넓게 역사를 관통하며 세계 곳곳에서 발견된다. 그러므로 비록 그동안 무시되었던 면이 없지 않았을지라도, 바보와 어리석음이라는 개념은 설교에 있어서 아주 중요한 관점이라고 할 수 있다.[3]

---

[1] 고전 1:17-25과 4:9-10을 보라. 제2장에서 자세히 다룰 것이다.
[2] Beatrice K. Otto, *Fools are Everywhere: The Court Jester Around the World* (Chicago: University of Chicago Press, 2001).
[3] 설교의 어리석음에 초점을 맞춘 이전의 책들을 위해서 다음을 보라. Robert Farrar Capon, *The Foolishness of Preaching: Proclaiming the Gospel against the Wisdom of the World* (Grand Rapids: Eerdmans, 1998). 다른 몇 권의 책들도 그들의 제목이 제시하는 것보다는 훨씬 적지만 설교의 어리석음에 대해서 다루고 있다. Ian Pitt-Watson, *Preaching: A Kind of Folly* (Philadelphia: Westminster, 1976); 그리고 Michael P.

그러나 우리의 관심은 바보들에 대한 상투적인 개념들, 혹은 웃음에 대한 지극히 단순한 형태들에 머물지 않고 더 깊은 곳을 향한다. 이 책은 "복음의 유머" 혹은 "하나님의 웃음" 혹은 "성경의 희극적 시각" 등에 초점을 두려고 하지 않는다.[4] 이러한 주제들은 이차적인 요소들이다. 그러나 더 큰 주제가 그러한 이차적 주제들을 채우고 형성한다. 우리는 설교의 어리석음이 십자가의 미련함(고전 1:17-25)으로부터 분리될 수 없음을 주장한다.

십자가의 렌즈로 본 복음의 어리석음은 단순히 희극적일 뿐 아니라, 상당히 파괴적이고, 불안정적이다. 십자가의 미련함은 이 세상의 죽음의 권세들을 저지하고, 그 권세를 향해 도전한다. 그것은 유머와 웃음과 마찬가지로 눈물과 비탄을 포함한다. 복음의 어리석음은 우리의 시스템과 안전망을 가로막고, 그 결과 설교자들과 교회를 중간 경계성의 장소 즉, 바보들의 집이 세워지는 곳, 신학이 비고착화되는 곳, 그리고 정체성이 새롭게 변화되는 곳으로 부른다. 이 어리석음은 설교나, 책, 혹은 생활 가운데서 사로잡히거나 조종될 수

Knowles, ed., *The Folly of Preaching: Models and Methods* (Grand Rapids: Eerdmans, 2007). 설교에 있어서 어리석음과 은유의 풍성한 탐구를 위해서 다음을 보라. Rodney Kennedy, *The Creative Power of Metaphor: A Rhetorical Homiletics* (New York: University Press of America, 1993). 이 모든 책들은 연구의 초점과 범위 면에서 본서와는 상당히 다르다.

4 이런 주제에 대해서 이미 많은 책들이 있다. 그 예를 위해서 다음의 책들을 보라. J. William Whedbee, *The Bible and the Comic Vision* (Minneapolis: Fortress 2002); Marion Daniel Shutter, *Wit and Humor of the Bible-A Literary Study* (Boston: Arena, 1893); Yehuda T. Radday and Athayla Brennet, eds., *On Humor and the Comic in the Hebrew Bible* (Sheffield: Almond Press, 1990); Contad Hyers, *The Comic Vision and the Christian Faith: A Celebration of Life and Laughter* (New York: Pilgrim, 1981); Gerald A. Arbuckle, *Laughing with God: Humor, Culture, and Transformation* (Collegeville, Minn: Liturgical Press, 2008).

없다. 그 어리석음은 우리의 완고해진 철의 신학과, 분명하고도 안정적인 정체성을 향한 우리의 욕망을 향해 도전하기 때문이다. 특별히 사회가 불안정할 때 우리는 이 복음의 어리석음에 의해 도전받는다. 동시에 그런 불안한 변화의 흐름 속에서, 우리는 철의 신학과 안정적 정체성이라는 도구로 우리 자신을 방어하려는 유혹에 빠져든다. 이 책에서 우리는 이 심오하고, 조종되지 않고, 조종할 수 없는 복음의 미련함에 빠져보고자 한다.

이 미련함을 소개하기 위해서, 우리는 어리석음의 미학적인 요소로 세 가지의 중요한 이미지들을 제시하고자 한다. 첫째는 3세기 로마로부터, 둘째는 17세기 아프리카(콩고인)로부터, 셋째는 20세기 스페인으로부터 가져왔다.

1. 로마와 당나귀 패러디

알렉사메노스의 낙서(*Alexamenos graffito*),[5] 혹은 불경한 낙서(*graffito blalsfemo*) (ca.238-24)라고 불리는 초기 기독교의 한 유명한 패러디는 비록 2000년이나 지났지만 여전히 오늘날 우리들의 상상력을 사로잡고 있다. 그 낙서는 로마 팔라티네 언덕 부근의 어떤 벽에 새겨져 있었고, 지금은 팔라티네 골동품 박물관에서 볼 수 있다. 그것은 페다고기움(*Paedagogium*)이라 불렸던 기숙학교의 황제급사들이 머무는 구역에서 만들어진 것 같다. 묘사에 따르면 기독교인으로 보이는 한

---

5 *graffito*: 이탈리아어로 글씨를 쓴다는 의미로 벽화를 의미하기도 한다. 이 그림은 기독교를 풍자하는 낙서이다-역주.

소년이 그 학교에 다니는 다른 아이나, 아이들 집단으로부터 패러디로 놀림을 당하고 있다. 그 도발적인 패러디는 T자 십자가에 못 박힌 당나귀 머리를 한 어떤 남자를 보여준다.[6] 그 십자가 앞에 알렉사메노스로 보이는 한 젊은이가 마치 기도하듯이 그의 손을 들고 서 있다. 그림 전체에 넓게 어린아이가 쓴 것 같은 필체로 "알렉사메노스가 그의 하나님을 예배한다"라고 기록되어있다.[7]

---

6 타우 십자가라고 불리는데 이것은 그리스 문자 tau 즉 T와 유사하다. 십자가형에 처해진 사람의 손들은 십자가에 묶였고, 발을 지탱해 주는 발판이 있었다. 이것은 또한 십자가 처형에 대한 가장 오래된 묘사들 가운데 하나이다. Cf. Everett Ferguson, *Back grounds of Early Christianity*, 3th ed. (Grand Rapids: Eerdmans, 2003), 596-97.

7 그리스 비문(*Alexamenos sebete theon*)의 정확한 번역에 대한 토론들이 있었다. 그리스어의 세베테(*sebete*)는 사실 명령을 의미한다. 즉 알렉사메노스, 신을 예배해! 그러나 몇몇 학자들은 *sebete*가 단순히 예배하다의 의미를 가진 *sebetai*의 변형으로 이해될 수도 있고, 혹은 단순히 *sebetai*를 발음대로 잘못 쓴 철자오류로 이해될 수도 있다고 제안한다. 따라서 "알렉사메노스가 그의 하나님을 예배한다"로 이해될 수 있다. 다른 학자들은 서술적 언급으로 번역하기를 선호한다. 즉 "하나님을 예배하는 알렉사메노스"라고 번역한다. Cf. Ferguson, *Backgrounds of Early Christianity*, 596-97.

그림의 오른쪽 윗부분에 그리스 문자 Y이 보인다. 이것이 고통의 울부짖음을 나타내는지, 혹은 타우 십자가의 다른 표시인지(비록 Y라는 문자가 오히려 그리스 문자 윕실론처럼 보이기도 하지만), 혹은 어떤 이들이 주장하듯이, 이집트 신 세스(Seth)를 가리키는 어떤 형태(세스 신은 당나귀 머리를 가진 형상으로 묘사되기도 한다)인지는 분명하지 않다. 만약 이 패러디에 약간의 암시가 있다면, 그것은 어떤 강력한 인물(신)이 여기서 십자가형에 처해 겼고, 그 결과 능력을 상실했다는 생각을 하게 만든다. 이 패러디는 이런 힘없는 능력(*this powerless power*)을 보여준다. Cf. Andreas Mertin, "Karikaturen: Das Christentum aufs Korn genommen," *Katechetische Blätter* 4, no. 6 (2008): 277.

스테판 바이스(Stephan Wyss)같은 학자들은 십자가에 못 박힌 당나귀는 당시 널리 유행했던 감각적이고 호색적인 것을 추구하는 당나귀 숭배(donkey cults)와 관련되어 있을 수도 있다고 주장한다. 이런 점은 이 패러디의 또 다른 차원을 제공한다. 즉, 이 패러디는 그리스도를 감각적이고 육체적 쾌락의 죄를 범한 저급한 신으로 조롱하는 것일 뿐만 아니라, 그런 조롱의 행위에 맞불을 놓는 것이다. 실로 그리스도는 인간의 감각적이고 육체적 차원들을 새롭게 명명하며 축하했기 때문이다. 그리스

그림 1.1 알렉사메노스의 낙서, 로마 팔라티네 언덕
(공유 재산)

또 다른 글, 바로 옆에 새겨진 "알렉사메노스는 신실하다"(*Alexamenos fidelis*)라는 글에 따르면, 기독교인인 소년 알렉사메노스는 그의 믿음을 지켜낸 것 같다. 알렉사메노스가 그 조롱의 낙서에 대한 반응으로 스스로 이 글을 썼는지, 혹은 다른 소년이 알렉사메노스의 편

도의 전 생애와 죽음은 감각적이고 육감적인 것을 포함한 인간 존엄성의 구체적 회복을 의미한다. 따라서 이 패러디는 패러디의 패러디! 라는 "이중 패러디"의 형태를 띤다. Stephan Wyss, *Der gekreuzigte Esel: Afusätze zu einer christlichen Archäologie der Sinnlichkeit* (Freiburg: Schweiz, 1986), 29-30를 보라.

을 들어 주었는지는 분명하지 않다.⁸

어떤 이는 왜 하필이면 당나귀냐고 물을 수 있다. 고대에 당나귀는 중요한 역할, 특히 고전의 저술가들에 의해 사용되었던 은유로서 비중 있는 역할을 맡고 있었다. 당나귀에 관한 묘사들은 역설적이다. 당나귀는 힘든 일들을 감당해 내는 인내력으로 박수갈채를 받는 한편, 게으름과 어리석음으로 인해 비난을 받기도 한다.⁹ 그러나 시간이 지나면서 당나귀의 어리석음이 가장 현저한 특징이 되었다. 당나귀는 고대의 고전에서 우둔함과 어리석음을 나타내는 대표적 메타포가 되었다.¹⁰ 예를 들어 시세로(Cicero)는 카프루니우스 피소(Calpurnius Piso)를 언급하면서, 글을 배울 능력도 없고 말을 해 줄 필요도 없이 오히려 주먹과 몽둥이가 필요한 존재라는 의미로 당나귀라고 부른다.¹¹ 유베날(Juvenal)은 심지어 어리석은 사람을 두 발 가진 당나귀라고 말한다.¹² 두 발 달린 어리석은 당나귀에 대한 메타포(알

---

8   Cf. Michael Green, *Evangelism in the Early Church* (London: Hodder & Stoughton, 1970), 174-75.

9   예를 들어 대 플리니우스(Pliny the Elder)는 다음과 같이 말한다. *Quidquid per asellum fiery potest, vilissime constat*, "당나귀를 통해서 한 일은 어떤 일이든 가장 저렴하다."(*N.H.* 18.8.44), in Lacus Curtius accessed July 30, 2011, http:// penelope.uchicago.edu/Thayer/L/Roman/Texts/Pliny_the_Elder/18*.html.

10 Ilona Opelt, "Esel" in *Reallexicon für Antike und Christentum*, vol. 6, ed. Ernst Dassmann (Stuttgart: Anton Hiersemann, 1967), 577. Opel은 또한 고전 우화들에서 종종 당나귀를 묘사함으로 허영과 거짓된 자기 이해에 대해 말한다(575).

11 "*Quid nunc te asine litteras doceam? Non opus est verbis, sed fustibus.*" Cicero, in Pisoneum 73.377, in the Persecus Digital Library, accessed July 30, 2011. http://persecus.uchicago.edu/perseus-cgi/citequery3.pl?dbname=PerseusLatinTexts&getid=1&query=Cic.%20Pis.%2073.

12 Decimus Iunius Iuvenalis, Satura 9.92, in the Latin Library, accessed September 19, 2010, http://www.thelatinlibrary.com/juvenal.html.

렉사메노스 낙서에 나오는 당나귀처럼)는 틀림없이 조롱거리를 연상시키고 미련함을 나타낸다.

당나귀는 또한 기독교 안에서 흥미롭고도 역설적인 역할을 맡고 있었다. 기독교의 초기 시절부터 요셉과 마리아는 당나귀를 타고 그 아기와 함께 이집트로 피했다는 전통이 있었다. 비록 이런 자세한 내용이 성경에 결코 암시되어 있지 않지만 그렇게 알고 있었다. 그 당나귀는 수세대를 걸쳐서 구원의 매개 수단으로 추앙되었다. 중세에 이르러서는 실제로 예배자들이 당나귀 축제일(the Feast of the Donkey)을 지켰다. 이것은 본래 프랑스에서 유래한 것으로 이집트로의 피난을 기념하는 것이다. 이 당나귀 축제일은 더 널리 알려진 바보들의 축제(Feast of Fools)와 밀접하게 관련되어 있었다.[13]

또한 예루살렘을 향한 승리의 입성 때에 예수는 스가랴 9:9의 예언을 성취하면서 당나귀를 탔다. 여기에서도 당나귀는 어리석음을 연상시킨다. 당나귀를 타는 것은 세상의 능력과 권세에 대한 예수의 카니발적(carnivalesque)[14] 패러디에 기여한다.[15] 기독교에서 당나귀는 하나님이 자비로 만드신 어리석은 역사의 한 부분으로서 박수갈채와 감사를 받았고 지금도 여전히 받고 있다.[16]

기독교가 도래하기 전에 유대인들은 당나귀의 숭배자들이라고 비

13　Cf. Opelt, "Esel" 588. 바보들의 축제에 대해서는 4장에서 다룰 것이다.
14　카니발적(carnivalesque)이란 용어는 고급문화와 불경스러운 것을 뒤섞어 전통적 위계질서와 가치를 전도시키거나 풍자하는 카니발의 일련의 활동에서 나온 용어이다. 본서의 저자들은 세상의 힘과 권세를 전복시키는 예수 그리스도의 예루살렘 입성의 모습에서 카니발적 패러디의 측면을 발견했다—역주.
15　예수의 승리의 입성은 2장에서 더 자세히 다룰 것이다.
16　다음의 예를 보라. G. K. Chesterton's poem, "The Donkey," in *As I Was Saying: A Chesterton Reader*, ed. Robert Kniller (Grand Rapids: Eerdmans, 1985), 22.

난을 받았다. 아마도 이 비난이 로마의 벽에 그려진 십자가에 못 박힌 당나귀 그림의 배경 가운데 한 부분이 될 것이다.[17] 미누키우스 펠릭스(Minucius Felix), 터툴리안(Tertullian) 등과 같은 고전의 저자들은 기독교인들이 당나귀 숭배를 행하는 죄를 범하고 있다는 고소 건에 대해서 언급한다.[18] 예를 들어 미누키우스 펠릭스는 다음과 같이 고소했다.

> 나는 그들이 피조물들 가운데 가장 원색적인 당나귀의 머리를 숭배한다고 들었다. 내가 알기로 그 당나귀 숭배는 어리석은 종파가 아니라 하나의 가치 있고 적절한 종교로 신성화 되었다.[19]

그리고 터툴리안은 당나귀 제사장이라는 표제가 붙은 그림을 들고 다니며, 기독교인들을 직접적으로 비난하는 자들의 고소로부터 기독교 신앙을 변호했다. 그 비난자들의 그림에는 당나귀의 귀를 가지고 토가(고대 로마시민들의 겉옷)를 입은 한 남자가 그려져 있었는데 그 그림의 남자는 손에는 책을 들고 발굽이 있는 한쪽 다리를 가지고 있었다.[20]

---

17 Cf. Ferguson, *Backgrounds of Early Christianity*, 596–97.
18 Ferguson, *Backgrounds of Early Christianity*, 596–97에서 인용.
19 Minucius Felix, Octavius IX, Catholic Encyclopedia, Fathers of the Church, accessed July 29, 2011, http://www.newadevent.org/father/0410.htm.
20 Tertullian, Apology, XVI in Logos Virtual Library, assessed July 30, 2011, http://www.logoslibrary.org/tertullian/apology/16.html.
터툴리안은 "우리의 신은 사실 당나귀의 머리이다"라는 고소를 풍자문학의 기술(a technique of ironic literalism)이라고 칭할 수 있는 매우 흥미로운 방식으로 반박했다.

당나귀의 이미지와 더불어 하나님이 십자가에 못 박혔다는 메시지는 대다수 사람들에게 어리석고 부적절하며 완전히 미련한 것으로 여겨졌다. 이방의 사고방식으로는 십자가에 못 박힌 당나귀 하나님에 대한 전반적인 개념은 완전히 멸시받을 것으로, 전적으로 수치스럽고 터무니없으며, 허무맹랑한 웃음거리로 보였을 것이다. 요약하면, 십자가에 못 박힌 하나님과 당나귀 사이의 연관성이 미련한 십자가라는 충격적인 방식으로 표현되었다는 것이다.

진, 선, 미를 숭상하는 헬라문화의 세계에서 신성에 대한 이러한 관점은 미적인 것의 왜곡된 형태, 즉 반동의 미학으로 취급되어 격렬하게 거부되었을 것이다.[21] 헬라의 미적 형식으로는 십자가의 고뇌와 고통을 묘사할 수 없다.[22] 아름다움을 논하는 전통적인 미학은 십자가에 못 박힌 당나귀의 미를 헤아리거나 인정할 수가 없다.

십자가의 미학은 미학의 또 다른 형태이다. 사람들은 그것을 추함, 혹은 반동의 미학이라 부를지도 모른다. 그러나 십자가는 동시에 아름다움의 또 다른 형태이다. 그것은 십자가의 지독한 아름다움

그는 어리석음의 요점에 대해서 문학적이며 풍자적으로 주장을 제기한다. 그리고 그 과정 가운데 다음과 같이 주장의 논점을 당나귀의 머리로 옮겨 갔다. "그러나 여러분은 모든 짐 나르는 짐승들과 짐승들의 한 부분만이 아닌 전체 동물들이 그들의 여신 이포나(Epona)와 더불어 경배의 대상이라는 사실을 부인하지 않을 것이다." 요컨대 그는 다음과 같이 주장한다. "여러분은 실제로 당나귀의 머리만이 아니라 그 전체를 숭배한다. 따라서 여러분은 당나귀의 수호자이며 모든 짐 나르는 짐승들과 가축들 그리고 야생 동물들의 수호신인 이포나에게 바쳐진다. 심지어 여러분은 그 동물들의 우리까지 경배한다. 아마도 이것이 우리들을 반대하는 당신들의 고소일 것이다. 이 모든 차별 없는 동물 애호가들 가운데서 우리는 오직 당나귀에게만 우리의 헌신을 바쳤다!" Tertullian, *Apology*, XVI. 풍자적 문자주의, 즉 어릿광대로서의 고전 수사학의 흐름은 4장과 8장에서 더 충분히 논의될 것이다.

21 "Äesthetik des Hässlichen"; Mertin, "Karikaturen," 276.
22 Umberto Eco, *On Beauty* (London: Secker & Warburg, 2004), 135.

이다. 하나님의 아름다움은 종종 우리가 불쾌하게 느껴지는 상황 가운데 드러날 때가 있다. 십자가의 추함은 탁월하신 하나님의 기묘한 아름다움이다.[23] 이 추한 아름다움이라는 십자가의 역설은 희망을 불러일으킨다. 추함과 고통 속에서 아름다움이 빛을 발하고, 새로운 가능성들이 탄생한다.

모든 사람들이 다 이 아름다움을 인식하는 것은 아니다. 십자가의 미학은 종종 우리들에게 감추어진다. 그러나 (하나님의) 추함 속에서 (하나님의) 아름다움을 알아보는 사람들이 있다. 우리는 그들을 바보들이라 부른다. 바보들은 우리에게는 생소한 반동의 미학을 받아들인다. 그들은 당나귀의 에토스를 소중히 여긴다. 바보들은 추함 속에서 아름다움을 인식할 수 있는 지혜를 가지고 있다. 바보들은 삶의 무질서와 고통을 지적함으로 우리를 혼란에 빠트린다. 그러나 거기에 머물지 않고 바보들은 이러한 추함을 뛰어넘어 아름다움이 창조될 수 있음을 믿는다. 그들은 대안을 향해 몸부림친다. 대부분의 사람들은 바보들을 웃음거리로만 여기며, 당나귀들만큼 어리석은 바보들이라고 생각한다. 어떤 사람들은 심지어 이 어리석은 당나귀들이 귀찮은 존재라는 사실을 발견하고 그 바보들을 무시하거나, 조롱하거나, 억누르거나 십자가에 못 박으라고 주장하곤 한다.

바보의 관점에서 보지 못하는 사람은 사실상 이렇게 묻는다. 하나님이 당나귀라고? 십자가에 달렸다고? 어떻게 그런 하나님을 경배할 수 있지? 이런 하나님을 전파하라고? 전통적이고 강력한 하나님이 중심에 서있지 않고, 십자가에 달린 연약한 하나님을 이야기하

---

23 Cf. Paul Evdokimov, *The Art of the Icon: A Theology of Beauty* (New York: Oakwood, 1996), 309-10.

는 이상한 복음은 불합리하고 우스운 것으로 묘사될 수 있다. 이 복음은 바울이 고린도인들에게 보낸 첫 번째 편지에서 말했듯이, 많은 사람들에게 걸림돌과 수치가 될 수도 있다.[24]

잠시 상상해 보라. 전지전능(全知全能)하고 무소부재(無所不在)하신 하나님, 최극단의 은하수를 넘어서 우주의 고동치는 힘을 지휘하시는 하나님, 기초이시며 중심이신 하나님, 피조물과 시간의 시작이며 끝이신 하나님, 가장 작은 풀 한 포기 안에 있는 생명의 에너지이시며 한 톨의 먼지 속 어딘가에 있을 원자의 농축된 최소 단위들을 함께 결합시키는 역동적 능력의 소유자이신 하나님을 상상해 보라. 그리고 동시에 무능하고, 조롱받으며, 십자가에 달린 당나귀로서의 하나님을 상상해 보라. 만약 할 수 있다면 이렇게 무능하면서 동시에 전능한 하나님을 상상해 보라. 어리석은 짓이다. 완전한 난센스이다. 거룩한 난센스이지만 여전히 다수의 사람들에게 의심할 여지없는 난센스이다.

2. 아프리카와 십자가의 미련한 능력

십자가의 미련함에 대한 또 다른 묘사는 우리를 아프리카 대륙으로 이끈다. 그 대륙에서 십자가는 힘에 대한 아프리카인들의 개념들과 조우한다.[25] 적어도 관습적인 의미에서 연약한 하나님이라는 사

---

24 고전 1:18-31.
25 사실 어느 누구도 아프리카의 문화 혹은 영성을 한 마디로 언급할 수는 없다. 아프리카는 거대한 대륙이다. 그 대륙은 매우 다양한 문화와 종족들이 통합되어 있다. "아프리카"라는 용어는 하나의 동종 집단(homogeneous group)을 가리키는 것이 아

상은 문자적으로 "능력", "에너지", "생명력"을 의미하는 아만들라(*Amandla*)라는 단어와 관련된 아프리카 신(神) 개념들과는 극명한 대조를 이루는 것으로 보인다. 이러한 개념들을 설명하기는 힘들다. 아프리카에서 이런 능력 혹은 생명력은 직접적으로 인간을 통치하고 우리의 운명을 결정하는 신성과 연결된다.[26] 이런 거룩한 힘은 전 우주에 실존하는 모든 존재들을 관통하지만 인격이라는 용어로 이해할 필요는 없다. 그것은 오히려 개인과 공동체로 하여금 생명을 받고 경험하게 만드는 모든 것을 관통하는 힘이다. 이런 영원한 활동성으로 관통하는 힘은 생명력에 대한 실존적 경험을 일으킨다. 그 실존적 경험은 인간이 사회 혹은 개인의 안녕을 위태롭게 만든다고 생각되는 어떤 힘에 대항하여 힘을 발휘하는 그 자리에서 시작된다. 그 (신성한) 능력이 부여된다.

따라서 대부분의 아프리카인들은 능력이 충전된 대상들을 찾는다. 아프리카 종교에서는 능력을 향한 추구가 종교를 움직이는 추진력이기 때문이다.[27] 우분예(*Ubunye*), 즉 모든 실존의 연합체는 "아만들라"(*Amandla*)라는 능력을 통해서 본래상태로 유지된다. 그 능력(*Amandla*)은 결국 우분투(*Ubuntu*)라는 공동체 안에서 작동한다. 아프리카의 영성은 마음의 평정을 유지하는 것과 능력을 상실하지 않도록 지키

니다.

26 Gabriel M. Setiloane, *African Theology: An Introduction* (Johannesburg: Skotaville, 1989), 34. 물론 아프리카에는 신성에 대한 공통적인 이해가 없다. 아프리카 대륙에서 신성에 관한 모든 뉘앙스들에 대해서 세부적으로 접근한다는 것은 불가능하다. 하나의 훌륭한 개론서로 다음의 책을 참조하라. Edwin William Smith, *African Ideas of God* (London: Edinburgh House, 1966).

27 Cf. Abraham Kriel, *Roots of African Thought: Sources of Power-A Pilot Study* (Pretoria: Universtity of South Africa, 1989), 198; Smith, *African Ideas of God*, 283.

는 것과 관련되어 있다. 이와 같은 신성, 혹은 하나님의 이미지에 대한 이런 특별한 이해는 그것 자체로 역설적이다. 한편으로 아프리카인들이 생각하는 이런 신은 모든 삶 가운데로 통하기 때문에 가까이에 존재한다. 다른 한편으로 그 능력은 인류의 사건들과 상관없이 초월적으로 존재한다. 신은 강하고, 삶을 위해 필요한 모든 것을 공급한다. 그러나 동시에 멀리 떨어져 있다.[28]

우리가 말할 수 있는 점은 신의 내재성(immanence)에 대한 아프리카의 개념을 하나님의 연약성에 대한 기독교인들의 이해와 통합시키기는 어렵다는 것이다. 그리스도의 십자가에서 구현된 그런 하나님의 능력에 대한 이해는 비아프리카인들의 경우보다 대부분의 아프리카인들에게 더 어렵다. 하나님의 자기 비움(kenosis)과 십자가와 같은 개념은 아마도 능력과 능력부여에 익숙한 아프리카인들의 사고방식에서는 걸림돌이 될 것이다.[29]

아프리카의 영성은 능력과 능력부여에 대한 것만이 아니라 종종 적들의 능력을 빼앗는 것과도 관련되어 있다. 이런 모습들은 또한 아프리카 예술에서 확연히 발견된다. 종종 능력을 캡슐 안에 가두어 놓기를 시도하는 전통 아프리카 예술은 어떤 이의 적들에 대항하거나 자신의 안녕을 지키기 위한 능력전달매체 혹은 마술적 부적으로

---

28 스미스(Smith)는 이런 역설적인 하나님의 이미지에 대해서 다음과 같이 말한다. "어떤 경우에는 신이 아프리카인들에게 자신의 피조물들과 떨어져 존재하는 완전한 타자(the complete Other)로, 절대 주권자(absolute sovereign)로 나타난다는 인상을 받는다. 이런 경우의 신은 매개자들을 통해서 접근조차 어려운 구원을 베풀기 위해 그의 고독한 영광 속에서 사람들로부터 멀리 떨어져 존재한다. 그러나 다른 한편으로 신은 사람 안에 내재되어 있는 것으로 생각된다"(*African Ideas of God*, 27).

29 Daniel J. Louw, *Cura Vitae: Illness and the Healing of Life in Pastoral Care and Counselling* (Wellington, South Africa: Lux Verbi.BM, 2008), 108-9.

사용될 수 있다. 이런 예는 지금의 앙골라에서 발견된 17세기 초, 십자가상에서 볼 수 있다(그림1.2).

그림 1.2 십자가상, 앙골라 북서부 지역
(기원 후 17세기 초 콩고인들에 의해 만들어진 청동 조각품, 높이 25.4cm × 길이 14cm × 폭 1.9cm, 1999년 에른스트 안스팍(Ernst Anspach)가 미국 뉴욕 메트로폴리탄 미술관에 기증)

이 작품은 세부적인 면에서 미적이고 상징적인 풍성함을 가지고 있다.[30] 십자가가 지역사회의 관용적 표현으로 흡수되는 방식은 매우 이례적이다. 십자가에 못 박힌 그리스도의 특징, 특별히 그의 머리카락은 콩고 사람의 머리카락을 연상시킨다.[31] 그의 펼친 손들과 서로 겹쳐져서 다섯 발가락을 가진 하나의 발처럼 보이는 발들은 고조된 영적 능력과 연합된 콩고의 몸짓들을 의미한다. 튀어나온 타원형의 큰 눈들은 또 다른 콩고 예수의 모티브로서 조상이나 신에 사로잡힌 사람의 초자연적 시력을 나타낸다. 그리스도 밑에 그리고 그의 양 어깨 위에 기도하는 작은 상들은 조상들, 천사들, 곡하는 사람들, 혹은 성자들을 묘사하고 있는 듯하다. 마술적 보호의 특성을 포함하는 영적 권세와 능력을 지닌 것으로 믿어지는 그 십자가는 문화 변용(變容)을 통해 콩고의 조상 숭배와 장례 의식으로 변화되었다.

---

30 광범위한 콩고 왕국에 대한 정보를 포함하여 위의 이미지와 계속되는 설명을 위해서 다음을 보라. "Crucifix," Works of Art, Collection Database, Metropolitan Museum of Art, accessed August 10, 2011, http://www.metmuseum.org/Works_of_Art/collection_data-base/arts_of_africa.

31 이후에 아프리카의 이 지역에서 아프리카 흑인으로 묘사된 예수는 백인 식민주의에 대한 저항의 상징으로 사용된다. 급진적으로 경계선을 넘어선 여성에 대한 무사 두베(Musa W. Dube)의 묘사를 보라. 17세기 말 18세기 초에 활동했던 킴파 비타(Kimpa Vita)/도나 비트리세(Dona Beatrice)는 두베가 그랬던 것처럼, 백인들이 세운 식민지 교회에 있는 예수와 그의 제자들 그리고 예수의 어머니를 검은 색으로 다시 칠했다. 더 이상 예수는 식민주의자들과 같은 "금발의 파란 눈을 가진 백인"의 모습이 아니었고 아프리카의 기독론적 저항자의 모습이었다. 킴파 비타/도나 비트리세는(역주: 이 인물은 두 가지 이름으로 불린다.) 또한 모든 십자가들과 십자가에 달린 예수상과 예수의 이미지들을 낡은 부적들과 다르지 않다는 이유로 파괴하고자 했다. 이런 그녀의 급진적 저항으로 인해, 1706년 그녀는 순교 당한다. Musa W. Dube, "*Talitha Cum* Hermeneutics of Liberation: Some African Women's Ways of Reading the Bible," in *The Bible and the Hermeneutics of Liberation*, eds. Alejandro F. Botta and Pablo R. Andinach (Atlanta: Society of Biblical Literature, 2009), 134-35.

또한 십자가는 질병, 번식 그리고 가뭄과 같은 문제들에 개입하곤 했다. 따라서 십자가는 마술적 능력을 향한 탐구와 결합되어 마귀를 격퇴하는 부적과 같은 종류의 능력을 위한, 능력에 의한 일종의 도구가 된다. 십자가에 대한 이런 이해는 언뜻 보아도 고통당하는 사람들과 함께하며 그들을 지지하는 하나님, 연약하여 깨지고 조롱당하는 당나귀와 같은 하나님(donkey-God)으로부터는 크게 동떨어져 있는 것으로 보인다.

그러나 이런 매혹적이고 마법 같은 부적은 실제로 십자가의 깊고 심오한 실존으로 우리를 인도한다. 어떤 면에서 비서구 세계에서 십자가상은 십자가의 능력을 강조한다. 고난과 희생과 연약함을 강조하는 서구 세계에서는 이런 십자가의 능력에 대해 종종 잊어버린다. 이런 측면에서 십자가는 진실로 능력의 물건이다. 악을 쫓아내는 능력은 정확하게는 십자가에 못 박힌 그분의 능력이다. 이런 주장은 복음 선포의 핵심에 위치한다. 십자가에서 예수는 "악한 자"를 이긴다. 마법적 능력과의 결합이 많은 서구 기독교인들을 혼란하게 할지는 몰라도, 악을 이기는 십자가의 능력에 대한 주장은 기독교인들의 핵심적 주장으로 존재한다. 그러나 이런 주장은 개념으로만 존재하고 있었을 뿐이다.

또 다른 측면에서 십자가상은 십자가의 심각한 미련함을 독특한 양식으로 내포하고 있다. 바보들에 대한 오래된 매력들 가운데 하나는 분명히 이런 것이었다. 바보들은 묘한 구석이 있었고, 종종 육체적으로 이상하거나 기괴한 모습들을 가지고 있었다. 그 바보들은 악에 대하여 면역력이 있는 것으로 믿어졌다. 그리고 그들은 "마귀의 눈"을 몰아낼 수 있는 능력을 소유한 것으로 여겨졌다.[32] 그래서 바보들은 행운의 소유물 같은 가치가 있었다. 그들은 콩고 십자가상이 악으로부터의 보호를 제공하는 것과 아주 똑같은 방식으로 그들에게 적선을 베푸는 은인들을 보호해 준다고 믿었다.

더군다나, 그들은 그 바보가 종종 보통 사람들의 불길한 운명을 짊어지고 떠나는 속죄양이 된다고 믿었다. 바보들은 자신들의 행운을 주인들에게 전해 줄 뿐만 아니라, 그들의 주인들의 불운을 자신들에게로 끌어들였다. 이런 의미에서 바보는 수호자이며 동시에 속죄양이었다.[33]

따라서 위의 바보와 같이 콩고 십자가상은 행운과 능력을 위한 것일 뿐만 아니라, 악의 공격을 정면에서 받아내는 속죄양이 될 수도 있는 것이다. 이런 의미에서 십자가 부적(cross-amulet)이라는 개념이 위에서 언급한 바보와 예수의 십자가상을 깊이 있게 연결시킬 수 있을지도 모른다. 의식적으로 고안되었든 아니든 간에, 그 십자가상은 일종의 거룩한 바보로서의 그리스도에 대한 아프리카식 묘사를 보여준다. 그 거룩한 바보는 악의 공격을 정면에서 스스로 받아냄으로써 악한 자를 힘차게 이겨낸다. 그러므로 그 콩고 십자가상은 십자가의 핵심이라 할 수 있는 능력, 연약함 그리고 미련함에 대한 새로운 깨달음을 얻도록 비아프리카권 신자들을 깊이 있는 묵상의 자리로 초청한다.

우리는 이제 바보라는 인물에 대한 가장 심오한 차원들 가운데 어

---

32 Enid Welsford, *The Fool: His Social and Literary History* (Gloucester, Mass.: Peter Smith, 1966), 61. 이점에 관한 웰스포드 본인이 인정하는 주장은 다소 불확실하다. 그 이유는 그가 바보에 대한 고전적 기원을 인식하기 어렵다고 주장하기 때문이다.

33 Welsford, *The Fool*, 74.

떤 부분을 다루게 된다. 그 바보(그 혹은 그녀)는 (미련하거나 재미있는 당나귀로서) 비웃음과 조롱을 당한다. 그 바보는 (행운을 주는 장식물처럼) 환영을 받기도 하고 (속죄양으로서) 우리의 죄를 위해 욕을 먹기도 한다. 위안과 안전을 공급하는 연예인이면서 동시에 기쁨조이자 배달부이며 방해꾼이기도 한 그 바보를 제거할 필요가 있다는 사실에 직면한다. 그래서 우리는 그 바보들과 함께 살 수 없고, 그 바보들 없이도 살 수 없는 존재이다. 우리는 그 바보들을 사랑하고, 미워하고 그들에게 박수를 보내기도 하고, 또한 그들을 십자가로 보내기도 한다.

3. 돈키호테와 십자가

바보라는 형상은 어쩌면 예상치 못했던 또 다른 현장, 즉 피카소의 작업실로 우리를 인도한다.[34] 파블로 피카소(Pablo Picasso)는 어릿

---

[34] 피카소의 작품은 모두의 예상을 훨씬 뛰어넘는 것일 수 있다. 피카소의 작품은 종종 아프리카의 영향을 받고 있다. 크리스 두데 판 투루스윅(Chris Doude van Trooswijk)은 매우 흥미로운 사실을 언급한다. 서양세계의 표현주의, 입체파 그리고 초현실주의는 모두 아프리카 예술에서 심오한 영향을 받았고 실로 아프리카 예술로 형성되었다는 것이다. 그는 예를 들어 피카소, 마티스(Matisse), 렘(Lam), 그리고 브뤼케(Brücke) 그룹의 작품들에 나타나 있는 아프리카적인 요소들(가면들, 춤추는 여인들, 오두막 같은 둥근 것들)을 언급했다. 그리고 다음과 같은 그의 확신을 주장하면서 결론을 내린다. 예술과 종교는 밀접하게 섞여 있다. 아프리카의 예술은 "신학의 어머니"이다. Chris Doude van Trooswijk, "Theopathie: Afrikaanse Kunst als Moeder van de Theologie," *Wereld en Zending: Tijdschrift voor Interculturele Theologie* 1 (2005): 18, 21-26를 보라. 피카소는 서부 중앙아프리카의 목재로 만든 의식용 조각상들의 마법적 능력으로부터 큰 영향을 받았다. 특히 1905년 이후 색깔과 비틀어진 반자연주의적 형식들의 집중적 사용은 아프리카의 영향들과 관련된 것일 수 있다. 아프리카의 이미지들에서 그는 악을 버리기 위한 어떤 형식을 발견했다. 죽

광대와 형성자(demiurge)라는 표현들을 포함하여 여러 가지 방식들로 묘사되어 왔다.[35] 피카소는 어릿광대가 비극적이며 영웅적인 특성을 가지고 있다고 보았다. 어릿광대를 좋아하는 그의 애착심은 놀라울 정도이다.

> 거의 매일 아침 피카소가 면도하기 위해 얼굴에 거품을 칠할 때마다, 그는 전문적 어릿광대의 마크였던 거대한 풍자적 입술과 눈썹 위의 물음표 부호 모양과 두 눈에서 흘러나오는 눈물 자국을 풍성한 면도용 거품크림으로 그려 넣곤 했다. 그 분장이 완성되면, 그는 온갖 몸짓과 얼굴 표정으로 열심히 말하기 시작하곤 한다. 이것은 단순히 그가 즐기는 놀이 정도만이 아니라 놀이와 동시에 그 이상의 무엇이 있었음이 분명했다.[36]

어리석음의 개념을 재평가하려는 피카소의 미학적인 공헌은 고전

음, 분노 그리고 성욕에 관련된 그의 강박관념, 즉 잠재의식의 정욕을 이런 방식으로 다스릴 수 있었다. 그러므로 피카소에게 있어서 예술은 단지 눈을 즐겁게 하는 것이 아니라 하나의 종교의식이었다. Cf. also Laurence Madeline and Marilyn Martin, eds., *Picasso and Africa* (Cape Town: Bell-Roberts, 20006).

여기서 피카소의 전 작품을 묘사하고자 하는 의도가 아님을 분명히 밝힌다. 단지 하나의 작품에 초점을 맞추고자 함이다. 피카소의 작품에 대한 토론을 위해서 다음을 참조하라. Mario de Micheli, *Picasso: The Life and Work of the Artist Illustrated with 80 Colour Plates* (London: Thames&Hudson, 1967); cf. also Keith Sutton, *Picasso* (London: Paul Hamlyn, 1962).

35 Brigitte Leal, "The Artist, Clown and Demiurge," in *Picasso: From Caricature to Metamorphosis of Style*, Brigitte Léal et al. (Burlington, Vt.: Lund Humphries, 2003), 65.

36 Léal, "The Artist, Clown and Demiurge," 235.

이 되었고 이 책의 표지에 있는 십자가상이라는 제목의 그림은 이런 관점에서 주목할 만한 것이다. 이 그림을 해석하는 것은 쉽지 않다. 그러나 이 그림의 구성은 전통적으로 십자가상과 관련된 어떤 인물들을 포함한다. 못을 다루고 있는 사다리 꼭대기의 작은 인물(병사)도 있고, 다른 병사들(오른쪽 밑)은 그리스도의 겉옷을 차지하기 위해 북의 가죽 위에다 주사위를 던지고 있다. 좌우 양쪽 끝에 축소된 비어 있는 T자형 십자가들이 있다. 그리스도와 함께 못 박힌 두 명의 강도들의 몸뚱이들은 땅 위에 있는 파편조각들이 분명하다. 왼쪽 모퉁이 위의 큰 물건은 아마 식초를 머금은 스펀지일 것이다. 한편 십자가 오른쪽에 서 있는 이상하고 뒤틀어진 인물은 막달라 마리아와 연결되어 있다.[37]

피카소의 십자가상에 대한 해석에 있어서 다음과 같은 역설적 측면들은 곡해될 수가 없다. 부서진 몸들과 사지들은 주변에 널려있는 반면 병사들은 도박 게임을 즐기고 있다. 십자가에서 부서진 인물은 죽음과 영광의 색인 흰 재와 같은 색깔이다. 십자가 주변의 짙은 검정색은 감추어지기도 하고 나타나기도 하는 하나님의 종말론적인 밤을 암시한다. 사다리가 십자가에 기대어 서 있다. 그러나 십자가에 못 박힌 분은 내려오지 않는다. 그는 십자가에서 내려올 수 있는 능력을 가졌다. 그러나 연약함을 선택한다. 조롱을 연상시키는 노란색과 오렌지색의 밝은 색감의 배경색은 십자가에 못 박힌 자를 웃음거리로 만든다.[38] 분명한 것은 그 모호한 표현들이 하늘을 향해 외

---

37 Cf. Afred H. Barr, *Picasso: Fifty Years of His Art* (New York: Simon & Schuster, 1946), 167.
38 피카소는 노란색과 붉은색 그리고 파란색을 강렬하게 대조시켜 사용함으로써 그림 전체에 어떤 불안한 변화의 기운을 일으킨다. Cf. Roland Penrose, *Picasso: His Life*

치고 있다는 것이다. 그 능력자는 연약한 자가 되었다. 십자가에 못 박힌 당나귀처럼 그는 죽임당한 채 달려 있다.

이 그림에는 사실 세 명의 바보들이 존재한다. 첫 번째는 그의 정체성을 어릿광대에서 찾는 화가 자신이다. 다음은 그림의 중심적 존재로서 바보로 조롱받는 십자가에 못 박힌 인물이다. 그러나 또 다른 바보가 하나 더 있다. 이 인물은 이 책에서 특별히 중요한 존재이다. 십자가에 못 박힌 자를 향해 그의 창을 가리키고 있는 말 탄 병사(왼쪽 중앙)는 마치 스페인 투우를 생각나게 하는 기마 투우사처럼 보인다.[39] 아무튼 우리는 여기서 돈키호테에 대한 암시를 떠올리게 된다. 돈키호테는 역설과 풍자의 궁극적 상징이며 말을 타고 돌진하며 괴물들을 향해 (사실 그 괴물들은 풍차들이었고 그래서 죄가 없었지만) 창을 겨눈다.[40] 우스꽝스러운 바보 돈키호테의 모습은 십자가의 드라마를 패러디로 바꾼다. 그 패러디는 아무렇지도 않다는 듯이 죄 없는 예수를 때리고 조롱하는 병사들에 대한 것이고, 더 나아가 피카소의 그림을 보고 있는 관람객들을 향한 것일 수도 있다. 아무튼

---

and Work (London: Victor Gollancz, 1958), 236.

39 Cf. Robin Langley Sommer, *Picasso* (London: Bison, 1988), 88-89. 이 인물은 예수의 옆구리를 찌른 병사로 해석되어왔다. 옆구리를 찌르는 모습은 우리의 해석과 관련하여 여러 가지 생각을 하게 만드는 매력적인 주제이다. 십자가에 달린 예수를 가리키며 설교하는 바보들도 역시 예수의 죽음에 관련된 공범이다.

40 Daniel J. Louw는 다음의 책에서 돈키호테에 대한 이런 암시를 제안한다. *Wow, God! Oor die Verrassende Binnepret van Glo* (Wellington, South Africa: Lux Verbi,BM, 2007), 150. 돈키호테의 탁월한 영어 번역본인 다음의 책을 보라. Miguel de Cervantes, *Don Quixote*, trans. Edith Grossman (New York: Harper Collins, 2003; Ecco paperback ed., 2005). 돈키호테의 풍차를 향한 공격에 대해서는 위의 책 pp 58-59를 보라. 돈키호테의 말은 로시난테(Rosinante)라 불리는 늙은 말이었다. 돈키호테의 말은 페라라(Ferrara)의 공작 보르소(Borso)의 광대였던 고넬라(Gonela)의 말보다 더 더러웠다. Cervantes, *Don Quixote*, 22 (Ecco ed.).

"슬픈 얼굴의 기사"이며, 모든 불의를 향한 단호한 반대자인 돈키호테라는 인물이 불의한 죽음을 당한 슬픔을 아는 분(사 53:3)[41]의 십자가상 앞에 등장한다는 것은 이상한 일이 아닐 수도 있다. 추악한 인생가운데 어리석게도 영광과 아름다움을 보는 어떤 이중 시야(double vision)같은 것을 소유한 돈키호테가, 역설적이며 풍자적이게도 추악한 십자가 위에서 영광을 받게 된 그분의 십자가상 앞에 나타난 것은 놀랄 일이 아니다.[42] 또한 이런 경우에 있어서 패러디와 진리는 분리될 수 없을지도 모른다.

피카소는 스페인 사람으로서, 돈키호테라는 인물에 의해서 구현된, 이 패러디를 제대로 이해했을 것이다. 돈키호테는 실제로 피카소의 다른 작품에도 등장한다.[43] 세르반테스(Cervantes)에 의해 쓰인 이 고전은 거짓을 통해서 진실을 추구하는 소설이라고 불리어 왔다.[44] 이 소설은 현실의 질서를 붕괴시키는 "사실상 스페인의 종교라고 할 수 있는, 키오티즘"(Quixotism)[45]을 창조하는 스페인 문화를 패러디한다.[46] 돈키호테는 패러디를 통하여 기사들에 관한 많은 책들

41　NIV 번역본은 "man of sorrows"로 번역했고 개역개정판에는 "간고를 많이 겪었으며"로 번역했다—역주.

42　돈키호테의 이중 시야에 관하여는 Harold Bloom을 참조하라. "Introduction: Don Quixote, Sancho Panza, and Miguel de Cervantes Saavedra," in *Cervantes, Don Quixote*, xxiii. 2장에서 논의되듯이 십자가에 못 박힘은 역사적으로 패러디의 행위였으며, 십자가를 향한 하나님의 묵시록적 행동에 대한 안목은 "이중 초점의 시야"를 요구한다.

43　돈키호테와 산초 판자(Sancho Panza)가 그려진 피카소의 유명한 그림을 참조하라.

44　Lewis Hyde, *Trickster Makes This World: Mischief, Myth, and Art* (New York: North Point, 1998), 79.

45　Quixotism이란 돈키호테식의 공상적인 행동을 추구하는 경향을 말한다—역주.

46　Bloom, "Introduction," xxi, xxiv.

과 이야기들 속에 숨겨진 거짓들뿐만 아니라, 그 시대의 사회적, 문학적 관례들을 드러낸다. 돈키호테는 조롱했고 조롱당했으며, 비웃었고 또한 비웃음당했다. 이러한 방식을 통해 그는 승리했다.

> 그의 가장 위대한 특성은 그가 조롱당했으며 동시에 승리했다는 것이다. 정복당하는 것이 그의 정복하는 방식이었기 때문이다. 그는 세상에게 그를 비웃을 이유를 주는 방식으로 세상을 지배했다.[47]

피카소는 이 진실을 위한 패러디의 예술을 이해한다. 이것은 "예술은 진리를 깨닫게 하는 거짓말이다"[48]라는 그의 유명한 말을 생각나게 한다. 광대 예술가 피카소는 예수를 십자가로 보낸 거짓말들을 너무나도 생생하고 섬뜩한 방식으로 묘사하면서 우리를 불편하게 하고, 더 깊게 보고, 더 많이 보며, 항상 우리 앞에 있던 너무나도 분명한 진실을 (일부분만이라도) 발견하게 한다.[49] 바보 피카소는 많은 사람들이 거짓이라고 부를 법한 "추함의 미학"을 인식하고 진리를 드러내는 방식으로 묘사한다. 십자가상의 추함 속에 하나님의 아름다움이 자리하고 있는 것이다. 또한 이것은 거짓이 아니다.

돈키호테의 형상은 십자가에 못 박힌 예수를 가리키고 있는 설교

---

47 Miguel de Unamuno, *The Tragic Sense of Life in Men and Nations*, trans. Anthony Kerigan (Princeton: Princeton University Press, 1972), 353.
48 이 격언과 함께 피카소는 실로 "그가 태어난 세상을 재창조하고 소생시키려 했다. 그는 이 세상을 심각하게 받아들였고, 혼란하게 했으며, 세상에게 새로운 모습을 주었다." Hyde, *Trickster Makes This World*, 13.
49 바보의 활동에서 매우 중요한 인식 혹은 재구성의 문제는 이 책의 전반에 걸쳐 논의될 것이다.

하는 바보를 상징한다. 피카소의 그림은 설교 행위를 묘사하는 잘 알려진 다른 두 그림들의 현대적 리프(riff),[50] 즉 반복이라고 생각한다. 먼저 칼 바르트(Karl Barth)가 묵상을 위해 그의 서재의 책상 위에 놓았던 마티아스 그뤼네발트(Matthias Grünewald)의 유명한 그림인 "이젠하임 제단화"(Isenheim Altarpiece, 1506-1515)에서는 세례요한이 성경을 들고 십자가 위의 예수를 극적으로 가리킨다. 그 후에 그려진 루카스 크라나흐(Lucas Cranach the Elder)의 "비텐베르크 제단화"(Wittenberg Altarpiece, 1547)의 바닥 가장자리에는 비텐베르크 회중 한가운데서 한 손에 성경을 들고 다른 손으로 십자가 위의 예수를 가리키는 루터가 그려져 있다.[51] 크라나흐는 그뤼네발트의 작품에 있는 세례요한의 이미지를 가져와, 루터를 성경을 통해 십자가에 못 박힌 예수를 전파하는 그 시대의 세례요한으로 그려냈을 가능성이 크다.

「십자가상」(1930)은 현대의 설교에 알맞은 방식으로 이 두 유명한 제단화들을 반복한다.[52] 극적이고 성경적인 세례요한이나 강대상에 올라있는 위대한 개혁자 마틴 루터 대신에, 카오스적이고 어그러진 피카소의 형상들 가운데서 말을 타고 세례요한과 루터처럼 십자가 위의 예수를 가리키는 매우 작은 돈키호테의 모습을 발견할 수 있

---

50 "리프"란 대중음악, 재즈에서의 반복악절을 뜻하며 본문에선 피카소의 십자가상이 이전 두 그림들(이젠하임 제단화와 비텐베르크 제단화)을 현대적으로 재해석해서 반복했다는 의미로 쓰인다—역주.
51 이 제단화는 이제 비텐베르크에 있는 슈타트키르케(Stadtkirche) 즉 시립교회에 자리해 있다.
52 실제로 몇몇 학자들은 피카소가 그뤼네발트의 이젠하임 제단화의 몇몇 요소들을 가져다 사용했을 것이라고 주장한다. 고통받으며 위로 들려진 오른쪽의 팔들이 그 예다. Barr, *Picasso*, 167를 참조하라. 피카소는 실제로 그뤼네발트의 걸작을 피카소 자신의 표현적인 입체파 형식으로 해석하기 위해 일련의 연구를 했다. Penrose, *Picasso*, 236를 보라.

다. 한편으로 피카소의 그림은 세례요한과 루터는 그 시대의 돈키호테, 즉 바보였다는 사실을 깨닫게 한다. 하지만 또한 피카소의 그림은 혼란하고 어그러진 현대 사회에서 십자가에 못 박힌 예수를 가리키는 사람은 아주 작고 멍청한 돈키호테라는 사실에 방점을 두고 있다. 설교자는 십자가 위의 당나귀를 선포하는 자, 즉 설교하는 바보인 것이다.

중요한 것은 돈키호테로서의 설교자는 파괴(fragmentation)와 형상(figuration)이라는 특징으로 구성된 어떤 그림에 나타난다는 것이다.[53]

---

[53] 피카소의 그림 양식은 복합적이다. 즉 입체주의, 표현주의 그리고 초현실주의 요소들을 포함하고 있다. 피카소의 그림을 단순히 어떤 범주에 넣어 명명하기는 불가능하다. 이 책에서 입체주의에 관한 자세한 해설을 할 수는 없다. 일반적으로 입체주의는 원시 예술의 강력함과 단순함에 감명을 받고 혁명적인 현대 물리학과 우주론에 자극받은 20세기 초 예술가들에 의해 나타났다고 여겨진다. 그 예술가들은 르네상스적 시각으로부터 떨어져 나와 더 초시간적이고 개념적인 무언가를 위해 항쟁했다. 입체주의 그림들은 더 이상 자연을 모방하는 데 그치지 않고 "시점을 창조해 내는 본성"을 가진 예술 그 "자체의 생명성"에 의의를 두었다. 입체주의의 아버지라 불리는 피카소를 포함한 입체주의자들은 그들의 작품 속에서 서로 다른 원근법의 가능성들을 직접적으로 표현하기 위해 노력했다. 입체주의는 후세에 분석적 입체주의, 종합적 입체주의, 원시적 입체주의와 같은 다른 부류들로 발전되었다. (Johan H. Cilliers, *Binne die Kring-Dans van die Kuns: Die Betekenis van Estetika vir die Gereformeerde Liturgie* [Stellenbosch: Sun Press, 2006], 141-45를 참조하라.)

이 작품이 피카소의 초현실주의적 시도들을 보여주기 위함에도 불구하고 피카소의 「십자가상」(1930)은 피카소의 입체파 양식의 놀랄 만한 표현이다. 「십자가상」은 기본적인 입체주의 양식을 띠지만 피카소는 이 작품에서 (게르니카[Guernica]와 같은 다른 작품들에서처럼) 심리적이고 감정적인 인물의 왜곡을 통해 더 강한 인상주의 양식을 시도한다. 이 작품은 "수수께끼 같은"(enigmatic) 그림이라 불려왔다. 우리는 "십자가상이 십자가형의 형식적인 모티브를 어느 정도 가지고 있음에도 불구하고, 그 본래 의미는 전통적인 종교적 의도와는 거의 상관이 없다는 말 이외에는, 어느 누구도 십자가상에 대해 설명하지 않았다"고 말할 수 있다. 이 작품은 그러므로 (개략적으로 1924년도에 시작된) 초현실주의의 시대에 비추어 해석될 수도 있다. (Ruth Kaufmann, "Picasso's Crucifixion of 1930" *The Burlington Magazine*, Septem-

파편(fragment)과 형상(figure) 사이의 이런 긴장이 피카소의 그림의 섬뜩함과 어리석음을 두드러지게 한다. 캔버스의 평평한 표면이 동시에 제공되는 각기 다른 각도의 관점에 의해 파괴된다. 즉 사람들은 그 "열린" 형식들에 의해서 혹은 그것을 통해서 볼 수 있게 된다. 이것이 바로 피카소의 그림을 한 가지의 관점으로만 봐서는 안 되는 이유이다. 그림을 완전하게 경험하기 위해서는 그림 주위를 걸어 보고, 만져 보고, 재어보아야만 한다. 파편적 이미지들은 하나의 구성으로 효과적으로 짜여서 혼돈과 파멸의 분위기를 창조해낸다. 그러나 역설적이게도 이 이미지들은 동시에 화합과 조화, 혹은 최소한 그런 것들에 대한 갈망을 만들어낸다.

이 그림은 생명의 끔찍한 부서짐으로 가득 차 있음과 동시에, 새로운 모양과 형식을 향한 균형 잡힌 전진으로 가득 차 있다. 이는

---

ber 1969, 553를 참조하라.) 그러나 이 작품을 단순히 인상파 작품이라고 분류해서는 안 될 것이다. 피카소는 프로이트적 자유연상법과 꿈의 해석을 통한 자아 발견에 대한 초현실주의자들의 열정에 동조하지 않았다. 강조되어야 할 사실은 "피카소는 결코 진정한 의미의 초현실주의자가 아니었으며 언제나 너무나도 현실적이었다. 언제나 그의 출발점은 꿈의 세계가 아닌 현실 세계에서 볼 수 있는 그 무엇이었다"는 것이다. Kaufmann, "Picasso's Crucifixion," 553.

"피카소 스타일"을 단정 짓는 것은 실로 어려운 일이다. 일반적으로 말했을 때 아마도 우리가 내릴 수 있는 가장 가까운 정의는 이것일 것이다. 피카소는 "표현의 두 원칙인 '구상'(figurative) 과 '분열'(dissociative)을 결합했다. 구상화는 원근법과 자연을 모델로 하는 것에 기초되어 있다. 그에 반해 비구상화(*dissociative painting*)는 단일 원근법에서 자유롭다. 앞면과 뒷면이 동시에 같은 그림에서 보이고 사물과 신체의 다른 부분들이 분리되어 흩어지며 사물의 '자연스러운' 외형을 보여 주는 윤곽은 더 이상 존재하지 않는다." Elke Linda Buchholz and Beate Zimmerman, *Pablo Picasso: Life and Work* (Cologne: Kőnemann, 1999), 66. 이 두 표현의 원칙들이 전형적인 어린아이들의 그림의 특색과 합쳐져서 피카소의 "스타일"을 구성한다고 볼 수 있다. 이 책에서 우리의 관심사는 피카소 스타일의 "경계성적 특성"(liminal character) 즉 구상과 분리, 즉 형태(figure)와 파편(fragment) 사이의 움직임이다.

십자가에 못 박힌 예수의 조각난 몸에서 집중적으로 발견된다. 그림은 무게감으로 우리를 압도한다. 일차원적 형태들은 부피가 없지만 엄청난 질량, 견고함과 힘으로 무엇인가 이례적으로 중요하고 무게 있는 느낌을 전달한다. 그러나 또한 그림은 빈 곳(emptiness)으로 우리를 자극하며 새로운 내용들로 채워질 것에 대한 기대감을 만들어낸다. 캔버스는 빛과 동시에 어두움으로 채워져 있다. 색의 배치 혹은 혼합을 통해서 십자가에 못 박힌 자에게 사용된 흰색으로 대표되는 "허무의 세계"(nothingness)를 표현한다. 또한 그 못 박힌 자가 어딘가의 사이, 즉 경계선상에 있다는 느낌을 만들어낸다. 그림은 죽음으로 가득하지만 동시에 생명으로 가득하며, 선으로 가득하지만 동시에 악으로 가득하다.[54] 피카소의 예술적 세계에서, 삶이란 벗어날 수 없는 힘의 균형들 사이에서의 순례이다.[55]

피카소의 「십자가상」(1930)은 경계성 예술(liminal art)이라고 표현될 수 있다. 이 그림은 선하고 아름다운 것들을 창조해내는 인간의 능력과, 죽음과 무질서를 퍼뜨리고자 하는 인간 욕구의 교차점에 서 있다. 피카소는 인류의 해부도를 찢어버림으로써 혼돈과 복잡함을 강렬하게 표현한다. 그러나 동시에 이 그림은 이런 미적 윤리적인 태도에서의 인간성 훼손을 반대한다. 이 그림은 인류의 찢진 몸의 재건과 새롭게 하나 됨을 위해 울부짖는다. 피카소의 그림은 산산조각 낼 뿐만 아니라 조각난 부분들을 완전히 새로운 깨달음 안에, 즉

54　어느 학자가 말하듯이, "십자가의 초월적인 속성들은 명백하다⋯이 그림은 희생자들을 향한 동정을 일으키기에는 너무도 폭력적이다. 그들의 격양된 몸짓에서는 어떤 부드러움도 느껴지지 않고, 오해가 증오와 살인으로 이어지는 삶의 고통만이 아궁이의 불처럼 타오른다." Penrose, *Picasso*, 236.

55　Cilliers, *Binne die Kring-Dans*, 141-45 을 참조하라.

인간성과 인간 정체성에 대한 가치 안에서 재배치한다.

설교학적 관점에서 볼 때에 이 그림에서 돈키호테가 경계성적 설교자상을 구현한다고 하면 무리일까? 혼돈과 질서 그리고 파괴와 형성의 교차점에서, 십자가에 못 박힌 이를 가리키며, 삶과 죽음의 의미를 이해하기 위해 애쓰는 그는 아마도 설교자가 아닐까? 파편에서 형상으로 또 형상에서 파편으로 가는 그 연결선상에 있는 설교하는 바보, 피카소의 돈키호테는 바로 우리가 이야기하려는 그 설교하는 바보의 모형은 아닐까? 돈키호테, 즉 설교하는 바보야말로 이 시대가 필요로 하는 진정한 설교자의 모습이 아닐까?

제2장

설교, 그 본연의 미련함

십자가에 매달린 당나귀의 이미지, 콩고 십자가, 그리고 피카소의 십자가상(1930)은 우리를 설교와 설교자들에 대한 가장 중요한 신약의 가르침 가운데 하나로 이끈다. 고린도전서 1:17-25에서 바울은 이렇게 말한다.

> 그리스도께서 나를 보내심은 세례를 베풀게 하려 하심이 아니요 오직 복음을 전하게 하려 하심이로되 말의 지혜로 하지 아니함은 그리스도의 십자가가 헛되지 않게 하려 함이라 십자가의 도가 멸망하는 자들에게는 미련한 것이요 구원을 받는 우리에게는 하나님의 능력이라 기록된 바 내가 지혜 있는 자들의 지혜를 멸하고 총명한 자들의 총명을 폐하리라 하였으니 지혜 있는 자가 어디 있느냐 선비가 어디 있느냐 이 세대에 변론가가 어디 있느냐 하나님께서 이 세상의 지혜를 미련하게 하신 것이 아니냐 하나님의 지혜에 있어서는

> 이 세상이 자기 지혜로 하나님을 알지 못하므로 하나님께서 전도의 미련한 것으로 믿는 자들을 구원하시기를 기뻐하셨도다 유대인은 표적을 구하고 헬라인은 지혜를 찾으나 우리는 십자가에 못 박힌 그리스도를 전하니 유대인에게는 거리끼는 것이요 이방인에게는 미련한 것이로되 오직 부르심을 받은 자들에게는 유대인이나 헬라인이나 그리스도는 하나님의 능력이요 하나님의 지혜니라 하나님의 어리석음이 사람보다 지혜롭고 하나님의 약하심이 사람보다 강하니라(고전 1:17-25).

바울에게 십자가의 복음이란 어리석음이고, 설교는 미련함이기 때문이다.

고린도전서 4:9-10에서 바울은 설교에서 설교자로 주제를 옮겨 간다. 그는 그 자신과 그의 동료 사도들에 대해서 이렇게 말한다.

> 내가 생각하건대 하나님이 사도인 우리를 죽이기로 작정된 자 같이 끄트머리에 두셨으매 우리는 세계 곧 천사와 사람에게 구경거리가 되었노라 우리는 그리스도 때문에 어리석으나…(고전 4:9-10).

여기서 바울이 보는 설교자는 하나님의 사자(使者)나 양 떼들의 목자 혹은 이야기꾼, 시인이나 증인의 모습이 아니다.[1] 선지자나 지혜

---

1 이 이미지들은 Thomas G. Long이 제시하는 설교의 역사에 등장한다. *The Witness of Preaching*, 2nd ed. (Louisville: Westminster John Knox, 2005), 18-51. 최근 제

로운 선생 혹은 상담가나 의논 상대의 모습도 아니다. 바울이 보는 설교자의 모습은 보다 이상하고 불편한 그것, 바로 바보의 모습이다.

복음은 어리석다. 설교는 미련하다. 설교자는 바보다. 이런 바울의 고백은 지난 몇 년간 우리를 따라다니며 괴롭혔다. 지배와 폭력과 죽음의 힘에 압도된 이 세상에서 설교학을 가르칠 때에, 바울의 고백은 우리의 머리를 떠나지 않았다. 군대와 대량살상무기, 기술과 국제 경제, 힘의 논리들, 그리고 이들의 유혹과 협박에 압도된 이 세상 가운데서 오로지 말씀만을 무기로 강단에 설 때에 바울 사도의 고백은 우리를 괴롭혔다. 이 모든 것들에 맞서 싸우기 위해 설교자들에게 주어진 시간은 단 몇 분뿐이다. 미련해 보일 따름이다. 사회 구조, 시스템, 신화와 이데올로기들은 너무나도 자주 우리를 사로잡아 그들에게 대항할 어떤 대안도 생각해내지 못하게 한다. 이것에 반해, 설교는 너무나도 약하고 무익한 대응같이 보인다. 이 부서지고 파괴된 세상 가운데서 십자가에 못 박힌 예수를 가리킬 때에, 마치 돈키호테가 된 것 같이 느껴지는 것이 사실이다.

다음의 이미지를 상상해 보라. 몇 년 전의 일이다. 조지아 주, 디케이터(Decatur) 시에 위치한 콜롬비아신학교의 화창한 가을 오후에 공놀이를 즐기는 학생들로 가득 찬 아름답고 평화로운 캠퍼스에 몇몇 학생들이 십자가를 가져다 놓았다. 그 십자가는 빛나는 금 혹은 은으로 만들어진 보기 좋은 십자가가 아니었다. 십자가는 아주 크고 거친 나무 십자가였다. 그 해는 1993년, 이라크 전쟁이 시작될 때였

시된 설교자의 다른 이미지들에 관해서는 Robert Stephen Reid, ed., *Slow of Speech and Unclean Lips: Contemporary Images of Preaching Identity* (Eugene, Ore.: Cascade, 2010)을 보라.

다. 학생들은 무언가라도 해야만 한다고 느꼈다. 그래서 그들은 기도와 저항을 위한 장소를 만들기로 했다. 학생들은 캠퍼스 어딘가에 오래된 십자가가 있다는 이야기를 듣고 십자가를 찾으러 갔다. 십자가는 중앙행정 건물의 삼층 창고에서 발견됐다. 아주 오래되고 낡은 십자가였다. 받침대가 망가져서 십자가는 계속 한쪽으로 삐딱하게 기울어졌다. 하지만 학생들은 그 낡고 비딱한 십자가를 캠퍼스 한가운데로 가져다가 세워놓았다. 미군의 힘을 도전하기 위해 십자가의 힘을 내세운 것이다. 그들은 십자가를 이라크 전쟁의 "충격과 공포" 작전에 대한 대안이라고 선포했다. 바보 같은 짓이었다.

그러나 그 십자가에는 무언가 특별한 것이 있었다. 십자가는 전쟁과 비교했을 때 우스꽝스러워 보였을 뿐만 아니라 캠퍼스 가운데서도 우스꽝스러워 보였다. 십자가는 그곳에 어울리지 않는 눈엣가시였다. 십자가는 캠퍼스의 아름다운 균형과 평화로운 질서를 흐트러뜨렸다. 어찌 되었던 간에 잔디밭 위의 커다란 십자가는 공놀이에 방해가 될 뿐 아닌가! 행여나 공을 찼다가 십자가에 맞기라도 하면 어떻게 되겠는가? 몇몇 학생들은 캠퍼스 한가운데에 놓인 십자가에 대해 공공연하게 불평했다. "대체 그 작자들은 무슨 자격으로 우리를 이렇게 불편하게 한단 말이야?" 그러나 몇 주가 흐르면서 십자가는 날씨에 의해 끝이 났다. 낡아빠진 받침대가 탈이 난 것이다. 이라크 전쟁이 휘몰아치는 동안 낡은 나무 십자가는 그렇게 힘없이 쓰러졌다. 학생들은 십자가를 치워버렸고 모든 것은 원래대로 돌아갔다.

그 몇 주 동안, 콜롬비아신학교 학생들은 모든 이들에게 십자가를 근본적으로 이해할 수 있는 기회를 주었다. 캠퍼스의 한가운데에서, 십자가는 희생이나 용서 혹은 도덕적 모범의 상징이 아니었다.

십자가의 영광이나 고통 혹은 학대와 폭력을 군말 없이 인내하는 소명 또한 그 십자가의 의미는 아니었다. 대신, 캠퍼스 한가운데의 십자가는 "훼방" 혹은 "방해"였다. 그 십자가는 힘에 대한 세상의 전제들을 폭로하는 훼방이며, 십자가를 인위적으로 "지배"하기 위해 우리가 종종 사용하는 신학적 안정과 안전을 포함하여 캠퍼스 전체의 안정과 안전을 방해하는 훼방이었다. 그 십자가는 자신의 목숨을 버리면서까지 사랑으로 지배와 폭력과 죽음의 권세에 도전했던 예수의 방식을 상기시키는 훼방(interruption)이었다.[2]

---

2   죽음의 권세에 도전하는 훼방, 억누르고 짓밟는 권세들에 적극적으로 저항하는 예수의 훼방으로서의 십자가를 강조하는 것을 통해 우리는 십자가를, 고난을 위한 고난의 미화 혹은 억압과 학대에 수동적으로 반응하는 것에 대한 묵인이나 축복으로 이해하는 모든 행태에 도전하고자 한다. 예수의 속죄를 변제, 대속, 그리고 희생의 의미로 이해하는 것은 심각한 문제이다. 우리가 이해하기에 십자가가 희생적인 이유는 그 희생이 죽음의 권세에 맞서는 예수의 능동적이지만 비폭력적인 저항의 결과물이기 때문이다. 고난과 여성 혹은 억압받아온 자들에 대한 끊임없는 폭력을 미화하는 십자가와 속죄의 교리에 대한 비판들이 있다. 그 예로는, Joanne Carlson Brown and Rebecca Parker, "For God So Loved the World?," in *Christianity, Patriarchy, and Abuse: A Feminist Critique*, eds. Joanne Carlson Brown and Carole R. Bohn (New York: Pilgrim, 1989), 1-30; Nancy J. Duff, "Atonement and the Christian Life: Reformed Doctrine from a Feminist Perspective," *Interpretation* 53 (1999): 21-33; Gayle Gerber Koontz, "The Liberation of Atonement," *Mennonite Quarterly Review* 63 (1989): 171-92; Alexandra Brown, *The Cross and Human Transformation: Paul's Apocalyptic Word in 1 Corinthians* (Minneapolis: Fortress, 1995), (특별히) 152-54; and J. Denny Weaver, *The Nonviolent Atonement* (Grand Rapids,: Eerdmans, 2001) 가 있다. 이 주제들에 관한 설교학적 접근을 위해서는 L. Susan Bond, *Trouble with Jesus: Women, Christology, and Preaching* (St. Louis: Chalice, 1999), 그리고 Sally A. Brown, *Cross Talk: Preaching Redemption Here and Now* (Louisville: Westminster John Knox, 2008)를 보라. 가정폭력에 관한 설교에 대한 중요한 고찰에 관해서는 John S. McClure and Nancy J. Ramsay, eds., *Telling the Truth: Preaching about Sexual and Domestic Violence* (Cleveland: United Church Press, 1998)를 보라. 물론 우리의 접근 방식이 이 글들과 다른 저널들이나 책들에서 다뤄진 모든 이슈들을 아우르지는 못

뿐만 아니라, 그 캠퍼스 한복판에 놓인 십자가는 세상으로부터 "숨기어진" 그리스도의 권세를 상기시키는 역할을 했다. 어리석게 보이는 권세, 그 자기 모순적인 속성 때문에 그리스도의 권세는 세상의 눈으로 볼 때 약해 보인다. 캠퍼스의 십자가는 훼방 놓고 어지럽히면서 전쟁의 실체와 대가들을 폭로했다. 그러나 동시에 그 십자가는 역설적인 공간을 만들었다. 그 역설적인 공간에서 사람들은 그리스도의 무력해 보이는 죽음이 사실은 이 세상을 지배하는 죽음의 권세를 이긴 강력한 권세라는 진리를 분별해내야 했다. 캠퍼스 한가운데 세워진 이 민망하리만치 미련한 낡아빠진 십자가 안에서 사람들은 지혜와 능력을 발견해야만 한다.[3] 그러나 심지어 신학교에서도, 모든 이가 성공하지는 못했던 일이다.

콜롬비아신학교의 그 십자가는 바울이 고린도전서 1장에서 선포하는 그 십자가와 다르지 않다. 바울의 설교는 그 십자가를 세운 신학생들의 행동보다 더욱 기이하다. 평화를 유지하기 위한 (십자가 처형을 포함한) "충격과 공포"의 정치가 이뤄지던 그 로마제국 한가운데

하지만, 몇몇 심각한 십자가에 대한 곡해들을 피하기 위해 노력했다. 우리에게 있어서 십자가는, 억압하고 지배하는 죽음에 이르게 하는 "옛 방식"에 맞선 저항과 훼방에 대한 것이다. 십자가는 고난을 위해 고난을 미화하는 것이 아니다. 앞으로 더 분명해질 것처럼, 십자가는 전지전능한 하나님을 선포하는 것이 아니라, 고통받는 자들과 같은 자리에서 약하고 어리석게 나타나시는 하나님을 선포한다.

3 고전 1:23에서 바울은 "거리끼는 것"(skandalon) 과 "미련한 것"(morian)을 동일시한다("유대인에게는 거리끼는 것이요 이방인에게는 미련한 것이로되"). 앞으로 더 분명해 지겠지만, 바울이 말하는 미련함은 태생적으로 모욕적이고 수치스럽다. 맥클랙컨(McCracken)은 심지어 "모욕적" 그리고 "수치스러움"이라는 단어들이 미련함이라는 단어보다 더 적절하다고 주장한다. David McCracken, *The Scandal of the Gospels: Jesus, Story, and Offense* (New York: Oxford University Press, 1994). 우리가 이 책에서 미련함을 강조하는 것은 사실이지만 이 미련함에 대한 우리의 정의에는 모욕과 수치의 의미가 담겨 있다.

에서 바울은 십자가를 선포했다. 지식과 명예와 권력이 중심이 된 그 사회 안에서 바울은 십자가에 못 박히신 그리스도를 선포했다. 신학적으로 볼 때에, 메시아 즉 그리스도가 십자가에 못 박힌다는 것은 상상할 수 없는 일이었다. 철학적으로 볼 때에, 신이 육신이 되어 십자가에 매달린다는 것은 생각조차 할 수 없는 일이었다. 정치적으로 볼 때에, 메시아가 이스라엘을 지배하고 있는 로마에 의해 십자가에서 죽음으로써 이스라엘을 자유롭게 한다는 것은 상식 밖의 일이었다. 그리고 문화적으로 볼 때에, 십자가에서 능욕당한 누군가가 그리스도로 높여진다는 것은 불가능한 일이었다.[4] 메시아의 십자가. 이 모든 것은 믿을 수 없는 현실이었다. 그 어떤 신학적, 철학적, 정치적, 아니 문학적 상상력도 그러한 개념을 포용할 수는 없었다. 그것은 충격적이고 신성모독적인 모순이었다.[5] 짧게 말하자면 그것은 미련함이었다. 어떤 학자들에게 따르자면 "미련함"이라는 말은 너무 점잖다. 메시아의 십자가, 사실상 그것은 "미친 짓"이었다.[6]

바울에게 있어서도 십자가는 "훼방"이었다.[7] 십자가는 오래된 신

---

[4] 이 주제들에 대하여는 다음을 보라. Martin Hengel, *Crucifixion: In the Ancient World and the Folly of the Message of the Cross*, trans. John Bowden (Philadelphia: Fortress, 1977), 1-10.

[5] L. L. Welborn, *Paul, the Fool of Christ: A study of 1 Corinthians 1-4 in the Comic-Philosophic Tradition*, Early Christianity in Context (London: T&T Clark, 2005), 23.

[6] Hengel, *Crucifixion*, 1-10. 우리는 메시아의 십자가가 "미친 짓"이라는 관점을 강조하지 않을 것이다. 앞으로 더 분명해지듯이 "미련함"이라는 단어가 바울이 하고자 했던 말을 더 잘 전달하기 때문이다. 그러나 "미친 짓"이란 단어는 바울의 어리석은 설교가 얼마나 과격하고 논란의 소지가 많았는지를 알 수 있게 해준다.

[7] 로이 해리스빌(Roy Harrisville)은 십자가를, 신약의 저자들도 서술하기 위해서 애썼던 모든 패러다임들의 "갈라진 틈"이라고 표현한다. 그는 바울에 대해서, "바울사도는 궁극적인 방법으로 그의 신학을 완성하지 못했다. 왜냐하면 애초부터 신학은 시스템이 아니기 때문이다. 사실, 신학은 시스템일 수가 없다. 시스템의 파괴야말로

화와 관습과 순리로 대표되는 구 시대에 대한 새 시대의 묵시록적 종말, 혹은 침입이다.[8] 십자가는 구 시대 권력들의 본 모습을 폭로한다. 그들은 생명의 거룩한 통치자가 아닌 죽음의 부하들일 뿐이었다. 또한 십자가는 새 시대 혹은 새 창조물을 오래된 것들의 한복판에서 높인다. 또한 새 시대로 구 시대를 방해하는 과정에서, 십자가는 우리를 죽음의 권세들로부터 자유로워질 수 있게 한다. 죽음의 치명적인 방식들에 저항하고, 새로운 세계에서 새로운 삶을 시작할 수 있도록 말이다.[9]

신학의 중심이기 때문이다." Roy A. Harrisville, *Fracture: The Cross as Irreconcilable in the Language and Thoughts of the Biblical Writers* (Grand Rapids: Eerdmans, 2006), 108. 몇몇 철학자들조차도 바울의 메시지들과 수사학의 과격하고 파괴적인 성격을 인지한다. 프랑스의 철학자 알랑 바디우(Alain Badiou)가 주장하듯이 바울은 "학문 체계나 논문, 심지어 진정한 의미에서의 책도 쓴 적이 없다." 그의 서신들은 개입에 가까우며 "중지"와 "결렬"을 이야기한다. 고전 1:17-29에 대해 논평하면서 바디우는, 바울의 메시지의 어리석음은 언어의 "교차상태"에서 비롯된다. 보통의 언어로 십자가의 역사를 표현하기는 애초에 불가능하다. Alain Badiou, *Saint Paul: The Foundation of Universalism*, trans. Ray Brassier (Stanford, Calif.: Standford University Press, 2003), 23, 31, 46-47. 이야기식 설교를 비판하면서, 리차드 리셔 (Richard Lischer)는 십자가야말로 우리의 정돈되고 안정된 이야기들을 중단시키는 재앙이라는 사실을 상기시킨다. Richrd Lischer, "The Limits of Story," *Interpretation* 38 (1984): 33. 아프리카라는 배경 안에서 파괴적인 "혁명적 광기"로서의 복음을 깊이 탐구하기 위해서는 Emmanuel Katongole, *The Sacrifice of Africa: A Political Theology for Africa* (Grand Rapids: Eerdmans, 2011)를 보라.

8 다음 연구들의 뉘앙스는 서로 다르다. J. Christiaan Beker, *Paul's Apocalyptic Gospel: The Coming Triumph of God* (Philadelphia: Fortress, 1982); J. Louis Martyn, "Epistemology at the Turn of the Ages" and "From Paul to Flannery O'Connor with the Power of Grace," *Theological Issues in the Letter of Paul* (Nashville: Abingdon, 1997), 89-110 and 279-97; 또한 Brown, *Cross and Human Transformation*.

9 통치자들과 권력자들에 관한 (이 책에서는 가능하지 않은) 자세한 논의를 위해서는 다음을 보라. Charles L. Campbell, *The Word before the Powers: An Ethic of Preaching* (Louisville: Westminster John Knox, 2002). Walter Wink, *The Powers That Be: Theol-*

이 묵시록적 종말 때문에 그리스도인들은 "시대의 과도기" 혹은 "시대의 변화"와 마주하게 된다.[10] 그들은 사이에 끼이게 된다. 그리스도인들은 두 시대가 겹쳐지는 경계성의 공간 혹은 문턱, 즉 옛 것들은 사라져 가고 새 것들은 아직 완전히 도래하지 못한 그 공간에 서있다. 이 공간은, 다른 모든 경계성의 공간들과 같이, 한 곳에서 다른 곳으로의 움직임의 공간이다. 이 경우에 움직임은 구 시대에서 새 시대로 넘어가는 움직임, 새로운 세계가 완전히 도래할 때까지는 결코 완성되지 않을 움직임이다.[11] 게다가 이 공간에서 사람들은 "보는" 방법을 배워야 한다. 십자가의 어리석음과 약함에서 하나님의 지혜와 힘을 분별해내야 한다. 구 시대에서 십자가의 힘과 지혜는 숨기어져 있었다. 십자가는 여전히 약하고 미련하게 보인다. 지금 이 문턱에서 믿음의 사람들은 "이중 초점의 시야"를 가지고 볼 줄 알아야 한다.[12] 믿는 자들은 가면이 벗겨진 구 시대의 본모습—하나님

---

ogy for a New Millennium (New York: Doubleday, 1998). 구 시대의 "통치자들과 권세들"의 속성들을 모두 포용하기 위해 우리가 사용한 "죽음의 권세들"(the powers of death)이라는 표현은 William Stringfellow, *An Ethic for Christians and Other Aliens in a Strange Land* (Waco, Tex.: Word Books, 1973; repr., Eugene, Ore.: Wipf & Stock, 2004).

10 Martyn, "Epistemology," 89, 92; Brown, *Cross and Human Transformation*, 124.
11 경계성의 특수한 속성들은 다음 장에서 더 깊게 논의될 것이다.
12 이중 초점의 이미지는 루이스 마르틴(J. Louis Martyn)으로부터 비롯된다. Martyn, "From Paul to Flannery O'Connor," 284. "묵시"(apokaluptō; apokalupsis)라는 용어는 나타내고, 베일을 벗기고, 드러내고, 밝히고자 한다는 의미를 내포한다. 따라서 지각력은 묵시에 있어 특별히 중요하다. 이 책에서 "보는" 것의 의미가 강조되고 계속해서 마르틴의 "이중 초점" 비유가 사용될 것이지만, 분별력은 단순히 시각적인 문제가 아니다. 실제로 앞을 보지 못하는 많은 사람들이 분별의 은사를 가지고 있다. 분별과 지각은 다양한 감각을 통해서 이루어질 수 있다. 또한 십자가의 어리석음 역시 다양한 감각들을 통해 느껴질 수 있다. 예를 들어서, 십자가의 냄새는 거

에 대항해 예속시키는 죽음의 방식—을 인식함과 동시에 자유롭게 하고 생명을 주는 새 시대의 방식을 알아보아야 한다. 십자가의 훼방은 지각력의 위기를 초래한다. 이중 초점의 시야로 분별할 줄 아는 자들과 계속 세상의 방식으로 바라보며 살아가는 자들이 나뉜다.[13]

그렇게 해서 십자가는 구 시대를 멸망시키고, 새로운 시각을 가지는 것이 가능해지고 또 요구되는 경계성의 공간을 창조한다. 바울이 십자가의 미련함과 설교의 미련함을 강조한 것은 결코 우연이 아닌 복음의 핵심이다. 훼방과 경계성, 지각력과 분별력이야말로 바보가 하는 일의(그리고 바보의 놀이!) 중심이기 때문이다. 설교의 미련함은 단순히 "현존하는 힘"들 앞에 서야 하는 현대 설교자들이나 설교학자

의 언급되지 않는다. 그러나 십자가 처형의 악취는 십자가의 미련함을 전달하는데 있어 그 어떤 광경 혹은 소리만큼이나 효과적일 것이다. 어떤 자가 악취 나는 십자가의 현장에서 하나님의 향기로움을 맡을 수 있단 말인가? 우리가 사용하는 "분별"과 "지각"이란 단어들은 한 사람이 그에게 주어진 모든 감각들을 사용해서 삶을 바라보는 방식을 가리킨다. 그것은 남들이 보지 못하는 (혹은 보지 않으려 하는)것들을 보는 방식이다. 대안에 대한 민감성, 아름다움이나 추함 혹은 추함 속의 아름다움에 대한 민감성, 삶 그 자체에 대한 민감함, 몸의 모든 신경과 세포를 통해서 진실을 받아들이고자 하는 방식이다. 올라 시거드슨(Ola Sigurdson)의 말처럼, "우리 모두가 알듯이, 교회 안에서는 다른 역사적 시대마다 서로 다른 감각들이 신학적으로 고귀하게 여겨졌다. 정통 기독교에서는 시각이, 개신교에서는 청각이 그 예이다. 그러나 이 중요성의 단계는 비판적으로 연구되어야 한다. 몇몇 신학적 기록들은 그 같은 시대의 관습들과 상당히 다를 수 있기 때문이다. 하지만 이것이 감각들에 대한 신학의 유일한 근거는 아니다. 신학이 문득, 그러나 자주 실감해 왔듯이 우리의 감각들은 서로에게 또한 하나님에게 다가가는 방식들이다. 보고 듣고 만지는 다양한 방법들이 존재하는 것처럼, 다른 감각들이 내포하고 있는 신학적 그리고/혹은 철학적 암시에 대한 체계적인 연구가 필요한 것이다." *Studia Theologica: Nordic Journal of Theology* 62, no. 1 (2008):41. 이 책의 나머지 부분에서 사용되는, "지각"과 "분별" 심지어 "이중 초점"이라는 단어들은 위에서 설명된 넓은 의미로 쓰인다.

13 Martyn, "From Paul to Flannery O'Connor," 284.

들의 개인적 경험이 아니다. 바보로 그려진 설교자의 이미지가 바울의 상황에만 국한된 것이라 생각해서는 안 된다. 그것이 현대 설교자들에게는 적용되지 않는 이미지라고 생각해서는 안 된다. 오히려 설교의 어리석음과 설교자들의 미련함은 복음 그 자체의 중심에 자리한다.[14] 바울의 상황과 그의 글들을 더 가까이 들여다보면, 바울이 십자가를 통해 선포하는 그 악명 높은 십자가의 미련함이 가지고 있는 속성과 그 깊이를 보다 더 온전히 이해할 수 있을 것이다.

1. 십자가의 미련함: "조악하고 저속한 희롱"

십자가를 "조악하고 저속한 희롱"이라고 표현하는 것만으로도 많은 21세기 그리스도인들의 신앙심을 시험하는 일이 될지 모른다.[15] 오늘날 십자가를 희극의 소재로 사용하는 행위는, 바울 시대의 메시아의 십자가만큼이나 있어서는 안 될 일로 보인다. 그러나 바울이 살았던 사회의 부유층과 권력층에게, 십자가는 다른 어떤 것도 아닌 조악하고 저속한 장난이었다. 십자가는 너무도 수치스러운 것이어서 사회의 "배척"을 상징했고 때문에 점잖은 자리에서는 언급되지조차 않았다. 십자가는 "기분 나쁜 농담", 즉 블랙 코미디의 한 종류로만 취급되었다. 십자가형에 대한 불안함을 숨기고 주로 십자가형에 처해지는 자들, 즉 약하고 결함 있는 자들에 대한 경멸을 보여주기 위

---

14 바보가 설교자의 유일한 이미지라고 말하는 것은 아니다. 다만 바보의 이미지가 복음과 또한 우리 시대에 중심이 되는 이미지라고 믿는다.

15 Welborn, *Feel of Christ*, 2.

함이었다.[16]

사실 십자가와 코미디 사이의 괴기스러운 관계는 단순한 상류사회 엘리트들의 대화들에서 보이는 것보다 더 깊이 들어간다. 이 "블랙 코미디"는 명백하게 십자가형 그 자체이다. 십자가형은 애초에 패러디의 목적으로 만들어졌다. "풍자적으로 칭송하고 높이는", 문자 그대로 거칠고 저속한 장난이었던 것이다.[17] 십자가형은 철저한 계급제도의 문화에서 생겨났다. 부유하고 힘 있는 엘리트들은 "고귀하다"고 여기어졌고 가난한 자들, 노예들 그리고 소수자들은 "비천하다"고 여기어졌다. 바울 스스로도 그런 자들을 "천한 것들과 멸시받는 것들"이라고 표현했다(고전 1:28). 이러한 계급을 유지하고 또한 그 계급들과 연결된 명예 혹은 수치가 유지되게 하는 것은 이 계급사회의 질서에 매우 중요했다. 행여나 "천하고 멸시받는" 자들이 계급의 제한을 넘어서서 "분수에 넘치는" 행동을 하게 되면, 십자가형이야말로 적절한 처벌이었다.[18] 왜냐하면 십자가의 처형은 주어진 자리에서 살아가지 않으려는 자들이 무례하게도 계급사회에 흠집을 내려할 때 그런 자들의 행동을 흉내 내며 경멸하고 희롱하는 것이기 때문이다. 즉 십자가형은 이런 자들의 행위에 대한 희극과 비극이 복잡하게 얽힌 기괴한 패러디로 사용되었기 때문이었다.

이 섬뜩한 처벌에서 십자가에 못 박히는 자는 조롱이 담긴 칭송의 모습으로 십자가에 "들어 올려진다". 이 같은 방법으로 십자가형

---

16 Welborn, *Feel of Christ*, 2.
17 Joel Marcus, "Crucifixion as Parodic Exaltation," *Journal of Biblical Literature* 125, no. 1 (2006):73-87. 십자가형의 패러디적 속성에 관한 논의는 마르커스의 연구에 기대고 있다.
18 Marcus, "Crucifixion," 78.

은 의도된 기괴함을 통하여, 감히 분수에 넘치게 "자신을 높인"자들의 허식과 오만함을 드러내고자 했다.[19] 십자가형은 그 희생자들을 죽음에 다다를 때까지 뒤틀리게 "높여진" 자세로 들어 올려 고정시킴으로써 그들의 허세를 조롱했다. 십자가형은 그 희생자들의 주장이 도에 넘치는 거만함일 뿐이라는 것을 확실히 못 박는 ("못 박는다"라는 표현이 이 상황에 얼마나 적절한지 보라) 행위였다.[20] 십자가형에 처해지는 자를 높이는 이 아이러니는 의도된 것이었다. 십자가는 "순종하지 않는 죄인들의 분에 넘친 행동을 고의적으로 끔찍하게 반영시킴으로써 그들의 허세를 흉내 내고 패러디하며 결딴내기 위해 고안된 것이다."[21]

여기에 더해서, 패러디적인 숭배로서의 십자가형은 "가짜 왕위"와 노골적 혹은 암묵적으로 연결된다.[22] 십자가형에 대한 일반적인 이해는 "즉위식"이었다. 십자가에서 처형되는 자가 들어 올려지는 행위와 왕이 보좌로 올려지는 즉위식 사이의 연관은 꽤나 우스운 상황을 만들어냈다.[23] 십자가에 매달릴 자가 마치 왕인 것처럼 조롱하는 행위는 십자가형의 일부분으로 자주 행해졌다. 예수조차도 군인들에 의해서 왕으로 조롱당하셨다. 군인들은 예수께 자색 옷을 입히고 가시관을 씌운 뒤 그를 "유대인의 왕"이라 칭하며 경례했다. 그

---

19 Marcus, "Crucifixion," 77–79.
20 Marcus, "Crucifixion," 80.
21 Marcus, "Crucifixion," 78.
22 후에 논의될 것처럼, "천하고 멸시받는" 자들이 옥좌에 오르는 (그 옥좌가 왕의 것이든 주교의 것이든 간에) 이야기는 수많은 카니발들과 카니발적인 종교 행사들의 주요 볼거리가 된다. 이러한 행사들은 사실 굉장히 깊고 심오한 방식으로 십자가형의 문화적 현실을 그려낸다.
23 Marcus, "Crucifixion," 84.

런 뒤 예수 앞에서 마치 경의를 표하듯이 꿇어 절했다(막 15:17-20). 십자가에 달린 그의 머리 위에는 "유대인의 왕"이라는 죄패가 달렸다(막 15:26). 십자가에 매달려있는 동안, 예수는 구경꾼들과 종교 지도자들에게 조롱당했다.

> 이스라엘의 왕 그리스도가 지금 십자가에서 내려와 우리가 보고 믿게 할지어다(막 15:32).

이러한 모욕은 단순히 예수의 죄목에만 관련된 것이 아니었다. 조롱은 십자가형 자체의 본질이기 때문이다.[24] 예수를 조롱하던 관중들은 그들의 블랙 코미디를 실현하고 있었다. 그들은 공연의 일부분이었다. 군인들과 군중들은 모두 이 조악하고 저속한 희롱에 참여하고 있었던 것이다.

그러나 예수의 십자가상은 이러한 패러디적인 숭배를 중단시키고 사람들에게 이 특별한 십자가에서 벌어지고 있는 또 다른 무언가를 분별해내라고 말한다. 더욱이 예수의 십자가상은 세상의 힘으로 이 패러디를 멈추게 하는 것이 아니라 바보의 방식, 즉 그 이상의 패러디를 사용해서 멈추게 한다. 예수 십자가의 중심에는 이중의 아이러니가 존재한다. 십자가형의 본질이라고 할 수 있는 조롱당하는 왕위의 아이러니, 이 아이러니 자체가 아이러니하게도 예수의 십자가에 의해 조롱되는 것이다.[25] "유대인의 왕"이라고 패러디되는 십자가에 못 박힌 그자는, 신약의 증인들에 따르면, 실제로 왕 되신 자이다.

---

24 Marcus, "Crucifixion," 83.
25 Marcus, "Crucifixion," 86-87.

또한 십자가는, 아이러니하게도, 그의 보좌다. 십자가에 달린 한 노예의 수치스러운 죽음은 예수가 왕이시라는 주장과는 극명히 반대되는 것처럼 보이지만(십자가에서의 죽음은 예수가 왕이라는 주장을 조롱하는 것처럼 보이는 것이 사실이다), 진실은 그 정반대라는 것이다. 예수가 십자가에 못 박힌 것은 사실 그의 대관식이었다. 그의 왕권은 군중들이 비웃으며 재촉했던 것처럼, 그 자신을 구원하지 "않는" 것은 물론이고 십자가에서의 죽음까지 받아들인다.[26] 백부장이 십자가의 발치에서 외쳤듯이(그가 진실된 믿음으로 한 말인지 아니면 조롱하고 비꼬듯이 한 말인지 우리는 알지 못한다), "이 사람은 진실로 하나님의 아들이었도다!"(막 15:39). 실제로 이렇게 말했다면 정말 어리석은 외침이 아닌가? 복음서들의 언어와 신학에 다 언급되어 있지만, 특히 마가복음에서 이 증인의 외침은 "십자가의 미련함은 하나님의 지혜와 능력"이라는 바울의 선포에 대한 메아리이다. 사람들은 이제 이 증인의 진실됨 혹은 어리석음을 식별해내야만 한다. 분별하는 사람들이 믿음의 이중 초점의 시야로 바라볼 때, 실제로 희롱당하는 상대는 예수를 조롱하고 십자가에 못 박았으나 뜻하지 않게 예수의 즉위식에 참여하게 된 "현존하는 힘들"이다(고전 2:8).

예수는 실제로 예루살렘 개선 입성에서 보여준 왕좌에 대한 그 자신의 패러디를 통해 십자가의 이중 아이러니를 예고한다.[27] 십자가의 죽음의 전조가 되는 예루살렘 입성은 "길거리 공연"의 카니발적인 형태로 면밀히 편성되었다. 그는 이 상황을 통해 힘과 지배 그

---

26 Marcus, "Crucifixion," 74.
27 막 11:1-10 또한 마르쿠스(Marcus)는 십자가형의 희생자들이 자주 그들에게 주어진 패러디 인물로서의 역할을 수행했다는 것에 주목한다("Crucifixion," 82). 그러나 마르쿠스는 예수의 개선 입성은 고찰하지 않는다.

리고 왕권에 대한 세상의 가설들을 조롱하고, 메시아에 대한 종교 집단의 기대에도 도전한다.[28]

예수는 이스라엘의 자유를 위한 마지막 전투가 시작되는 곳이라고 전통적으로 믿어왔던 감람산에서 출발한다. 이 전통적 장소에서부터 예수는 그의 마지막 진군을 시작한다. 그가 필요한 것들을 준비하기 위해 제자를 보낼 때부터 일이 이상하게 돌아가기 시작한다. 그는 전쟁 무기를 구하는 대신 당나귀 한 마리를 찾았다. 예수는 무장도 하지 않은 채 전형적인 바보의 상징인 당나귀를 탄 채로 예루살렘 정복 길을 나선다.

예수가 마침내 예루살렘에 입성했을 때, 그는 승리하고 돌아온 국가의 영웅을 위한 웅장한 개선식의 모든 과시적인 요소들을 누린다. 사람들은 분위기에 휩쓸려서 개선장군이 기대할 법한 모든 일들을 한다. 그들은 경외와 환호의 의미로 종려나무 잎들과 겉옷들을 예수 앞에 펼친다. 군중들은 소리친다. "호산나! 찬송하리로다. 주의 이름으로 오시는 이 곧 이스라엘의 왕이시여!" "주여 구원하소서." "왕이여 만세!" 그리고 예수는 그를 숭배하는 군중들 사이를 지나간다.

그러나 그 모든 시간 동안, 예수는 힘과, 법과, 권위에 대한 세상의 개념을 바꾸고 있는 중이다. 그의 공연은 한 편의 훌륭한 정치 풍자극이다. 개선 입성을 통해 예수는 세상의 권세들과 그들의 영광과 지배를 위한 가식들을 패러디한다. 동시에 그는 세상이 힘에 대해 가지고 있는 세상 사람들의 통념에 대한 대안을 구현한다. 그는

---

28 "길거리 공연"의 이미지와 이 이야기의 부분들은 다음 책에서 왔다. Ched Myers, *Binding the Strong Man: A Political Reading of Mark's Story of Jesus* (Maryknoll, N.Y: Orbis, 1988), 294.

그의 권위로 다른 이들 위에 군림하는 자로 오지 않고, 지배를 거부하는 종으로 온다. 그는 허례허식하는 부유한 자로 오지 않고, 가난한 자들과 자신을 동일시하는 이로 온다. 그는 위대한 전사로 오지 않고, 폭력에 의지하지 않는 이로 온다. 예수는 힘에 대한 세상의 통념을 거부하고 현존하는 체제를 전복시키지만, 비폭력적인 하나님의 통치를 예루살렘 한가운데에 구현한다. 이 상황에서 예수는 역할들이 뒤바뀌고, 권력이 붕괴되고, 또한 자주 가짜 왕이 왕위에 앉는 요지경 속 카니발의 세상을 공연한다. 그리고 이 패러디를 통하여 예수는 스가랴의 예언처럼 자신이 메시아임을 선포한다.

> 보라 네 왕이 네게 임하시나니 그는 공의로우시며 구원을 베푸시며 겸손하여서 나귀를 타시나니 나귀의 작은 것 곧 나귀 새끼니라(슥 9:9; 마 21:5를 참조하라).

그의 소란스러운 카니발 행렬을 통해서 예수는 그가 십자가 위에서 감내해야 할 패러디적인 즉위식을 예기하고 부추긴다.[29] 그는 순종적인 희생자가 아니다. 그는 통치자들과 권세들의 방식, 즉 지배와 폭력의 방식(*modus operandi*)을 패러디함으로써 그들에게 대항한다.

골로새서의 저자는 개선 입성의 패러디와 십자가의 패러디 사이의 관계를 이해했다. 철저하게 아이러니한 서신서의 한 부분에서, 저자는 그리스도의 사역을 증명할 때에 그 두 가지 이미지들을 같

---

29 마태는 그 행렬이 얼마나 소란스러웠는지 증언한다. 그는 "온 성이 소동하여"라고 말한다(마 21:10). "소동"을 뜻하는 헬라어 *eseisthē*는 지진을 뜻하는 단어와 같은 어원을 가지고 있다. 더 나은 번역은 "흔들려서"가 될 수도 있을 것이다.

이 사용한다. 십자가 위에서 예수는 "통치자들과 권세들을 무력화하여 드러내어 구경거리로 삼으시고 십자가로 그들을 이기셨느니라"(골 2:15)고 선언한다. 여기에서 저자는 패배한 자들의 무기를 빼앗고 사람들 앞에서 줄지어 행진하게 하며 그들의 철저한 패배를 각인시키기 위해, 포로들을 조롱거리로 만드는 전형적인 개선 군대 행진 가운데 한 부분을 패러디한다. 이 개선 행진을 십자가의 자리에 놓음으로써, 골로새서의 저자는 그 행진에 카니발적인 의미를 부여한다. 십자가형의 패러디를 패러디할 뿐만 아니라 동시에 웅장한 군대 행진을, 힘과 지배에 대한 이해와 함께, 농담의 대상으로 만들어 버린다.

예수의 십자가를 바라보는 이 깊이 있는 풍자적 시선은 사실 십자가에 대한 초기의 신학적 해석에서 찾아볼 수 있다. 여기에서 예수는 기습적이고 예상하지 못한 방식으로 사탄을 폭로하고 이기기 위해, 예수 자신을 십자가에 못 박으라고 사탄을 부추기는 트릭스터의 모습으로 등장한다. 트릭스터와 같은 방법으로 예수는 사람들을 사탄의 지배로부터 자유롭게 한다.[30] 예수의 죽음을 통해서, 현존하

---

30 다음의 책을 보라. Gustav Aulen, *Christus Victor: A Historical Study of the Three Main Types of the Idea of the Atonement*, tans. A. G. Hebert (New York: Macmillan, 1951), 47-55. 어떤 의미에서 예수는 인간을 삼키고 싶어 하는 제어할 수 없는 사탄의 "식욕"을 자극함으로써 사탄을 함정으로 끌어들인다. 이 함정은 사탄으로 하여금 자기 권한의 도를 넘어서 예수를 십자가에 못 박게 만든다. 이러한 것들이 트릭스터 이야기들의 전형적인 주제들이다. Hyde, *Trickster Makes This World*, 17-80. 놀랍게도 니사의 성그레고리우스는 심지어 예수를 십자가에서 사탄을 잡기위한 일종의 "낚시", 혹은 "미끼"라고 표현한다(Aulen, *Christus Victor*, 52). 호머의 헬라어로 "트릭"은 *dolos*이며, 알려진 것 중 가장 오래된 이 단어의 사용법은 물고기를 잡기 위한 특정한 트릭을 가리키는 것이었다(Hyde, *Trickster Makes This World*, 18). 십자가에서의 예수의 사역에 대한 이해와 트릭스터의 형상 사이의 연

는 힘들이 아이러니하게도 스스로 열린 광장으로 나아와 자신들의 실체—즉, 생명의 거룩한 대리인들이 아닌 하나님의 적들이자 죽음의 전파자—를 노출시키는 것이다. 바울은 고린도전서 2:8을 십자가의 어리석음 선포의 정황 안에서 기록한다.

> 이 지혜는 이 세대의 통치자들이 한 사람도 알지 못하였나니 만일 알았더라면 영광의 주를 십자가에 못 박지 아니하였으리라(고전 2:8).

통치자들은 예수의 정체를 식별해내지 못한 채 그를 십자가에 못 박는다. 또한 "십자가에 못 박힌 자는 영광의 주이시다"라는 바울의 선포는 아이러니를 불경함의 극치로 몰고 간다. 정말 블랙코미디가 아닌가!

이러한 예들이 증명하듯이 복음은 복잡하고 거칠며 저속한 농담을 구사한다. 예수의 십자가는, 십자가형에서 명백하게 드러나는 패러디적인 숭배(사실은 조악한 조롱)에 대한 아이러니한 이중적 패러디다. 십자가에 못 박힌 그리스도의 복음은 웃음을 (물론 다양한 이유에서의 웃음이었을 테지만) 자아냈을 것이다. 특권과 권력을 가진 이들, 즉 예수를 십자가에 처형함으로 자신들의 권위가 더욱 견고해지는 자들에게는 십자가는 그저 농담의 대상에 불과한 것이었다. 집권층들이 자신들의 통치권을 더욱 공고히 하기 위한 장치로 사용했던 십자가형 제도가 주는 그 형벌의 잔인함을 하찮은 것으로 만들어 버리는

계는, 아무리 축소시킨다 할지라도 흥미롭게 보인다.

조롱의 웃음 말이다.[31] "천하고 멸시받는 자들"에게, 십자가는 아마도 형벌의 공포를 조금이나마 무디게 만들기 위해 걱정스러운 웃음을 자아내게 했을지도 모른다.[32] 그러나 이중 초점의 시야로 분별하는 자들에게 그 웃음은 예수가 세상의 권세들을 구경거리로 만드는 것을 이해하는 자들의 웃음, 그런 반어법적인 웃음이었을 것이다. 가장 심오한 단계에서 이 웃음은 고착되지 않은 아이러니의 웃음이다. 이것은 또한 굉장히 신학적이다. 이러한 웃음은 복잡하고 형용할 수 없는 복음의 중심에 있는 부조화를 표현한다.[33] 이 웃음은 우리를 깨트리고 그와 동시에 우리에 대한 소유권을 주장하는 십자가의 진리를 깨닫는 자들의 자유로운 웃음이다. 이 충격적인 모순 한 가운데의 웃음은, 사람의 말 또는 개념으로는 결코 십자가를 파악하거나 조종할 수 없다는 진리를 깨닫는 자들의 겸손한 웃음인 것이다.[34] 설교하는 바보들의 웃음 말이다.

이 극도로 복잡한 역설과 반어법들의 네트워크야말로 "십자가의 미련함"에 대해 바울이 외치고자 했던 것이다. 더욱이 바울은 자기 십자가를 지고 예수를 따라가는 것(막 8:34), 즉 십자가의 삶을 사는 것은 그리스도를 위하여 어리석게 되기를 요구하는 것이라고 외친다(고전 4:10). 십자가의 길은 수동적인 수난을 칭송하는 데에 있지 않

---

31 Welborn, *Fool of Christ*, 101.
32 Welborn, *Fool of Christ*, 101.
33 부조화와 웃음 사이의 완전한 관계는 6장에서 다룰 것이다.
34 신학자 재클린 부시(Jacqueline Bussie)가 말하듯이 그러한 "웃음은 십자가의 신학을 설명하는 언어 외적인 적절한 도구로 작용한다. 왜냐하면 십자가의 신학은 본디 역설적이고, 사람의 언어로 표현될 수 없으며, 충돌하는 내러티브들의 결과물이기 때문이다." Jacqueline Bussie, *The Laughter of the Oppressed: Ethical and Theological Resistance in Wiesel, Morrison, and Endo* (New York: T&T Clark, 2007), 122.

다. 그보다 십자가의 길은 새로운 시야와 그 이상의 저항을 위한 공간을 만들어내는 반항과 훼방의 길이다. 힘과 지혜에 대한 세상의 통념에 도전하고 그 통념을 패러디하는 어리석은 사랑의 길, 심지어 그 길이 고통과 죽음으로 이끈다 할지라도 세상의 기준을 따라 살기를 거부하는 길인 것이다. 십자가를 설교하기 위해서는 이 미련함 속으로 깊게 들어가 바보의 역할을 해내야만 한다.

2. 설교하는 바보

그의 설교에서 바울은 실제로 바보의 역할을 짊어진다. 조악하고 저속한 희롱이 사실은 하나님의 지혜와 능력이라고 증언하기 위해 바울은 우리가 방금 보았듯이 "그리스도 때문에 어리석은 자"가 된다. 바보의 형상은 어떤 면에서 십자가와 같은 문화적 요소로 분류된다. 영어 "얼간이"(moron)의 어원인 헬라어 모리아(mōria)는 어리석음이라는 뜻을 가지고 있으며, 이는 영어 "미련함"(folly)보다 훨씬 비하적인 표현이다. 모리아는 특정한 사회적 유형, 즉 종종 신체적 기형을 동반한 미미하고 부족한 지능을 보이는 하층 계급의 태도와 행동을 가리킨다.[35] 모리아라는 사회적 낙인은 고린도전서 1:27-28에서 분명하게 드러난다. 여기에서 바울은 "세상의 미련한 것들"을 "세상의 천한 것들과 멸시받는 것들"과 동일시한다. 이와 같은 맥락에서 바보는 사회에서 극도로 배척된 자이자 사회의 "끄트머리"에 존재하는 자이다. 십자가를 하나님의 지혜와 능력이라고 선포하고 십

---

35 Welborn, *Fool of Christ*, 1-2.

자가의 길을 자신의 삶 속에서 실현하는 과정에서 바울은 사회에서 추방된, "천하고 멸시받는" 얼간이의 옷을 입게 된다.

바울의 충격적이고 선동적이며 직설적인 말을 빌려, 십자가를 하나님의 능력과 지혜라고 증언하는 자는 그 누구든지 자신을 웃음거리로 전락시키고 말 것이다. 바울 스스로도 그의 설교와 삶이 고린도의 교양 있는 엘리트들 사이에서 그 자신을 어릿광대이자 비웃음의 상대로 만들었다는 것을 알고 있었다. 그는 자기 자신뿐만 아니라 다른 사도들도 십자가에 달린 그리스도와 같이 저속한 희롱의 대상이 되었다는 사실을 인정한다.[36] 바울은 그가 처해있는 현실을 직시한다.

그러나 상황은 단순히 현실을 인지하는 데서 그치지 않는다. 실제로 바울은 의도적이고 구체적으로 바보의 역할을 "채택"하고 또한 "구현"한다. 바울은 사도들에 대해서 이렇게 썼다.

> 우리는 세계 곧 천사와 사람에게 구경거리가 되었노라 우리는 그리스도 때문에 어리석으나(고전 4:9-10).

"어리석은"과 동격으로 사용되는 "구경거리"의 헬라어 테아트론(*theatron*)은 연극이란 뜻을 가지고 있다.[37] 바울은 그가 십자가를 설교

---

[36] Welborn, *Fool of Christ*, 52.
[37] Welborn, *Fool of Christ*, 50-51. 다음에 등장하는 테아트론(*theatron*)을 보라. *Theological Dictionary of the New Testament*, vol. 3, ed. Gerhard Kittel, trans. Geoffrey W. Bromiley (Grand Rapids: Eerdmans, 1965), 42-43. 웰본(Welborn)은 특정한 연극적 장르인 마임에 등장하는 바보를 콕 집어낸다. 중요한 것은 그 당시의 마임은 무언극이 아닌 거칠고 현실적인 (흉내, 모방하는) 저급한 코미디였다는 사실이다. *Fool of Christ*, 4, 5, 36에서의 논의를 보라.

할 때에 로마 연극에서 바보가 만들어내는 구경거리 같은 역할을 자신이 하고 있다는 것을 분명히 한다.[38] 그 후로도 몇백 년 동안 연극 무대에서 유지되었듯이, 로마 연극에서의 바보는 가난한 자들과 동일시되며 관습을 거스르고 소동을 일으키는 천박한 어릿광대이다. 그는 대본을 무시하고 진지하고 명예로운 등장인물들의 업적들을 조롱한다. 그는 특권과 권위에 대항하고 그 누구도 감히 하지 못하는 말들을 입 밖으로 낸다.[39] 그의 소란스러운 행동들 때문에 바보는 언어적 또는 신체적으로 자주 학대당한다.

바울이 수행하는 역할이 바로 이런 것이다.[40] 우리는 바울을 연극 안의 바보처럼 상상해 볼 필요가 있다. 예고도 없이 무대 위로 뛰어올라와 그의 발칙한 말들과 익살맞은 행동들로 극 전체를 헤집어 놓는 바보 말이다. 연극 속의 바보처럼 바울은 관습을 거스르는 행동들을 보인다. 십자가를 선포함으로써 그는 힘과 지혜에 대한 세상의 이해를 바꾸어 놓는다. 그는 세상이라는 무대에 서 있는 모든 진지하고 명예로운 등장인물들의 연기를 중단시킨다. 그는 다른 그 누

---

38 바보들에 관한 다른 짧은 논의들을 위해서는 다음을 보라. Otto, *Fools Are Everywhere*, 187, 198-202; Welsford, *The Fool*, 114, 278. 오토와 웰스포드 모두 유럽의 궁중 어릿광대의 기원은 로마의 바보 연기자들에서 왔다는 것에 동의한다. 바울이 맡은 바보 역할과 4장에서 다뤄질 후세의 궁중 어릿광대가 아마도 연관되어 있을 것이라고 볼 수 있다.
39 Welborn, *Fool of Christ*, 32, 36-37, 149.
40 그러나 바울에게는 하나의 아주 중요한 차이가 있었다. 바울의 "연극"은 결코 끝나지 않았다는 것이다. 그의 무대는 세상이었고 바보의 역할은 그의 삶이었기 때문에 그는 절대 어릿광대의 옷을 벗어 던지거나, 무대를 떠나거나 무대 밖의 삶을 즐길 수 없었다. 반대로 그의 역할은 생사가 걸린 역할이었으며 천하고 멸시받는 자들과 뼛속까지 공감하는 역할이었다. 그는 그의 몸에 십자가의 "조악하고 저속한 희롱"을 지고 다니면서 하나님의 미련한 능력을 선포했다.

구도 감히 하지 못하는 말들을 한다. 그는 그의 저속하고 조악한 농담, 즉 십자가에 못 박힌 그리스도가 하나님의 지혜이자 능력이라는 말이 사실이라고 주장한다. 십자가 위의 하나님을 묘사하면서 바울은 상상할 수 있는 가장 미련한 일을 한다. 그는 도저히 이해할 수 없는 설교에서 "교수대의 흉악범"이 하나님의 신성을 구현하고 있다는 불합리하고도 신성모독적인 주장을 펼친다.[41] 우리는 바울의 설교가 세상을 바보로 만들고 있다고 말할 수도 있을 것이다.[42] 바울의 설교는 보통의 관념들을 뒤엎고, 구 시대의 지혜를 미련함으로 바꾸고, 동시에 십자가의 미련함을 지혜로 바꾸기 때문이다.

바울이 살던 당시의 문화에만 반대되는 것이 아니라 구약의 많은 전통과도 반대되는 이 뜻밖의 전개에서, 어리석음은 제자도와 설교의 참된 표식이 된다. 그리고 바보는 하나님과 "가장 가까운" 자가 된다.[43]

---

41 Welborn, *Fool of Christ*, 180, 146-47.
42 영어에서 "fool"은 "바보"라는 명사로도 쓰이지만 "우롱하다", "놀리다"라는 동사로도 쓰인다. 지금까지 저자는 바울을 바보라고 지칭할 때 "fool"을 사용해왔다. 그러나 이 문장에서 저자는 극명한 대비를 주기 위해 "fools"라는 동사를 쓰면서 바울이 사실은 세상을 우롱하며 세상 사람들을 바보로 만들고 있었노라고 말한다—역주.
43 구약의 상당 부분에서, 특히 구약의 전통적 지혜에서 어리석음은 전적으로 부정적인 의미를 담고 있다. 시 14:1은 "어리석은 자는 그의 마음에 이르기를 하나님이 없다 하는도다 그들은 부패하고 그 행실이 가증하니 선을 행하는 자가 없도다"라고 말한다. 다음의 논문을 보라. Christine Roy Yorder, "Folly," *The New Interpreter's Dictionary of the Bible*, vol 2, ed. Katherine Doob Sakenfeld et al. (Nashville: Abington, 2007), 471-72. 그러나 때로는 구약의 지혜 또한 세상의 "상식"을 뒤엎는 것으로 자신의 어리석음을 보인다. Alice M. McKenzie, *Preaching Proverbs: Wisdom for the Pulpit* (Louisville: Westminster John Knox, 1996), 41-58를 보라. 더욱이 선지자들은(사 20장의 벌거벗은 이사야의 예를 보면 알 수 있듯이) 미련한 상징적 행위들에 동참함으로 바보들이라고 불렸고 혹은 "미쳤다"고 여겨졌다(호 9:7). 앞

굴욕당하는 바보들은 사실 그리스도의 제자들이다.[44] 관습을 거스르는, 온통 뒤죽박죽인 바보의 방식으로 바울은 하나님이 지혜와 미련함, 강함과 약함의 가치들을 뒤집었다고 전한다. 구 시대의 신화들과 인습들과 합리적 행동들은 전복되었다. 바울의 어리석은 설교는 세상을 우롱한다.

바울은 심지어 바보의 화법을 사용한다. 그의 언어는 넘어서는 안 될 선을 넘고 혼란함을 만들어 낸다. 이미 이야기되었듯이, 바울의 수사학 자체가 충격적이고 뒤흔드는 역설들로 이루어져 있는 것이다. 미련함은 지혜이고 지혜는 미련함이다. 약함은 강함이고 강함은 약함이다. 천하고 멸시받는 자들은 거룩한 은총을 받지만, 사회적 엘리트들은 부끄러운 자리에 놓이게 된다(고전 1:26-27). 또한 가장 중요한 점은, 십자가는 하나님의 능력이다. 다시 말해 어리석음이 능력이라는 것이다. 바울의 수사학은 제정신이 아니다. 그것은 터무니없고 사람을 어리둥절하게 만든다. 그는 보통의 관념들을 "관습에 어긋나고 인습을 동요시키기 위한 수단으로 사용하기 위해 반대가

으로 더 다루어지겠지만 선지자들은 때때로 우리가 지금 이야기하고 있는 바보 혹은 어릿광대의 역할을 수행했다.

44 웰본이 결론짓듯이, "고린도의 부유하고 권세 있는 자들에게, 바울은 이렇게 말한다. 삶이라는 마임 안에서 너희들이 비웃고 있는 이 바보들, 즉 그들의 약함과 헐벗음을 통해 상류층에 속한다는 것이 얼마나 달콤한지 너희에게 깨닫게 해주는 이들, 그들의 끔찍한 고통을 통해 너희에게 유흥을 가져다주는 이들, 이 멸시받는 바보들이야말로 그리스도의 제자들이다!" Welborn, *Fool of Christ*, 251. 또한 웰본은 그의 책의 부제가 말해주듯이, 바울이 자신을, 소크라테스와 이솝에 의해 구체화된 관습적인 지혜를 흩뜨리고 더 깊고 진실된 지혜로 사람들을 이끌기 위한 해학적 철학의 전통을 가진, "지혜로운 바보"의 위치에 놓았다고 주장한다. 그의 이러한 의견이 매우 중요하고 또한 바울의 몇몇 글들을 이해하게 해주는 것은 사실이지만, 우리가 이와 같은 거대한 주장을 해야 할 필요는 없다. 좀 더 겸손한 주장은 바울이 예의범절을 무시하고 소란스러운 바보 "연기"를 했다는 주장이 될 것이다.

되도록 하나로 묶는다".⁴⁵ 그의 화법은 "현기증 나게 하는 일련의 주장들이 서로를 상대화하면서 절충하는" 반전으로 가득 찬 중세 시대 카니발 연극의 그것과 같다.⁴⁶ 그것은 마치 곡면 거울을 비롯하여 여러 가지 거울들로 가득 찬 방 한가운데에 한 사람이 남겨져 서 있는 상황과 같다. 모든 것이 왜곡되고 휘청대는 그곳에서 무엇이 진실이고 무엇이 허상인지를 분별해내야 하는 것이다.⁴⁷

그의 수사학의 중심에 있는 역설들과, 반전들과, 도치법들에 덧붙여서 바울은 더 많은 바보 특유의 수사학적 요소들을 차용한다. 우리가 이미 언급했듯이, 십자가의 선포는 그 자체로 조악하고 저속한 농담이었다. 그리고 농담들은, 저속하고 조악한 것들을 포함해서, 바보역의 필수요소였다. 더욱이 비꼬는 듯한 어조는 고린도전서의 수사법의 기초가 된다.

> 너희가 그 안에서 모든 일 곧 모든 언변과 모든 지식에 풍족하므로…너희가 모든 은사에 부족함이 없이(고전 1:5-7).

이렇게 바울은 서신의 첫 부분에서부터 아이러니를 사용한다.⁴⁸

---

45 Brown, *Cross and Humans Transformation*, 30.
46 Ann Marie Rasmussen, "Reading in Nuremberg's Fifteenth-Century Carnival Plays," in *Literary Studies and the Question of Reading*, eds. Richard Benson, Eric Downing, and Jonathan Hess (Rochester, N.Y.: Camden House, forthcoming), n.p.
47 헨리 루이스 게이츠 주니어(Henry Louis Gates Jr.)는 흑인들의 수사법인 "설전"(Signifying)과 어지러운 거울의 방을 비교한다. "설전"은 미국의 흑인들이 라임을 사용해서 조롱하거나 자랑하는 말장난을 말한다—역주. Henry Louis Gates Jr., *The Signifying Monkey: A Theory of African-American Literary Criticism* (New York: Oxford University Press, 1988), 44-45를 보라.
48 Welborn, *Fool of Christ*, 120; 또한 Richard B. Hays, *First Corinthians*, Interpreta-

때때로 이 아이러니는 날카롭고 과장된 풍자로 변한다.

> 너희가 이미 배 부르며 이미 풍성하며 우리 없이도 왕이 되었도다 우리가 너희와 함께 왕 노릇 하기 위하여 참으로 너희가 왕이 되기를 원하노라(고전 4:8).

바울이 무대 위로 올라가 권위 있는 배우들의 대사를 끊고 이 말들을 바보의 대사처럼 말하고 있다고 상상해보라. 거기에 더해서 바울은 다양한 고린도의 파벌들의 행동들을 심오하게 역설적인 말들로 패러디하며 신랄한 결론을 내린다.

> 나는 바울에게 혹은 나는 아볼로에게 혹은 나는 게바에게 혹은 나는 그리스도에게 속한 자라 한다(고전 1:12).

심지어 바울은 그 자신을 당황한 웅변가의 코믹적인 모습으로 포장하면서 과장되게 자기 자신을 풍자한다.

> 내가 너희 가운데 거할 때에 약하고 두려워하고 심히 떨었노라 내 말과 내 전도함이 설득력 있는 지혜의 말로 하지 아니하고(고전 2:3-4).[49]

---

tion: A Bible Commentary for Preaching and Teaching (Louisville: Westminster John Knox, 1997), 18.

49 Welborn, *Fool of Christ*, 98.

더욱이 바보의 수사법과 역할을 감당하는 과정에서, 바울은 고전 수사학에 관한 기본적인 관념들을 뒤엎는다. 그는 전통적인 웅변가의 "설득력 있는 지혜"를 차용하지 않는다. 아리스토텔레스에 따르면 웅변가는 자고로 그의 논리를 엔독사(endoxa)에 기초해야 한다. 엔독사는 통념(doxa) 안에(en)서 사람들에게 일반적으로 승인된 신념들 혹은 의견들로서 논리의 전제로 사용되었다. 이러한 접근방식은 청중들의 공감을 불어 일으킴으로써 웅변가가 그들을 더욱 쉽게 설득시킬 수 있게 했다.[50] 그러나 바울은 패러독스(para-doxa) 즉 통념(doxa)을 초월(para)한 역설에 의존한다. 바울이 고린도인들과 그 스스로가 공감할 수 있는 주제, 예를 들자면 십자가, 성령 그리고 지혜와 같

---

[50] 다른 예들을 위해서는 Aristole, *Rhetoric*, 1355a24–28; 1377b15–22; 1395b32–1396a4; 1402a33–34를 보라. 아리스토텔레스의 엔독사(*endoxa*), 즉 일반적으로 승인된 견해는 많은 조건들을 충족해야 한다. 엔독사는 단순히 "다수의 생각"이 아니다. 얼마나 많은 사람들이 같은 의견을 가지고 있는지, 얼마나 오랫동안 그 의견이 받아들여져 왔는지, 또한 그 의견을 가진 사람들이 얼마나 지혜롭고 선한지, 이 모두가 매우 중요하게 숙고된다. *Rhetoric*, 1398b18–24를 보라. "아리스토텔레스의 엔독사에 대한 정의에 따르면 모든 의견들이 믿을 만한 것은 아니다. 오로지 많은 보통의 사람들이 오랜 시간 동안 가지고 있던 의견들, 혹은 그들의 실질적 지혜로 구별되는 소수의 뛰어난 사람들이 가지고 있던 의견들만이 신뢰될 수 있다." Larry Arnhart, *Aristotle on Political Reasoning: A Commentary on The Rhetoric* (Dekalb: Northern Illinois University Press, 1981), 60; 또한 15–16를 보라. 더욱이 수사학과 엔독사 사이에는 동적인 관계가 성립되어 있다. 수사학은 엔독사를 구체화하는데 도움을 주고 엔독사는 수사학적 설득의 기초가 된다. *Rhetoric*, 1355a 22–24; Arnhart, *Political Reasoning*, 25를 보라. 그러나 그 어떠한 엔독사의 필요조건들도 바울의 수사학을 덜 과격하게 만들 수는 없었다. 모든 문화적 상식을 거스르면서 하나님의 힘을 상징하는 십자가의 역설적인 어리석음에 대해 선포하는 어떤 "얼간이" 같은 한 사람이 엔독사의 주체로 신뢰될 수 없는 것은 어쩌면 당연하다. 바울의 메시지는 짧은 시간 동안이라도 대중들에 의해서 받아들여진 적이 없었다. 또한 가장 지혜로운 사람들에 의해서 아주 잠깐이나마 받아들여지지도 않았다. 실제는 정확히 그 반대였다. 그래서 바울의 수사학은 엔독사와는 반대되는 것이다.

은 주제들을 제시한 것은 확실하다. 하지만 바울은 그의 충격적인 패러독스를 통해서 엔독사를 뒤엎는다. 바울은 오로지 통념적인 언어와 가설들을 끊어 버리고 문제 삼기 위해서 같은 언어와 가설들을 사용한다.[51] 바울은 "극히 평범한 언어를 평범하지 않게 사용한다."[52] 십자가의 미련함처럼 바울의 패러독스는 관객들과의 접점을 찾지 않고 대신에 청중들이 진실과 거짓을 구별해내야만 하는 거울의 방 같은 경계성의 공간을 창조한다.

비슷한 방식으로, 바보의 옷을 입는 것을 통해, 바울은 설교자의 에토스(ethos)에 대한 수사학적 강조를 파괴한다.[53] 수사학에서 에토스는 화자의 고유한 성품을 포함한다. 이 성격은 실제 연설에서 나타나는 연사의 특성일 수도 있고, 연사의 삶 전체에 투영되어 있는 그의 성격일 수도 있다. 둘 중 어느 쪽이든지, 에토스의 목적은 연사로 하여금 청중들의 마음을 얻고, 신뢰를 얻음으로써 더 설득력

---

51 Jacques Ellul, *The Humiliation of the Word*, trans. Joyce Main Hanks (Grand Rapids: Eerdmans, 1985), 24. 엘룰(Ellul)은 패러독스 즉 역설의 과격한 속성을 묘사한다. 그에게 있어서 패러독스는 "통념"(doxa)이 아닌 그 밖의 무언가이다. 패러독스는 모든 통념으로부터 자유롭지만 동시에 그 통념에 의문을 제시한다. 로랜드 바테스(Roland Barthes)가 다음의 논지를 제시한 것은 옳았다. "진정한 검열의 장치는 경찰이 아닌 엔독사다." 또한 "언어가 무엇을 금지하는지(언어의 이론적 법칙들)라기 보다는 언어가 무엇을 요구하는지(언어의 필수적 법칙들)가 언어를 정의하는 것처럼, 사회적 검열은 개인의 표현이 금지되었을 때가 아니라 개인의 표현이 어떠해야 됨을 요구받을 때 생기는 것이다. 가장 근본적인 체제의 전복(검열의 반대 개념)은 통념, 도덕, 법 혹은 경찰에 충격을 주는 말을 하는 데서 오는 것이 아니고 역설적인 연설을 창조해내는 데서 온다."
52 Brown, *Cross and Human Transformation*, 20.
53 에토스(*ethos*)는 "성격" 혹은 "습관"을 뜻하는 헬라어이다. 아리스토텔레스는 여기에 "화자의 고유 성품"이라는 수사학적 의미를 부여했다. 화자의 몸짓, 자세, 옷차림, 목소리, 단어선택, 시선, 신뢰도, 카리스마 등이 에토스에 속한다—역주.

있게 되기 위함이다. 그러나 바보의 역할을 맡음으로써 바울은 에토스에 대한 통념을 뒤엎는다. 그는 의도적으로, 헛소리만 하고 있는 듯 보이는, 그래서 사회적으로 배척되고 의심되는 인물의 역할을 맡는다. 그러나 사실 이러한 바보의 특성이야말로 그들로 하여금 불편한 진실을 말할 수 있게 한다. 바보들의 말은 언제나 간단하게 모자란 자의 헛소리로 취급될 수 있기에 그렇다. 청중들과 교감하고 자신의 논지를 강화하기 위해 에토스를 사용하는 대신에, 바울은 그 어떠한 설득의 가능성도 없애 버리는 역할을 택한다. 그는 청중들로 하여금 또다시 분별해내야만 하는 여지를 만든다. 저 바보는 (바보들이 종종 그러하듯이) 실제로 지혜를 말하고 있는 것인가 아니면 그냥 미련한 것인가?[54]

자기 자신을 구경거리(*theatron*)로 만들면서 바보 바울은 사람들을 새로운 지각의 세계로 초대한다. 테아트론(*theatron*)은 "보다, 바라보다, 눈여겨보다"를 뜻하는 테아오마이(*theaomai*)라는 단어와 그 어원이 같다.[55] 테아트론은 구경거리를 뜻하는 영어 단어 스펙터클(spectacle)이 실제로 내포하고 있듯이, 자세히 보는 행위 혹은 눈여겨보는 행위를 포함한다. 바보 같은 연극을 통하여, 바울은 극장에 온 관중들이 그

---

54 에토스와 신학과 수사학에 관한 유용한 논문을 위해서는 다음을 보라. Andre Resner Jr., *Preacher and Cross: Person and Message in Theology and Rhetoric* (Grand Rapids: Eerdmans, 1999). 레스너(Resner)는 자신의 에토스가 십자가에 의해 형성된 바울은 수사학적으로 볼 때, 당시 문화(또한 고린도인들)가 가지고 있던 설교자의 신빙성에 대한 판단 기준을 뒤엎는 "반대적 에토스" 혹은 "반어적 에토스"라고 주장한다.

55 테아오마이(*theaomi*)는 다음의 논문들에 등장한다. William F. Arndt and F, Wilbur Gingrich, *A Greek English Lexicon of the New Testament and Other Early Christian Literature* (Chicago: University of Chicago Press, 1957), 353. 그리고 *Theological Dictionary of the New Testament*, vol. 5, 317-8.

날의 구경거리를 위해 집중해야만 하듯이, 그의 청중들이 설교에 주의를 기울이기를 유도한다. 바울은 사람들을 그의 어리석은 행동 속에서 새 시대의 도래를 분별해내도록 이끈다. 화려한 구경거리로서, 바보 바울은 기존의 것을 중단시킴으로 새롭고 색다른 인식을 촉진시킨다. 연사를 향한 반응에서도 관중들에게는 이중 초점의 시야가 요구된다.

그의 수사법과 인격 모두를 통해 바울은 청중들 개개인의 "인식의 전환"을 추구한다. 그는 십자가가 "고통과 약함, 미련함과 죽음을 상징"했던 구 시대의 인식으로부터, 십자가가 "힘과 생명의 변화를 상징"하는 새로운 창조세계의 인식으로 청중들을 이끌기를 원한다.[56] 그의 혼란스럽게 만드는 설교를 통하여 바울은 그의 청중들을 "지각적으로 불균형하게" 만든다.[57] 바울은 불확실성 가운데에서도 하나의 인식에서 다른 인식으로 옮겨갈 수 있는 구 시대와 새 시대 사이의 문턱, 그 안정되지 않은 경계성의 공간으로 믿는 자들을 데려간다.

그러나 이 새로운 지각과 새 시대를 향한 이동은 궁극적으로 설교자가 이루어 내는 것이 아니다. 이러한 지각과 이동은 하나님의 힘을 필요로 한다. 새로운 깨달음과 이동은 결과적으로 성령의 역사하심이다. 성령은 시대 사이의 문턱을 넘나들며 믿는 자들에게 "그리스도의 마음"을 갖게 한다. 그리스도의 마음이란 십자가의 미련한 길과 똑같은 "그리스도를 위한 바보들"의 마음이다.[58] 설교자가 바보처럼 일하게 되는 이 문턱은 구 시대의 속박을 반복적으로 중단시키

56　Brown, *Cross and Human Transformation*, xii, 14.
57　Brown, *Cross and Human Transformation*, 158.
58　Brown, *Cross and Human Transformation*, 122-48, 고전 2:10-16을 보라.

고, 성령의 새로운 창조를 가능하게 하는 공간을 열어가는 방식으로 움직인다. 그렇게 해서 바울은 어리석음이 능력이라고 선포한다. 십자가에 대한 불편한 언어들로 빚어진 설교의 미련함을 통해서 성령의 능력은 분별과 믿음의 자리로 나올 수 있도록 사람들을 감화시킨다. 성령이 아니고서는, (우둔한) 설교자의 지혜 또는 설교 메시지의 자명한 (미련한) 진리와 같은 그 밖의 다른 어떠한 것으로도, 복음의 충격적인 어리석음을 없앨 방법이 없기 때문이다. 설교자도 신자들과 마찬가지로 하나님의 창조하시고 용서하시는 능력에 전적으로 의존한다. 믿음은 "사람의 지혜에 있지 아니하고 다만 하나님의 능력"(고전 2:5)에 있기 때문이다.

십자가는 사람의 지혜나 말로 결코 통제될 수 없는 바보처럼 세상을 엄습한다. 그러나 십자가는 동시에 우리를 혼란하게 하고 겸손하게 하면서 간섭하는 방식으로 우리 자신들의 힘이 아닌 십자가의 놀라운 힘에 기대게 한다. 십자가의 간섭으로 생성된 경계성의 공간은 결코 통제될 수 없기에 언제나 우리를 동요하게 만든다. 그것이 바로 바울이 유창한 지혜의 언어로 설교하지 못하는 이유이다. 능변을 위한 수사학은 성령의 경계성적 공간을 통제하고자 한다. 사람의 노력으로 십자가를 통제하고 효과적이게 만들려 한다. 이러한 수사학은 종종 십자가를 신학적 체계나 속죄의 논리에 끼워 맞추는 방식으로, 십자가를 온순하고 다루기 쉽게 만들 방법을 찾는다. 그리고 그렇게 되었을 때 십자가는 설교자들에게 의존하는 존재가 된다. 설교자들이 십자가를 "구원"(save)하려는 일에 치중하는 동안 십자가는 더 이상 우리를 구원할 수 없게 된다. 바울이 깨달았듯이 십자가는 오로지 그 자체의 통제 불가능한 어리석음과 터무니없는 다름을 통해서만 진정한 능력을 발휘할 수 있기 때문이다. 오직 십자가가 우리를 바보로 만들 때, 십자가는 우리를 구원할 수 있다! 그래서 바울은 모험의 수사학을 위해 통제의 수사학을 포기한다.[59] 모험의 수사학은 새로운 인식의 가능성을 연다. 이는 사람들이 구 시대에서 새 시대로 옮겨갈 수 있는 경계성의 공간이 열리도록 돕는다. 그러나 바울 자신도 궁극적으로는 다른 모든 설교자들과 같이 예수 그리스도의 사역과 성령의 역사하심의 터전 외에 설 수 있는 다른 곳이 없다. 그는 예수 그리스도와 성령의 터 위에 바보처럼 남겨진다. 사람들이 구 시대의 속박으로부터 자유하게 되어 분별하며 살 수 있도록, 바보들로 살아갈 수 있도록, 성령을 의지하면서 거기에 서 있는 것이다.

3. 십자가의 부활과 미련함

십자가의 미련함이 이 책의 핵심이다. 그러나 어떤 이들은 이쯤에서 의아하게 여기고 있을지도 모르겠다. "부활에 대해서는 어쩌고?"라고 말이다. "부활이 십자가의 어리석음을 해결할 것이 분명해", "부활은 아마 모든 것을 바꿀 거야"라고 생각하겠지만 실제는 전혀 그렇지 않다. 부활은 어떤 방식으로든 십자가의 미련함을 무효화할 수 없다. 사실 부활은 십자가의 미련함을 "성립"시킨다. 부활을 떠나서는 예수의 십자가형은 두 번 다시 회자되지 않을 그저 그

---

[59] 이 이분법은 지배의 윤리학과 모험의 윤리학을 구분한 샤론 웰치(Sharon Welch)의 연구를 각색한 것이다. Sharon D. Welch, *A Feminist Ethic of Risk*, rev. ed. (Minneapolis: Fortress, 2000).

런 또 한 명의 "천하고 멸시받는 자"의 끔찍한 죽음일 뿐이다. 그러나 부활을 통해서 십자가에 못 박힌 예수가 세상을 향한 하나님의 지혜와 능력이라고 확증된다. 십자가는 부활 주일에야 미련한 것(복음)이 된다고 말할 수 있을 것이다. 왜냐하면 그때에 십자가는 그 모든 불명예 가운데서 하나님의 지혜와 능력을 드러내야 하기 때문이다.[60] 오직 부활과의 불가분의 관계를 통해서 십자가의 미련함은 현실이 되고 또한 오직 그 부활과의 연결고리 때문에 십자가의 미련한 지혜가 식별된다.

더욱이 예수의 부활 그 자체와 마찬가지로 부활하신 예수의 삶도 십자가의 모습을 지니고 있다. 부활이 십자가의 미련함을 성립시키듯이 십자가는 부활을 구체화한다. 요한복음이 우리에게 상기시키듯이 부활하신 그리스도는 십자가의 흔적을 계속해서 몸에 지닌다(요 20:24-29). 십자가는 부활 이후에도 뒤에 버려지지 않는다. 그리스도는 그의 부활한 몸에 계속해서 십자가의 거칠고 저속한 희롱의 자국을 지니고 있다. 그 십자가의 희롱은 부활 이후에도 계속해서 존재하고 있다고 말할 수 있을 것이다. 도마가 부활 이후의 예수의 몸에 난 상처를 보고 싶어 하는 것은 사실 옳다. 왜냐하면 그 상처들이 없는 자는 부활하신 그리스도를 사칭하는 자일뿐이기 때문이다.[61] 십자가는 계속해서 부활하신 그리스도에게 흔적을 남기고, 시대들

---

60 마르틴(Martyn)이 쓰듯이 "어떻게 십자가의 한가운데서 부활이 선포될 수 있는가? 이것이야말로 핵심이다. 십자가는 단순한 논리에 대한 인식론적 위기이다. 어떤 의미에서 십자가 다음에 부활이 따라오지만, 십자가는 결코 부활로 대체되지 않는다." Martyn, "Epistemology," 109. 또한 Brown, *Cross and Human Transformation*, xix.를 보라.
61 이러한 통찰은 찰스 캠벨의 동료 에이미 로라 홀(Amy Laura Hall)이 찰스와의 대화 가운데 알려주었던 리차드 헤이스(Richard Hays)의 설교로부터 나온 것이다.

사이에 서 있는 제자도의 길에 자국을 남긴다. 그 십자가의 흔적으로 우리는 부활하신 그리스도와 그의 참된 제자를 알아볼 수 있다.

신약을 통틀어서 증거들은 비슷하다. 십자가의 미련함을 너무도 강력하게 확증하고 있는 고린도전서는 15장 이전 장들에 나오는 십자가에 대한 바울의 태도와 15장에서부터 나오는 부활에 관한 그의 두 가지 선포로 구성되어 있다. 바울은 십자가와 부활 모두가 믿음의 핵심인 예수 그리스도에게 속해 있다고 분명히 말한다(고전 15:3-8). 또한 그는 십자가와 부활 모두가 그리스도인의 삶에 필수적이라고 단언한다. 15장에서 바울은 부활이 믿는 자들에게 얼마나 중요한지를 강력하고 길게 피력한다. 그는 "만일 그리스도 안에서 우리가 바라는 것이 다만 이 세상의 삶뿐이면 모든 사람 가운데 우리가 더욱 불쌍한 자이리라"라고 선언한다(고전 15:19). 그러나 바울의 부활에 대한 선포가 "십자가"나 "제자들이 걸어야 할 길로서의 십자가의 도"를 어떠한 의미로도 대체할 수는 없다. 오히려 부활을 통해 십자가는 마지막 원수인 죽음을 이기고 믿는 자들을 죽음에 대한 공포로부터 자유하게 함으로써 우리로 하여금 십자가의 미련한 길을 따를 수 있도록 만든다. 부활에 대한 그의 선포 중간에 바울은 "나는 날마다 죽노라"(고전 15:31)라는 말로 고린도인들을 깨닫게 한다. 또한 그는 부활이 믿는 자들로 하여금 "주의 일"을 감당할 수 있도록 소망을 공급하고 "너희 수고가 주 안에서 헛되지 않다"(고전 15:19, 58)는 확신을 준다고 선언한다. 즉 부활은 십자가의 길을 가능케 한다. 부활은 바울이 "그리스도를 위한 바보"로 보여주었던 것과 같은 종류의 삶을 가능케 하는 것이다. 십자가와 부활은 불가분의 관계이다. 시대가 전환되는 시점에서 부활로 힘입은 제자도의 길은 십자가의 모습을 지니고 있다.

마찬가지로 마가복음은 십자가에 대한 강조와 함께 급진적이면서도 부드럽게, 십자가가 부활 이후의 제자도의 길을 만든다고 선포한다. 마가복음에서 부활하신 예수는 등장하지조차 않는다.[62] 부활이 선포되었다는 징후도 보이지 않는다. 마지막 절은 "여자들이 몹시 놀라 떨며 나와 무덤에서 도망하고 무서워하여 아무에게 아무 말도 하지 못하더라"(막 16:8)라고 얘기한다. 그러나 천사는 여인들에게 예수께서 갈릴리에서 제자들을 만날 것이라고 말한다(막 16:7). 독자는 마치 처음부터 다시 시작하듯이 갈릴리라는 이야기의 출발점으로 인도된다. 즉 부활은 십자가를 추방하지 않는다. 오히려 부활은 부활하신 예수를 복음의 시작점에서 만나고 거기에서부터 십자가의 조악하고 저속한 희롱으로 이어지는 길을 따라 예수를 쫓아가라고 예수의 제자가 될 자들에게 권유하고 있다.

사도행전에 따르면 바울 스스로 이러한 현실을 그의 삶 안에 담아낸다. 그의 삶과 사역은 다메섹 도상에서 부활하신 예수를 만남으로 변화된다. 그는 믿는 자들의 박해자에서 복음의 전도자로 변화되었다. 그러나 궁극적으로 그는 핍박받는 자들 중 한 명이 되어야 한다. 주께서 "가서 바울에게 안수하라"고 아나니아에게 명령하면서 "그가 내 이름을 위하여 얼마나 고난을 받아야 할 것을 내가 그에게 보이리라"(행 9:16)고 말씀하신다. 부활하신 예수와의 만남이 가져온 변화는 바울을 십자가의 길 위에 올려놓는다. 저속하고 조악한 십자가의 희롱을 하나님의 지혜와 능력으로 전파하도록 바울에게 권능을 부여한 것은 부활이다. 바울로 하여금 "구경거리"가 되게 하고, 광대처럼 무대 연극을 하게 하고, "그리스도를 위해 어리석은" 자가

---

62 현대의 연구들을 통해서 우리는 마가복음이 본래는 16:8에서 끝났다고 추정한다.

될 수 있게 한 원동력은 그리스도의 부활인 것이다. 십자가의 미련함을 부인하는 대신에, 부활은 십자가의 미련함을 확증한다. 그리고 부활은 깨달은 신자들을 어리석은 제자의 길과 미련한 복음 선포의 길에 올려놓는다.

여기에 덧붙여서 예수의 부활 그 자체는 그의 십자가와 마찬가지로, 세상의 논리들과 가정들에 대한 급진적인 개입이다. 한 주의 첫 날에, 여인들은 바위가 원래 자리에 굳건히 서 있을 것이라고 추호의 의심도 없이 기대하며 무덤으로 온다. 예수의 부활은, "교수형에 처해진 자"가 하나님의 지혜와 능력을 실현한다는 주장만큼이나, 상상할 수 없는 사건이다.[63] 죽음의 권세는 너무나도 확정적이라 그 누구도 극복할 수 없다. 십자가 위에서 망신당하고 굴욕당한 자는 말할 것도 없이, 그 누구도 극복할 수 없는 것이 죽음의 권세이다. 그러나 예수의 부활은, 그의 십자가와 마찬가지로, 세상의 전제들을 중지시키고 경계성의 공간을 열며 새로운 지각 즉 시대의 전환기를 위한 이중 초점의 시야를 요구한다. 플래너리 오코너(Falnnery O'Connor)의 단편 중, "좋은 사람은 찾기 어렵다"에서 자기 자신을 부적응자라고 칭하는 등장인물이 말하듯이, "예수는 죽은 자 가운데서 살아난 유일한 그 한 명이었지…근데 그래서는 안 됐었던 거야. 그가 모든 균형을 깨 버렸다고!"[64] 예수의 부활은 그의 십자가와 마찬가지

---

[63] 부활 그 자체가 생각조차 할 수 없는 것은 아니었다. 많은 유대인들이 보편적 부활을 믿고 있었다. 그러나 보편적 부활 전의 한 개인의 부활은 상상할 수조차 없는 일이었다. 다른 이들에게 부활은 그 자체로 어리석음이었을 것이다. 예를 들어, 바울이 아레오바고에서 부활을 언급하자 누군가가 "조롱"했었다는 사실을 기억하라(행 17:22-34).

[64] Flannery O'Conner, "A Good Man Is Hard to Find," in *The Complete Stories of Flannery O'Conner* (New York: Farrar, Straus & Giroux, 1971), 132.

로 사람들로 하여금 그들의 "지각적 균형을 잃게" 만들었다.

더욱이 부활을 설교하는 자들은 십자가를 설교하는 자들과 마찬가지로 "균형을 잃었다"고 생각되기 십상이다. 그들 또한 바보들로 치부될 수도 있다. 부활의 메시지는 그 자체로 받아들여지지 않을 수 있을 뿐만 아니라, 충격적이고 터무니없으며 불합리하고 우습게 보일 수도 있기 때문이다. 부활절 아침의 첫 번째 설교자들이었던 바로(힘과 권위에 대한 세상의 기준에 반대되는) 그 여인들은 그 기쁜 소식을 듣고 이해할 수 있어야만 했던 제자들에게로 뛰어간다. 그러나 여인들이 예수의 부활 소식을 제자들과 나누었을 때 "사도들은 그들의 말이 허탄한 듯이 들려 믿지 아니한다"(눅 24:11). 저명한 설교자이자 설교학자인 안나 카터 플로렌스(Anna Carter Florence)가 주목했듯이, "허탄한" 말이라는 번역은 불충분하다.

> 이런 말을 하게 돼서 미안하지만 제자들은 이 소식에 대해 우리가 바라는 만큼 수용적이지 않다. 사실 그들은 협조적이지도 않다. 제자들은 그들의 배역에서 벗어나, 그 순간 제자로서의 행동방식을 잊어버리고 고등학교 쉬는 시간 복도에서 들릴법한 미묘한 어조에 머물러 있다. "진짜? 에이 웃기고 있네. 완전 뭐 같지도 않은 소리구만!", "사도들은 그들의 말이 허탄한 듯이 들려 믿지 아니했다"(눅 24:11)는 식의 가상한 노력들을 보면 누가복음의 번역가들이 예의를 차리려 했던 것은 분명하다. 그러나 의문이 생기는 헬라어 단어는 난센스, 허튼소리, 쓰레기, 허풍, 거짓말 혹은 그보다 더 속된 거시기를 뜻하는 레이로스(leiros [lēros])이다. 어

떻게 꾸며 보려 해도 레이로스는 고등학교 쉬는 시간 복도에서 이구동성의 야유 속에 등장하는 힐책하는 욕, 그 이상도 그 이하도 아닌 바로 그것이다.[65]

허탄함, 멍청함, 심지어 잔인한 농담일지도 모르는 레이로스, 죽음의 권세는 너무나도 결정적이어서 제자들에게 조차도 예수의 부활은 불가능해 보인다. 십자가 형틀의 수치는 너무도 완고하고, 거룩한 가능성들과는 너무도 반대돼서, 부활의 기쁜 소식은 터무니없어 보인다. 십자가에 못 박힌 자가 부활했다? 십자가의 방식이 살아계신 하나님의 방식이다? 십자가와 부활은 미련함을 통하여 풀 수 없게 연결되어있다.

따라서 부활은 십자가의 미련함을 부인하지 않는다. 부활은 오히려 십자가를 미련한 것으로 만들어낸다. 부활은 세상의 전제들과 합리적인 것들에 개입하는 방식으로 십자가의 미련함을 증언한다. 또한 부활은 십자가를 시대의 전환기에 하나님이 역사하시는 방식이라고 확증함으로 십자가의 미련함을 증언한다. 부활은 성령과 더불어 이 세상에서의 십자가의 길에 권능을 부여한다. 부활은 믿는 자들이 십자가를 하나님의 지혜와 힘이라 선포할 수 있도록, 또한 궁극적으로 "그리스도를 위해 어리석은" 자들이 될 수 있도록 그들을 죽음의 공포로부터 해방시킨다.

---

65 Anna Carter Florence, *Preaching as Testimony* (Louisville: Westminster John Knox, 2007), 118.

4. 바보 같은 방법

복음은 어리석다. 설교는 미련하다. 설교자는 바보다. 즉 어리석음은 모든 것을 무너트린다. 우리가 시대의 전환기에 살고 있는 동안에 탈출구는 없다. 복음은 그 본질에 있어 충격적이도록 반어적이고 역설적이다. 복음에는 항상 (최소한) 두 가지 해석이 가능하다. 복음은 지혜인가 미련함인가? 언제나 두 가지 대답 모두가 가능하다. 복음의 아이러니와 패러독스는 절대로 극복될 수 없다. 그러므로 감히 이 복음을 설교하고자 도전하는 자들은 바보의 옷을 입게 될 것이다. 그들은 십자가형의 희생자들이자 바보들의 공동체인 "천하고 멸시받는 자"들과 자신들을 동일시하게 될 것이다. 그들은 바울의 시대에서만큼이나 우리 시대에서도 환영받지 못할 조악하고 저속한 희롱을 선포해야 할 것이다. 그들은 우리를 혼란케 하면서도 동시에 사로잡는 복음의 우스운 아이러니들과 부조화에 부딪힐 때마다 더듬거리길 반복할 것이다. 그들은 그리스도를 위하여 기꺼이 바보, 얼간이 취급을 당할 것이다. 설교자의 역할은 어리석은 복음처럼 불안정하고 우스운 것이다.

이 모든 말들은 그러나, 바울의 미련한 설교가 분명하게 가르쳐 주듯이, 그러한 설교에 방향이나 목적이 없다는 뜻은 아니다. 이 혼란 속에는 체계가 있다. 미련한 설교에는 분명한 우선순위들이 존재한다.

첫째, 미련한 설교는 "개입한다." 이는 죽음으로 이끄는 구 시대의 신화와 관습들과 도리들을 뒤엎음으로 관례를 위반하는 수사학을 차용한다. 이러한 설교는 사람들을 포로 삼고 세상의 방식에 대한 대안을 상상하지 못하게 하는 정사와 권세에 창조적으로 대항한다.

둘째, 이러한 개입들을 통해, 설교는 사람들이 구 시대에서 새 시대로 이동할 수 있고 또한 늘 움직이면서 고착되지 않는 경계성의 공간을 창조한다. 바울이 말하는 미련한 설교는 닫아버리거나 묶어버리거나 폐쇄해버리지 않는다. 그 대신에 성령의 움직임이 일어나는 사이에 끼인 공간, 즉 경계성의 공간을 일으키고 유지한다. 이러한 설교는 믿는 자들을 "생명의 길" 위에 올려놓고 거기에 머무르게 하는 것을 추구한다.[66] 다음 장에서 더욱 분명해지겠듯이 그러한 경계성은 그리스도인의 믿음과 신학의 중심에 자리한다.

셋째, 미련한 설교는 인식과 분별에 관심을 갖는다. 이런 관점에서 바보로서의 설교자는 구 시대의 잘못된 치명적인 방식들을 드러내고자 하는 열망을 갖고, 새로운 세계의 도래를 인식할 수 있도록 사람들을 도와주는 묵시적인 인물이다. 하나님은 이미 예수 그리스도의 십자가와 부활을 통해서 세상에 들어와서 세상을 변화시키셨다. 미련한 설교는 그저 이 새로운 지각이 가능해질 공간을 창조하

---

[66] 설교에 관한 이러한 이해는 그것들이 분명한 답(그리고 간접적으로 안전함)을 추구하는 연역적 형태이든, 하나의 분명한 논지를 향해 나아가고자 하는 귀납적 형태이든 간에, 정답 혹은 해답을 강조하는 설교학적 이론들에 도전한다. (귀납적 예시로는 다음이 있다. Ralph L. Lewis and Gregg Lewis, *Inductive Preaching: Helping People Listen* [Westchester, Ill.: Crossway, 1983]) 뿐만 아니라 해리 에머슨 포스딕(Harry Emerson Fosdick)의 전통에서 오는 문제해결식의 설교 혹은 불균형에서 시작해 해답에 다다르는 이야기의 전개를 강조하는, 종종 잘못된 비유의 이해에 기초된, 보다 최근의 내러티브 형식의 설교학적 이론들에게 도전을 준다. (내러티브 설교에 대해서는 다음을 보라. Eugene L. Lowry, *The Homiletical Plot: The Sermon as Narrative Art Form*, rev. ed. [Lousiville: Westminster John Knox, 2001] and Wayne Bradley Robinson, "The Samaritan Parable as a Model for Narrative Preaching," in *Journeys Toward Narrative Preaching*, ed. Wayne Bradley Robinson [New York: Pilgrim, 1990], 85–100.) 그러나 "재구성"과 상상력을 강조하는 그보다 더 후의 내러티브적 접근들은 우리가 탐구하고 있는 미련한 설교와 어느 정도 유사하다.

고자 하는 것이다.

  넷째, 이러한 설교는 모든 시대의 바보들과 같이 "자신을 너무 대단하게 생각하지 않는다." 미련한 설교는 언제나 모자란 자로 치부될 수 있는 우스꽝스럽고 놀림당하는 연극의 등장인물과 같은 미천한 어릿광대의 역할로 만족한다. 깨달음은 성령께서 주시는 선물임을 알고 있기 때문이다. 성령의 교통하심을 통한 십자가의 능력 외에는 그 어떤 유창한 지혜의 말로도 그리스도의 생각과 마음을 전달할 수는 없다. 그렇기에 미련한 설교는 그저 설교하는 바보로서 바보의 역할을 감당한다. 그리고 "하나님의 어리석음이 사람보다 지혜롭고 하나님의 약하심이 사람보다 강하니라"(고전 1:25)라는 세상의 이론을 파괴하는 기이한 약속을 선포하는 데 만족한다. 그다음에 일어날 일은 모두 하나님께 맡기는 것이다.

제3장

파편(fragment)과 형태(form) 사이의 신학

> 코이너(Keuner)씨를 오랫동안 볼 수 없었던 어떤 사람이 그에게 인사하며 말을 건넨다. "당신 하나도 안 변했네요." 코이너씨는 "아!"라고 말하고는 이내 하얗게 질려 버렸다.
> ―베르톨트 브레히트(Bertolt Brecht)[1]

경계성(境界性, Liminality). 우리는 이미 몇 가지 방식으로 이 개념을 사용해 왔다. 복음의 미련함은 구 시대의 가설과 신화를 저지하고, 각각의 시대의 길목에서 문지방 역할을 하는 경계성 공간을 창조한다는 점에 대해서 살폈다. 또한 이런 공간 속에서 (근본적 변환으로서의) 변화가 발생할 수 있음에 대해서도 논의했다. 성령은 경계성의 공간에서 신자들의 계속적인 변화를 위해 역사하며, 구 시대에서 새로운 시대로 나아가기 위해 활동한다는 점을 제시했다. 결국, 경

---

1 Brtolt Brecht, *Stories of Mr. Keuner*, trans. Martin Chalmers (San Francisco: City Lights Books, 2001), 108.

계성의 공간은 사실 바보의 공간이라는 점을 알았다. 또한 경계성이란 공간과 시대 사이에서의 존재함과 변화에 대한 체험이라는 점도 알게 되었다. 요약하면, 이런 경계성은 심오한 영적, 신학적 차원들을 가지고 있다는 것이다.

경계성의 신학적 차원들은 더욱 심도 있게 연구될 필요가 있다. 미련함이 복음의 핵심인 것처럼, 우리가 논의하는 경계성은 신학의 핵심이다. 미련함과 경계성, 이 두 가지는 분리될 수 없다. 신학적 차원에서의 경계성의 특성에 대한 탐구를 시작하기 전에, 경계성에 대한 간략한 개론을 살펴보고자 한다.

1. 경계성: "존재 그리고 부재"의 "채움과 비움"

경계성의 개념은 오랫동안 존재해 왔다. 1909년 아놀드 판 헤네프(Arnold van Gennep)가 처음으로 하나의 세상에서 또 다른 세상으로의 통과를 의미하는 인간의 종교의식을 설명하기 위해서 식역(識閾)-limen(문지방, 외곽선, 변두리)-이라는 용어를 사용했다. 판 헤네프는 세 개의 패턴으로 통과 의식들을 구별했다. 즉 그 통과 의식들을 경계 전(preliminal), 경계(liminal), 그리고 경계 후(postliminal)의 단계로 나누었다. 이 단계들은 각각 사회 혹은 문화적 집단으로부터의 분리, 사회 문화적 집단으로의 이동 그리고 그런 집단과의 합동이라는 기능을 수행한다. 판 헤네프는 특별히 경계 단계가 불확실과 불안정한 국면이 될 수 있음을 지적했다.[2] 그러나 이 불안정하고 과도적인 경

---

2 Arnold van Gennep, *The Rites of Passage* (Chicago: University of Chicago Press,

계 국면은 이 사회에서의 갱신(regeneration)을 위해 필수적인 것이다.³ 그 갱신은 특별히 죽음과 재탄생이라는 통과 의례들을 통해서 이루어진다.

판 헤네프 이후에, 몇몇 다른 저자들이 그 개념을 사용하고 확장했다. 이런 사람들 가운데 가장 유명한 사람이 빅터 터너(Victor Turner)이다. 그는 60년이 지난 후에 분리(separation), 경계성(liminality) 그리고 응집(aggregation)의 단계로 통과 의식들을 구별했다. 터너는 "순례"라는 종교적 이미지를 선호했다. 순례의 이미지는 본질적으로 반 구조적이고 반 현실적이지만 궁극적으로 새로운 공동체를 형성하게 된다. 이 새로운 공동체가 절차를 따라 새로운 구조와 새로운 현실이 될 수도 있다. 그리고 또한 그 공동체가 종국에는 다시 파괴될 필요가 있게 될지도 모른다.⁴ 두 가지의 적절한 예들로서, 터너는 초기 프란체스코 수도회와 예술가들, 광대들, 그리고 예언자들의 공동체를 언급한다. 터너에 따르면 이런 형태의 공동체들은 일반적으로 법, 재산, 신분 그리고 직책과 관련된 힘의 구조들에 도전하면서 사회의 변방, 그 가장자리에서 기능들을 수행한다.⁵ 그러나 그들은 역

1960), 192-93.

3   판 헤네프는 원래 삶과 우주의 법으로서의 갱생과 관련하여 경계성을 이해했다. 어떤 시스템에서 발견되는 에너지는 점점 사라져 버리기에 이따금 갱신되어야만 한다…이 갱생은 죽음과 재생의 의식으로 표현되는 통과 의례들을 통해 이 세상의 사회 속에서 달성된다. Van Gennep, *The Rites of Passage*, viii.

4   Victor W. Turner and Edith Turner, *Image and Pilgrimage in Christian Culture: Anthropological Perspectives* (Oxford: Basil Blackwell, 1978), 64-65; cf. also J. H. Cilliers, "Worshiping in the 'In-Between Times of Transition: Reflection on the Liminality of Liturgy," in *A Faithful Witness: Essays in Honour of Malan Nel* (Wellington, South Africa: Bybel-Media, 2009), 167-79.

5   Victor W. Turner and Edith Turner, *Image and Pilgrimage in Christian*, 108.

설적이게도 이런 구조들 속에 존재한다. 예를 들어 궁정 어릿광대는 궁정 안에 속해있지만, 동시에 궁정 밖의 사람임이 분명하다.

최근에 판 헤네프와 터너에 대한 연구는 더 이상 변방에서 이루어지는 기능으로서가 아니라, 현상으로서의 경계성에 대한 논의로 확장됐다. 또한 그 연구는 "네트워킹"으로 대변되는 글로벌 세계의 중심부로 옮겨가게 된다.[6] 이 논문에 따르면, 현 사회의 경제와 금융과 정보는 기본적으로 이동을 의미하는 "흐름"이라는 존재로 이해된다. 이런 사회는 움직이고 있다. 즉 경계성은 이제 현 글로벌 문화의 중심 개념이며 지배적인 위치에 놓이게 되었다는 것이다. 힘을 의미하는 "구조"는 이제 그 무게중심이 변방의 가장자리로 옮겨졌다.

경계성에 대한 경험은 다양한 비유들로 표현될 수 있다. 예를 들어 그것은 이미 집을 떠났으나 아직 목적지에 도달하지 못한 상태를 의미하는 도상(途上)에 있는 경험에 비교될 수 있다.[7] 이것은 마치 비행기의 이륙과 착륙 사이의 단계로, 구름 위의 높은 하늘에서 시간이 흘러가는 것처럼 중간상태에 있는 것이다.

경계성은 어떤 의미에 있어서 지체(遲滯)처럼 보일 수도 있다. 즉,

---

[6] Marcel Barnard, "Flows of Worship in the Network Society: Liminality as Heuristic Concept in Practical Theology beyond Action Theory," in *die Skriflig* 44, no. 1 (2010): 67-84. 마누엘 카스텔(Manuel Castells)같은 문화 분석가에 따르면, 이런 네트워크는 새로운 사회 현상이 아니다. "다만 새로운 정보 기술 패러다임이 전 사회 구조의 모든 영역으로 팽창할 수 있는 물질적인 요인들을 제공하는 것이다." 카스텔에 따르면, "유동의 능력(the power of flows)이 능력의 유동(the flows of power)을 능가한다." 네트워킹을 통한 문화의 유동은 다른 문화적 능력들을 조정하는 능력이 된다. Manuel Castells, *The Information Age: Economy, Society and Culture, Vol. 1: The Rise of the Network Society*, 2nd ed. (Malden, Mass.: Blackwell, 2000), 500.

[7] Paul Tournier, *A Place for You* (New York: Harper & Row, 1968), 163.

정지되었으나 여행 혹은 활동이 정지된 것은 아니라는 것이다. 무엇보다도, 여행자들이 익히 알고 있듯이 여행이 지연되었다는 것이 여행 자체의 중단을 의미하는 것은 아니다. 여전히 여행의 도상에 있지만, 여행이 계속 진행되고 있는 것은 아니다.[8] 공항에서 여행이 지연되어 지체하고 있는 사람들은 누구나 그 기다림이 끝없는 기다림이 아니라는 것을 잘 알고 있다. 그것은 단지 지연일 뿐이다.

경계성에 대한 가장 강력한 비유는 아마 공중그네를 타는 곡예예술의 비유일 것이다. 곡예 예술가가 동료의 팔에서 떠나 다른 편에서 기다리고 있는 강하고 든든한 손에 붙잡힐 것을 기대하며 공중을 통과하고 있는 상태가 경계성에 대한 좋은 비유이다.[9] 바라기는 이 상황에서 지연되는 일은 없어야 할 것이다!

따라서 본질적으로 경계성이란 두 가지 상황 혹은 상태 사이의 모호한 국면을 의미한다. 종종 두 공간 사이는 가능성과 (혹은) 실제적 위험으로 가득 차 있다. 이 공간에서 사람들은 조심스럽게 걷는다. 위치가 이동되는 경계 국면은 혼란과 혼미의 공기로 가득 차있다. 이 공간은 그 어느 누구의 땅도 아니다. 그 땅의 풍경은 어느 누군가에게 익숙했던 모습과는 완전히 다르게 보인다. 거기에는 식별가능한 지도도 없다. 여행객은 정상적인 상태를 벗어나 동요하기 시작한다.[10] 그곳의 공기는 이상하고 새로운 실존들로 가득 차있다. 과

---

8 예술가 마르셀 뒤챔프(Marcel Duchamp)는 그의 작품에서 지체에 대한 경험을 미적으로 포착하려고 했다. 특별히 공상과 소유 혹은 욕망과 달성 사이에서의 지연이라는 경계성적 공간에서 찾으려고 하였다. Hyde, *Trickster Makes This World*, 304-6를 보라.

9 Eugene Peterson, *A Long Obedience in the Same Direction: Discipleship in an Instant Society* (Downers Grove, Ill.: InterVarsity, 2000), 20.

10 Anne Frank and John Meteyard, "Liminality: The Transforming Grace of In-

연 그 경계성의 국면답게 그곳은 사이에 끼인 공간을 만드는 두 범주들이 갖고 있는 성질들의 융합 혹은 뒤섞임으로 구성된다. 이것은 마치 구 시대와 새로운 시대의 차원들을 모두 포함한 전환의 시대와 같다. 경계성의 국면은 양면성을 가진다. 그것은 역설로 가득하다. 이런 불확정과 예측 불가능은 가능함과 위험함에 대한 두 가지 감각을 모두 만든다.[11] 그러므로 그 경계성은 창조성과 혁신을 만들 뿐만 아니라, 두려움과 심지어 폭력으로 귀결될지도 모르는 안전보장에 대한 욕구까지도 생기게 할 수 있다.

그 두려움의 요소는 수천 년 전부터 사람들 안에 내재되어 있었을 것이다. 신성한 것에 대한 두려움, 금지된 것들에 대한 두려움, 과거와 미래에 대한 두려움, 안전을 추구하도록 우리를 몰아가는 두려움들이 우리 안에 오래전부터 있어왔던 것으로 보인다. 권력은, 특별히 위협을 느낄 때, 종종 두려움과 "폐쇄된 엄숙함"(closed seriousness)을 가져온다. 폐쇄된 엄숙함은 미하일 바흐친(Mikhail Bakhtin)이 묘사한 개념으로 경계성의 정반대 개념이다. 이 폐쇄된 엄숙함은 힘의 대변인으로서 행동한다. 이것은 탄압하고, 소환하고, 금지하는 엄숙함을 의미한다.[12]

Between places," *Journal of Pastoral Care and Counseling* 6, no. 3 (2007): 216.

11 Seth D. Kunin, *God's Place in the World: Sacred Space and Sacred Place in Judaism* (New York: Cassell, 1998), 30.

12 Mikhail Mikhailovich Bakhtin, *Rabelais and His World*, trans. Helene Iswolsky (Bloomington: Indiana University Press, 1984), 94. 미국과 남아공 양국은 현재 미국 내의 대 침체기와 급격한 인구 변동 그리고 남아공에서 진행 중인 민주주의와 경제적 도전들로 형성된 심각한 경계성을 경험하고 있다. 더군다나, 양국의 주류 교회들은 불확실한 미래에 직면한 쇠퇴라는 경계성적 상태에 있는 자신들의 모습을 스스로 발견한다. 이 두 나라에서 교회를 포함하여 이전의 특권과 힘을 가진 사람들과 기관들은 현재의 경계성적 상황에 대해 통제와 안정에 대한 추구라는 무시무시

그러나 이 경계성의 국면은 또한 고도로 창조적인 것이 될 수 있다. 거기서 새로운 형식들과 관계들의 조합이 가능해진다. 바흐친은 이것을 "열린 진지함"(open seriousness)이라고 부르는데 이것은 편협하고 독단적이고 폐쇄된 엄숙함에 맞서는 것이다. 열린 진지함은 항상 죽음과 갱신을 향해 나아갈 준비가 되어있다. 참된 열린 진지함은, 불완전한 전체의 한 부분 즉 도상(途上)에 존재하는 것임을 알기에, 패러디나 역설이나 어떤 형태의 맥 빠지게 하는 비웃음도 두려워하지 않는다.[13]

그러므로 그 경계성의 공간에서 사람들은 "존재와 부재"의 "채움과 비움" 모두를 경험한다.[14] 경계성 공간의 테두리들은 구멍이 많아서 모든 방향으로 열려있다. 이 공간에서 두려움, 엄숙함 그리고 닫힘은 개방성, 자유 그리고 창조성과 경쟁한다. 거기에는 죽음과 삶, 희망과 부흥에 대한 새로운 비결과 변화의 가능성이 존재한다. 사람들은 전통적인 사회 구조들로부터 풀려나서, 오직 사람이라는 이유 때문에 서로와 관계를 맺을 수 있게 된다. 그리고 일반적으로 구조화된 사회에서는 불가능했던, 깊이 있는 인간 공동체(*communitas*)를 경험하게 된다. 이런 순간에 사람들은 "그들의 삶과 사회를 반추하며, 무엇인가를 행하는 새로운 아이디어와 방법들을 구상하고, 새로

한 욕망들로 응답하고 있다. 그 결과는 종종 타인들—예를 들어 이민자들, 무슬림들, 동성애자등—을 배제하기 위한 엄격한 울타리를 세우고, 오랜 그들의 안전망들과 형식들을 지키기 위해서 종종 폭력적 수단을 동원하면서까지 자신들의 보루를 구축한다. "폐쇄된 엄숙함"은 오늘날 미국과 남아공 가운데 생생하게 살아있다.

13 Bakhtin, *Rabelais and His World*, 122.
14 Roger Friendland and Richard D. Hecht, "The Powers of Place," in *Religion, Violence, Memory, and Place*, eds. Oren Baruch Stier and J. Shawn Landres (Bloomington: Indian University Press, 2006), 35.

운 꿈을 꾸기에 충분한 자유를 누리게 된다."[15] 그러나 거기에는 또한 반동으로서의 폭력을 동반한, 두려움과 통제에 대한 의존 가능성도 생기게 된다. 경계성이란, 아마도 경계성의 공간이 가진 유동성과 개방성이라는 특성으로 위협받는 공간이며, 폐쇄된 엄숙함이 자신을 거듭 증명하려고 몸부림치는 공간일지도 모른다.

우리가 언급했듯이, 이런 경계성의 공간에서 설교하는 바보가 살아가고, 움직이고, 그 존재를 유지하게 된다. 설교하는 바보가 이런 경계성의 공간에 존재하게 되는 이유는 십자가의 미련함이 구 시대를 마감하고 새 시대를 여는 이런 공간과 시간을 만들어내기 때문이다. 이런 경계성의 공간과 시간에서 성령은 기독교의 정체성과 공동체를 형성하고 개혁하면서 자유롭게 역사한다. 기독교인들에게 있어서 경계성은 가장 심오한 신학적 차원이다. 그것은 복음과 신학의 핵심에 위치한다. 기독교인들은 경계성의 사람들이다. 경계성의 사람들로서 기독교인들은 두려움 없이 신실하게 시대가 바뀌는 길목에서 "그 길"(the Way)되신 예수에 의지하여 살아간다. 이제 우리는 성령, 정체성, 그리고 공동체에 대한 경계성의 신학적 이해의 단계로 넘어가고자 한다. 이러한 신학적 이해는 하나님의 형상과 교회론에 대한 더 깊은 묵상의 단계로 우리를 인도할 것이다. 그리고 이 모든 것들은 우리를 설교의 미련함이라는 주제로 더욱 깊이 있게 이

---

15 Sang Hyun Lee, "Worship on the Edge: Liminality and the Korean American Context," in *Making Room at the Table: An Invitation to Multicultural Worship*, eds. Brian K. Blount and Leonora Tubbs Tisdale (Louisville: Westminster John Knox, 2001), 98. 이상현은 미국에 있는 한국인들의 강요된 경계성의 상태에 대해서 썼다. 이민자들의 경계성 경험에 대한 다른 설명을 위해 Maxine Hong Kingston, *The Woman Warrior: Memories of a Girlhood among Ghosts* (New York: Vintage, 1976)를 보라. 우리가 다음 장에서 보게 되듯이, 바흐친에게 있어서 경계성의 원초적인 예는 카니발이다.

끌어갈 것이다.

먼저, 우리는 세 가지의 서로 다른 렌즈들을 통해 성령, 정체성, 그리고 공동체를 탐구할 것이다. 그 렌즈들은 신학의 경계성적 특성을 위한 독특한 통찰력을 제공한다. 성령에 관하여, 우리는 화란 개혁 신학자인 노르트만스(Oepke Noordmans)의 역동적인 성령론을 살필 것이다. 다음 독일 루터교회의 실천신학자 헤니히 루터(Henning Luther)의 연구를 중심으로 정체성의 문제를 다룰 것이다. 마지막으로 공동체의 탐구의 목적으로 우리는 남아공의 문화적 윤리성인 **우분투**(*Ubuntu*)를 연구할 것이다. 세계적으로 잘 알려진 교회 지도자이자, 신학자이며, 활동적인 대감독인 데스몬드 투투(Desmond Tutu)는 우분투에 관한 뛰어난 대표자였고 지금도 여전히 주목할 만한 인물이다.

2. 성령: 형성과 재형성

우리가 이미 언급했던 경계성은 뚜렷한 성령론적 측면을 지닌다. 어느 누구도 지난 세기의 가장 영향력 있고 존경받는 화란 개혁주의 신학자들 가운데 한 사람인 노르트만스보다 이것을 더 잘 이해하는 사람은 없다.[16] 노르트만스에 따르면, 성령은 지속적으로 구조

---

16 노르트만스의 방대한 전 작품을 평가하는 것은 불가능하다. 여기서 우리는 단지 경계성의 개념에 관련된 그의 신학의 한 영역에 초점을 맞추고자 한다. 창조와 재창조 혹은 형태와 성령(*Gestalte* and *Geest*) 사이의 관계에 대한 노르트만스의 사상을 위해서는 Oepke Noordmans, *Verzamede Werken 8* (Kampen: Kok, 1990), 179-478를 보라. 출판된 본래의 책은 *Gestalte en Geest* (Amsterdam: Holland Uitgeversmaatschappij, 1956)이다.

를 생성하고 나서 이런 구조들을 무너뜨리고 재창조한다. 형성에서 재형성까지에 어떤 영원한 움직임이 있다. 노르트만스의 말로 하면, 모양 혹은 형태(Gestalte) 그리고 성령(Geest) 사이에 어떤 움직임이 존재한다.

노르트만스에 따르면, 형태는 적어도 세 가지 방식에 의해 신학적으로 이해될 수도 있다. 그 첫 번째는 창조(역사의 시작)이다. 창조는 가장 기본적이고 순수한 형태들이다. 두 번째는 불러냄, 이스라엘을 불러내는 것이다. 이 불러냄은 성령께서 창조의 기본적 형태에 재진입하여 기존의 형태를 상대화시키고, 파괴하고, 재형성할 때 일어난다. 예를 들어 성령은 이스라엘의 왕정 역사의 변화와 같이, 기존의 것과는 전혀 다른 형태들을 현 구조 가운데 소개함으로 이런 일들을 행한다. 이러한 형태들은 순차적으로 중단되며, 재형성되고, 바뀐다. 모든 것 가운데 가장 깊고 심오한 파괴를 향하여, 즉 십자가에 달려 산산이 부서진 예수 그리스도, 이스라엘의 메시아를 향하여 파괴되며 재창조되며 변화되는 것이다. 그 십자가가 세 번째 형태를 보여준다. 즉 세 번째 형태는 자기 비하와 파괴이다. 다시 말해, 궁극적으로 부서지고 파괴된 형태에 대한 이야기이다.[17] 그러므로 창조로부터 이스라엘을 거쳐 십자가에 이르기까지에는 재형성의 끊임없는 운동이 있어왔다. 그러나 그 운동은 여기서 끝나지는 않는다.

그리스도의 십자가 사건 이후에 성령은 깊이 있는 형태의 재형성으로 계속해서 바쁘시다. 이제 출발점은 그리스도 안에 있는 하나님의 부서진 형상이다. 그 목적은 현실 속에 나타나는 성령의 새로운

---

17 Noordmans, *Gestalte en Geest*, 53-54.

발상을 지향하며 부서진 형태를 재형성하는 것이다. 따라서 노르트만스는 재형성자로서의 성령의 사역에 지대한 강조점을 둔다. 성령은 역사(歷史)를 더 멀리 깊게 다루면서, 그러나 또한 항상 그리스도의 그 부서진 형상을 따르면서, 경계성의 임계점에 임하여 역사(役事)한다.

성령의 이러한 사역은 또한 통찰력 있게 보면 위기의 사역으로 불릴 수도 있다. 형성과 재형성의 영원한 움직임 가운데 어느 순간 성령은 현재의 형태들이 재형성될 필요가 있음을 간파한다. 이런 이유로 심판, 나눔, 그리고 파괴 같은 개념들이 아마도 성령의 역사하심을 묘사하기 위해서 사용되곤 했을 것이다.[18] 그러나 성령이 무(nihilo)로부터 창조하는 것은 아니다. 새로운 창조(nova creatio)를 하는 것도 아니다. 다만 성령은 재창조(re-creatio)를 하는 것이다.[19] 우리는 다음과 같이 말할 수 있다. 성령은 형태를 초월하는 대리자로 활동함

---

[18] De Knijff, *Geest en Gestalte: O Noordmans' Bijbeluitlegging in Hermeneutisch Verband* (Kampen: Kok, 1985), 33-34.

[19] 노르트만스는 그만의 독특하고 응축된 방법으로 이런 재창조의 행위를 설명한다. 우리가 우리 뒤에 숨겨둔 피조물 가운데 부서지지 않은 형태(즉 우리가 십자가의 빛으로 평가하지 않은 것)가 우리에게 돌아와서 복음을 오염시킨다. 피조물은 우리가 골고다로 올라갈 때까지 우리를 따라다닌다. 그리고 그 이후에 우리는 여전히 피조물의 형태 혹은 호화로움에 대해서 이야기할 수도 있고 해도 된다. 그 이전에는 안 된다. 십자가의 이런 과정에 참여하지 않은 모든 것들은 피조물이 아니고 이교도일 뿐이다. 이것은 모든 형태의 피조물은 성령의 운동을 반대하는 형상이 되지 않도록 하기 위해서 십자가의 빛 아래서 평가되어야만 한다는 것을 의미한다. 나치주의(Nazism)의 발흥은 근본적으로 재창조에 반대했던 어떤 피조물을 대표하는 형태가 나치주의로 나타난 것으로 볼 수 있다. Cf. Oepke Noordmans, *Herschepping* (Zeist: Nederlandse Christen-Studentevereiging, 1934), 74. 이에 관해서 또한 다음을 참조하라. Philippus F. Theron, *Die Ekklesia as Kosmies-Eskatologiese Teken* (Pretoria: N. G. Kerkboekhandel, 1978), 7-14.

으로써 현실의 형태를 방해한다. 성령은 또한 형태를 움직이고 재형성 할 수 있는 아르키메데스의 지렛대 받침점[20]과 같은 모습으로 활동함으로 현재의 형태에 대항한다. 성령은, 십자가에 못 박힌 그리스도의 깨진 형상과 같이, 완성을 향하여 형태를 재창조하기 위하여 기존의 형태를 부수는 분이다. 노르트만스에게 있어서, 성령의 역사는 이 땅 위에서 하나님이 행하시는 역사의 시작과 끝이라고 할 수 있는 창조와 완성 모두를 품어낸다.[21]

창조와 재창조 혹은 형성과 재형성의 관계는 경계성의 신학적 이해를 위해서 결정적으로 중요한 것이다. 노르트만스는 사실 영구적으로 고착되어가는 형태가 위험성을 가지고 있다는 것을 분명히 알고 있다. 그래서 그는 형성하기(forming)로서의 창조에 대한 언급에서 물러나서 오히려 나누기(dividing)로서의 창조에 대해 이야기했다. 이런 방식으로 나치즘 발흥의 배경에 반대하면서, 노르트만스는 피조물의 어떤 실체화, 혹은 신격화, 혹은 실체화되고 신격화된 피조물의 한 형태로서의 국가를 경계한다. 노르트만스는 위에서 언급된 형태가 영원한 반복의 형식으로 자신을 영구화하려는 특성을 가지고 있다고 이해했다. 그는 이것을 영원한 것이 되기를 원하는 충동이라고 부른다. 그리고 이 영원에 대한 충동은 사실 성령의 운동에 반하는 죄이다.[22]

노르트만스에 따르면, 하나님은 성령과 함께하지 아니하고는 결코 어떤 것도 창조하지 않으신다. 그리고 성령은 창조된 것으로부

---

20 아르키메데스는 충분히 긴 지렛대와 그것을 받칠 수 있는 받침대만 있다면 지구도 들 수 있다고 주장했다-역주.
21 De Knijff, *Geest en Gestalte*, 32.
22 Noordmans, *Gestalte en Geest*, 235-36.

터 결코 떠나지 않으신다. 성령은 모든 피조물의 형상 위를 심판의 눈으로 자세히 지켜보신다. 하나님이 형태를 창조하셨다. 그리고 우리는 형태 없이는 존재할 수 없다. 성령과 형태 사이의 막은 반드시 얇게 유지되어야만 한다. 성령은 때때로 형태를 넘어서고 형태를 향해 초월적인 역사를 행하시기 위하여 성령과 형태 사이의 막을 통과해야 한다. 따라서 성령께서 그 막을 통과할 수 없을 정도로 성령과 형태 사이의 막이 굳어지거나 두꺼워져서는 결코 안 된다. 창조하며 동시에 부수는 성령은 또한 위대한 해석자이다. 그 위대한 해석자는 성령과 형태 사이에 존재하는 막이라는 경계를 해석하도록 돕고, 그 막을 넘어 지속적으로 교통하도록 우리를 돕는다.[23] 그러므로 성령론과 해석학은 광범위한 영역에서 동일한 것으로 보일 수 있다. 누구든지 경계성의 신학을 배우기 원하는 자는 성령과 형태 사이에 있는 막이라는 경계를 인식하고 조심스럽게 걸어가야만 할 것이다.[24]

형성과 재형성 사이의 해석학적이고 성령론적인 움직임은 또한 정체성과 파편 사이의 움직임으로도 불릴 수 있다. 이것은 우리에게 두 번째 신학적 렌즈들을 가져다준다.

---

[23] 해석학과 경계선 넘기(border-crossing) 사이의 깊은 관계는 4장의 트릭스터의 형상과 관련하여 토론될 것이다.

[24] De Knijff, *Geest en Gestalte*, 159.

3. 정체성(Identity)과 파편(Fragment)

1980년 후반기에 독일 실천신학자 헤니히 루터는 본래 미학에서 유래한 파편이라는 개념을 신학계에 소개했다. 그는 정체성에 대한 특별한 이해를 위해서 파편의 개념을 상정했다.[25] 이전까지 정체성은 전적으로 완전하고, 온전히 통합된 어떤 성과물을 통하여 유지된다고 알려져 있었다. 그러나 루터는 정체성을 전체로서가 아닌, 완전하지 않고 끊임없이 끊어지는 것, 즉 파편으로 말하는 편을 선택한다.[26] 정체성을 파편으로 이해하는 것은 완전체로서의 이해, 스스로 폐쇄된 총체로서의 이해, 실패 없는 연합체로서의 이해, 그리고 지속적이며 문제될 것이 없는 적합성으로서의 이해와는 정반대의 입장이다.[27]

루터에 따르면, 과거로부터 나온 파편들도 있지만 이와 마찬가지로 미래로부터의 파편들도 있다.[28] 과거로부터의 파편들은 결코 풀리지 않았던, 마무리하지 못한 일들의 조각들이다. 그 끝내지 못한

---

25 Henning Luther, *Religion und Alltag: Bausteine zu einer Praktischen Theologie des Subjekts* (Stuttgart: Radius, 1992), 160. 정체성에 대한 헤니히의 접근은 후기자유주의 설교학을 포함하여 설교학에 관한 많은 내러티브적 접근들에 도전한다. 이야기가 정체성을 만들기 때문에 내러티브적 설교학은 이야기체적 접근을 격려한다. 파편에 대한 위와 같은 이해를 가지고 있는 루터는 정체성에 대한 내러티브적 설교학의 접근들은 너무 깔끔하고 안정적이라고 주장한다. 이에 대해 이야기 설교에 대한 리차드 리셔(Richard Lischer)의 비평을 또한 보라. in "The Limits of Story," 26-38.
26 Luther, *Religion und Alltag*, 161.
27 루터에 따르면, 정체성에 대한 이러한 이해는 또한 영원한 연설 혹은 불멸의 진리들인 것처럼 가장하는 설교의 형태와도 모순된다. 즉 설교도 또한 하나의 파편일 뿐이다. 설교는 마지막 선포나 생산물이 아니다. 오히려 설교는 계속되는 재해석들로의 끝없는 초대이다(*Religion und Alltag*, 180-82. 이 책의 8장을 또한 보라).
28 Luther, *Religion und Alltag*, 161.

일들의 파편들은 예전에는 온전했으나 지금은 파괴된 전체의 부분들, 즉 머리도 팔다리도 없이 몸통만 있는 조각상과 같은 공허한 모습으로 우리 주위를 맴도는 파편들이다. 다시 말해, 다른 것들을 볼 때 우리의 죄에 대하여 생각나게 하는 그런 파편들이다.[29] 과거로부터의 이러한 파편들은 우리에게 슬픔과 애도를 안겨다 주는 고통과 번민의 경험들을 만들어 낼 수 있다. 루터는 심지어 "고백의 미학"에 대해서도 이야기한다.[30]

반면에 미래의 파편들은 궁극적인 형상과 완성을 아직 찾아내지 못한 미완성의 일들을 의미한다. 이런 미완성의 일들은 삶의 경험과 노력들로 해내야만 하는 파편들이다. 미래의 이러한 파편들은 우리 안에 갈급함을 불러일으킨다.[31] 이런 갈급함에 대한 느낌들은 우리를 둔감한 수용이라는 상태에 빠지지 않도록 지켜주고, 혹은 이보다 더 나쁜 경화되고 응고되는 상태로부터 지켜준다.[32] 이런 갈급함은 미래에 대한 개방과 유연함을 유지하도록 우리를 돕는다.

과거와 미래로부터의 이런 파편들은 그들이 아닌 바깥의 어떤 다른 것, 즉 성취될 필요가 있는 가능성들을 가리킨다.[33] 헤니히 루터의 독특한 공헌은 그가 파편의 미학적 개념을 혁신적인 방법으로 해

---

29 과거로부터의 이런 파편들에 대한 뚜렷한 예는 베를린에 있는 기념교회에서 찾을 수 있다. 이 교회는 2차 세계대전 중 폭격당했으나 복구되지 않은 채 오는 세대들에게 기념비의 역할을 하도록 폐허상태로 남겨진 교회이다. 그 교회 옆에 대비의 목적을 위해서 몇 미터 떨어지지 않은 곳에 파편과 완성의 건축학적 긴장을 더해서 현대적 교회가 건축되었다.
30 Luther, *Religion und Alltag*, 182.
31 Luther, *Religion und Alltag*, 169.
32 Luther, *Religion und Alltag*, 170.
33 Luther, *Religion und Alltag*, 167.

석했다는 사실에 있다. 사실, 루터는 파편의 개념이 모든 고전적 신학의 사상들을 관통하는 금맥 같은 것이라고 확신했다. 예를 들어 그 파편의 개념은 정체성이 움직일 수 없는 비석으로 전락하는 것을 방지하며, 믿음은 완전한 것이 되는 것이 아니라 오히려 파편으로 사는 것이라는 점을 가르쳐 준다. 이와 같은 파편의 개념은 믿음의 핵심 개념을 이해할 수 있는 윤곽을 제공해 준다.

파편화는 또한 사랑에 대한 특별한 이해를 불러일으킨다. 사랑은 우리가 이 땅 위에서 단지 파편만이 아니라는 점을 알고 있는 것이다. 그래서 우리의 정체성에 대한 개념들은 계속해서 타인들에 의해 자극된다. 우리는 서로에게 매여 있고 사랑 안에서 서로를 위한 공간을 만들어내야만 한다.[34] 자기 자신의 부서짐에 대해서 무엇인가를 이해한 사람들은 부서져 버린 또 다른 사람들을 향한 사랑 없이는 존재할 수 없다. 그들은 실존적 경험으로부터 다음과 같은 사실을 배운다. 파편들은 사랑 안에서 공존할 수 있고 공존해야만 한다. 부서짐을 경험한 사람들은 엄격한 울타리를 더 만들거나, 더 악화되어 분리주의(apartheid)로 퇴보되어서는 결코 안 된다.[35]

아마 파편이라는 개념은 은혜라는 핵심 용어로 가장 잘 설명될 수 있을 것이다. 은혜란 우리가 아직 완전체가 아니며 다른 분에 의해서 온전하게 되어 가고 있는 존재라는 사실을 내포하고 있다.[36]

---

34 Luther, *Religion und Alltag*, 170.
35 이러한 말들이 루터의 직접적인 표현들은 아니다. 이 표현들은 파편화라는 아이디어가 결코 다시 낭만적으로 될 수 없을 것 같은 남아공의 정황에서 쓰인 것이다. 파편이라는 개념이 신학적으로 책임 있는 방식으로 이해되지 않는다면, 파편은 낭만적인 이상으로 오해될 수도 있고, 혹은 극단적인 상대주의의 한 형태로 거부될 수도 있을 것으로 보인다.
36 Luther, *Religion und Alltag*, 172.

우리는 의인이며 동시에 죄인, 즉 파편들이다. 그러나 부스러기들로 그저 산만하게 존재하는 것은 아니다. 조각난 파편으로서 우리들은 계속해서 큰 그림의 성취를 향해 맞추어져 가고 있는 중이다.[37]

루터에게 있어서, 그리스도의 십자가는 최고의 파편화를 보여준다. 이런 의미에서 예수는 부서짐 없는 완전체로서의 이상적인 인간이 아니었다. 그는 부서지고, 찢겼으며, 십자가에 못 박히고, 산산조각이 나 파편이 되었다. 또한 이 예수님의 파편화가 부활에 의해서 무효화된 것은 아니다. 주님의 부활은 십자가를 부정하는 것이 아니고, 십자가를 인정하고 확정하는 것이다.[38] 주님의 부활은 "부서지고 산산조각 난 그리스도가 바로 하나님이시다"라고 말한다. 우리가 이미 언급했던 것처럼, 그 부활은 사실 십자가에 못 박힌 하나님의 어리석음을 심화하고 십자가의 패러디를 급진전시키는 것이다. 그러나 부활은 또한 우리의 실재인 파편들이 새로운 완성을 향해 함께 연합되어 가고 있다는 소망을 준다.[39] 그러나 십자가와 부활 사이에는 논리적 연결점이 없다는 사실을 이해하는 것이 중요하다. 십자가에서 부활로 건너뛰는 것은 논리에 의해서 설명될 수 없는 이상하고,

---

37 Luther, *Religion und Alltag*, 173.
38 Luther, *Religion und Alltag*, 173.
39 만프레트 요수티스(Manfred Josuttis)는 이런 통찰력에 다음과 같은 이야기들을 덧붙이곤 했다. 그리스도의 영이 우리 안에 거하시고 우리가 그리스도의 역사의 한 부분이 될 때, 우리의 파편된 정체성은 부활하신 그리스도의 완성에 참여하게 된다. 요수티스는 정체성보다는 오히려 회심(conversion)에 대해서 이야기한다. 왜냐하면 정체성은 보존이라는 생각을 갖고 있는 반면에, 회심은 변화를 의미하기 때문이다. 그러므로 그는 보존이라기보다는 회심이라는 관점이 정체성을 더 잘 설명해 준다고 생각한다. Manfred Josuttis, "IdentitätIdentität und Konversion," in *Identität im Wandel in Kirche und Gesellschaft*, ed. Dietrich Stollberg (Göttingen: F. S. Richard Riess, 1988), 118, 126.

놀랍고, 혼란스러운 일이다. 그것은 우리가 일반적으로 감지하거나, 단순하게 듣거나, 마음에 담을 수 있었던 그런 어떤 것이 아니다. 성령께서 우리에게 분별력을 주셔야만 가능해지는 것이다.

 종말론적 관점에서, 그 파편들은 현실이지만 영원한 불완전함을 의미하는 것은 아니다. 오히려 그 파편들은 완성된 충만을 가리키는 지표들이며 충만한 완성을 이루는 선구자들이다.[40] 삶의 파편화에 대한 이해는 희망을 주지만 또한 불안감을 만들고, 우리가 아직 우리의 목적지에 도착한 것이 아니라는 사실을 느끼게 한다. 파편들 속에는 비탄과 갈망이 함께 엮여있다. 파편들 속에는 아직 존재하지 않는 충만이 그 안에 존재한다. 그러므로 파편화는 시대 사이에 있는 경계성의 공간 안에서 기독교인의 삶을 특징짓는다.

 노르트만스의 형성과 재형성의 해석학적 설명과 마찬가지로, 루터의 정체성과 파편에 대한 신학적 이해는 피카소의 십자가상을 생각나게 한다. 그 형태들은 부서지고 재형성을 바라보며 소리친다. 파편들은 부서짐을 나타낸다. 이렇게 완성을 요구하고 갈망할 때, 희망이 생기게 된다. 그러나 이런저런 경계성의 긴장들은 개인적 방식으로 이해되어서는 안 되고 오히려 공동체 안에서 이해되어야만 한다. 따라서 우리는 공동체라는 또 다른 렌즈가 필요하다.

---

40 Luther, *Religion und Alltag*, 175.

4. 우분투: 존재(being)와 생성(becoming)

우분투(*Ubuntu*)의 개념은, 비록 파악하기 어려우나,[41] 아프리카 사람들 특별히 남아공의 문화를 대표하는 것으로 전 세계에 잘 알려져 있다. 비록 아프리카의 문화적 표현인 우분투가 엄격한 의미에서 신학으로 불릴 수는 없을지라도, 신학적 용어로 이 개념을 해석해 낸 뛰어난 신학자들이 많이 있다. 예를 들어 데스몬드 투투는 우분투의 신학이라고 불릴 수 있는 것을 발전시키고 실천했다. 사실 투투의 신학은 우분투의 렌즈를 통해서 보아야만 한다. 그에 따르면 우리는 공동체 안에서, 코이노니아 안에서, 평화 안에서만 인간으로 존재할 수 있기 때문이다.[42] 투투의 신학은 아마도 아프리카 우분투의 가장 대표적인 표현들 가운데 하나임이 분명하다. 투투에서 있어서 우분투는 심오한 신학적 의미를 갖는다. 하나님은 서로를 필요로 하도록 우리를 창조하셨기 때문이다. 우리는 "상호의존성이라는 섬세한 네트워크"의 부분으로 만들어졌기 때문이다.[43]

41　웰릴레 마자미자(Welile Mazamiza)는 "우분투가 세상 존재의 핵심적 본질이기 때문에 우분투는 모든 방식의 정의에 도전한다"고 주장한다. Welile Mazamiza, "Re-reading the Bible in the Black Church: Towards a Hermeneutics of Orality and Literacy," *Journal of Black Theology in South Africa* 9, no. 2 (1995): 18. 제레미 푼트(Jeremy Punt)도 같은 주제를 숙고한다. "무엇이 우분투인가? 가치 체계이냐, 세계관이냐, 이데올로기이냐, 혹은 경험적이고 심지어 존재론적인 수준에서 좌절과 필요와 이상주의의 연합으로부터 태어난 인도주의적 이상이냐?" Jeremy Punt, "Value of Ubuntu for Reading the Bible in Africa," *Text and Context in New Testament Hermeneutics*, eds. J. N. K. Mugambi and Johannes A. Smith (Nairobi: Acton, 2004), 88.

42　Michael Battle, Reconciliation: *The Ubuntu Theology of Desmond Tutu* (Cleveland: Pilgrim, 1997), 5.

43　Battle, *Reconciliation*, 35.

이 책의 범위 내에서 광대한 우분투의 개념을 정의하는 것은 불가능하다.[44] 우분투는 삶의 방식으로, 보편적 진리로, 인간 존엄의 표현으로, 열린 사회라는 개념의 토대로, 아프리카 휴머니즘으로, 신뢰, 도움, 존경, 나눔, 돌봄, 공동체 그리고 이타주의로 설명되어 왔다. 요약하면, 우분투는 인간애와 인간성을 의미한다. 이것은 사람들이 타인들을 통하여 인간이 된다는 신념에 근간을 둔다. 즉 "나는 당신들 때문에 존재한다"는 것이다.[45]

이 잘 알려진 아프리카의 경구는 타인들에 대한 기본적인 존경과 불쌍히 여기는 깊은 동정심을 분명하게 가르치고 있다. 우분투는 사실적 서술이자, 행위의 규범 혹은 사회 윤리이다. 그것은 서술적이며 동시에 규범적이다. 그것은 단지 타인들과 함께하는 존재로서 인간을 서술할 뿐만 아니라, 또한 타인들과 함께하는 존재로서의 관계적 윤리가 의미하는 바를 규정하기도 한다. 우분투의 출발점은 한 사회의 체계적인 상호 연결성이다.[46]

---

44 이에 대한 요한 실리에의 요약을 위해 다음을 보라. Johan Cilliers, "In Search of Meaning between Ubuntu and Into: Perspective on Preaching in Post-apartheid South Africa," in *Preaching: Does It Make a Difference?*, ed. Mogens Lindhardt and Henning Thomsen, Studia Homiletica 7 (Frederiksberg: Aros Vorlag, 2010), 77-78.

45 Mogobe B. Ramose, *African Philosophy through Ubuntu* (Harare: Mond Books, 1999), 49-50. 또한 Augustine Shutte, *Philosophy for Africa* (Rondebosch, South Africa: UCT Press, 1993), 46. 어원적으로 말하면, 우분투라는 용어는 전통적 아프리카 격언인 "한 사람은 다른 사람들을 통해서 사람으로 존재한다"의 줄루, 수투족 식의 번안 판이다. 우분투는 우부와 은투의 조합체이다. 은투는 대부분의 사하라 남부 아프리카 언어에서 공통적으로 발견되는 사람을 의미하는 어근이다. Wim van Binsbergen, *Intercultural Encounter: African and Anthropological Lessons towards a Philosophy of Interculturality* (Münster: Lit Verlag, 2003), 428.

46 Dirk J. Louw, *Ubuntu and the Challenges of Multiculturalism in Post-apartheid South Africa* (Utrecht: Zuidam & Uithof, 2002), 7. Cf. also van Binsbergen, *Intercultural*

비록 우분투가 어떤 부분에서 식민지 이전 시골 지역에 있었던 그 원형을 상실했다 할지라도,[47] 아파르트헤이트(흑백분리정책)가 끝난 이후 남아공의 재건이라는 관점에서 대중적인 개념으로 자리매김하고 있다. 표면적으로 우분투는 사상적, 경제적, 그리고 정치적 용도들이라는 광범위한 스펙트럼을 가지고 있고, 또한 세계화를 향해서 그리고 세계화 속에서 아프리카의 탁월한 공헌도를 이끌어 낼 것으로 보인다.[48] 넬슨 만델라(Nelson Mandela)가 확언한 것처럼, 우분투는 더 이상 단순한 지역적 수준의 기능에 멈춰있지 않고, 인류 전체의 풍요를 위해 공헌할 수 있을 것이다.[49] 이런 정서는 케네스 카운다(Kenneth Kaunda)의 유명한 소신에서도 발견된다.

> 서양은 그들의 기술을, 동양은 그들의 신비를 가지게 하라. 인류 문화를 위한 아프리카의 선물은 반드시 사람 사이의 관계를 위한 것이어야 한다.[50]

Encounter, 450-51.

47 Cf. van Binsbergen, *Intercultural Encounters*, 437-38. 우분투는 식민지 이전 아프리카 시골의 상황 가운데 그 기원을 둔다. 본래의 우분투는 공동체 안의 돌봄과 동정심에 대한 도덕적 가치들로 작동할 뿐만 아니라, 어떤 의식과 의전을 통해서 이런 가치들을 실행하기도 했다. 이러한 의전과 의식들은 사실 도덕성을 구현할 뿐만 아니라, 정체성도 만들어 낸다. 아프리카 배경에서, 다른 사람들을 통해서 한 인간이 되어간다는 것의 실재는 이런 의전들과 특별한 입문 의식들을 통해서 이루어진다. 따라서 "어떤 이가 이런 과정을 통해서 사람들의 몸으로 통합되기 전까지 그 사람은 단지 그것, 즉 아직 사람이 아닌 것으로 간주된다. 그러므로 모든 인간을 사람이라고 말할 수 없다." Louw, *Ubuntu*, 8.

48 Cf. van Binsbergen, *Intercultural Encounter*, 449-50.

49 Jennifer Crwys-Williams, *In the Words of Nelson Mandela* (London: Penguin, 2005), 82.

50 Kenneth D. Kaunda, *A Humanist in Africa: Letters to Colin Morris from Kenneth D.*

우분투는 탁월한 아프리카의 인식론적 표현이다. 그러므로 진리와 의미는 기본적으로 우분투, 즉 다른 사람과 연합된 공동체 내에서 발견된다.51 우분투의 교감을 이루기 위해서, 서로 간의 대화와 상호 노출이 필요하다. 즉 당신 자신을 활기차고 풍성하게 하기 위해 타인들의 다른 인간성과 조우하는 진정한 상호성이 필요하다. 우분투는 존재와 생성 그리고 자신과 타인 사이의 경계성적 긴장을 위한 호혜적 공간을 필연적으로 수반한다. 이 호혜적 공간은 타인들의 특이성과 개인성 그리고 역사성의 존중을 통해서 형성된다.52

Kaunda (London: Longman, 1967), 22.

51 또한 종교적 맥락 안에서 의미를 찾는 것은 필수적으로 동의와 합의에 대한 우분투 이해를 상정해야 한다. 아프리카 문화는 합의와 그 과정에서의 화해를 추구하는 데 있어서 거의 무한대의 능력을 가지고 있는 것으로 보인다. 인다바(indaba) 즉 회합에 대한 아프리카의 개념은 단순한 만남 이상을 수반한다. 인다바는 합의와 궁극적 화해 성취를 위한 관점으로 대화하는 것이다. 이 (종종 매우 긴 시간이 걸릴 수 있는) 인다바에서, 모든 사람은 "우리는 하나입니다"라고 말할 수 있을 때까지 자신의 의견을 피력할 수 있는 권리를 갖는다. 그러나 이런 합의에도 부정적인 측면이 있다. 우분투는 강압적인 복종과 그룹 혹은 종족을 향한 맹목적 충성으로 퇴보할 수도 있다. 일치의 실패는 가혹한 응보의 조치를 당할 수도 있다. 합의를 이끌어 내기 위한 격렬한 토론이 거북한 복종으로 귀착될 수도 있다. 그러나 일치와 동시에 가치를 확정하고 다양성을 인정하고자 하는 우분투의 도전은 남겨져 있다. 로우는 이것에 대해 다음과 같이 예리하게 기록한다. "그러므로 동의 혹은 합의에 도달하고자 하는 노력으로서의 우분투는 (강압적인) 보편적 동일성을 향한 시대에 뒤떨어지고 의심스러운 열망과 혼동되어서는 안 된다. 이런 열망은 종종 다름에 대한 최종 해결책에 대한 소위 신학적이거나 현대적 시도들과 관련되어 있다." 로우에 따르면, 참된 우분투는 다양성에 대해서 진지하게 다룬다. 왜냐하면 우분투는 타자에 의해 구성된 현실을 이해하는 것이기 때문이다. 우리는 결코 타인의 입장을 완벽하게 이해하거나 타인의 눈을 통해서 완벽하게 볼 수도 없기 때문이다. 로우는 "우분투주의자가 '연합'과 '합의'라는 단어를 읽을 때 그 혹은 그녀는 또한 '다름', '자율', 그리고 '협동'이라고 읽는다"라고 결론 맺는다. Louw, *Ubuntu*, 11.

52 Louw, *Ubuntu*, 13-14.

타인의 특이성 존중의 구성요소는 당신이 타인들을 정확한 의미의 타인으로서 인정하고 그들에게 감사하는 것을 필요로 한다. 타인들을 당신 자신의 이미지로 바꾸거나, 조작하거나 다시 만들어내려고 하지 않는 것이다.[53] 이것은 우분투를 다음과 같이 번역할 수 있음을 의미한다. "한 인간은 다른 사람들의 다름을 통해서 인간이 된다." 이것은 만약에 당신이 타인들의 다름을 변화시키고 조작하려고 한다면, 당신은 결국 당신 스스로가 아닌 어떤 다른 존재가 되어버린다는 것을 의미한다. 당신은 솔직한 당신 자신의 얼굴을 보기 위해서 타인들과 직면해야만 한다. 우분투는 타인들과 함께하는 존재와 생성의 경계성 공간 내부에 있는 의미를 발견하는 상호직면의 기술이다.

개인성 존중의 구성요소는 데카르트 철학의 모델과는 다르다. 데카르트 철학의 모델에서 개인은 단독으로 독립적으로 사회의 나머지보다 앞서 존재할 수 있다. 그러므로 사회는 단지 선재하는 실존으로서의 개인의 연장에 불과하다. 우분투는 앞에서 언급한 단지 선재하는 실존들의 묶음 덩어리인 집합주의 형식을 추구하지 않는다. 오히려 우분투는 관계 안에서 개인을 정의한다. 우분투는 상호 관계의 그물 같은 존재이다. 그 안에서 주체와 객체는 구별될 수 없다. 즉 "나는 생각한다. 고로 나는 존재한다"가 아니라, "나는 참여한다. 고로 나는 존재한다", 혹은 심지어 "나는 (너와) 춤춘다. 고로 나는 존

---

53 로우의 정의를 참조하라. Louw, *Ubuntu*, 6-7: "나는 우분투를 효과적으로 상대의 독립성을 존중하는 아프리카의 혹은 아프리카에서 영감을 받은 타자를 평가하는 방식으로 정의하고 싶다. 즉, 상대주의의 힘을 빌리지 않으며 절대주의를 초월하는 타자에 대한 평가라고 하고 싶다."

재한다"는 의미이다.⁵⁴ 먹고 마시고 일하는 모든 인간 행위들 속에서 함께 존재하기 위해 우리는 춤을 춘다. 이런 우분투의 이해에 의하면, 우리는 서구인들이 찾고자 하는 경쟁력을 찾지 않고 오히려 쇼쇼로자(shosholoza), 즉 한몸이 되어 일하는 것을 찾는다. 하나 됨에 의미가 있다. 이러한 상호 관계들의 그물은 단독에서 연대로, 독립에서 상호의존으로, 공동체와 마주 앉아 있는 개인에서 공동체 곁에 앉아 있는 개인으로의 패러다임 전환을 의미한다.⁵⁵ 이것이 모든 개인의 종말을 의미하는가? 아니다. 역설적으로 들릴지 모르나, 참된 우분투는 관계와 차이, 개인과 공동체 모두를 통합시키기 위해 노력한다. 개인으로서 당신은 끊임없이 공동체에 의해서 형성되고 있고, 당신에 의해서 공동체가 또한 형성되고 있다. 우분투는 기꺼이 형성하고 형성되는 것이다. 그것은 상호직면이라는 경계성 공간 안에서의 상호형성의 능력이다.⁵⁶

---

54 Cf. Mary E. McGann, "Timely Wisdom, Prophetic Challenge: Rediscovering Clarence R. J. Rivers' Vision of Effective Worship," *Worship* 76, no. 1(2002):19.

55 Louw, *Ubuntu*, 15.

56 물론 우분투가 작동하는 아프리카 패러다임 역시 계급 조직적이고 가부장적이라는 사실을 결코 잊어서는 안 된다. 그리고 우분투의 개념이 인종 갈등과 관련된 여러 가지 사건들을 막아주지도 못하고 아프리카 대륙을 정화하지 못할 수도 있다는 사실을 잊어서는 안 된다. 그러므로 우분투는 낭만적인 접근도 안 되고, 배척과 인기영합주의의 이데올로기의 역할을 하는 정치적이고 독점적인 위치들을 증진시키기 위해서 사용되어서도 안 된다. 우분투의 시류에 편승하는 것은 아주 쉬운 일이다. 불행하게도, 우분투는 드라마의 절박한 문제를 해결하는 주인공(deus ex machina)처럼 갈등의 진실을 숨기거나 혹은, 회피하는 방식으로 사회의 윤활유 역할을 하는 마법의 지팡이처럼 보이고, 오용될 수도 있다. Van Binsbergen, *Intercultural Encounters*, 450. 우분투는 유용하기는 하나 임시방편적인 진정제처럼 사용될 수도 있다. 최악의 경우는, 우분투는 특별히 남아공의 상황에서도 새로운 형태의 분리정책 혹은 인종정책 혹은 피부색 차별 정책을 입법화하는 것으로 왜곡될 가능성도 있다.

그러나 우분투의 호혜적 공간은, 타자들은 생성의 과정에 있고 타자들은 결코 고착된 존재가 아니라는 사실을 수용함으로, 타자들의 역사를 인지한다. 고착된 존재로 타자를 인식하는 것은 특징들, 행동들, 혹은 기능들의 고착 상태를 가져올 수 있다. 우분투의 원리는 존재와 생성에 대해서, 타자들을 통한 자기 이해에 대해서 말한다. 그러나 또한 우분투는 타자들의 자기 이해를 말하기도 한다. 그러므로 합의는 또한 유동성과 우발성을 의미하기도 한다. 이런 의미에서 아프리카에서의 지식과 의미는 늘 연속적이고 구체적인 문화적 맥락에 연결되어 있다. 그러므로 보편적인 인식론적 주장은 있을 수 없다. 지식과 의미는 문화적으로 상호관계성의 인식론적 위치 내에서 발견되기 때문이다. 아프리카에서 존재론과 인식론은 본질적으로 관계적이고 소통적인 개념들이다.[57] 아프리카의 존재론과 인식론은 공동체주의이다.[58] 여기에서 의미는 유동적이다. 우분투는 이런 상호 유동성 그리고 상호직면의 공간 안에서의 상호형성을 향한 개

이런 차별 정책들 가운데 문화, 인종 혹은 민족은 사회를 구성하는 다양한 사람들 사이에 새로운 경계선으로 등장하거나 구 경계선으로 회귀하기도 한다. 예를 들어 음둘리는 우분투를 정치적이고 사상적인 야망을 위해 이용함으로써 남용할 수도 있다고 매우 강하게 비판한다. 그는 "이 개념이 정치적 갈등 속에서 자신들의 헤게모니를 합법화하고자 하는 아프리카의 관료적 부르주아에 의해서 이용되어졌다"고 비판한다. Mdluli, "Ubunto-Botho: Inkatha's 'People's Education'," *Transformation* 5 (1987): 63.

57 Cf. Punt, "Value of Ubuntu," 89: "우분투와 관련하여 종종 지적되는 상호성의 양상은 매우 중요해 보인다.⋯우분투를 정의하고 적용하려는 많은 노력들 가운데, 아프리카의 삶에 대한 협동, 공유 혹은 상호성의 강조가 종종 우분투에서 기인한다."

58 John S. Pobee, "In Search of Christology in Africa," *Exploring Afro-Christology: Studies in the Intercultural History of Christianity* 79 (Frankfurt am Main: Peter Lang, 1992), 16.

방을 의미한다.

    요약하면, 우분투는 경계성에 대한 독특한 아프리카의 이해를 제공한다. 그 이해는 개인과 공동체, 자신과 타인, 그리고 존재와 생성 사이의 역동적 상호작용을 전제로 하는 이해이다.

5. 경계성과 하나님의 이미지들

    형성과 재형성, 파편과 정체성, 존재와 생성 사이의 신학적 긴장들은 우리가 가지고 있는 하나님에 대한 이미지들에 지대한 영향력을 미친다. 이러한 긴장들은 활동하시는 하나님, 경계성의 하나님, 경계성 안에 계신 하나님을 의미한다. 그러나 경계성의 하나님은 상처도 없고 손상도 입어본 적 없는 그런 시공간을 통해서는 여행하지 않는다. 하나님은 그리스도 안에서, 그 성육신의 과정 가운데 깨지고 파편화되었다. 그리스도의 부서진 형상은 파편화의 절정을 보여준다.

    그러나 시공간 속에서 일어난 하나님의 파편화 사건이 새로운 창조를 향한 하나님의 움직임을 멈추게 하는 것은 아니다. 성령은 그리스도의 깨어진 형상을 받아들이고, 새롭게 형태를 만들면서 다시 앞으로 나아간다. 그리스도의 영은 그의 십자가와 부활로 밝아오는 새 시대를 반영하는 새로운 형태들을 구하며, 파편화된 그리스도를 따라 계속해서 재창조의 역사를 행한다. 성령은 교회뿐만 아니라 모든 피조물을 간절히 바라본다. 성령은 교회를 포함한 모든 피조물들이 구 시대를 뚫고 들어오고 있는 새 시대를 인식하고, 그 새 시대 가운데 살고, 또한 그 시대를 성취하기를 간절히 바라고 있는 것이다.

이런 성령의 간절함 속에서 이와 같은 새로운 시대의 새로운 형태들은 이미 준비되어 있는 것이다.[59] 신학적으로 이해된 경계성은 구 시대와 새 시대 사이의 역동적인 교차점에 대한 것이다. 그러나 우리는 이 공간에 홀로 남겨져 있지 않다. 성령이 우리에게 오셨다. 파편과 충만, 존재와 생성 사이에서 중단 없이 우리를 인도하는 형성과 재형성의 영으로 보냄 받으셨다.

그러나 성령은 한 개개인으로서의 우리에게 주어진 것이 아니다. 우리는 공동체 즉 교회의 부분이다. 우리는 타인들을 통해서 존재하게 된다. 우분투의 관점에서 진리는 흘러 나아가는 것이다. 신학적 용어로서 우분투는 보편적 해석학을 위한 공간으로 불린다. 그 공간은 타자들 없이는 아무것도 할 수 없는 그런 공간이다. 보편적 공동체 내에는 타인들을 풍성하게 하는 것이 존재하고 그런 존재가 또한 활동한다. 이런 공동체 안에서 우리는 타인의 목소리들, 우리의 형제자매들의 소리들을 들을 수 있게 된다. 우리는 그들의 고통, 현실에 대한 해석, 그들의 실망과 희망을 듣게 된다. 여기서 우리의 사회적 통념들은 상대적인 것이 되고, 그 사회적 통념들이라는 것이 우리 자신의 번영을 위해서 인간이 만들어 낸 구조물에 불과하다는 것이 정확하게 드러난다. 이런 여러 가지 해석학적 모델들의 창조적 협동의 자리에서 우리의 편파적인 집착들과 절대적 능력을 가진 우리의 환상들이 비로소 빛 가운데로 나올 수 있게 된다. 보편 세계의 창조적 활동 안에서 상상의 해석학이 자랄 수 있게 된다. 거기서 우리는 형제자매들의 삶 가운데서 성경이 우리의 실존적인 문제를 해결해 주거나, 사회정치적 질문들에 간단하게 답해주지 않는 것들을

---

59 롬 8:22-27을 참조하라.

구체적으로 배우고 볼 수 있게 된다. 성경은 오히려 가능성들이라는 보화를 가져다준다. 하나님의 뜻은 성경책, 신학 혹은 전통 안에 갇혀있는 것이 아니다. 하나님의 뜻은 견고한 보관소 같은 곳에 갇혀 있는 것이 결코 아니다. 하나님의 뜻은 서로 다른 의견들이 공존하는 신자들의 공동체 안에서 찾아야만 한다. 만약 우리가 진리로 더 가까이 나아가기 원한다면, 우리는 우리 자신들의 의견을 대신할 하나의 대안이 반드시 필요하다.[60]

경계성의 신학적 이해에 있어서, 하나님은 지배하며 통제하는 능력의 하나님이 아니다. 경계성의 신학적 이해에서, 하나님의 능력은 연약함이다. 하나님은 시대들 사이의 경계성의 공간에서 쉽게 오해 받을 수 있는 방식으로 움직이신다. 즉 능력과 장대함의 공간이 아니라 고난과 무능력의 공간, 변방으로 몰려나 목소리를 내지 못하는 사람들이 간신히 연명하는 공간에 하나님의 발자국을 남기면서 움직이신다.

하나님의 발자국들은 사실 그 미련한 십자가로 이어진다. 거기서 우리는 로마의 십자가에 달린 당나귀, 콩고 십자가상 위의 속죄양, 그리고 피카소 그림에 나오는 파편화된 바보의 부서진 몸을 본다. 그 십자가는 능력과 성공의 모든 지배적 개념에 개입하여, 그들의 머리에 박힌 웅대함에 대한 인간의 비전들을 바꾸고, 구 시대의 가치 체계를 역전시킨다. 요약하면, 십자가는 완전함에 대한 인간의 이상들을 깨트려 파편으로 만든다.

---

60 아파르트헤이트시대 동안의 화란 개혁파 설교에 대한 요한 실리에의 비평을 보라. Johan Cilliers, *God for Us? An Analysis and Assessment of Dutch Reformed Preaching during the Apartheid Years* (Stellenbosch: Sun Press, 2006), 82-83.

이 파편화된 그리스도의 영은 또한 능력의 기념비를 세우지 않으며, 탁월함의 지위 혹은 영광의 자리들을 적어도 우리들 대부분이 일반적으로 이해하는 방식으로는 재창조하지 않는다. 성령이 재창조하는 새로운 형태들은 온전히 새로운 것이다. 그러나 우리는 여전히 그것들 속에서 그리스도의 얼굴을 알아볼 수 있다. 우리는 더 이상 육신을 따라서가 아니라, 성령을 따라서 그리스도를 알게 된다.[61] 그러나 여전히 그분은 우리가 알았던 그리스도이시다. 만약에 성령께서 우리에게 그리스도의 미련한 지혜와 연약한 능력을 계시하지 않았다면, 우리는 알 수도 없고 이해할 수도 없다. 그러므로 우리를 위해 하나님은 능력 없이 존재하신다(능력 없는 것으로 보이신다). 따라서 하나님은 지배하고 통제하는 능력의 하나님이 아니라 오히려 어리석은 구원자(silly Savior), 이상한 주님(curious *Kyrios*)으로 보인다. 하나님은 베를린 보데 박물관에 걸려있는 그리스도의 형상과 매우 비슷한 모습으로 갈가리 찢기고, 세파에 찌들고, 부서진 모습으로 나타난다(그림 3.1).

---

61 그러므로 우리가 이제부터는 어떤 사람도 육신을 따라 알지 아니하노라 비록 우리가 그리스도도 육신을 따라 알았으나 이제부터는 그같이 알지 아니하노라(고후 5:16).

그림 3.1 십자가상(파편), 지오반니 테데스코
(1460년 경 이탈리아 페루자 혹은 시에나 지역에서
만든 나무 작품, 가로 117cm × 세로 32cm, 베를린
보데 미술관 소장)

이상한 주님은 바울이 그의 미련한 설교를 통해 주장하는 바로 그분이다. 신학자들은 역설의 언어로 이 어리석은 복음을 해석하려고 종종 시도했다. 하나님은 이 세상 안에 존재하고, 모순된 모습으로 나타난다. 하나님은 당신의 세상에 이상한 자로, 고난받는 종으로, 십자가에 달린 자로 오신다. 그러므로 우리에게는 충격적이고 역설적이다. 하나님은 반대자의 통념(*doxa*)과는 상반(*para*)되게 존재한다.[62] 그 상반되는 역설은 하나님의 어리석은 이미지에 있는 근원적

---

62 Hendrikus Berkhof, *Christian Faith* (Grand Rapids Eerdmans, 1979), 54.

인 긴장들을 보여주기도 하지만, 그것은 근본적으로 인간의 유한성에 관계되어 있다. 역설(paradoxa)은 오직 인간의 관점에서만 존재하기 때문에 그것은 하나님에 대한 묘사라기보다는 인간의 언어적 지적 한계에 대한 고백에 더 가깝다. (만약 누가 감히 하나님을 위해서 이야기 한다면) 하나님의 입장에서는, 십자가에 패러독스는 없다. 즉 전능자와 모욕당하며 고난받는 종 사이에 모순은 없다는 것이다. 하나님이 누구신가는 간단하다.[63] 하나님은 초월적인 타자(Other)라고 말할 수 있다. 어떤 놀라운 위대함을 통해서가 아니라 오히려 구체화된 어리석음을 통한 초월적인 타자이다. 그럼에도 불구하고 우리 인간, 특별히 우리 설교자들은 인간의 언어와 개념들로 설교를 한다. 그래서 우리는 패러독스의 힘을 빌린다. 그러나 그 패러독스는 외관상의 모순을 해결할 수 없다. 이런 패러독스는 그 모순들 사이의 긴장감 있는 경계성의 공간에서 살아서 움직일 수 있을 뿐이다. 설교의 미련함의 중심에 하나님의 역설적인 어리석음이 있다. 우리는 단지 그 어리석음을 이중초점렌즈 같은 통찰력으로만 인지할 수 있으며 모험적이고 고착되지 않는 수사학으로만 선포할 수 있다.

우리가 2장에서 언급했듯이, 십자가에 못 박힌 하나님은 의심할 여지없이 우리가 상상할 수 있는 최고의 충격적인 이야기이다. 그런 하나님은 매우 불쾌한 존재이다. 특별히 우리가 하나님의 전능하심, 전지하심, 무소부재하심과 같은 관용구에 익숙한 모습으로 자라왔다고 하면 더욱더 그러하다. 아마도 이러한 개념들은 능력에 대한

---

63 Karl Barth, *Church Dogmatics*, IV, 1, eds. G. W. Bromiley and T. E. Torrance, trans. G. W. Bromiley (Edinburgh: T&T Clark, 1956), 186.

남성적 환상들의 오래된 영향들에서 왔을지도 모른다.[64] 혹은 형이상학적 하나님을 만들어내는 어떤 철학적 구조물의 잔재물일지도 모른다. 그런 형이상학적 하나님은 모든 인간적인 것들을 거세당함으로 약화되었다.[65] 마틴 루터는 그런 하나님의 이미지를 철학자들이 만들어낸 시장 주도형 생산물로 묘사한다. 이런 관점에서 하나님은 우리의 용어로 대중화되고 시장판의 구매 목록과 같은 수준으로 평가절하되었다. 루터는 십자가에 못 박힌 하나님에 대해 단호하게 강조함으로 이런 대중화된 구매 목록 같은 하나님의 이미지를 반박했다.[66] 루터의 십자가 신학은 어떤 형태의 제국주의에 대해서도 분명한 반대의 입장을 취했다. 그는 신학적으로 십자가와 연결되지 않은 영광의 신학들이 종종 승리주의의 먹이가 된다는 것을 깊이 이해했다. 그리고 이렇게 신학이 승리주의의 먹이가 된 결과 힘에 대한 국가적 민족적 혹은 종교적 정당화들이 나타나고, 힘을 가진 자들이 하나님을 그들의 편에 둘 수 있다는 섬뜩한 사실을 루터는 잘 알고 있었다.[67]

힘의 신학들은 예수를 함께 일하기 편리한 이미지로 만들려는 경

---

64 참마 카운다(Chamma Kaunda)는 얼마나 많은 고유한 아프리카의 하나님 이미지들이 아프리카에서 일하는 선교사들의 하나님 이미지들에 의해서 굳어지게 되었는지를 지적한다. 아프리카의 이미지들은 전적인 남성적 개념들로 대체되었다. 그러나 뱀바의 전통적 사회에서 하나님은 어머니 아버지 하나님(*Mayo Tata Lesa*)으로 알려져 있다. 한편 가나의 가(Ga) 종족들은 또한 하나님을 여성적이며 남성적인 최상의 존재로 경배한다. Chamma J. Kaunda, "Reclaiming the Feminine Image of God in Lesa: Implications for Bemba Christian Women at the Evangel Assembly of God Church in the Post-Missionary Era," *Journal of Constructive Theology* 16, no. 1 (2010): 5, 8.
65 Günter Schiwy, *Abschied vom allmächtigen Gott* (Munich: Kösel, 1995), 19, 48.
66 Cf. Schiwy, *Abschied vom allmächtigen Gott*, 61.
67 L. Susan Bond, *Trouble with Jesus: Women, Christology and Preaching* (St Louis: Chalice, 1999), 31.

향이 있다. 그들은 십자가에 (운반용) 손잡이를 달려고 시도한다.[68] 그러나 사실 우리의 틀에 딱 들어맞는 예수는 우리가 찾는 그분이 아니다. 복음은 다른 예수를 선포한다. 복음은 우리에게 십자가에 처형된 예수에 대한 네 가지의 다른 이야기들을 들려준다. 즉 복음은 어떤 이론이나 공동체에 의해 소유될 수 없고, 늘 교회를 놀라게 하는 탈중심화 된 예수를 선포한다.[69] 예수의 십자가에 손잡이를 달아 조종하려고 하는 힘의 신학들은 놀라는데 면역이 되어 놀라지도 않는다. 그들은 탈중심화를 거부한다. 그 이유는 그들이 그 중심을 차지하기를 원하기 때문이다. 그들은 그들 자신의 것을 통제하고 조정한다. 그리고 그들의 가치를 공유하지 않는 타인들을 비난한다. 이런 통제의 힘은 (정통 혹은 이단이라는 것을 정의하는) 개념적 통제의 형태, 혹은 (어떤 행동들이 허락되고 안 되는지를 결정하는) 행위적 통제의 형태를 취할 수도 있다. 그러나 십자가의 능력은 다르다. 십자가는 생명으로서의 능력 혹은 생명을 위한 능력을 의미한다. 역설적이게도 그 십자가는 죽음에 저항함으로 생명을 주고, 연약함을 통해서 다스리고, 겉으로 보기에 미천해 보이는 것을 통해서 통치한다.[70] 이 연약함의 능력은 희생자를 만들어내는 모든 힘들에 철저하게 반대한다. 이 연약함의 능력은 고통을 가하기 위해서 그들의 힘을 사용하는 모든 사람들과 실체들에게 맞선다.[71] 이 이상한 십자가의 능력은

---

68 David J. Bosch, *A Spirituality of the Road* (Scottdale, Pa.: Herald Press, 1979), 32.
69 Charles L. Campell, *Preaching Jesus: New Directions for Homiletics in Hans Frei's Postliberal Theology* (Grand Rapids: Eerdmans, 1997), 109.
70 Bond, *Trouble with Jesus*, 127.
71 Gayle Gerber Koontz, "The Liberation of Atonement," *The Mennonite Quarterly Review* 63 (1989): 183.

모든 형태의 통제를 타파한다. 이것은 자유를 열어서 드러나게 하는 그런 힘이다.

　많은 하나님에 대한 이미지들이 능력을 떠올리게 하기 쉽다. 이런 하나님에 대한 잘못된 이미지들은 하나님의 메시지를 인간의 안건들로 축소시키려는 경향을 가지고 있다. 사실, 통제와 능력을 약속하는 어떤 형태의 신학을 만들어내고자 하는 유혹이 있는 것이다. 그런 신학은 연약함 가운데 있는 하나님의 능력을 추구하는 신학에 정면으로 반대한다. 통제하고 지배하는 능력이 결핍된 하나님은 이해하기 힘들다. 우리들 가운데 끊임없이 우리를 몰아붙이는 지속적인 힘에 의해서 고통당하는 사람들은 우리의 하나님이 그런 세상의 힘을 물리칠 힘이 없다는 사실을 받아들이지 못한다. 이런 생각은 우리를 불편한 상태로, 신학적 불확실성으로 몰아간다. 하나님께 통제할 능력이 없다는 이야기는 우리들에게 정말 충격적인 스캔들로 다가온다. 우리는 확실성, 체계, 영원한 전설, 기념비, 그리고 견고한 안전공화국(securocracy)[72]을 선호하곤 하는 경향이 있기 때문이다. 우리는 우리가 선호하는 이런 것들을 사용해서 하나님의 능력을 끌어낼 수 있다고 생각한다. 우리는 우리의 힘으로 하나님을 올바로 본래대로 유지해 드려야 한다는 망상으로 고통을 당한다. 우리는 하나님을 은퇴한 하나님이 아니라 현역으로 뛰고 있는 하나님으로 유지할 수 있게 하는 능력이 필요하다고 생각한다. 우리는 하나님께 힘을 공급하기 위해서 우리 스스로에게 힘을 부여한다. 사실상, 우리는 우리가 하나님의 자리를 취할 수 있다는 착각으로 말미암아 고

72　1980년대 안전을 최우선으로 하는 남아공 백인 정부의 정책과 서비스를 암시함-역주.

통을 당한다. 그러므로 이런 망상으로 고통당하는 우리 자신의 구원을 위해서, 연약함을 통해서 임하는 하나님의 능력이 우리에게 절실히 요구된다. 연약함을 통한 하나님의 능력은 우리를 매우 놀라게 하며 우리가 가지고 있는 잘못된 하나님의 이미지들이 바뀌어야 함을 제안하고 있다.

독일의 목사이며 기독교 교육자인 기셀라 마티에(Gisela Matthiae)에 의해서 제안된 대안적 이미지는 남성 광대보다 더 연약한 여성 어릿광대로서의 하나님의 이미지이다.[73] 이런 하나님 이미지는 하나님의 능력이 새로운 방식으로 드러나게 될 수 있는 공간을 마련한다. 이 거룩한 여성 어릿광대는 새로운 세계를 감지하고 그것을 위해 희망을 품는다. 그녀의 놀이를 통해 그녀는 삶 속의 지배적 담론들을 거울처럼 반영하기도 하고, 또한 그것들을 깨버리기도 한다.[74] 어릿광대는 그 행위를 통해서 우리가 단지 파편으로 존재할 때 비로소 알 수 있게 된다는 사실을 드러낸다. 다른 말로 하면, 어릿광대는 자신의 행위를 통해서 능력에 대한 기존의 지배적인 담론들에 반대하여 비판적인 입장에 서서 탐구할 때 비로소 참된 지식을 얻게 된다고 주장하는 것이다. 사실 여성 어릿광대로서의 하나님의 이미지는 우리의 고정된 이미지들을 흩어 버리고 끊임없이 우리를 놀라게 하는 하나님의 총체적인 모습을 그림으로서 성적차별의 장벽들을 넘어서

---

73 Gisela Matthiae, *Clownin Gott: Eine feministische Dekonstruktion des Göttlichen* (Stuttgart: W. Kohlhammer, 1999). 저자들은 지금 하나님이 아니라 하나님의 이미지에 대해서 논하고 있다는 사실을 유념하라. 이들은 하나님이 여성이라고 결코 주장하지 않는다—역주.

74 Matthiae, *Clownin Gott*, 304.

는 데에 그 목적이 있다.[75] 여성 어릿광대로서 하나님은 최고의 경계선상의 인물이다. 그는 고난받고 부서진 인간성을 대표한다. 그러나 그는 이런 위치에서도 언제나 희망을 잃지 않는다. 이런 하나님은 지속적으로 연결과 재편성의 새로운 가능성들을 보여준다.[76]

어릿광대로 표현되는 하나님 혹은 그리스도의 상징은 깊은 역사적 뿌리를 가지고 있다. 그것은 초기 기독교인들에 의해서 알려졌고 이해되었다. 그러나 교회에 힘이 생기고 교회 자체의 관점이 우스꽝스러움에서 웅대함으로 옮겨졌을 때 그 이미지는 사라져 버린 것으로 보인다.[77] 그러나 이제 교회가 소위 후기 기독교 시대로 들어섬으로 연민을 느끼게 하는, 연약하고, 역설적인 모습의 어릿광대로서의 하나님의 표상이 색다른 종류의 깨달음을 만들어내고 있는 것으로 보인다.[78]

권세와 폭력과 죽음의 능력들에 의해서 둘러싸이고 압도된 세상에서 우리가 이런 하나님의 이미지와 또한 설교자들의 이미지를 필요로 하는 것인지도 모른다. 어릿광대의 이미지는 다차원적이다. 어떤 사람들에게 그 어릿광대는 우리의 두려움과 불안감을 해소하기 위한 손쉬운 노리개이다. 우리는 그 어릿광대의 망가짐으로 웃을 수 있다. 왜냐하면 그런 망가짐이 우리에게는 일어나지 않았기 때문이다. 어떤 이들에게 어릿광대는 거울을 비춰줌으로 겉치레와 가면들을 벗어 버리고 인간성 자체를 보게 한다. 이런 모든 경우에서, 그

---

75 이 그림은 창 1:27과-하나님이 자기 형상 곧 하나님의 형상대로 사람을 창조하시되 남자와 여자를 창조하시고-일치한다. 여기서 하나님의 이미지는 남성 여성 둘 다이다.

76 Matthiae, *Clown in Gott*, 264.

77 Harvey Cox, *The Feast of Fools: A Theological Essay on Festivity and Fantasy* (London: Harper Colophon, 1969), 141.

78 Cox, *The Feast of Fools*, 141.

"어릿광대는 끊임없이 패배당하고, 속고, 비천해지고, 짓밟힌다. 그는 한없이 약하다. 그러나 최종적으로는 결코 패배하지 않는다."[79] 한없이 약하나 마지막에는 결코 패하지 않는 이런 어릿광대 같은 하나님을 상상해 보라.

혹은 통곡하는 여인들, 어머니들, 산파들 같은[80] 하나님에 대한 몇몇 성경적 비유들을 생각해 보라. 이런 비유들은 하나님의 자유로운 임재를 다시 상상하도록 우리를 이끈다. 이런 비유는 특히 힘이 가지고 있는 잔인한 모습들 가운데에 임하는 하나님의 자유로운 임재를 상상할 수 있게 만든다. 때때로 그 잔인한 힘을 숨기고 있는 이 세상 가운데로 임하는 하나님의 자유로운 임재를 생각하게 만드는 비유이다.[81] 이러한 이미지들은 성경 본문을 통해 세상의 소리와는 반대되는 목소리를 만들어낸다. 그 목소리는 세상을 지배하고 있는 권세 앞에서 어떻게 신학을 해야 하는지를 숙고하게 만드는 풍성한 원천을 제공한다. 이런 정황들 가운데, 본문과 그 파편들을 통해서 현실을 지배하는 힘들의 내부를 들여다보라고 요구하는 이런 비유들은 또한 현존하는 능력들의 잔인한 현실 한가운데서 "반대 혹은 전복의 수사학"을 주장한다.[82]

하나님이 곡하는 여인과 서투른 어릿광대라고? 힘을 맛본 사람들은 이런 약한 하나님의 이미지들을 회피하려는 경향을 가지고 있

---

79 Cox, *The Feast of Fools*, 141.
80 이런 비유들은 줄리아나 클라센에 의해서 발전된다. L. Juliana Claassens, *Wailing Women, Mothers, and Midwives: Reimagining God's Liberating Presence* (Westminster John Knox, forthcoming), n.p.
81 Claassens, *Wailing Women, Mothers, and Midwives*, n.p.
82 Claassens, *Wailing Women, Mothers, and Midwives*, n.p.

다. 특별히 이런 약한 하나님이 십자가에 못 박혀 달리는 경우에 더욱 피하려고 한다. 십자가에 못 박힌 하나님의 이미지는 충격적인 이야기이다. 왜냐하면 우리가 연약하다고 착각하고 있는 것에 대해서가 아니라 진정한 연약함에 대해서 말하고 있기 때문이다. 역사의 두루마리 즉 모든 실체의 의미를 푸는 그분은 사자가 아니라 도살당한 어린 양이다(계 5:4). 이 신학의 중심에 당나귀, 즉 어린 양(희생양!), 웃기는 자, 어릿광대, 우는 여인, 십자가에 달린 바보가 서 있다. 그러나 이런 지독한 연약함 가운데 예측을 넘어선 하나님의 능력이 존재한다. 이는 하나님의 능력이 능력에 대한 인간의 이해들과는 다른 본질적인 차이를 가지기 때문이다. 인간의 능력은 종종 사람들을 억압하고 인간성을 말살시킨다. 하나님의 연약한 능력은 인간성을 회복하고, 삶을 돌려주고, 회복시킨다. 힘없는 하나님이신, 예수 그리스도는 삶을 풍성하게 만든다.[83] 하나님의 긍휼하심 안에 하나님의 능력이 존재한다. 다시 말해, 하나님의 바보스러운 능력이 연약한 자들을 위로한다는 것이다.

그러나 이런 연약함 가운데 있는 하나님의 능력을 구하는 신학이 이런 하나님을 믿는 자들은 영원한 연약함과 고통을 구하고 있어야만 한다든가, 혹은 그런 것을 영원한 사건으로 선포해야만 한다는 것을 의미하는 것은 아니다. 이런 의미에서 우리의 파편들은 고착화된 정착물이 되어서는 안 된다. 사실은 연약함 가운데 있는 하나님의 능력을 구하는 신학은 마조히즘 혹은 고통을 향한 병적인 충동과는 아무런 상관이 없다. 반대로 이 연약함의 신학은 현실 가운데 새로운 형식들을 이끌어 내시는 하나님의 긍휼히 여기시는 능력에 대

---

[83] 요 10:10.

한 것이다. 이것은 형태에 대한 깊이 있는 재형성으로 여전히 바쁘신 그리스도의 영에 대한 것이다. 그 출발점은 부서져서 중심으로부터 밀려난 그리스도 안에서의 하나님의 형상이다. 그 목적은 현실 속에서 성령의 새로운 역사를 향한 형태의 재형성이다. 연약함의 신학은 삶에 대한 확인과 재건설에 대한 것이다. 성령이 주도하는 새로운 삶의 패턴들을 시연하는 신학이다.[84] 연약함의 신학에서 교회는 바로 이와 같이 성령이 주도하는 삶의 새로운 패턴으로 불린다.

6. 교회:
하늘에 오르기는 이르고 땅에 머물기는 늦어 버린 모습

경계성은 믿음의 삶이 무엇인지 잘 알고 있다. 기독교인의 삶은 여러 가지 용어들로 예를 들어 길, 순례, 여행으로 묘사되어왔다. 쇠렌 키에르케고르(Søren Kierkegaard)는 그리스도 안에서 하나님에 의해 시작된 불안 상태라는 말로 기독교인의 삶을 명명한다.

> 기독교는 생각할 수 있는 불안 가운데 가장 철저하고 강력한 형태이다. 그리스도의 오심은 삶을 뒤집어 놓기 위해 예정된 것이다. 누군가 기독교인이 되기를 원하는 그곳에는 불안이 존재할 것이다. 누군가 기독교인이 된 그곳에는 불안이 따라다닌다.[85]

84　Louw, *Cura Vitae*, 30.

85　Søren Kierkegaard, *Die tagebücher*, 1834-1855 (Munich: Kösel, 1949), 572. Trans-

성경은 경계성에 대한 경험과 비유들로 가득 차있다. 가장 대표적인 것으로 무덤, 광야, 유배 그리고 그 길이라는 비유들이 있다. 각각의 이런 성경적 비유들은 경계성에 대한 다른 뉘앙스를 형성한다. 무덤은 정체성과 안전이라는 낡은 구조들 뒤에 남겨진 슬픔, 고통 그리고 애곡에 대해서 말한다. 광야는 사이에 끼인 공간에서 하나님과의 새롭고도 놀라운 조우의 가능성을 제공한다. 유배는 약속의 땅이라는 대안에 대한 기대와 갈망의 감각을 예민하게 만든다. 그 길의 비유는 그리스도인의 순례의 특징이 되는 계속되는 움직임을 강조한다. 그러나 이런 모든 비유들은 공통분모를 가진다. 즉 이전에는 결코 기대하거나 경험될 수 없었던 방식으로 하나님을 만나기 위해서, 정체성의 낡은 형식들을 뒤에 버리고 가야 한다는 것에 대한 필요성을 공통분모로 가지고 있다. 이런 일은 경계성의 공간에서 일어날 수 있다. 그 경계성의 자리에서 우리의 거짓된 안전들이 벗겨지고, 새롭고 변화된 삶의 방식들로 자유롭게 하나님을 만나며 서로서로를 만나게 된다.[86] 경계성은 믿음의 삶에 있어서 필수적인 부분이다. 그러므로 또한 교회의 삶에 있어서도 절대적인 부분이다.

이 세상에서 외국인이며 임시체류인으로서의 교회의 역할은(벧전 2:11) 불가피하게 보인다. 이런 역할은 시대의 전환점에 혹은 하늘에 오르기는 너무 이르고 땅에 머물기에는 너무 늦어 버린[87] 시점에 교회가 존재해야 함을 풍자하고 있다. 그 시대들 사이에서 교회의 위치는 불안하고 어떤 면에서(무례하게 들리지 않는다면) 들떠있다고 말할

---

lated from the German.
86 Franks and Meteyard, "Liminality," 220.
87 Noordmans, *Verzamelde Werken*, 8, 29.

수 있다. 바보가 그렇듯이, 교회도 이 세상에 딱 들어맞지 않기 때문에 두드러져 보인다. 노르트만스, 헤니히 루터 그리고 데스몬드 투투의 용어를 빌리면 이렇게 말할 수도 있을 것이다. 교회는 예수 그리스도의 부서진 형상의 깊이 있는 재형성을 위해 쉬지 않으시는 그리스도의 영 안에 있는 하나의 파편이다. 즉 교회는 성령의 파편이다. 그 안에서 우리는 타인들 없이는 존재하지도 못하고, 일을 행하지도 못한다.

"아우슈비츠여 결코 다시는"이라는 제목의 얀 볼케르스(Jan Wolkers)의 작품은 파편화라는 중요한 특성으로 교회를 바라본다. 이 작품은 이차 세계대전 중 암스테르담에서 있었던 모든 고아 출신 유대인 어린이들의 아우슈비츠 강제 이송과 잇따른 전멸이라는 비극적인 사건을 기념하기 위하여 만들어졌다. 얀 볼케르스의 작품은 암스테르담 베르트하임 공원에서 볼 수 있다. 그곳은 군용 트럭에 던져 넣어지기 전 어린이들이 함께 떼 지어 모여 있었던 자리에서 아주 가깝다. 소멸당한 육백만의 유대인들을 생각나게 하는 여섯 개의 거울들의 조합으로 간단히 구성된 그 예술품은 아우슈비츠에서 죽은 어린이들의 재가 담긴 유골함을 덮는 하나의 거대한 판을 만들어내기 위해 두 줄로 배열되었다. 그 작품의 특이함은 연합된 통일체가 아닌 반사를 만들어내는 파편화된 산산 조각난 거울들을 사용하는 점이다. 그 작품에 대한 얀 볼케르스의 의도를 들어보자.

> 아우슈비츠에서 살해당하고 어쩌면 화란 땅에 누워 쉬고 있을지도 모를 어린 희생자들의 재가 담긴 유골함을 안치할 장소에 세워질 기념비를 디자인하는 것이 나에게는 불가능한 일처럼 느껴졌다. 지구가 멈춘다 할지라도 여전히 잊어

버릴 수 없는 그 고통을 어떤 형식으로 표현할 수 있을까? 그렇게 큰 불의와 고통을 반영할 이미지를 찾는 것은 우리의 지적인 한계를 초월하는 일이다. 만약 여러분이 하늘을 우러러볼 수 있다면, 꽃이 만발한 초원을 비추던 그 태양이 그 죽음의 캠프를 똑같이 평화롭게 비출 수 있었다고 상상하는 것은 불가능한 일이다. 마치 이 땅 위에서 일어난 그 잔악한 행위들이 장구한 시간을 영원히 더럽혔기 때문에 당신의 머리 위에 있는 그 푸른 하늘은 반드시 깨져서 열려야만 할 것 같아 보인다. 이것이 이런 금이 간 유리들을 저 유골함위에 두도록 나를 고무시켰다. 깨져서 파편처럼 금이 간 유리들을 통해 당신이 보게 될 그 하늘은 결코 다시 더럽혀 지지 않을 것이다.[88]

볼케르스의 예술은 그 파편이 된 거울을 하늘을 위해서만이 아니라 교회를 위해서도 내세운다. 그 거울로 교회는 다른 이들의 지독한 고통의 얼굴을 응시해야만 하고 거울에 비추어진 교회 자신의 부서짐, 즉 온전치 못한 자신의 모습을 보아야만 한다. 교회는 고백해야만 한다. 교회의 파편화는 교회 자신의 폐쇄된 엄숙함으로부터 부분적으로 기인한다. 그 폐쇄된 엄숙함은 십자군, 유대인 대학살, 노예제도, 그리고 아파르트헤이트 같은 잔학 행위와 공범의 관계이며,

---

88 July, 31, 2011, http://www.4en5mei.nl/oorlogsmonumenten/zoeken/monument-detail/_rp_main_elememtId/1_10686. 영어 정보를 위해서 다음을 보라. Kennesaw State University, "Auschwitz Memorial: Memory and Meaning," in Holocaust Memorials and Pulic Memory, Historic Sites-Amsterdam, accessed September 19, 2010, http://www.kennesaw.edu/holocaustmemorials/amsterdam.shtml.

따라서 그런 행위에 대해 책임을 져야 한다. 교회는 통찰의 파편들과 지식의 조각들을 제공할 뿐이다. 교회는 십자가로 산산 조각난 하늘의 모습 그 이상을 결코 제공할 수 없다.[89] 그러나 그 파편들 가운데 우리는 성령께서 형성과 재형성을 위해 운행하고 있음을 믿으며 또한 바란다. 그리고 우리는 교회가 그리스도의 파편화된 몸을 반영한다는 것을 믿고 바란다. 또한 교회는 특별히 깨짐과 부서짐을 통과해서 온전함과 성취를 향해 나아가는 교회 자신의 존재양식을 통해 세상을 향해 외친다는 것을 믿고 또한 그렇게 되기를 바란다. 우리는 희미한 거울을 통해서 본다. 또한 파편화된 부분적 거울로 보고 있다(고전 13:12). 교회는 이런 경계성의 상황 가운데 살고 있다. 실로 교회는 하늘에 오르기는 너무 이르고 땅에 머물기는 너무 늦은 모습이다. 그러나 볼케르스의 작품이 보여주듯이, 안전과 확실성이 교회에 필요하다는 이유로 교회는 때때로 이 파편화된 경계성을 거부하기도 한다.

7. 수레들의 원형진(陣, Circling the Wagons)

남아공과 미국은 경계성의 정중앙에서 요구되는 안전에 관한 하

---

[89] 요한계시록에서 천상의 예배는 도살당한 어린 양에 초점이 맞추어져 있다(계 5장). 그리고 하나님 백성들의 고통들이 하늘을 뚫고 올라간다. 만약 누군가 청결하고 순결하고 한가로운 하늘의 이미지를 가지고 있다면, 기독교인들은 하늘이 그리스도의 십자가와 인간의 고통에 의해서 망가져 버렸다고 이야기해야만 한다. 하늘은 바로 깨져버린 십자가이다. 깨져버린 십자가(cross-shattered)라는 말은 다음의 책에서 왔다. Stanley Hauerwas, *A Cross-Shattered Church: Reclaiming the Theological Heart of Preaching* (Grand Rapids: Brazos, 2009).

나의 비유를 공유한다. 그것은 짐수레들을 원형으로 둥글게 배치했던 수레들로 만든 원형진이다. 이 경우의 이미지는 원주민들의 땅에 들어갔던 백인 개척자들의 수레 행렬로부터 나왔다. 그 개척자들은 안락하고 안전한 자신들의 집을 떠나 알려지지 않은 곳으로 여행을 떠났다. 문자 그대로 그들은 경계성의 한복판에 처해 있었던 것이다.[90] 이런 상황 가운데, 개척자들은 밤이 되면 실제적으로 감지되는 위협에 대항하는 방어 수단으로 그들의 짐수레들을 원형으로 배치하곤 했다. 그들은 또한 원주민들과 폭력적으로 대면하는 동안 전투 전략으로 수레들을 원형으로 배치하곤 했다. 미국에서의 이 비유는 대륙을 횡단하여 서부로 가면서 아메리카 원주민들과 조우했던 수레 행렬로부터 나왔다. 남아공에서 이 비유는 피의 강 전투 때문에 더욱 특별한 지위를 획득한다. 이 전투에서 작은 규모의 보어인들이 수천의 줄루 전사들을 수레로 만든 원형진과 접근하는 무리를 향한 조직적인 사격으로 물리쳤다.

그러므로 이 수레로 만든 원형진은 경계성의 한복판에서, 타인들의 위협으로부터의 안전을 의미하는 비유가 되었다. 특별히 폭력적 수단을 사용하여 안전을 지키는 것을 포함하는 비유가 된 것이다. 원주민들에게 자신들의 싸움의 대상이었던 그 수레로 만든 원형진은 식민주의와 압제를 상징하는 비유가 되었다. 이와 같이 수레로 만든 원형진은 우분투에서 중시하는 타인들과의 관계와는 정반대되는 것이다. 그것은 안전에 대한 요구로 인해 발생한 경계성에 대한

---

90 남아공의 보어인들은 사실 내륙지역으로 여행하기 위한 개척자들(Voortrekkers)로 케이프타운을 떠났다. 보어인들은 그들의 모국어인 아프리칸스를 발전시키지 못하게 하는 영국 법이 마음에 들지 않았기 때문에, 또한 노예제도의 전통이 철폐된 것 때문에 영국의 영향이 적은 내륙으로 들어간 것이다.

반발적 반응을 의미한다. 수레로 형성된 원형진은 우리의 목적들 때문에 순례하는 하나님 백성들의 핵심적 특성인 경계성을 거부해 버린 교회론을 풍자하는 비유이다. 그것은 외부에 있다고 간주되는 사람들과 맞물리기를 거부하고, 그들에게 배우기를 거부하고, 그들에 의해 변화되기를 거부하는 교회론을 의미하는 비유이다.

만화가들 특별히 정치 만화가들이 위협적이라고 느껴지는 것들에 대한 폭력적 반응에 항의하기 위해서 수레로 만든 원형진의 이미지를 사용해 왔다는 사실은 놀라운 일이 아니다. 만화가들은 여러 가지 면에서 현대의 바보들, 즉 굳어져 버린 전제들을 어지럽히는 어릿광대들이다. 그들은 세상에 새로운 관점들을 제공한다. 이와 같이, 그들은 수레로 만들어진 모든 원형진들을 풍자적이고 풍부한 유머로 비판할 것으로 여겨지는 경계성의 파수꾼들이다.

남아공의 만화가로 국제적으로 알려진 자피로(Zapiro)는 오래 동안 남아공에 존재하는 그런 힘들에 도전해오고 있다. 1980년대 흑백차별을 반대하는 운동가로서 그는 광범위한 저변을 가진 반인종주의, 반차별주의 집단인 연합민주전선(United Democratic Front)을 위해 포스터들과 팸플릿들을 디자인했다. 그로 인해 그는 수차례 체포되었고 수감되었다. 더욱 최근에, 자피로는 제이콥 주마(Jacob Zuma) 남아공 대통령을 비판하는 만화들 때문에 제이콥 주마에게 고소당했다.[91] 그의 인상적인 만화들 가운데 한 작품에서 자피로는 위협적이라고 느껴지는 것에 대한 반발적 반응을 묘사하기 위해 수레로 만든

---

91 "Political Cartoons from South Africa," The World, January 13, 2011, accessed July 31, 2011, http://www.theworld.org/2011/01/political-cartoons-from-south-africa/. 이 글에서 자피로는 정치적 만화가로서의 그의 역할을 불손해도 되고 물어뜯어도 되는 허가증 같은 종류의 것을 가지고 있는 궁정 어릿광대의 역할과 비교한다.

원형진의 비유를 사용한다. 남아공의 여당, 아프리카민족회의(African National Congress, ANC)는 독일과 영국 회사들이 취급하고 있는 평판이 나쁘게 난 무기들의 조달로 인한 부패 문제 때문에 비난받고 있다. 그러나 ANC는 그런 부패에 대한 주장들과 그에 대한 독립된 사법부의 조사를 거부하기로 의견을 결집시켰다. 자피로는 무기거래의 추문이라는 관점으로 정부의 수레로 만든 원형진을 다음과 같이 패러디한다.

그림 3.2 "그때와 지금", 조나단 자피로
(2011년 4월 19일 메일&가디언/ Mail&Guardian 지에 실린 작품)

그의 만화에서 자피로는 ANC 정부의 행동들을 피의 강에서 저지른 보어인들의 그것과 비교한다. 물론 현 정부 당국은 수레라기보다는 자동차들로 그들의 무기 거래의 비리를 둘러싸고 있다.[92] 만화는 원형으로 진을 친 보어인들의 수레들이 상징했던 모든 것들에 대항하여 싸웠던 바로 그 자유 운동의 중심이었던 ANC 정부가 예전의 보어인들과 비슷한 일들을 하고 있다고 신랄하게 풍자하고 있다.[93] 더 날카로운 비판을 상상한다는 것이 힘들 정도이다. 또한 만화가의 역할이 그것이 무엇이든지 간에 수레와 같은 것으로 원형진을 만드는 모든 자들에게 대항하는 파수꾼, 즉 경계성의 파수꾼 이라는 것을 분명히 보여주고 있다.

매우 다른 부류의 엉뚱한 미국 만화가 게리 라슨(Gary Larson)도 그의 만화에 원으로 배치된 수레들의 이미지를 반복적으로 사용했다. 그의 파 사이드(Far Side) 풍자는 일반적인 인간의 인식들을 어지럽히며 가지고 논다. 개척자들이 미국 원주민들과 싸울 때, 수레들로 만들어진 원형진 뒤에 총을 가지고 웅크리고 있었다. 불화살들이 몇몇 수레에 꽂히고 방어체계에 닥친 예상치 못한 새로운 도전들로 인해 궁지에 빠지게 되었다. 그 불화살들에 대한 반응으로 개척자들 가운데 한 사람이 다른 사람에게 돌아서서 묻는다. "저렇게 할 수 있는 거요?" 또 다른 만화에서, 미국 원주민들이 전투 중에 수레로 만든 원형진 주위를 말을 타고 돌면서 다른 이들에게 외친다. "시계 반대 방향으로, 항상 시계 반대 방향으로 돌아!" 그의 돌발적인 유머를 통

---

92 소문에 의하면, 많은 ANC 정부의 장관들이 재정적으로 부유해졌고 최고급 자동차를 샀거나 선물로 받았다고 한다.
93 자피로의 만화가 나타나고 오랜 후 2011년 9월에 제이콥 주마 대통령은 무기거래를 조사하기 위한 위원회를 임명했다.

해서, 라슨은 수레들로 만들어진 원형진들의 폐쇄된 엄숙함을 훼방하고 이런 이미지들이 제공하는 방어적 자세와 대립적 태도를 무너트림으로, 안전을 확보하고자 하는 심각한 충동을 약화시킨다.

사회와 교회 모두에게 있어서, 그런 수레로 만든 원형진은 경계성의 시대에 나타나는 심상치 않은 유혹을 의미한다. 연합을 거부하는 교회의 형태를 취하든지, 무슬림 혹은 동성애자들 혹은 이민자들을 사회적으로 희생시키는 형태를 취하든지,[94] 좋았던 옛 시대의 거짓된 안전들에 집착하는 기독교인의 형태를 취하든지, 그 반응은 똑같다. 우리는 그들에 대항하여 수레들로 원형진을 치고, 출입문을 잠그고 강화하며, 연결 다리를 치워 버릴 것이다. 그리고 교회는 자신의 생명이자 소명인 경계성이란 특성을 부인해 버린다. 다시 말해 파편화된 공동체의 재형성을 위한 교회의 소명을 부인하는 것이다. 이런 상황들 가운데, 위에서 언급된 만화가와 같이 설교하는 바보(설교자)는 경계성의 교사이자 지지자로 서기 위해 부름을 받는다.

8. 철의 신학(iron theology) 세우기

경계성에 대한 이런 대부분의 반응들의 중심에 힘에 대한 욕구가 있다. 사실 이러한 반응들은 경계성 공간이 가진 불확실성을 극복하기 위해 힘을 추구하는 것으로 이해될 수 있다. 그러나 힘이란

---

94 미국적 상황에서 반기기 어려운 사람들로 분류되는 무슬림들을 통제하기 위해서 이민법을 강화시키고 그 결과 다른 이민자들까지 큰 어려움을 당하게 되는 이런 상황을 염두에 두고 읽으라-역주.

모호하고 복합적인 개념이 될 수 있다. 사실 힘이란 그것의 본성이 무엇이냐는 생각에 서로 동의하는 사람을 두 명 이상 찾아내는 것을 불가능하게 만든다.[95] 힘은 정치적, 사회적, 군사적, 사상적, 문화적, 신학적, 그리고 다른 여러 가지 관점에서 설명될 수 있다. 우리가 이미 살펴본 대로, 그것은 개념적이고, 행태(行態)적이고, 관계적인 통제로 묘사될 수 있다.[96] 비록 힘이 임시적이고 임의적인 것으로 이해될 수 있을지라도, 오늘날의 사상가들은 힘의 편재적인 본성에 주목한다. 즉 힘은 동시에 어디에나 존재하고 작동한다는 것이다.[97]

이러한 힘이 악마적이거나 파괴적이라고 할 필요는 없다. 사실, 힘은 "효력의 소통"(communication of efficacy)[98] 으로 혹은 중립적 실존(*adiaphoron*)으로 단순하게 설명될 수 있다. 힘은 선을 위해 사용될 수도 있고 (예를 들어 의사의 치료하는 능력) 혹은 악을 위해서 사용될 수도 있다. 힘 그 자체는 중립적이고, 공식적이며, 거의 공평하다. 그러나 힘이 공정하게 유지되는 것은 거의 드문 일이다. 힘은 선하게도 되고 필요하게도 된다. 그러나 또한 힘을 사용하는 자들로 인해 악용되기도 하고 과용되기도 하며 남용되기도 한다.[99]

힘이 (예를 들어 정치 영역에서) 압제 혹은 통제로 악용될 때, 그 결과는 전적인 파괴 혹은 힘이 지목한 대상의 근절로 나타날 수 있다. (대부분이 이런 경우이지만) 그 대상이 사람들일 경우, 그 결과는 정

---

95 Kyle A. Pasewark, *A Theology of Power: Being Beyond Domination* (Minneapolis: Fortress, 1993), 1.
96 Bond, *Trouble with Jesus*, 127.
97 Cf. Pasewark, *A Theology of Power*, 1.
98 Pasewark, *A Theology of Power*, 5.
99 Pasewark, *A Theology of Power*, 5.

말 악하게 나타난다. 인간들이 힘을 가진 인간들에 의해 비인간적으로 압제되고 통제된다. 인간의 존엄은 힘의 작동을 통해 왜곡된 정의, 힘으로 왜곡된 연합, 그리고 힘으로 왜곡된 화해에 의해서 희생된다.[100]

특별히 교회는 힘의 이데올로기에 잡혀 먹히기 쉬운 어떤 성향으로 인해 고통을 당한다. 그 힘의 이데올로기는 키리아키(kyriarchy), 즉 "압제, 종속, 그리고 힘의 배치로 규정되는 다양하고 복합적인 체계"로 설명된다.[101] 하나님의 능력으로 간주되는 교회는 종종 자기 자신(자신의 구조들, 임원들, 신학)을 지식의 최종적 형태로 혼동하는 경향이 있다. 교회는 종종 힘을 가진 자들과 힘이 없다고 간주되는 사람들을 네트워킹하고 그들의 서열을 정해주는 방식으로 압제와 통제의 자리에 올라선다. 교회는 종종 주변화를 당하는 것 대신에 주변화시키기에 앞장선다.[102]

---

100 Cf. H. Russel Botman, "Covenantal Anthropology: Integrating Three Contemporary Discourses of Human Dignity," in *God and Human Dignity*, eds R. Kendall Soulen and Linda Woodhead (Grand Rapids: Eedmans, 2006), 72–77. 자기 이익과 자기 만족에 의해서 움직이는 현재의 세계화 같은 종류의 위험성과 효력들이 인간의 존엄성을 위협하는 가장 강한 힘들 가운데 하나가 아닌지에 대해서 의문을 던져보는 것은 실로 정당한 질문이 될 수 있다. "개인적인 자기 이익과 자기 만족의 윤리들은 경제적 세계화의 영역에서 자유롭게 되었고 인간에게 미치는 가장 강한 현존하는 영향이 되었다." Botman, "Covenantal Anthropology," 77. 더 많은 지배로서의 힘에 대해서는 다음을 보라. Campbell, *The Word before the Powers*.

101 Flora A. Keshgegian, *Redeeming Memories: A Theology of Healing and Transformation* (Nashville: Abingdon, 2000), 27.

102 물론 이런 힘들에 대항하여 설교하는 일이 남아공에서는 전혀 새로운 일이라 할 수 없다. 사람들은 단지 데스몬드 투투, 베이스 나우데(Beyers Naude), 그리고 알렌 보섹(Allen Boesak)같은 사람들의 생각이 필요하다. 그들의 설교들은 오는 다음 세대들을 위해 잘 문서화 되어있다. 이런 설교들은 실로 어리석은 힘과 지배적인 권

이런 위치를 유지하기 위해서, 교회는 힘과 안전과 확실성의 신학, 즉 쇠처럼 강한 어떤 신학이 필요하다. 경계성에 나타나는 두려움의 요소는 "철의 신학"을 촉발시킨다. 개혁자 칼빈은 그의 시대의 스토아 철학자들에게 반대하면서, 스토아 철학자들이 실천했던 "철의 철학"(iron philosophy)에 대해서 말했다. 그 스토아학파의 금욕주의 철학은 "신음하며 울게 할 뿐만 아니라 심지어 슬퍼하며 걱정에 치여 사는 것을 고수하게 했다." 그러나 칼빈은 계속해서 이렇게 말한다. "우리는 이런 철의 철학과 아무런 관계가 없다. 우리의 주인이신 주님은 말씀으로뿐만 아니라 실제적인 모범을 보이며 이런 철학을 꾸짖으셨다." 주님은 당신 자신의 불행과 타인들의 불행 모두를 위해 슬퍼하며 우셨기 때문이다.[103] 칼빈에게 있어서, 하나님은 하늘 높은 어딘가에 있는 먼 옛날의 하나님, 혹은 어떤 사상, 혹은 원리, 혹은 어떤 종류의 무심한 힘이 결코 아니었다. 그에게 하나님은 활동하시는 현재의 하나님, 성경의 살아계신 하나님이다. 하나님의 이런 임재하심 가운데, 하나님의 전능하심은 항상 하나님의 긍휼히 여

력을 전복하는 힘을 가지고 있는 사람들에 의해서 나타난다. 그들의 미련한 설교의 능력을 통해서 자기 만족의 현상유지 성향이 도전을 받는다. 이런 어리석은 설교의 능력을 통해서 정치적이든지, 사회적이든지, 종교적이든지에 상관없이 많은 사람들에게 질서정연하게 보였던 제도화된 힘들과 남아공 사람들을 비인간화시킨 힘들은 모두 폭로되고 폐지된다. Cf. Hendrik J. C. Pieterse, ed., *Desmond Tutu's Message: A Qualitative Analysis* (Kampen: Kok, 1995); Allan Boesak, *Die Vinger van God: Die Vinger van God: Preke oor Geloof en die Politiek* (Johannesburg: Ravan, 1979); Len Hansen, ed., *The Legacy of Beyers Naude* (Stellenbosch: Sun Press, 2005).

103 John Calvin, *Institutes of the Christian Religion*, ed. John T. McNeil, trans. Ford Lewis Battles, 2 vols., Library of Christian Classics (Philadelphia: Westminster Press, 1960), Book III, chap.VIII, 9, vol. 1, 709.

기심의 표현으로 존재한다. 하나님의 능력은 늘 목자의 마음과 관련이 있다.[104]

　경계성에 대한 두려움이 철의 철학에 대한 자신의 형태를 형성할 때, 그것은 어떤 종류의 신학을 발전시킨다. 그 신학은 우리와 함께하시는 하나님으로 종종 이해되는 하나님의 전능하심에 대하여 기쁘게 말한다. 그러나 역설적이게도 긍휼과 연약함에 관련하여 우리와 함께 하시는 하나님을 이해하는 데에는 문제가 생긴다. 철의 신학은 참아내기 힘든 십자가의 무능력함을 발견한다. 철의 신학은 형성에서 재형성으로의 움직임을 거부한다. 왜냐하면 그것은 돌에 박혀 있듯이 견고하고 파편화의 실재를 헤아리는 데 실패했기 때문이다. 왜냐하면 그것은 전체성(totality)과 궁극성(finality)을 주장하며 수레들을 원형으로 배치하기 때문이다. 왜냐하면 타인들이 "진리"를 소유한 철의 신학을 위험에 빠뜨릴 수 있을지도 모르기 때문이다. 이런 철의 신학 체계에서는 "철의 교회론"을 피해갈 수 없다. 교회는 더 이상 부서진 유리로 이해되지 않는다. 오히려 철의 신학에 대한 적합한 표현인 기념탑 혹은 철갑옷으로 이해된다. 파편들은 굳어져서 고정물이 된다. 주님께 속한 사람들(kyriake)은 그들이 마치 주인인 것처럼 행동하는 사람들(kyriarchy)이 된다. 따라서 우리는 더 이상 십자가의 이상한 주님을 섬기지 않고 오히려 계산된 능력의 철갑옷을 입은 주님을 섬긴다. 이런 신학에서는 어떤 것도 흘러가지 않

104　Cf. Daniel J. Louw, "Yster-wysbegeerte of Pastorale Sensitiwiteit? Voorsienigheidsgeloof en Lydsaamheid by Calvyn," in *Calvyn Aktueel?*, ed. Eddie Brown (Kaapstad: NG Kerk-Uitgewers, 1983), 117-18. 칼빈의 신학은 제네바로 도망쳐 나온 핍박당하는 기독교인들 가운데서 발전했다는 사실을 기억하는 것이 중요하다. 물론 그의 신학이 항상 이런 측면에만 있었던 것은 아니다. 때때로 그도 지배될 수 있었다.

는다. 모든 것은 굳어있다. 복음의 좋은 소식에 대한 기쁨은 폐쇄된 엄숙함으로 뒤바뀐다.

이러한 철의 신학은 종종 폭력을 불러온다. 실로 이런 신학들은 폭력을 통해서 무질서로부터 질서를 끌어내는 방법, 즉 적들을 다루는 방법을 따라서 종종 구속(救贖)적 폭력의 신화 안에서 움직인다.[105] 그 폭력적 움직임의 결과는 그들의 목적들을 거룩하게 하는 구조들과 행동들이다. 그러나 그런 구조들과 행동들은 본질적으로 비인간화의 진행으로 이어진다. 안전을 실제적으로 위협하는 경계성에 대한 두려움은 종종 "구속적 폭력"이란 이름으로 직간접적으로 가혹한 조처들을 정당화한다. 이런 구속적 폭력의 신화는 남아공의 아파르트헤이트 가운데도 살아있었고, 오늘날도 여전히 살아있다. 그리고 미국에서도 존재해 왔고 9·11과 테러리즘에 대한 대응조치로서의 사형선고에서 다수의 전쟁에 이르기까지 모든 면에서 여전히 현저한 영향력을 발휘하고 있다.

철의 신학과 구속적 폭력의 신화 사이의 연결은 아파르트헤이트

---

105 구속적 폭력의 신화라는 말은 월터 윙크에게서 나왔다. Walter Wink, *Engaging the Power: Discernment and Resistance in a World of Domination* (Minneapolis: Fortress, 1992), 13-31. 물론, 윙크는 남아공을 모르는 초보자가 아니다. 그는 1986년 남아공교회연합의 초청으로 남아공을 방문했다. 교회들이 서로 교차하며 개최한 연수회에서 그는 능력을 소유한 많은 사람들, 특별히 위험하고 파괴적인 화란개혁교회(기도 중에 종종 국가정당으로 언급되는)에 의해서 인정되는 사상들을 소개했다. 윙크에 의하면, 구속적 폭력의 신화는 비인간화를 만들어내는 국가와 교회의 능력들에 대한 다른 표현방식이다. 윙크는 예수의 제삼의 길에 대해서 말한다. 그 제삼의 길이란 한편으로 폭력들 사이에서의 비폭력적 저항의 길이고 다른 한편으로 (평화주의라고 잘못 불리는) 권위들과 능력들에 대한 생명을 건 복종의 길이다. Walter Wink, *Jesus' Third Way: The Relevance of Nonviolence in South Africa Today* (Cape Town: Citadel, 1987), 22-23.

시대의 남아공에서 종종 충격적으로 나타나기도 했었다. 그 당시 군 복무를 했었던 어떤 신학생은 "그리스도를 위한 군사"라는 제목이 달린 조각 작품을 만들었다. 그리고 그 작품을 그가 공부했던 학교에 선물로 기증했고 그것은 자랑스럽게 전시되었다. 신학적으로 제 정신이 들고 난 후에야 그 작품은 철거되었다. 그 조각은 (소위 부쉬 전쟁이라 불리는 시기에 사용되었던) R1 소총을 메고 있는 한 병사를 묘사하고 있다. 그러나 그 소총을 멘 병사는 또한 그의 성경을 경건하게 읽고 있었다. 그 병사는 하나님이 우리와 함께 한다고 주장하는 신학에서 전쟁의 정당성과 그의 안전을 발견한 것이다. 사람들은 철의 신학을 더 교묘하게 표현하기 위하여 훨씬 더 멀리까지 나아가야만 했을 것이다.

위에서 보듯이 경계성은 혁신적인 변화들을 만들어 낼 수 있다. 그러나 경계성은 또한 비인간화와 숨막힘을 조장하는 철의 신학을 부추길 가능성도 있다. 경계성에 대한 경험은 새롭고 심화된 형태의 압제를 탄생시킬 수 있다. 그것은 새롭고도 열정적인 "질서에 대한 열망"에 불을 붙일 수 있다. 이런 열망은 때때로 파괴적인 결말을 동반한다. 교회 생명의 핵심인 신학적 경계성을 부인하는 철의 신학은 경계성의 상황들에 대한 반발적이고 파괴적인 반응에 공헌하고 심지어 그것을 축복하기도 한다. 결과적으로, 교회는 형성하시고 재형성하시는 성령 안에 거하는 것에 실패하게 된다. 교회는 자신의 파편적인 정체성을 부인한다. 그리고 교회는 역동적이고 열려 있는 공동체의 특성(우분투)을 거부한다. 이런 철의 신학들에 대한 반응으로 바보가 경계성을 유지하기 위해서 나타난다. 그 바보는 계속해서 질문한다. "왜 너는 변하지 않았니? 조금도 변하지 않았니?"

제4장

세상의 견고함 녹이기

나는 세상을 재배열하러 왔다.

−위네바고 트릭스터[1]

우리의 경험들을 조직하고 단결시키기 위해 우리가 사용하는 합리성, 가치, 그리고 규칙적으로 정돈된 패턴들은 바보에 의해 뒤죽박죽이 된다. 의미는 무의미로, 질서는 혼돈으로, 불가침의 진리는 의문으로 변한다. 바보는 인간 세상의 신성시되는 관습과 숭배되는 사회 구조에 어울리지 않고, 거기에 끼워 맞춰 지기를 거부한다.…사회구조에 맞춰서 어울리기는커녕 바보의 연설, 논리, 몸짓, 예법 그 모든 것은 세상의 기준으로는 틀린 것이다. 그러나 이 틀림은 다른 의미

---

1 Paul Radin, *The Trickster: A Study in American Indian Mythology* (1956; rept., New York: Schocken, 1972), 52.

의 옳음이다. 이 어리석음 속에 다른 차원의 지혜가 있다.[2]

바보에 대한 그녀의 고전적 연구에서, 에니드 웰스포드(Enid Welsford)는 바보들이 "세상의 견고함 녹이기"에 참여한다고 말한다.[3] 즉 바보들은 종종 우리가 모르는 사이에 돌 위에 새겨진 관습들, 신화들 그리고 논리들을 "녹인다". 혹은, 지난 장들에서 발전되어온 용어로 설명하자면, 바보들은 경계성을 부추기고 유지시킨다. 그들은 우리의 견고한 진 안으로 들어와 철의 신학을 용해시켜 버린다. 그들은 가로막고 흔들어놓으며 우리를 한 공간에서 다른 공간으로 움직이도록 초대한다. 그런 뒤 그들은 우리가 정착하고 싶은 욕망에 거듭 유혹당할 때에도 우리를 계속 움직이게 한다. 그 과정에서 바보들은 개인과 공동체와 문화들을 변화시킨다. 이런 의미에서 바보들은 우리의 형태들을 재형성하시는 성령의 역사하심을 도우며, 파편과 형태의 동적인 상호작용을 유지하는 신학적 인물들이 될 수 있다. 바보들은 우리를 재형성시키는 생성의 길로 계속 걷게 하기 위해 종종 "타자"로 나타나는 심오한 신학적 인물들이 될 수 있는 것이다. 그러므로 바울이 십자가와 설교에 대한 그의 파괴적이고 종말론적인 해석을 위해, 로마 연극에 등장하는 바보의 역할을 맡은 것은 전혀 놀랄 일이 아니다. 바울 그도 역시 "세상의 견고함을 녹이고 있었다."

바보들은 다양한 형태와 모습으로 등장하며, 문화적 경계들과 장애물들을 뛰어넘는다. 그들은 사실상 모든 문화에 등장하고, 견고하

---

2 Hyers, *Comic Vision*, 53.
3 Welsford, *The Fool*, 223.

거나 고착되지 않은 세계를 열어젖히는 신화적 트릭스터의 형상으로 우리에게 다가온다. 그러나 그들은 본질적으로 경계성적이고 우발적이다. 바보들은 또한 궁중 어릿광대들로서 유럽, 아프리카, 중국, 그리고 인도에 이르기까지 왕들과 주교들과 권세 있는 자들과 짝지어져 역사적 인물들로 등장한다.[4] 그들은 남아프리카 공화국의 "임봉기"(*iimbongi*)와 같은 현대적 형태로 나타나면서 오늘날까지도 문화적으로 중요한 역할을 감당한다.[5] 그들은 로마의 무대에서 셰익스피어의 희곡들 그리고 현대의 나치의 유대인 대학살에 관한 극작품들을 아우르고,[6] 또한 최초의 현대소설 돈키호테로부터 도스토예프스키의 소설들 그리고 (여자 궁중 어릿광대를 다룬) 필리파 그레고리의 『여왕의 바보』[7]와 (리어왕을 색다르게 각색한) 크리스토퍼 무어의 『어릿광대』 같은 인기 있는 현대 소설들을 아우르며, 극예술과 문학 안에 존재한다. 우리를 불편하게 만드는 점은 그들이 동방정교회와 서방교회 모두에서 성스러운 바보들로 기독교 전통 안에 등장한다는 것이다. 모든 공동체로 하여금 어리석음을 통하여 경계성의 세계로 들

---

4   세계 각국의 어릿광대들의 목록을 위해서는 다음을 보라. Otto, *Fools Are Everywhere*, 271-90.
5   임봉기는 아프리카 전통문화에서 추장이나 중요한 인사를 칭송하기 위해 시를 짓고 낭송하는 사람을 뜻한다. 남아공에서는 지금도 공식행사에 등장하는 대통령 앞에 나와 광대의 역할을 행하기도 한다-역주.
6   예시로 다음을 보라. Shimon Winceberg, "Resort 76"; Harol and Edith Lieberman, "Throne of Straw," in *The Theatre of the Holocaust: Four plays*, ed. Robert Skloot (Madison: University of Wisconsin Press, 1982), 39-112, 113-96. 어릿광대들이 중심인물로 나오는 유대인 대학살을 다루는 현대소설을 위해서는 다음을 보라. Avigdor Dagan, *The Court Jesters*, trans. Barbara Harshav (Philadelphia: The Jewish Publication Society, 1989). 웃음과 어리석음은 이 책에서 다뤄지지는 않지만 유대인들의 전통에서 중요한 자리를 차지한다.
7   원제는 *The Queen's Fool*, 한국에는 『블러디 메리』라는 제목으로 출간되었다-역주.

어가게 만드는 전 세계의 카니발들과 다른 페스티벌 등에서, 그 바보들은 공적인 모습으로 등장한다. 이 경계성의 세계는 엄격한 신분제도를 녹이고 현존하는 힘들을 뒤엎고 새로운 관계들을 가능하게 한다. 바보들은 실로 어디에나 존재한다.

이러한 구름 떼 같은 증인들에도 불구하고 설교학은 이 바보들의 특별한 증언을 심각하게 (혹은 재미있게!) 받아들인 적이 없다. 바울 스스로 바보의 극적 역할을 수행했음에도 불구하고, 또한 길 되신 예수 안에 경계성적으로 존재하는 것이 그리스도인의 믿음의 핵심임에도 불구하고 설교학은 바보들을 받아들이지 않았다. 이러한 태만은 통탄할 일이며, 비웃음을 당할만한 일이다. 이 인물들이야말로 설교의 핵심적인 차원들을 구체화하고 부각하기 때문이다. "폐쇄된" 신학적 권위와 수레들로 만들어진 원형진처럼 견고한 교회당의 방어막과 우리의 보수적인 철의 신학에 의해 그 설교의 핵심들은 너무도 자주 억눌려지고 있었다. 현대의 설교자들은 바보들의 지혜로부터 배울 것이 많다.

왜냐하면 바보들은 어디에나 있고 다양한 형태들을 띠기 때문이다. 그들은 설교를 위한 매혹적인 비교 문화적 사료들을 제공한다. 앞으로 우리는 설교를 위해 중요한 바보들의 몇 가지 특성들을 논할 것이다. 특정한 문화적 정황으로부터 바보의 특성들을 뽑아내 보려는 시도는 이 인물들을 너무 지나치게 단순화할 수 있는 시도임을 알고 있다. 어릿광대에 대한 연구를 둘러싼 방법론적인 논쟁들이 말해주듯이, 이러한 인물들은 다른 문화들 안에서 각기 다르게 기능하기 때문에 그들의 문화적 특수성 안에서 탐구되어야 할 필요가 있다.[8] 북유럽 신화에 나오는 로키(Loki)라는 트릭스터는 코요테(Coyote)와 레이벤(Raven)같은 미국 원주민들의 트릭스터들과는 전혀 다른 기능을 한다. 각기 다른 미국 원주민 종족들과 문화들로부터 나온 가지각색의 트릭스터들은 실로 서로 각기 다르다. 이런 복합성이 전 세계를 향해 트릭스터라는 인물들을 늘려나갈 수 있게 하였다. 고대 그리스로부터 서부 아프리카와 아프리카계 미국 노예들 그리고 일본에 이르기까지 트릭스터들은 전 세계에 흩어져 존재한다. 남미, 아프리카, 그리고 유럽 카니발들의 경우와 마찬가지로 서부 유럽, 남아프리카, 중국, 그리고 인도 광대들의 경우도 똑같이 이야기될 수 있다. 그렇다고 이것이 각기 다른 인물들과 축제들 가운데 겹치는 부분이 없다는 점을 말하고 있는 것은 아니다. 다만 그들을 온전히 이해하기 위해서는 그들의 특별한 정황 안에서 그들을 보아야 한다는 것이다.

그러므로 이번 장에 대한 우리의 개관은 단지 암시적인 것에 불과하다. 이러한 연구 재료들의 표면을 겨우 긁어보는 정도가 될 것이다. 사도바울도 알았듯이 여러 가지 면에서 이런 구름같이 허다한 특별한 증인들이 우리의 설교학적 형제자매들이라는 사실로 인해 설교학자들과 설교자들의 욕구가 자극받을 수 있기를 바란다. 고대의 트릭스터였던 헬라의 신, 헤르메스(Hermes)는 이러한 연결성을 직접 일깨운다. 잘 알려진 것처럼, 헤르메스는 신들의 메신저이다. 그

---

8 헨리 루이스 게이츠(Henry Louis Gates)는 서부 아프리카의 트릭스터, 신들의 메신저인 이수(Esu)가 해석의 불확정성을 보여주는 해석학적 인물이라고 주장했다. Gates, *Signifying Monkey*, 3–43. 그의 책에서 게이츠는 설전(舌戰)의 복합적인 수사학 기법에 대한 탐구와 마찬가지로 신들의 메신저인 이수라는 캐릭터와 미국 흑인들 문화인 설전하는 원숭이(Signifying Monkey)라는 캐릭터 사이의 관계도 탐구한다.

는 사자(使者)들의 보호자이고 사자들이 선포하는 것, 즉 그들의 케리그마(kērygma)이다.[9] 그는 해석의 신이다. 그의 이름으로부터 우리는 해석학(Hermeneutics)이라는 용어의 기원을 찾아낸다. 게다가, 예를 들어 인간과 신들 사이를 연결하는 것과 관련된 헤르메스의 일은 비유와 깊은 연관성을 갖고 있다. 그 비유는 전혀 다른 두 가지를 연결함으로써 전제된 질서를 파괴한다. 심지어 어떤 새로운 것을 상상할 수 있는 공간을 만들어내기 위한 역설적인 아이디어를 사용하여 기존의 체제를 무너뜨리기도 한다.[10] 극소수의 인물들만이 설교자의 사역에 가깝게 다가올 수 있다. 설교자가 오늘날의 세계를 위해 본문들을 해석할 때, 하나님으로부터 말씀을 받아올 때, 그리고 비유적인 말하기를 시작할 때, 설교자들은 직접 트릭스터, 즉 헤르메스와 관련된 활동들에 종사하게 된다. 그리고 바보들과 설교자들 사이의 연결점은 헤르메스에서 시작하여 전 세계의 모든 시대와 장소로 확장된다. 따라서 우리는 설교학자들에게 다른 문화와 상황의 한 부분으로서 더욱 특별한 바보들을 탐구할 수 있는 용기를 불어넣어 주고 싶다. 로키는 스칸디나비아의 설교자들에게 무엇을 가르칠 수 있을까? 혹은 틸 유렌슈피겔과 클라우스 나르는 독일의 설교자들에게 무엇을 가르칠 수 있을까? 혹은 임봉기는 남아공의 설교자들에게 무엇을 가르칠 수 있을까? 혹은 정복자 하이 존과 코요테는 미국의 설교자들에게 무엇을 가르칠 수 있을까? 혹은 사당패와 각설이가 한국의 설교자들에게 무엇을 가르칠 수 있을까?[11] 더 나아가 다

---

9   William G. Dory, "A Lifetime of Trouble-Making: Hermes as Trickster," in Hynes and Doty, *Mythical Trickster Figures*, 50–54.
10 Hyde, *Trickster Makes This World*, 6.
11 마지막 사당패와 각설이에 관한 문장은 각국의 인물들에 대한 이해를 돕기 위해서

른 상황들 속에서 복음을 전파하기 위한 더욱 풍성하고 다양한 대화가 위에서 언급된 인물들과의 관계 가운데 생길 수 있다.

바보에 대한 다양한 실례들을-예를 들어, 트릭스터, 광대, 연극무대의 바보, 어릿광대, 거룩한 바보-차례로 토론하려고 하기보다는, 몇몇 중요한 특성들을 집중적으로 살펴볼 것이다. 그 중요한 특성들은 이러한 인물들의 익살맞은 행동들과 모험들로부터 나타나고 서로 중첩되기도 한다. 이번 장에서 이런 바보의 행동들이 가지고 있는 가장 근본적인 측면들 가운데 세 가지에 초점을 맞출 것이다. 그 세 가지 근본적 측면은 경계성의 부추김과 지탱을 위한 바보의 역할, 관점 바꾸기에 대한 바보의 목적, 그리고 통찰을 향한 바보의 요구이다.

1. 경계성의 부추김과 지탱

바보들은 파괴적이고 경계성적이고 등장인물들 사이에 끼인 존재이다. 그들은 세상의 풍습들과 신화들 그리고 관계성들을 방해한다. 그리고 그들은 세상의 견고함이 녹아내리는 그런 공간들 가운데서 움직인다. 바보들은 경계성을 선동하며 동시에 지탱한다. 모든 바보들 가운데 가장 철저하게 파괴적이고 경계성적인 인물은 트릭스터이다. 학자들이 독특한 인물인 트릭스터들의 특수성과 각기 다른 문화적 상황들에 초점을 맞추는 것이 중요하다고 주장할지라도, 이러

한국적 상황에서 재구성한 것이다. 위에서 언급된 인물의 이름들은 각 나라의 대표적인 바보들을 나타낸다-역주.

한 인물들 대부분의 공통분모로서의 본질적인 특성은 그들을 가두어 놓는 경계선을 넘어서는 경계성이라고 할 수 있다. 바보들의 공간은 문지방, 즉 사이에 끼인 공간이다. 실로 그들은 사이에 끼인 공간의 지배자들이라고 불리어 왔다.[12] 그들은 대부분 길 위에서 발견된다. (구조화되고 질서화된) 한 마을에서 다른 마을로 달려가는 도중에서 발견된다. 그러나 그들은 그 어느 곳에도 속하지 않는다.[13] 그들은 항상 거의 움직이고 있고, 걷고 있고, 우연한 만남에 대처하고 있다. 헤르메스가 여행객들의 보호자가 되었던 것은 놀랄 일이 아니다. 헤르메스(Hermes)를 위해 솟아오른 돌기둥 헤름(Herm)은 종종 진입하는 관문에서, 도시의 입구에서, 혹은 길가는 도중에, 특별히 교차로에서 발견되었다. 이런 곳에서 그 돌기둥 헤름은 "증폭된 불확실성의 공간들을 통치하는 힘들을 위한 제단, 즉 협상에 필요한 지성을 위한 제단"으로 사용되었다.[14] 이와 같이 트릭스터들은 종종 길 가는 도중에 있는, 즉 움직이는 상태로 존재한다. 해가 지거나 해가 뜨는 순간, 빛과 어둠 사이의 중간 기간에 존재한다. 한마디로, 트릭스터는 "모든 형태의 중간지대의 신"이다.[15]

그들의 경계성 가운데서, 트릭스터들은 역설적인 인물들이며 주변으로 추방당한 인물들이다. 그들은 성스러우면서도 불경스럽고, 도덕적이면서도 도덕관념을 초월하고, 깨끗하면서도 더럽고, 거룩하면서도 인간적이고, 하늘과 땅, 남성과 여성, 삶과 죽음이라는 양면

---

12 Hyde, *Trickster Makes This World*, 6.
13 Hyde, *Trickster Makes This World*, 6.
14 Hyde, *Trickster Makes This World*, 6. Dorty, "Lifetime of Trouble-Making," in *Mythical Trickster Figures*, 50-54를 또한 보라.
15 Hyde, *Trickster Makes This World*, 6, 8.

가치를 가지고 사회의 범주와 질서를 훼방하고 혼란케 하는 철저히 유동적인 인물들이다.

그들은 형상을 바꾸는 자들이다. 흐름 속의 유동체이다. 심지어 현재의 해석 범주들 속에도 결코 종속되지 않는 해석할 수 없는 존재들이다. 그의 형제 아폴로의 가축들을 훔쳐서 돌아오는 길에, 헤르메스는 안개가 되어 아폴로의 동굴 열쇠 구멍을 통해 스며든다. 그래서 그 후에 헤르메스는 그 동굴의 경계선을 넘지 않았다고 말함으로 자신을 방어할 수 있었다.[16] 윈네바고족의 남자 트릭스터는 갑자기 자신을 여자로 변신시켜 아이들을 낳는다.[17] 어떤 트릭스터는 죽었다가 갑자기 살아나고 지하 세계로 가서 다시 살아서 돌아온다. 트릭스터들은 경계지역에서 늘 가면을 벗고 나타나서는 그 경계선들을 넘고 재규정하면서 살고 활동한다. 그들은 중심이 아닌 외곽 말단에 속한 주변의 인물들이다. 이와 같이 그들은 초월적이고 파괴적인 인물들이다. 그들은 "어떤 주어진 사회의 질서가 절대적이고 객관적이라는 신념"을 일소해 버린다.[18]

이 양면적인 경계성은 트릭스터라는 인물들 자체 안에 내재해 있다. 한편으로 그들은 자신들이 원하는 것을 얻기 위하여 속임수를 피할 뿐만 아니라, 신들을 포함하여 다른 사람들을 속일 정도로 엄청나게 교활하다. 아폴로의 가축을 훔치는 데 쓰인 헤르메스의 복합적인 속임수가 전형적인 예이다. 그는 가축의 발자국들을 감추기 위

---

16 헤르메스에 대한 호머의 찬양을 영어번역으로 보려면 다음을 보라. Hyde, *Trickster Makes This World*, "Appendix I: The Homeric Hymn to Hermes," 315-31.
17 윈네바고족의 트릭스터의 순환에 대해서 다음을 보라. Radin, *Trickster*, 1-60.
18 Mary Douglas, quoted in Doty and Hynes, "Historical Overview," in *Mythical Trickster Figures*, 21.

해서 가축을 뒤로 걷게 만들고 그 자신의 발자국을 변장하기 위해서 생소한 신발을 만들어 신는다. 그의 계략은 철저하게 아폴로를 혼동시킨다. 다른 한편으로 트릭스터들은 비틀거리며, 실수하는 바보들이다. 그들은 찰리 채플린과 같은 인물들처럼 자신들의 기괴한 짓들에 의해 스스로 희생자들이 되기도 한다. 다른 사람들의 능력들을 사용하려다가 그들은 종종 처절하게 실패한다. 윈네바고(Winnebago) 트릭스터는 도요새처럼 물고기를 잡으려고 하다가, 물고기에게 삼킴을 당함으로 끝난다. 도요새가 그를 구출하기 전까지는 아무런 도움이 없었다.[19] 한 번의 특별하고도 비참한 실패 이후에, 윈네바고 트릭스터는 고함을 지른다. "아이고 아이고 내 팔자야, 내가 바보 트릭스터라고 불리는 게 당연하지 당연해!"[20] 따라서 트릭스터들은 철저

---

19 Radin, *Trickster*, 42-44. 윈네바고의 순환적 변화는 실수하는 집주인 이야기들의 네 가지 시리즈들을 보여준다. 트릭스터의 실패들에도 불구하고 그는 어떻게 해서든 다른 동물들이 그를 위해 음식을 공급하도록 만든다. 트릭스터와 바보는 분리될 수 없다. 실수하는 집주인으로서 트릭스터의 "여기저기에 모습을 나타내는 편재적 요소"(ubiquitous motif)에 대해서는 다음을 보라. Mac Linscott Ricketts, "The Shaman and the Trickster," in Hynes and Dory, *Mythical Trickster Figures*, 95. 그 트릭스터들의 어리석음은 여러 가지 방식으로 해석된다. 한 해석에 따르면, 이런 무능한 실패들은 트릭스터가 금기를 깨버린 결과이다. 이 금기 깨기의 결과는 마법적인 능력을 가져오기도 하지만 죽음을 포함한 엄청난 실패도 가져오게 된다. Laura Makarius, "The Myth of the Trickster: The Necessary Breaker of Taboos," in Hynes and Dory, *Mythical Trickster Figures*, 66-86를 보라. 또 다른 해석은 이러한 이야기들은 사실 무당의 패러디들이라는 것이다. 트릭스터들은 그 무당의 종교적 능력들에 "원초적 인간성"으로 대항한다. Ricketts, "Shaman and Trickster," 87-105; and "The North American Indian Trickster," *History of Religious* 5 (1966): 327-50를 보라. 여전히 다른 사람들은 인간의 우연성과 즉흥성이라는 어지러운 현실들을 잡아내는 것은 창조성과 실수의 결합이라고 강조한다. 이에 대해 Hyde, *Trickster Makes This World*를 보라.

20 Rabin, *Trickster*, 18.

하게 양면성을 지닌 경계성의 인물들이다. 그들은 경계성의 상태 자체를 상징하는 것으로 해석되어 질 수도 있다.[21]

트릭스터 이야기들은 경계성의 공간 안으로 우리를 끌어들인다. 그 공간에서 사회의 일반적인 제한들은 옆으로 밀려나고, 창조와 변화가 생생하게 살아난다. 트릭스터들에게, 그 경계성의 공간은, 종종 실수투성이뿐인 노력에도 불구하고, 즉흥 연주가 가능하고, 창조적이고, 상상력이 풍부한 공간이다. 사실, 그들의 행동들을 통해서 트릭스터들은 문화의 창조자가 된다. 그들의 행동들은 불, 희생, 곡물 같은 많은 선물을 가져다주기도 하지만 한편으로 죽음 같은 인생의 힘든 측면들을 가져다주기도 한다. 그들의 행동들은 인생을 양면성 있게 유지해 준다. 이런 역동성을 잡아낸 서부 아프리카의 트릭스터 이수 혹은 이듀(Edju)에 대한 한 편의 시를 보자.

---

21 Robert D. Pelton, "West African Trickster Figures: Web of Purpose, Dance of Delight," in Hynes and Doty, *Mythical Trickster Figures*, 122-40. 펠톤이 기록한 것처럼, 트릭스터는 "경계성 상태의 상징이며, 재창조적 능력의 한 공급원으로서 경계성을 향한 영구적인 접근성의 상징이다." Robert D. Pelton, *The Trickster in West Africa: A Study of Mythic Irony and Sacred Delight* (Berkeley: University of California Press, 1980), 35. 펠톤은 우리가 앞에서 살폈던 것처럼 경계성의 상태에서 인간들과 같은 모습으로 그리고 인간들을 위해서 트릭스터가 존재했다고 주장하는 빅터 터너의 작업을 확장한다. 터너는 경계성은 존재의 새로운 형태들을 향한 급진적 개방의 상태라고 주장한다. Pelton, "West African Trickster Figures," 124-25. 서부 아프리카의 트릭스터 안나세(Ananse)에 대한 또 다른 소논문에서, 크리스토퍼 베세(Christopher Vecsey)는 다음과 같이 주장한다. 트릭스터는 사회의 패턴들을 깨버린다. 그러나 그 과정에서 그 사회의 패턴들이 주목을 받게 하고 그것들을 규정하고 강화시키는 일을 돕는다. 크리스토퍼 베세는 역설적이게도 아칸(Akan)의 삶의 근원적 기초들을 타파하고 동시에 갱신한다. Vecsey, "The Exception Who Proves the Rules: Ananse the Akan Trickster," in Hynes and Dory, *Mythical Trickster Figures*, 106-8. 펠톤과 다른 학자들은 트릭스터들의 훨씬 더 강한 변화와 갱신의 기능을 강조한다. 그 양면성을 지닌 트릭스터라는 인물은 폭넓은 해석들을 가능하게 한다.

아 그랬지!
이듀는 수많은 계략을 썼지.
이듀는 우리 백성들을 전쟁으로 내몰았지.
이듀는 달을 전당 잡히고 해를 빼앗아 갔지.
이듀는 신들이 그들에게 대항하도록 만들었지.
그러나 이듀는 악하지 않지.
그는 최고의 것을 우리에게 가져다주었지.
그는 우리에게 이파(Ifa)의 예언을 주었지.
그는 태양을 가져다주었지.
그러나 이듀 스스로는 아무것도 건지지 못하곤 했지.[22]

트릭스터 신화들은 본질적으로 역설을 주장한다. 문화들의 기원들과 생동감, 그리고 문화의 영속성들은 트릭스터와 같은 인물들이 활동할 수 있는 공간이 필요하다. 문화들이 기초해 있는 그것들을 드러내고 흩어버리는 기능을 가진 인물들을 위한 공간이 요구되는 것이다.[23] 다시 말해서, 트릭스터들은 문화의 개방성과 창조성을 위해 필수적이다. 경계성의 인물들로서, 그들은 경계성의 공간들을 두려워하지 말라고 우리를 초청한다. 그 공간들은 두려워할 공간이 아니라 즉흥성과 창조성의 공간들이기에 거기로 들어오라고 우리를 초청한다. 트릭스터들이 등장하는 이런 어질러진 공간들에는, 많은 비틀거림과 실수가 발생할 수 있다. 그러나 거기서 진정한 변화

22　Gates, *Signifying Monkey*, 3에서 인용.
23　Hyde, *Trickster Makes This World*, 9. 하이디는 많은 예술가들 중에 특히 피카소 같은 사람들이 이런 문화적 기능을 오늘날도 수행하고 있다고 주장한다.

가 또한 일어날 수 있는 것이다. 예수의 죽음과 부활로 열린 이전의 창조와 새로운 창조 사이의 중간지대의 특징을 가진 형성과 재형성, 형태와 파편, 존재와 생성 사이의 경계성 공간에서 변화가 일어나듯이 말이다.[24]

그러나 경계성의 공간이 단지 트릭스터들에 의해서만 점유되는 것은 아니다. 궁정 어릿광대 역시 세상의 견고함을 녹이는 파괴적이고 경계성적인 인물들이다. 어릿광대들은 항상 사이에 낀 인물이다. 그들은 내부자이며 동시에 외부인이다. 예를 들어 중세의 궁정에서, 어릿광대들은 종종 통치자의 참모들 이상으로 통치자의 귀가 되어 내부자들의 역할을 감당했다. 그러나 그들은 늘 일반인 혹은 주변에 있는 집단들로부터 온 외부인들이었다. 그런 외부인들은 육체적 혹은 정신적으로 달랐다. 어릿광대들은 백성과 통치자 사이의 문지방에 존재한다. 그 통치자가 왕이나 여왕, 교황 혹은 감독이든 상관이 없다. 실로, 내부자인 동시에 외부인으로서의 어릿광대들의 역할은 그들로 하여금 이 강력한 세상을 비판할 수 있도록 한다. 내부

---

[24] 최근의 신학적 토론의 주제가 되고 있듯이, 기독교를 하나의 문화라는 관점으로 보는 경우, 트릭스터라는 인물들은 믿음에 있어서 필수적이다. 이러한 인물들이 없이는, 기독교 믿음과 신학에 대한 문화-언어적 해석들은 보수적 정통주의와 폐쇄된 공동체(즉 철의 신학과 수레로 만든 원형진)로 귀착될 위험이 있다. 신학에서 조지 린드벡(George Lindbeck)의 작품, *The Nature of Doctrine: Religion and Theology in a Postliberal Age* (Philadelphia: Westminister, 1984)은 신학에 대한 문화 언어적 접근을 위한 기본 자료가 된다. 설교학에서는, 찰스 캠벨(Charles L. Campbell)의 작품, *Preaching Jesus: New Directions for Homiletics in a Hans Frei's Postliberal Theology* (Grand Rapids: Eerdmans, 1997)가 기본적인 예가 된다. 불행하게도, 이 책들 모두에서 트릭스터라는 인물들은 없다. 예전에서의 파괴적인 트릭스터들의 중요성에 대한 통찰력 있는 설명을 위해서 Gordon W. Lathrop, "Ordo and Coyote: Further Reflection on Order, Disorder and Meaning in Christian Worship," *Worship* 80, no.3 (2006): 194-121를 보라.

자들로서, 그들은 권력의 위치에 있는 자들에게 자명하고 거룩한 것으로 간주되는 것이 무엇인지 안다. 그러나 외부인으로서, 그들은 그 힘에 의해서 당연하게 여겨지는 것이 무엇인지를 알 수 있다. 그들은 "명백함 뒤에 있는 명백하지 않음과 궁극적인 것으로 나타나는 것 뒤에 있는 궁극적이지 않은 것을 간파할 수 있다."[25] 그들은 "호기심으로 인한 뻔뻔함"을 발동시킬 수 있다. 그리고 그로 인해 세상의 견고함을 녹일 수 있다.[26]

어릿광대가 입었던 천 조각을 덧댄 "너덜너덜한 옷"은 어릿광대의 "파괴하는 힘"과 "파편과 본체 사이의 경계성적 역동성"을[27] 보여줄 뿐만 아니라, 그 옷은 또한 어릿광대가 외부인의 위치에 있다는 것을 기억나게 해 준다. 그 어릿광대의 옷은 가난한 자의 의복을 대변했다. 가난한 자들은 겉옷의 형태를 만들기 위해서 옷 조각들(혹은 파편들)을 서로 꿰매어야만 했다.[28] 어릿광대들이 궁정 한가운데서 이 옷을 입었을 때, 그들은 그들 행동의 경계성적 특성을 강조하며 동시에 눈으로 볼 수 있는 외부인의 모습을 권세자들에게 보여주었던 것이다.

남아공의 임봉기(*iimbongi*)들은 현대적인 예로서 독특한 어릿광대의 역할을 제공한다.[29] 비록 그들이 칭송시를 노래하는 가수로 언급되지만, 임봉기의 역할은 칭송과 여흥을 훨씬 뛰어넘는다. 그들은

---

25 Leszek Kolakowski, "The Priest and the jester: Reflections on the Theological Heritage in Contemporary Thought," in *The Modern Polish Mind: An Anthology*, ed. Maria Kuncewicz, trans. Pawel Mayewski (Boston: Little, Brown, 1962), 323.
26 Kolakowski, "The Priest and the jester."
27 Hyde, *Trickster Makes This World*, 298.
28 Welborn, *Fool of Christ*, 66.
29 Imbongi는 임봉기의 단수, iimbongi는 임봉기의 복수이다.

매우 많은 부분에서 일반 백성들의 비난의 음성을 통치자들에게 전달하는 현대의 어릿광대들의 기능을 하고 있다. 남아공의 수상 작가이며 시인인 안트지 크로크(Antjie Krog)가 기록한 것처럼, "문자적으로 임봉기(imbongi)는 사이를 간다는 의미 즉 지도자와 백성들 사이에서 움직이는 시인이라는 의미이다. 임봉기는 지도자를 백성들에게 중계하고 그 반대로 백성들을 지도자에게 중계해 준다. 그는 백성들의 소리에 대해 지도자가 계속해서 책임을 느끼도록 한다."[30] 크로크는 파괴적이고 사이에 낀 임봉기의 특성을 찾아내기 위해 다음의 사건을 강조한다.

> 그 임봉기는 스스로 공연의 내용을 결정한다. 공적인 모임이 진행될 때 사람들은 갑자기 공연을 시작하려는 임봉기의 낮은 음성을 듣게 될 것이다. 모든 사람은 그들이 하는 일을 멈추게 되고 임봉기가 주도권을 잡게 된다. 의회에서 전통 지도자들이 모임을 하고 있는 동안 임봉기는 갑자기 타보 음베키 대통령의 옆 의자 팔걸이로 뛰어올라서 공연을 시작한다. 임봉기의 갈라진 발바닥이 대통령의 머리로부터 몇 센티미터 위를 왔다 갔다 할 때, 음베키 대통령은 머리를 숙이고 앉아서 듣는다. 조금 후에 올라오는 그 칭송 시의 번역을 보면, 그 임봉기가 모든 사람에게 다가갔었던 만델라와는 다르게 백성들과 거의 접촉하지 않았다는 이유로

---

30 Antjie Krog, "Defense of Poetry, 2004: Antjie Krog," accessed August 1, 2011, http://international.poetryinternationalweb.org/piw_cms/cms/cms/_module/index.php?obj_id=368.

만델라를 이어 대통령이 된 음베키를 날카롭게 비판했다는 사실을 알게 된다.[31]

이런 파괴적인 익살들을 통해서 사이에 끼인 존재인 어릿광대들은 힘의 전당들 가운데서 경계성을 구현하고, 부추기고, 지탱한다.

궁극적으로, 카니발은 어리석음으로 특징지어지는 경계성의 공동체적 표현을 드러낸다. 그 경계성은 일상적인 일을 방해하고 일반 백성들로 하여금 권위적인 힘들을 전복시키게 하는 어떤 공간을 제공한다. 트릭스터와 어릿광대처럼 카니발도 세상의 견고함을 녹인다. 실로 미하일 바흐친은 카니발에 대한 그의 영향력 있는 책에서, 한 개인으로서의 바보들은 카니발 기간을 뛰어넘어 매일매일의 삶으로 카니발의 정신을 가져온다고 주장했다.[32] 그러므로 카니발은

---

31 Krog, "Defense of Poetry, 2004." 임봉기들의 언어는 또한 어릿광대의 언어이다. "왜냐하면 임봉기는 면전에서 지도자를 비판할 수 있다. 그들의 예술은 역설, 풍자, 의성어, 말장난, 지혜와 교훈의 격언들, 그리고 비유를 통해서 광범위한 정치적, 연극적 요소들을 발전시켰다. 그 칭송시는 본질적으로 구술이기 때문에, 어느 누구도 임봉기가 정확히 무엇을 말했는지 알지 못한다. 청중들은 공연의 완전한 의미를 분석하기 위해서는 수일이 걸릴 수도 있다. 모든 것이 자연 발생적으로 일어났기 때문에, 언급할 수 있는 텍스트가 거기에는 없다." Krog, "Defense of Poetry, 2004." 남아공 사회의 경계성의 특성을 탐구한 크로크의 중요한 책에서 임봉기에 대해 다룬 것을 보라. Antjie Krog, *A Change of Tongue* (Johannesburg: Random House, 2003), 206-7. 불행하게도 비록 미국에 임봉기에 필적할 만한 인물이 없을지라도, 이런 인물들은 권력 있는 사람들을 비판하기 위해 시대마다 일어난다. 예를 들어 정치 만화가들이 종종 이런 역할을 감당한다. 또한 다큐멘터리 영화제작자 마이클 모어(Michael Moore)와 코믹하기도 하고 심지어 역설적인 뉴스 진행자 존 스튜어트(Jon Stewart)와 스테반 콜버트(Stephen Colbert)같은 사람들도 이런 역할을 수행했다.

32 Bakhtin, *Rabelais*, 8. 또한 라블레(Rabelais)에 대한 그의 책에서 바흐친은 카니발에 대해서 깊이 있게 다룬다. Bakhtin, *Problems of Dostoevsky's Poetics*, ed. and trans. Caryl Emerson, Theory and History of Literature, vol. 8 (Minneapolis: University

개인적인 트릭스터들과 어릿광대들에 의해 공연되는 공동체적이고 의식(儀式)적인 바보스러운 연기로서 이해되어 질 수 있다. 그러나 카니발에는 연기자도, 무대도, 타인들에게 보여주기 위한 바보 연기도 없다. 그 대신 모든 사람이 참여한다. 모든 사람이 어리석음의 한 부분이다. 카니발은 그것 자체가 하나의 경계성적 공간이다. 즉 조롱받게 될 가짜 왕(혹은 교황이나 대주교)의 대관식과 폐위 사이에 존재하는 하나의 새로운 세계이다.[33] 경계성의 공간은 경계들이 서로 교차하고 계급구조가 뒤집히는 유동적인 공간이다. 조롱거리가 되는 권세들은, 그들이 왕이든 대주교이든 혹은 마귀이든, 심지어 풍자된 전쟁이든지 상관없이 싸움의 대상이 된다. 그러나 어쨌든 거기에 부상은 없다.[34] 바흐친이 주장한 것처럼, 카니발은 "두 번째 세계" 혹은 "두 번째 삶"이다. 그 세계 혹은 삶은 계급, 특권, 규범, 기존의 질서에 의한 금지로부터 일시적으로나마 사람들을 자유롭게 하는 영역이다. 그 영역은 "공동체성과, 자유, 평등 그리고 풍성함이 있는 유토피아적인 영역"이다. 카니발은 "영구적이며 완벽한" 모든 것들

---

of Minnesota Press, 1984). 카니발에 대한 이 부분의 연구는 바흐친의 작품에 많이 의지하고 있다.

33 Bakhtin, *Problems of Dostoevsky's Poetics*, 124-25.
34 이런 전쟁에 대한 패러디들은 오늘도 계속된다. 이탈리아 이브레아의 역사적인 카니발은 오렌지를 던지는 3일 동안의 축제인데, 중세 시대의 저항 행위를 기념하는 축제이다. 그 축제는 어떤 종류의 형태라 할지라도 억압하는 힘에 대항하는 백성들을 보여준다. 그러나 거기에 해로운 폭력행사는 없다. Pieter Kiefer, "In Italian Town, a Civics Lesson from Pelting Neighbors," *New York Times*, February 19, 2007, A4. 을 보라. 그러나 카니발이 경계성의 공간 안에서 실제적인 폭력으로 변질될 수 있다는 것은 놀랄 일은 아니다. 이미 살펴보았듯이 반발적인 폭력은 경계성의 잠재된 반응들 가운데 하나이다. Edward Muir, *Ritual in Early Modern Europe* (Cambridge: Cambridge University Press, 1997), 104-14.

에 도전하는 "생성과 변화와 갱신의 축제"이다.[35] 한마디로 카니발은 철저히 경계성적 공간이다. 그 안에서 새로운 관계, 새로운 형태, 그리고 새로운 이야기가 가능하게 된다.[36]

카니발의 어원이 카르네(육신)에서 왔다는 사실은 새로운 것이 아니다. 카니발의 언어는 육체의 언어, 특별히 저급한 육체의 언어이다. 이런 방식으로 또한 카니발은 세상을 뒤집어 버린다. 카니발은 저급한 육신을 고급스럽게 간주하는 합리성, 경건, 그리고 예의라는 개념보다 더 윗자리로 올려놓는다.[37] 카니발 기간 동안, 사회 질서

---

35 Bakhtin, *Rabelais*, 6-10.
36 바흐친이 기록했듯이, "카니발은 세상을 하나의 거대한 공동체적 공연으로 인식하는 지난 수천 년간의 방식이다. 사람을 두려움으로부터 자유롭게 하고, 세상을 한 사람에게 최대한 가장 가깝게 데려다 주고, 한 사람을 또 다른 사람에게 최대한 가장 가깝게 데려다 주는 세상에 대한 이런 인식은 일방적이고 암울한 사무적인 엄숙함에 반기를 든다. 이런 엄숙함은 독단적이다. 또한 혁신과 변화에 적대적이다. 이런 엄숙함은 주어진 존재의 상태 혹은 주어진 사회 질서의 절대화를 추구한다. 세상에 대한 카니발적 인식은 정확히 이런 종류의 엄숙함으로부터 사람을 자유롭게 했다." Bakhtin, *Problems of Dostoevsky's Poetics*, 160. 바흐친은 계급적인 구조들과 예법들에 의해서 형성된 언어라기보다는 급진적인 평등주의와 대화적인 언어들이 카니발의 특징이라고 주장한다. 예를 위해서 *Dostoevsky's Poetics*, 122-23를 보라. 바흐친의 영향을 받아 봅 스크립너(Bob Scribner)가 기록한 것처럼, "카니발의 중요한 특성은 접촉하는 사람들 사이의 사회적 거리를 폐지하는 방법에 있다. 그것은 언어와 제스처의 자유로운 형태를 창조하고, 사회 관습의 한계를 넘어서는 언어의 친밀성을 허락한다." Bob Scribner, "Reformation, Carnival and the World Turned Upside-Down," *Social History* 3, no 3 (1978): 322. 에드워드 뮤어(Edward Muir)도 유사하게 카니발의 경계성을 강조한다. "일반적 생활의 보편적 가치들을 전복시킴으로 새로운 연합 혹은 대안적 사상들이 주장될 수 있는 경계성의 순간을 창조하면서 카니발은 사람들로 하여금 금기 깨기를 위한 형식들로 접근하게 한다." Muir, *Ritual in Early Modern Europe*, 97.
37 Edward Muir, "Carnival and the Lower Body," in *Ritual in Early Modern Europe*, 85-116. 뮤어 책의 다음 장에 그 대안이 등장한다. "Manners and the Upper Body," 117-46. 바흐친은 "기괴한 사실주의"라는 개념을 통해서 카니발의 저급한

의 예의범절과 금지사항들은 위반되고 뒤집힌다. 먹고, 마시고, 배설하고, (실제적인 행동으로 그리고 긴 코 가면이나 소시지와 같은 상징적 형태들로) 성적 만족을 추구하는 것이 카니발의 중요한 활동들이 된다. 삶의 물질적 부분들과 쇠퇴와 회복을 반복하는 육신의 영역을 축하하는 것이다.[38] 카니발에 참여한 사람들의 익살맞은 행동들은 종종 그들의 탐욕스러운 식욕들, 배설들, 그리고 성적 탈선들 주위를 맴돈다. 트릭스터라는 인물처럼, 카니발은 인간이라는 생명체의 행위이다. 그것은 인생의 구체적인 부분을 인식하고 축하한다. 이성과 경건과 예의범절들은 종종 거부되거나 억제된다.[39]

게다가, 카니발의 경계성은 단순히 로마의 농신제(農神祭) 혹은 다른 이방 축제에서 기인한 무질서의 축전이 아니다. 오히려, 몇몇 학

육신적 특성들을 발전시킨다. 그가 말했듯이, "기괴한 사실주의의 본질적 원리는 격하시킴이다. 즉 높고, 영적이고, 이상적이고, 추상적인 모든 것들의 낮춤이다. 그것들을 더는 용해 할 수 없는 단위인 땅과 육신의 영역으로, 물질적 차원으로 변질시키는 것이다." 그러나 이런 "격하"는 모든 사람의 상황 가운데 탄생과 갱신을 이끌어 낸다. Bakhtin, *Rabelais*, 19-21. 뮤어에 따르면, 카니발은 두 단어 카르네(살)와 레바레(가지고 가다)를 기원으로 한다. 그러므로 그 뜻은 "살을 가지고 가는 것"이다. 이는 동물의 고기를 금지하고 성관계를 금지하는 사순절 금식의 두 가지 양상들을 생각하게 한다. 그러므로 카니발은 자기 부인의 기간으로 들어가기 전 마지막 방종의 파티가 되는 것이다. Edward Muir, *Ritual in Early Modern Europe*, 88. 그러므로 역설적인 용어 카니발은 그 기원이 사순절과 관련되어 있다. 다음에 더 명확하게 드러날 것이지만, 크리스마스 축제 안에 카니발의 원천이 있기 때문에, 카니발을 단순히 사순절 전에 열리는 축제로만 이해해서는 안 된다.

38 Edward Muir, *Ritual in Early Modern Europe*, 86. 88-89. 무대에서, 셰익스피어의 폴스타프(Falstaff)는 육신적 바보의 원초적 예가 된다. Welsford, *The Fool*, 51-52.
39 생명체인 인간과 관련하여, 카니발은 종종 죽음과 재탄생이 구현되는 공연을 하곤 한다. 바흐친은 이런 죽음과 재탄생, 쇠퇴와 갱신은 개인적 삶의 수준에서 일어나는 것이 아니라 카니발에서 참여하는 모든 사람의 삶의 정황 가운데서 일어나는 일임을 명확히 한다. Bakhtin, *Rabelais*, 88.

자들이 주장하는 것처럼, 카니발의 경계성적 특성은 단연코 기독교적 출처와 그 특징들을 가지고 있다. 기독교 카니발들과 다른 카니발적인 축제들은 새로운 시대, 즉 새로운 반전의 질서를 구현한다. 이런 새로운 시대는 예수 그리스도 안에서 세상으로 침투한다.[40] 오늘날 기독교인들의 카니발이 사순절 이전 며칠에 국한 되어 있는 반면, 본래의 카니발은 크리스마스 시즌의 열광적인 축제로 번져 나갔다.[41] 이들 가운데 가장 유명한 것이 바보들의 축제(the Feast of Fools)이다. 이런 축제들은 마리아 찬가에 나오는 세상의 뒤집힘을 대중적이고 예전적인 형식으로 구현했다.

---

[40] Max Harris, *Carnival and Other Christian Festivals: Folk Theology and Folk Performance* (Austin: University of Texas Press, 2003), 8-9. 139-42를 특별히 보라. 해리스는 이런 카니발의 성격을 지닌 기독교 축제에 구체적으로 나타나는 신학의 풍성함을 강력하게 옹호한다. 이러한 신학은 교회의 권세들로 말미암은 관료적인 "상명하달(top-down) 신학"에 노골적으로 도전하는 서민의 신학이다.

[41] 해리스의 기록처럼, "나는 카니발이 기독교가 도래하기 이전의 종교의식들을 보존하고 있다는 통속적인 신념보다는, 하나님이 인간의 육신이 되었다는 반계급적 믿음, 반금욕주의적 믿음에 카니발의 뿌리가 있다는 주장에 동의한다. 놀이를 만들어내는 보편적인 인간의 성향과 결부하여 크리스마스가 카니발을 낳았다고 나는 믿는다." "세상의 많은 부분에 존재하는 카니발 축제들은 여전히 크리스마스와 사순절 사이 주간에 걸쳐있다. 비록 카니발 시즌의 공개된 흥청거림이 축제의 시작보다는 마지막에 집중적으로 발생한다 할지라도, 이것은 이방의 뿌리들과는 관계가 적다. 오히려 이런 경향은 부르주아들에 의해서 크리스마스가 점차 도용되었다는 것과 시민 권력들의 자연스러운 개입과 더 관계가 많다. 시민 권력들은 사순절이라는 전통적인 행사가 시작되기 이전에 공개적으로 가면을 쓰고 흥청거리는 카니발 기간을 가능한 짧게 제한하려는 경향을 가지고 있었다. 카니발을 그리스도의 탄생에 대한 정당한 반응이라기보다는, 카니발을 사순절 이전 이방적인 성향의 마지막 발악으로서 전복적이고 파괴적이라고 재규정함으로 카니발의 움직임들을 더 쉽게 통제하고 억압할 수 있게 만든 것이다." Harris, *Carnival*, 143-44.

> 권세 있는 자를 그 위에서 내리치셨으며 비천한 자를 높이 셨고 주리는 자를 좋은 것으로 배불리셨으며 부자는 빈 손으로 보내셨도다(눅 1:52-53).

예수의 탄생은 급진적인 새로운 질서로 구 시대를 뒤집어버린다. 그리고 크리스마스 축제들은 "서민들의 즐거운 현장"을 통해서 이 새로운 질서를 예전형식으로 구현했다.⁴² 덧붙여서, 크리스마스 축제들은 공동체의 구체화된 형식 안에서 성육신을 축하했다. 그 성육신으로 하나님은 육체, 즉 살(카르네)이 되셨다. 하나님은 일반 서민들의 인간 아기로 태어났다. 혹은 카니발식 용어로 말한다면, 아기가 왕으로 세워진 것이다. 십자가 처형이라는 역설적 절정만큼이나 어리석고 파괴적인 성육신의 사건 안에서, 카니발적 방식을 따라 예수는 조롱당하는 왕으로 등극하고, 군중들은 그 예수를 조롱하는 일에 참여한다. 궁극적으로 이러한 축제들은 이사야 25:6에서 묘사된 위대한 메시아의 축제에 나타나는 새로운 질서의 완성을 기대했다.

> 만군의 여호와께서 이 산에서 만민을 위하여
> 기름진 것과 오래 저장하였던 포도주로 연회를 베푸시리니
> 곧 골수가 가득한 기름진 것과
> 오래 저장하였던 맑은 포도주로 하실 것이며(사 25:6).⁴³

기독교 카니발과 축제는 특별히 교회의 권력들을 풍자했고 거룩

---

42 Harris, *Carnival*, 9.
43 Harris, *Carnival*, 28.

한 종교적 행위들을 조롱했다. 예를 들어 이런 기독교 축제들 가운데 가장 잘 알려진 바보들의 축제에는 계급적 권세와 의례적 경건을 거칠고 요란하게 뒤집어버리는 반전의 요소들이 포함되었다. 사제들은 미사가 진행되는 동안 조롱당했다. 남자아이들이 성직자의 자리를 차지하고, 때때로 한 남자아이가 "바보들의 주교"로 선출되었다. 참가자들은 모든 종류의 부적절한 행동으로 미사의식을 방해했다. 춤추기와 술 마시기로부터 외설스러운 노래하기, 엉터리로 기도하기 그리고 설교 조롱하기에 이르기까지 온갖 방법들이 동원되었다. 그들은 심지어 교회 안으로 당나귀들을 데리고 와서 회중을 모욕했다.[44] 바보들의 축제의 변종으로 앞에서 언급됐던 당나귀의 축제(the Feast of the Donkey)에서 사람들은 나귀 같은 익살스러운 울음소

---

44 Muir, *Ritual in Early Modern Europe*, 96. 뮤어가 지적한 것처럼, 바보들의 축제는 연령별 집단을 반전시키는 부분적인 역할을 했다. 이것은 아기 왕의 탄생을 축하하는 크리스마스 시즌에 적합한 일이다. 이 설명에 따르면, 설교 조롱하기, 혹은 설교 패러디, 프랑스 용어로 하면 설교 놀이(*sermons joyeux*)가 종종 이런 축제들의 한 부분이 된다. 설교 패러디에 대해서 다음을 참조하라. Malcolm Jones, "The Parodic Sermon in Medieval and Early Modern England," *Medium Aevum* 66, no. 1 (1997): 94-114; Sander L. Gilman, *The Parodic Sermon in European Perspective: Aspects of Liturgical Parody from the Middle Ages to the Twentieth Century* (Wiesbaden: Franz Steiner, 1974); Steven M. Taylor, "Saints for Sinners: The Transitional Role of the Fifteenth-Century Sermon Joyeux," *Fifteenth-Century Studies* 8 (1983): 211-26; and Jelle Koopmans, *Quatre Sermons Joyeux* (Geneva: Droz, 1984). 바보들의 축제는 수많은 카니발적 기독교 축제들 가운데 단지 하나에 불과했다. 예를 들어, 성체축일(Córpus Chrísti)은 또 다른 중요한 카니발적 축제이다. Harris, *Carinival*, 81-136를 보라. 헤리스가 지적하듯이, 이런 축제들은 카니발이 14세기 유럽에 종종 보고되기 시작했던 것보다 훨씬 전부터 역사적으로 존재해 왔다. 예를 들어, "9세기에 조롱의 대상이 될 가짜 주교를 콘스탄티노플에서 선출했다. 사람들은 성찬식을 흉내 내면서 당나귀를 타고 도시의 거리 구석구석을 누볐다"(140).

리로 미사의 순서마다 반응했다.[45] 프랑스에서 이런 주기적인 축제들은 극히 상식적인 일들이었다. 15세기까지 그들은 분명하게 신학적이고 교회적인 계급제도를 방해하고 있었다. 1445년 파리대학교 신학부로부터 주교들에게 보내진 한 통의 편지가 이를 뒷받침한다.

> 공식적인 근무를 하고 있는 사제들과 성직자들이 가면들을 쓴 기괴한 얼굴들로 비쳐 질 수도 있다. 그들은 성가대에서 여자, 포주, 혹은 떠돌이 악사처럼 옷을 입고 춤을 춘다. 그들은 음란한 여인들의 노래를 부른다. 그들은 사제가 미사를 올리고 있는 동안 제단 뿔에 있는 검은 푸딩들을 먹는다. 그들은 거기서 주사위 놀이를 한다. 그들은 낡은 신발들 밑창에서 나는 악취로 분향한다. 그들은 교회 구석구석을 부끄러운 줄 모르고 날뛰고 다닌다. 마침내 그들은 시내 쪽을 향해 낡아빠진 발판과 손수레로 이루어진 무대들로 몰려간다. 그들은 외설스러운 몸짓들과 상스럽고 천한 말로 이루어진 형편없는 공연을 통해 그들의 동료들과 구경꾼들의 웃음을 일으킨다.[46]

---

45 Bob Scribner, "Reformation, Canival," 317.
46 Harris, *Carnival*, 139에서 인용. 이런 인용문들이 분명하게 보여주듯이, 옷 입기는 카니발의 역전과 반전에 있어서 중요한 역할을 감당한다. 남녀의 옷 바꿔 입기는 다반사였고 또한 옷을 뒤집어 입고 거꾸로 입기도 했다. 옷 바꿔 입기의 역할을 다루는 다음의 책을 보라. Eckehard Simon, "Carnival Obscenities in German Towns," in *Obscenity: Social Control and Artistic Creation in the European Middle Ages*, ed. Jan M. Ziolkowski, *Cultures, Beliefs, and Tradition: Medieval and Early Modern People*, vol. 4 (Leiden: Brill, 1998), 192-213.

이런 축제들은 성직자의 허세에 도전함으로, 예수의 탄생으로 확인된 새로운 사회 질서를 축하함으로, 또한 마리아의 찬가를 부름으로 일반적인 교회의 사업들을 방해했다.[47] 그 축제들은 약간의 거룩한 코미디와 동물적 자기 비하로 종교가 가지고 있는 폐쇄적 엄숙함에 도전했다. 그들의 "거룩한 상스러움"(sacred ribaldry)을 통해서 기독교 카니발들은 믿음의 핵심에 있는 측량하기 힘든 신비를 무대 위로 올린다. 마치 예수의 성육신과 십자가가 측량하기 힘든 하나님의 초월성을 역설적이고 바보스러운 "가면"의 모습으로 구체화했던 것처럼, 기독교 카니발들은 믿음의 심오한 신비를 보여준다.[48] 이런 무질서의 파괴적이고 불손한 축제들이 개신교의 개혁자들과 가톨릭의 개혁자들 모두로부터 공격당했다는 사실은 놀랄만한 일이 아니다. 16세기 중엽을 지나면서 많은 교회 권력들에 의해서 금지되었던 바보들의 축제는 뚜렷하게 쇠퇴했다.

바보들의 축제 같은 축제들에 반대한 종교개혁자들의 반발에도 불구하고, 그런 카니발적인 사건들은 종교개혁에서 실제로 어떤 역할을 수행했다. 종교개혁 그 자체가 교회의 경계성과 사회의 경계성의 시간이었다. 이런 정황 가운데, 카니발적 행동들은 로마교회의 계급질서에 도전했다. 특별히 독일에서, 카니발적 행렬과 연극들이 종교개혁과 동행하며 종교개혁을 진전시켰다. 루터와 그의 책에 유죄선고를 내린 교황의 칙서를 불태웠던 1520년 12월 10일 그 날에,

---

47 헤리스가 기록한 것처럼, 카니발들은 일반적으로 설교단이나 제단에서 들었던 것들보다 더욱 급진적인 본문 읽기를 제공한다. *Carnival*, 144.

48 트릭스터들 또한 영적 경험의 핵심에 있는 신비를 규정하기 위해 거룩한 상스러움을 사용했다. Pelton, "West African Tricksters," in Hynes and Dory, *Mythical Trickster Figures*, 130를 보라.

젊은이들이 참가자들로부터 조롱과 웃음거리로 여겨졌던 커다란 교황 칙서 장식을 들고 도시를 관통하는 행렬을 시작했다. 다른 행렬들은 교황을 상징하는 형상에 똥을 던지면서 도시 전체를 행진함으로 교황 자체를 조롱했다. 어떤 다른 사람들은 성물 숭배에 대한 정교한 패러디를 무대에 올렸고 로마교의 계급주의에 대한 남용을 조롱했다.[49] 이런 경계성의 기간 동안, 위와 같은 카니발들은 사회와 교회의 계급주의적 질서들에 도전할 뿐만 아니라, 죽어가고 있는 과거로부터 태어나 새로운 시대를 맞이하기 위한 창조적인 공간을 또한 제공한다.[50] 또한, 이러한 카니발적 행동들은 종종 일상의 삶 가운데로 흘러들어 영향을 미쳤고 실제로 종교개혁의 진전을 도왔다.[51]

---

49 독일 종교개혁에서 카니발의 역할에 대한 설명을 위해서 다음을 보라. Scrbner, "Reformation, Carnival." 특별한 카니발적 연극들과 행렬들에 대한 설명을 위해서는 304-9를 보라. 또한 Muir, *Ritual in Early Modern Europe*, 97-98를 보라.

50 경계성의 선동자들이며 지탱자들로서의 카니발들과 카니발적 행동들은 엄격하고, 권위주의적이며, 계급주의적 규범의 시대에 발생하며, 전환이 일어나는 경계성적 시대에서도 발생한다. 중세와 중세 말기 그리고 초기 현대 기간이 카니발들과, 카니발적 행동들 그리고 어릿광대들을 위해서 가장 좋은 시기였다는 점은 놀랄 일이 아니다.

51 Scribner, "Reformation, Carnival," 318-19. 종교개혁 기간 동안 있었던 카니발의 영향들은 "안전밸브"와 같은 종류의 카니발 이론에 대해 의문들을 일으켰다. 이런 안전밸브와 같은 이론들은 일반인들이 잠깐동안 그들에게 허용된 "반란 의식"에 참여하도록 만든다. 이런 잠깐의 반항 이후에 사람들은 매일의 삶 가운데 주어진 사회 질서로 돌아가 평화를 회복한다. 이 이론에 따르면, 카니발은 사실 현재 주어진 사회 질서를 강화하고, 사람들을 수동적으로 만드는 역할을 한다. 의심할 여지 없이 카니발은 가끔 이런 기능을 수행한다. 그러나 미하일 바흐친은 카니발에 대해 매우 다른 주장을 제기한다. 바흐친에 있어서 카니발은 "단지 혁명적 변화에 대한 방해물이 아닌 것 정도가 아니라, 그것은 혁명 그 자체이다." Michael Holquist, "Prologue," in Mikhail Bakhtin, *Rabelais*, xviii. 다른 사람들은 이 두 이론 사이의 어떤 위치를 제안했다. 카니발은 예측할 수 없고, 비록 항상은 아니지만 가끔 일상의 삶 속으로 흘러들어오고, 참여자들의 갱신된 상상력을 통해서나 혹은 실제적인 반란을 통해서 변화와 전환을 창조한다는 점을 알려준다. 이런 주제들에 대한 토론에 대해

헬라의 트릭스터, 헤르메스로부터 남아공의 임봉기, 종교개혁 카니발들에 이르기까지, 바보들은 경계성을 부추기며 동시에 지탱하는 파괴적 인물들이다. 그들은 돌처럼 단단한 세상의 관습들, 신화들, 그리고 합리성들을 녹이려 한다. 그러나 살펴보았던 것처럼, 바보들이 단지 혼란과 무정부상태를 조성하려는 것은 아니다.[52] 오히려, 그들은 어떤 목적을 가지고 우리를 경계성의 공간들로 초대한다. 그들은 경계성을 선동하고 지탱한다. 왜냐하면 경계성의 공간들은 보수적 두려움과 폭력의 잠재적 공간이면서, 또한 창조적인 변화와 변형의 공간들이기 때문이다. 바보들은 엄격한 울타리들을 풍부한 상상력의 지평들로 변화시킬 수도 있다.[53] 그리고 바보들은 세상에 대한 우리의 관점을 변화시킴으로 이런 일들을 행한다.

2. 관점 바꾸기

바보들은 근본적으로 관점의 대행자들이다. 몇몇 사람들은 어떤 종류의 통찰력을 가진 영감 받은 선각자들의 계보를 잇는 특별한 바보들에 대해 이야기한다.[54] 그들은 세상에 대한 우리의 인식을 먼저

서, 다음을 보라. Muir, *Ritual*, 90–93; Scribner, "Reformation, Carnival," 317–24; and James C. Scott, *Domination and the Arts of Resistance: Hidden Transcript* (New Haven, Conn: Yale University Press, 1990), 172–82. 이런 몇몇 긴장들을 잡아내는 카니발에 대한 유용한 문학적 묘사들을 위해서 다음을 보라. Paule Marshall, *The Chosen Place, the Timeless People* (New York: Vintage, 1969).

52　Pelton, "West African Trickster Figures," 125.
53　Pelton, "West African Trickster Figures," 123.
54　비록 결정적이지는 않을지라도, 웰스포드는 이 논점을 궁정 바보들과 관련시킨다.

변화시킴으로 세상을 변화시키려 한다. 바보들은 지배적인 인식론적 방법들에 반대하여 특이한 관점으로 세상을 본다. 다른 사람들은 단지 추잡하고 저속한 농담거리인 십자가의 어리석음과 연약함만을 보는 데 비해, 사도 바울은 십자가의 지혜와 능력을 본다. 그리고 그는 신자들을 이중 초점 비전으로 부른다. 다른 사람들에게 단지 이발사의 청동 그릇으로 보이는 그것을 돈키호테는 마술에 걸린 맘브리노의 금 투구로 본다.[55] 이 어리석은 돈키호테를 통해서, 미구엘 디 세르반테스는 역설적으로 그의 독자들을 세상에 대한 새로운 인식으로 초청한다. 파블로 피카소는, 그의 바보스러운 비전을 통해서, 돈키호테의 공상가적인 증거와 파편화된 십자가 형틀의 핵심이 되는 십자가의 미련함이라는 주제를 한자리로 모은다. 그리고 그는 세상을 다시 그려보도록 우리를 초청한다. 이 바보들의 모든 행동은 우리의 일반적인 인식들을 중단시키고, 새로운 관점들이 태어날 어떤 공간을 창조한다. 바보들은 우리의 인식들을 변화시키기 위해서 파편과 형성, 형성과 재형성, 존재와 생성이라는 경계성의 교차점에 서 있다. 가장 중요한 점은 바보들은 먼저 세상에 대한 우리의 인식들을 변화시킴으로 세상을 재배열하려고 한다는 것이다.

시인, 예언자, 예술가들처럼 바보들은 현실에 대한 다른 각도를

Welsford, *The Fool*, 79. 그 유명한 독일 바보, 클라우스 나르트는 "제2의 시각" 같은 어떤 것을 가진 것으로 간주하였다. Welsford, *The Fool*, 145. 필립파 그레고리(Philippa Gregory)의 소설, *The Queen's Fool* (New York: Simon & Schuster, 2004)에 나오는 거룩한 궁정 바보인 한나는 "선견의 은사"를 가지고 있다.

55 Miguel de Cervantes, *Don Quixote*, 153-54. 세르반테스가 기록한 것처럼, (돈키호테) "보았던 모든 것들은 그의 기사도적 난센스와 편력적인 생각들에 매우 쉽게 적응되었다"(154).

제공한다.[56] 앞에서 보았듯이, 바보들의 주변부적 특성은, 그들이 사회 중심부에 좀 더 가까운 사람들과는 다른 인식을 하도록 만든다. "바보는 진리를 안다. 왜냐하면 그는 사회 바깥에 있는 자이며 게임의 거의 모든 부분을 보는 관찰자이기 때문이다."[57] 이와 유사하게, 카니발은 사람들을 새로운 인식과 상상을 가능하게 하는 "새로운 세계"로 초대한다. 카니발은 거대하고 극적인 광경이다. 사람들은 그 광경을 단순히 거리를 두고 관찰하지 않고, 그 광경 안으로 참여하여 그 광경을 통해 세상을 본다. 모든 사람은 바보들의 눈으로 보는 자리에 초대된다. 이렇게 말할 수도 있다. 카니발은 교회와 사회 둘 다를 인식하는 새롭고도 자유로운 관점들을 제공하는 하나의 광경이다.[58] 요약하면 카니발은 "즐거운 광기"이다. "이 광기는 이 세상의 거짓 진리로부터 사람들을 피신시킨다. 카니발은 거짓 진리에서 눈을 돌려 세상을 자유롭게 보도록 하기 위한 즐거운 광기이다."[59]

---

56 Otto, *Fools Are Everywhere*, 13.
57 Welsford, *The Fool*, 323. 오토가 기록한 것처럼, 바보들은 어느 정도 사회 바깥에 서 있으면서, 사회의 범위 안에서만 살아가는 사람들에게 그보다 우월한 다른 삶의 관점에서 그 너머에 있는 무엇을 힐끗 보여 준다. Otto, *Fools Are Everywhere*, 38.
58 바흐친이 기록한 것처럼, "카니발적이고 기괴한 형식은 이런 기능을 수행한다. 창의적인 자유를 구별하여 세우고, 여러 가지의 다른 요소들을 조합하는 것과 그 요소들의 화합을 허락한다. 그리고 세상을 지배하는 관점들과 관습들로부터, 이미 완성된 것으로 여겨지는 진리들로부터, 진부함으로부터, 단조로움으로부터, 또한 보편적으로 의미 없이 받아들여지는 것들로부터 자유하게 한다. 이런 카니발의 정신은 세상을 보는 새로운 시야를 가질 수 있는 기회를 제공한다. 존재하는 모든 것들의 상대적 본성을 깨닫게 하며, 완전히 새로운 사물들의 질서로 들어가도록 하는 새로운 관점을 가질 기회를 준다." Bakhtin, *Rabelais*, 34.
59 Bakhtin, *Rabelais*, 49. 바흐친에 따르면 광기는 사람들로 하여금 다른 눈으로 세상을 보도록 만든다. 보통 즉 상식적인 생각들과 판단들로 침침해지는 것이 아니라 광기를 통해 새로운 눈을 뜨게 하는 것이다. 카니발의 "즐거운 광기"는 공식적 이유

바보들은 결과적으로 "진리를 드러내는 자들"로 생각되는 거울들을 연상시킨다.[60] 그 유명한 독일의 어릿광대 트릭스터의 이름 틸 오이렌슈피겔(Till Eulenspiegel)은 실제로 지혜를 연상시키는 "부엉이"(Eulen)와 우리에게 진리를 비추어주는 "거울"(Spiegel)의 합성어이다. 오이렌슈피겔의 바보스러운 익살들은 인간들을 위해 "지혜의 거울"을 들고 있다. 이와 유사하게, 중국의 가장 유명한 어릿광대는 새롭게 닦이는 거울이라 불리었다. 새롭게 닦이는 거울이란 왕을 위해서 거울을 들고 있는 어릿광대의 기능을 보여준다. 그 어릿광대라는 거울을 통해서, 왕은 자기 자신을 분명히 보고 자신의 상을 깨끗이 닦아낼 수도 있다. 국왕의 제복들을 조롱하듯이 입음으로써 어릿광대는 정확히 문자적으로 왕을 반사하거나 비추어 주곤 한다. 어릿광대의 이러한 이미지는 거울에 비친 어릿광대의 모습을 묘사한 『어리석음의 찬미』(*Praise of Folly*, 우신예찬)라는 에라스무스의 책에 나오는 홀베인(Holbein)의 주변부 삽화에서 비슷하게 강조된다. 1619년 포메라니아 슈테틴 지역의 여러 궁정에 속한 공식적인 바보, 한스 미에스코(Hans Miesko)의 장례식에서 전해진 한 편의 설교에서, 필립 크라델리우스(Phillip Cradelius) 목사는 회중에게 그들 자신의 연약함을 보기 위해서 바보들, 즉 어릿광대들을 거울처럼 사용하라고 강권했다.[61] 어릿광대들처럼, 카니발도 거울의 이미지로 설명될 수 있다. 바흐친이 말했듯이, 카니발 "그것은 늘여지고, 줄여지고, 뒤

즉 공식적 진리가 담겨 있는 폭 좁은 엄숙함에 대한 명랑한 패러디이다(39).
60 바보들과 거울들에 대해 이어지는 자료는 다음의 책에 나타난다. Otto, *Fools Are Everywhere*, 49, 98-99.
61 Welsford, *The Fool*, 147.

틀어진 곡면 거울의 총체적 시스템과 같다."[62] 거울로서의 카니발이 열리는 장소는 오늘날도 여전히 인기가 있다. 프랑스광대협회의 한 가지 모토는 "누구든지 바보를 보고 싶지 않은 사람은 자신의 거울을 박살내야만 한다!" 이다.[63]

또한, 거울의 또 다른 측면은 바보의 행동을 규정하기도 했다. 거울 이미지는 현실을 거꾸로 뒤집는 것이다. 그리고 바보는 관점의 전도(轉倒) 혹은 반전(反轉)을 불러온다. 바보는 세상을 "위에서 아래로" "안에서 밖으로" 뒤집어 놓는 역전을 불러일으킨다. 바보는 사람들에게 받아들여진 논리를 뒤집고 돌려버린다. 유명한 어릿광대 나스루딘(Nasrudin)이 이야기한 "나는 이 삶 속에서 뒤집어져 있다"라는 말과 같은 것이다. 혹은 런던의 "성삼위어릿광대교회"의 전 담당목사의 말을 빌리면, "어릿광대는 그의 머리로 거꾸로 서서 똑바로 세상을 본다"는 것이다.[64]

이런 인식에 대한 강조는 왜 궁정 어릿광대들이 종종 육체적으로 다른 사람들과 달랐는지에 대한 설명이 될 수도 있다. 어릿광대는 키가 작은 사람이거나 꼽추일 가능성이 크다. 이런 사람들이 어릿광대가 된 것은 단지 오락거리나 놀림거리의 목적을 위해서만이 아니다. 그런 사람들이 왕에게 위협이 되지 않기 때문만도 아니다. 오히려 이러한 사람들은 세상에 대한 다른 관점이 육체에 내재되어 있다. 키가 작은 사람은 보통의 키 이상을 가진 사람들과는 다른 각도에서 세상을 본다. 이와 비슷하게 곱사등을 가진 사람들은 문자

---

62 Bakhtin, *Dostoevsky's Poetics*, 127.
63 Otto, *Fools Are Everywhere*, 98.
64 Otto, *Fools Are Everywhere*, 99.

적인 의미 그대로 허리를 꼿꼿하게 펴고 있는 사람들과는 다른 관점을 가지고 있다. 이런 사람들은 바보의 중심 목표, 즉 관점을 변화시키기 위해서 정상상태를 파괴하고자 하는 목표를 육체적 방법으로 구현한다.[65]

몇몇 어릿광대들의 작품을 간략하게 살펴봄으로 관점의 변화에 대한 그들의 목적을 발견할 수 있다. 가장 유명한 무대 위의 어릿광대 가운데 한사람인, 페스테(Feste)가 셰익스피어의 "십이야"(Twelfth Night)에 등장한다. 이 연극은 과도하게 엄숙한 신학과 도덕에 도전하고자 어리석음을 앞세운다. "십이야"는 성탄절에서 예수 공현(公顯) 축일까지의 경계성적 시간의 추이를 의미한다. 이것은 위대한 축제와 어리석음의 시간이다. 이 연극의 마지막 부분에 청교도들은 복수할 것이고 이런 어리석음을 쓸어버릴 것이라는 외침이 나온다. 연극의 마지막 장면을 이렇게 연출함으로써 이 연극은 바보를 청교도, 말볼리오(Malvolio)와 경쟁시킨다. 그리고 이 연극은 바보들의 모든 어리석음으로 축하받는 성탄절의 모습이 청교도들에 의해서 금지되어 질 것이라는 점을 분명히 보여준다. 그 연극의 중심에는 바보들의 어리석음과 종교적이고 도덕적인 청교도주의 사이의 긴장이 존재하고 있다.

우리가 주목하고자 하는 장면은 적절한 것들이 많지만 그중에서도 극 초반에 등장하는 백작 부인 올리비아와 바보 페스테의 대화이다. 일반적인 경우와 마찬가지로 여기서도 바보는 권력자와 짝을 이룬다. 왜냐하면 예언자처럼 바보도 권력자들의 거울이 됨으로 진실을 말하고자 한다. 이 특정한 장면에서, 문제는 정치적인 것이 아니

---

65 Otto, *Fools Are Everywhere*, 27, 31.

고 개인적인 것이다. 올리비아가 그녀의 오라비의 죽음을 슬퍼하고 있을 때 바보가 요구사항을 들고 그녀에게 다가온다.

> 바보: 선한 부인이시여. 내가 당신이 바보라는 것을 증명할 수 있도록 허락해주소서.
> 올리비아: 네가 그것을 정말 할 수 있겠느냐?
> 바보: 잘할 수 있고말고요. 선한 부인이시여.
> 올리비아: 그렇다면 증명해 보라.
> 바보: 부인이시여. 증명하기 위해서는 문답을 해야만 합니다. 나의 덕망 높은 부인이시여 대답해 주소서.
> 올리비아: 그래 그렇다면 내가 슬픔을 잊기 위해서 무엇이라도 해야 하니 너의 문답을 들어보겠노라.
> 바보: 선한 부인이시여. 왜 슬퍼하십니까?
> 올리비아: 착한 바보야. 내 오라비의 죽음 때문이 아니겠느냐?
> 바보: 부인이시여. 내 생각에는 그의 영혼이 지옥에 있습니다.
> 올리비아: 야 이 바보야. 그의 영혼이 하늘에 있다는 것을 내가 아노라.
> 바보: 부인이시여. 하늘에 있는 오라비의 영혼을 위해 슬퍼하는 당신은 나보다 더한 바보입니다. 여러분 이 바보를 데리고 나가시오.[66]

"부인이시여. 내 생각에는 그의 영혼이 지옥에 있습니다"라는 충

---

66 William Shakespeare, *Twelfth Night*, Arden Edition, ed. J. M. Lothian and T. W. Craik (1975; rept., London: Routledge, 1995), 1.5.55-70.

격적이고, 파괴적인 주장을 통해서 페스테는 "바보야. 그의 영혼이 하늘에 있다는 것을 내가 아노라"라는 올리비아의 반대 제안을 불러일으킨다. 천국에 대한 그녀의 확신을 표현하는 올리비아 자신의 고백에 기초하여, 페스테는 그녀를 무기력하게 만드는 그녀의 슬픔을 바보스러운 것으로 만든다. 페스테는 죽음과 슬픔에 대한 올리비아의 관점이 변화될 지도 모를 하나의 공간을 만든다. 페스테는 죽음과 슬픔의 역할들을 역전시키고 백작 부인을 바보로 만든다.

조금 다른 경우에 있어서, 통치자와 백성들 사이에 있었던 16세기 인도의 어릿광대 비르발(Birbal)은 간접적인 방법으로 아크바르 황제의 관점을 바꾼다. 그는 황제를 수수께끼로 끌어들여서 그에게 거울을 쥐어 준다. 그 황제는 많은 원정사냥 기간 동안에 농작물들을 짓밟고 있었음으로 농부들이 비르발에게 불평을 했다. 다음 사냥 여행에서 어릿광대 비르발과 황제 아크바르는 부엉이(!)들이 울고 있었던 나무 아래 앉아 있었다. 그래서 아크바르 황제는 어릿광대 비르발에게 그 부엉이들이 뭐라고 말하고 있냐고 물었다. 주의 깊게 소리를 듣고 난 후, 비르발은 부엉이들 가운데 하나가 신부의 몸값으로 25개의 뭉개진 밭을 받지 못해서 그의 딸이 시집가는 것을 거절했다고 설명했다. 신랑의 아버지는 신부의 아버지가 몇 달 만 더 기다렸다면 30개의 뭉개진 밭을 가지게 되었을 것이라는 소리를 들었다고 비르발은 말했다. 아카바르 황제는 혼란스러워하며 어떻게 현재 25개도 없는 신랑의 아버지가 몇 달 안에 30개의 뭉개진 밭을 신부 측에 줄 수 있냐고 물었다.

비르발은 다시 부엉이의 소리들을 듣는 척했다. "정말 간단한 일입니다. 주인님." 비르발이 응답했다. "그 신랑의 아버지는 왕이 사냥을 너무 사랑한다고 말합니다. 왕이 말을 타고 밭을 휘저음으로 벌써 많은 수확물이 피해를 당했고, 만약 왕이 사냥을 멈추지 않는다면, 훨씬 더 많은 밭이 황폐해질 것이라고 말하고 있습니다." 아카바르 황제는 이것을 듣고 매우 슬퍼했다. "비르발! 나는 내가 저지른 피해에 대해서 아무 생각을 하지 못했구나"라고 왕은 말했다. "나는 오직 나의 즐거움만 생각했구나. 결코 다시는 밭으로 사냥하러 가지 않을 것이다"라고 왕은 말했다.[67]

이야기체의 간접적 수단을 사용함으로 비르발은 황제의 건방짐을 파괴하고 변화된 관점과 행동을 불러일으킨다.[68]

마지막으로, 임봉기 시인, 시미오네 은카눈(Simione Nkanunu)의 간결하고도 역설적인 시를 살펴보자. 이 시는 남아공의 혼란한 관계들을 폭로한다.

나는 사람의 젖을 짜는 소를 꿈꿨고
기수를 타고 달리는 말을 꿈꿨다.[69]

---

67 Otto, *Fools Are Everywhere*, 84.
68 오토는 어릿광대의 이런 수사학적 기술에 대해서 다음과 같이 말한다. "그는 주제와는 외관상 직접 관계없는 것처럼 보이는 재미있는 이야기를 할 수 있다. 그러나 그는 생사 박탈권을 가지고 있는 왕을 대면하면서도 어떤 내용도 빼먹지 않고 그의 요점을 간접적으로 분명하게 전달할 것이다." Otto, *Fools Are Everywhere*, 130. 이런 이야기식 간접화법은 또 다른 이유로 가치를 평가받을 수도 있다. 어릿광대들이 진실을 말할 수 있는 큰 여지를 가지고 있지만, 그들이 형벌과 심지어 죽음에 면역된 것은 아니기 때문이다.
69 Translated from A. B. Nyamende et al., *Imbongi Ijong' Exhantini* (Cape Town: Oxford University Press, 1995), 101-2. *Imbongi Ijong' Exhantini*에서 가져다 쓴 모든

그리고 달루소로 호호(Daluxolo Hoho)가 지은 임봉기 시로부터 조금 더 긴 부분을 살펴보자. 이 시는 직접적으로 새로운 관점을 요구한다. 아파르트헤이트(흑백분리정책)가 폐지되었음에도 불구하고 남아공에 아직도 존재하고 있는 부자와 가난한 자 사이의 괴리를 깨닫도록 사람들을 초청한다. 이 시는 풍자와 역설을 통해서 인식의 재탄생을 촉구한다. 이 시는 듣는 이를 웃음으로 인도하여 나중에는 울게 한다.

> 내가 그들에게 뭐라 말할꼬?
> 용기 있는 자는 말한다.
> 괴리는 언제나 예부터 존재해 왔다고
> 그들은 저 하늘 위에 사는 사람들이 있고
> 그 아래 사는 이들도 있다고 말한다.
> 뚱뚱해서 배가 나온 자들이 있는가 하면
> 너무 말라 배만 나온 자들도 있다.
> 그에게 눈을 빌려주라!
> 왜냐하면 그는 물 가운데에 내려진 뿌리와 같기에
> 나는 그에게 내 눈을 주었고
> 내 눈으로 그는 악몽을 보았다.[70]

이 시인은 분리는 역사("예부터")이고 삶과 죽음처럼 일반적이라고

시는 옥스퍼드대학교출판사의 친절한 허락을 받아서 사용했음. 후에 다루게 될 리어 왕(*King Lear*)에 나오는 바보도 혼란한 관계들을 폭로하기 위해 유사한 이미지를 가지고 있다.

70 Translated from Nyamende, *Imbongi Ijong' Exhantini*, 51-52.

믿는 사람들에게 맞선다("하늘 위에 사는 사람들이 있고 그 아래 사는 이들도 있다"). 대조적으로 시인은 살찐 부자("뚱뚱해서 배가 나온 자")와 영양실조로 고통당하는 자("너무 말라 배만 나온 자")의 현실을 지적한다. 이런 것들로 고통당하지 않는 사람들은 이러한 현실을 인식하지 못한다. 그들은 "물 가운데에 내려진 뿌리" 같아서 목마름에 대해서 아는 것이 없다. 그러나 그 시인의 눈을 통해서 "악몽"들을 볼 수 있게 된다.

앞에 나온 모든 예는 어릿광대들이 특권과 힘을 가진 사람들의 인식을 바꾸기 위해서 추구했던 방법들이다. 다른 바보들은 억압당하는 사람들의 인식을 바꾸는데 더 많은 관심을 둔다. 앞에서 언급했듯이 카니발의 어리석음은 세상에 대한 다른 비전을 형성한다. 이런 것은 주변부에 있는 사람들을 억압하는 사회적 계급구조들에 편승한 것들과는 다른 시각이다. 카니발은 권력 있는 사람들을 타파하며 그들에게 도전할 뿐만 아니라, 일반 백성들을 위해 새로운 관점을 형성하기도 한다. 카니발은 자유와 평등에 대해 열린 비전을 길러낸다.

아프리카계 미국인 노예들의 트릭스터인 브러 레빗(Brer Rabbit)과 정복자 존(High John the Conqueror)도 또한 이런 역할을 맡았다. 그것이 자기를 잡아먹는 더욱 강력한 동물들의 허를 찌르는 브러 레빗이나, 혹은 영주의 의표를 찌르는 정복자 존이거나 그들의 이야기들은 세상에 대한 특별한 인식을 전달해 준다. 근본적으로 힘 있는 자들을 위해서가 아니라, 노예제도로 억압당한 사람들을 위한 인식이다. 브러 레빗 이야기는 순수한 동물 이야기들로 위장되어 있고 존에 대한 이야기는 노예들 사이에서 비밀스럽게 이야기 되었다는 사실은 이 이야기들의 기능을 명확하게 드러낸다. 그 기능은 힘을

가진 자들이라기보다는 억압된 사람들의 관점을 형성하고 표현하는 데 있다.[71]

이렇게 엄청나게 풍성하고 종합적인 이야기들은 여러 가지 다른 차원들에서 작동한다. 그 가운데 하나는 노예제도 구조에 의해서 영구화된 환상들을 벗겨 버리는 것이다. 그 영구화된 환상 자체가 바로 피해자들을 얽어매는 속임수이었다. "노예제도 자체는 불안정한 시스템이다. 그 안에서 만들어진 착각들이 실제로 현실에 줄줄이 나타난다. 이것이 바로 노예제도의 희생자들에게는 궁극적인 속임수가 된 것이다. 이 속임수는 한 사람을 재산의 한 부분으로 만들었다는 말을 만든다." 사실, 노예화된 아프리카 사람들이 휩쓸려 버리기 가장 쉬운 함정들 가운데 하나는 현실을 위해서 용인된 착각이라는 함정이었다.[72] 이 트릭스터 이야기들은 이 함정에서 빠져나가서 이런 착각들을 벗겨낸다. 브러 레빗이 육식동물들을 속이고 존이 주인님을 속일 때, 인간 이하인 아프리카 사람들을 압도하는 백인의 우월성에 대한 착각이 폭로된다. 덧붙여서, 그 이야기들이 노예들이 약탈당하는 상황과 약탈당하는 노예들은 단지 생존을 위해서 저항하고 공격해야만 하는 그런 상황을 묘사할 때, 노예제도의 환상은 벗겨진다. 더 이상 노예제도는 주인과 노예 모두에게 "엄청난 성공을

---

71 조라 닐 허스턴(Zora Neale Hurston)은 그녀의 탁월한 글에서 이런 이야기들의 특성을 지적한다. Zora Neale Hurston, "High John de Conquer," *The American Mercury* 57, no. 238 (1943): 450-58. 허스턴은 또한 이러한 이야기들에서 웃음의 역할을 강조한다. 이러한 트릭스터라는 인물들을 해석해 내는 데 도움을 주는, 억압당한 사람들에 의해서 차용된 저항의 다양한 방법들에 대한 설명을 위해서 다음을 보라. Scott, *Domination and the Arts of Resistance*.

72 John W. Roberts, *From Trickster to Badman: The Black Folk Hero in Slavery and Freedom* (Philadelphia: University of Pennsylvania Press, 1989), 41, 42.

가져다주는 상호 협동적 계획이라는 환상은 사라진다."[73] 아니! 이 이야기들은 전복시키는 선언을 한다. 노예제도는 오직 노예 주인들의 이익을 위해서 노예들을 약탈하는 제도이다. 노예제도는 노예들에게 오직 생존을 위해 그들의 주인들을 속이라고 요구하는 시스템이다.

이런 폭로에 덧붙여서, 트릭스터들은 또한 노예들에게 그들 자신의 가능성을 보여주는 대안적 비전을 제공한다.[74] 노예제도라는 폐쇄된 속임수의 세계에서 이런 대안은 종종 창의적인 속임을 통해서 (이것 자체가 인식의 대안적 형태이다) 제공되었었다는 점은 놀랄 일이 아니다. 현실 자체가 거짓인 상황에서, 이런 속임이 역설적으로 진리를 드러낼지도 모른다. 그 이유는 이런 속임이 노예제도 시스템의 정의와 범주들을 거절하고, 도덕과 부도덕의 정의도 거절하며, 대안적 가능성을 향해 움직이기 때문이다. 그것은 실제로 현존하는 권위를 흔들지도 모른다. 더군다나, 노예제도라는 폐쇄된 속임수의 세계에서 창의적 속임이라는 그 행동이 자유의 행동이 될 수 있다. 창의적 속임은 누군가를 세상을 향한 창의적인 대리인으로 해방시킬 수 있게 된다. 시스템을 속이는 데에 있어서, 노예들은 독립적인 창작가들이 되었다. 그 창작가들은 자신들의 의미를 만들어내고 노예제도의 정의에 저항한다.[75]

착각들이 현실로 나타나는 노예제도의 시스템에서 브러 레빗과 존의 창의적인 거짓말은 "진실을 이야기"(lying the truth)하기 위한 수

---

73 Roberts, *From Trickster to Badman*, 31.
74 Roberts, *From Trickster to Badman*, 6–7.
75 트릭스터와 창의적 속임에 대해서 Hyde, *Trickster Makes This World*, 17, 64–65를 보라.

단들이었다.[76] 그들의 책략은 노예제도에 대한 거짓말을 폭로할 뿐만 아니라, 또한 창의적인 인간성을 세우고 노예제도 아래서 단순한 동물들 혹은 재산의 일부분으로 여겨졌던 사람들의 힘을 세웠다. 그들의 기괴한 행동들을 통해서 브러 레빗과 존은 노예제도가 그들에게 행하고 있던 속임수를 되돌려 준다. 그리고 이 과정에서 그들은 노예들에게 인간성과 생존을 진전시키는 방법으로서 세상과 자신들 모두를 인식할 수 있게 하는 힘을 공급했다.

그 이야기 자체들은 그들이 사용하는 설전(舌戰)을 통해서, 종종 창의적인 속임의 형태가 되었다. 그 이야기들은 이중의 음성으로 이야기되었다. 이것은 종종 두 개의 입을 가진 조각품으로 묘사되곤 하는 트릭스터 이수(Esu)의 특성을 반영한다.[77]

즉 그 이야기들은 표면적으로는 백인 주인들을 위해 무해하고 받

---

[76] 심지어 오늘날도 어떤 이야기를 한다는 것은 소설의 경우와 같이 사실이 아닌 거짓을 이야기하기 위한 하나의 방법이다. 그러나 이런 이야기들과 꾸며낸 거짓들은 진실을 이야기한다. 조라 닐 허스턴은 그녀의 고전 *Mules and Men*에 기록했다. 이야기 시간이 시작되기 전 오후에 게네 브라즐(Gene Brazzle)이라는 이름의 남자가 그녀에게 말했다. "이제 당신은 의심할 여지 없는 거짓말을 듣게 될 겁니다." Zora Neale Hurston, *Mules and Men* (1935; repr., Bloomington: University of Indiana Press, 1978), 21. 또한 다음을 보라. Roger D. Abraham, "Introduction," in *Afro-American Folktales: Stories from Black Traditions in the New World*, ed. Roger D. Abrahams (New York: Pantheon Books, 1985), 3-9. 아브라함은 또한 우리가 토론하지 않은 이런 이야기들의 다른 차원들을 조사했다. 그 책에는 이야기들의 풍성한 모음집이 들어 있다. 다음의 책을 또한 보라. Joel Chandler Harris, *Nights with Uncle Remus: Myths and Legends of the Old Plantation*, ed. John T. Bickley and R. Bruce Bickley, Jr. (New York: Penguin, 2003).

[77] *Gates, Signifying Monkey*, xxv. 또한 다음을 보라. Abrahams, "Introduction," 3-9. 설전(Signifying)은 이 이야기들에서 이중 음성 말하기라는 하나의 예 이상으로 훨씬 더 복합적이다. 이중 음성 말하기는 "설전"이 백인 주인들과 관련되어 작동되었다는 한 가지 방식을 단지 제안할 뿐이다.

아들일 만한 목소리를 제공하는 한편, 두 번째 목소리는 노예들의 귀를 위해 암호화된 언어로 이야기되었다. 브러 레빗 이야기들이 가장 분명하게 이런 형태를 취하지만, 이런 이중 목소리 설전은 대부분의 트릭스터 이야기들에 일반적으로 사용된다.

노예제도가 실행되던 기간과 그 이후에도 이런 설전은 아프리카계 미국 설교자들에 의해 사용되었다. 그들은 종종 지배적인 백인들에게 들려지는 일차적 수준으로 설교하면서, 동시에 또 다른 차원에서 억압받는 아프리카계 미국인들에게 들려지도록 설교했다.[78] 트릭스터 자신들처럼, 트릭스터 이야기들은 교묘한 해석학적 구성물들이었다. 이 구성물들은 해석과 인식의 독특한 형태들을 요구했다. 복합적인 방법들로 이러한 이야기들은 착각, 속임 그리고 인식의 상호작용을 강조한다. 이런 상호작용 안에서 바보들은 종종 힘 있는 자들의 관점을 바꿀 뿐만 아니라, 힘없는 자들의 관점을 바꾸기 위해서도 일한다.

3. 어리석음, 인식, 그리고 통찰

가장 깊이 있는 차원에 존재하는 어리석음과 지각 사이의 관계는 극도로 복합적이다. 바보들이 비록 그렇게 한다 할지라도, 우리의

---

[78] 아프리카 미국인 노예 찬송들도 또한 이중 음성적이었다. 예를 들어 "요단 강 건너"(Crossing over Jordan)는 한 측면에서 천국과 관련된 것으로 보일 수 있다. 그러나 다른 측면에서 그것은 북부로 도피한다는 의미이다. 마틴 루터 킹 목사의 트릭스터로서의 역할에 대해서 다음을 보라. Richard Lischer, *The Preaching King* (New York: Oxford University Press, 1995), 156.

관점을 바꾼다는 것은 간단한 일이 아니다. 그래서 바보들은 경계성의 공간을 창조한다. 그곳에서 새로운 관점이 가능해진다. 그러나 그곳에서는 통찰력이 요구되고 동시에 그런 통찰력이 생기기도 한다. 이런 의미에서 바울의 미련한 설교는 다른 바보들의 작업에 방향을 제시해 준다고 할 수 있다. 바울의 미련한 설교는 이중 비전과 통찰이 요구되는 시대들 사이에 어떤 공간을 창조한다.

이와 유사한 공간이 신학들에 의해서도 창조된다. 그 신학들은 우리를 형성과 재형성, 파편과 본체, 존재와 생성 사이로 보낸다. 그리고 이와 유사한 공간이 설교하는 바보들에 의해서 창조될 것이다. 그리고 그 바보들의 설교는 세상을 바보로 만들게 된다.

어리석음, 지각, 그리고 통찰 사이의 복합적인 관계를 강조하기 위해서, 우리는 역동적으로 묘사된 세 가지의 작품들을 보게 될 것이다: 셰익스피어의 『리어 왕』, 에라스무스의 『어리석음의 찬미』, 그리고 레온티우스의 『그리스도를 위해 바보로 불린 아바 시므온의 삶과 행동』(*Life and Conduct of Abba Symeon Called the Fool for the Sake of Christ*).

1) 리어 왕(*King Lear*)

리어 왕에서, 셰익스피어는 풍성한 다양성 가운데 인식과 바보 사이의 복합적이고 역설적인 역동성을 탐구한다.[79] 리어 왕은 속임과 인식, 어리석음과 지혜의 상호관계 주위를 맴돈다. 그리고 끝에

---

79 우리는 셰익스피어 학자들이 아니다. 우리는 수 세기 동안 연구돼 왔던 이 연극의 복잡함을 탐구하려고 하지 않을 것이다. 우리는 단지, 어리석음, 인식 그리고 통찰 사이의 관계를 조명하려고 시도해 볼 뿐이다. 리어 왕에 나오는 바보와 어리석음의 더 풍성한 토론을 위해서 다음을 보라. Welsford, *The fool*, 259-73.

는 카니발에 있는 거울의 집에 들어간 사람처럼, 진짜와 착각을 분별하기 위해 남겨진다. 이 연극은 속임으로 시작한다. 리어는 두 딸의 아첨에 속는다.[80] 리어의 두 딸 리건과 고네릴은 리어 왕이 왕국을 자신들만을 위해 둘로 나누도록 해 놓고는, 리어의 신실한 딸 코델리아를 따돌린다. 같은 방식으로 글로세스터도 그의 아들 에드먼드에게 속는다. 에드먼드는 글로세스터를 그의 충실한 아들 에드가로부터 돌려놓는다. 연극이 진행되는 가운데, 리어와 글로세스터 둘 다는 그들을 속이는 속임 뿐만 아니라, 깊은 비극적인 삶의 현실들을 "보기" 위한 자리로 반드시 나와야만 한다.

연극 전반에 걸쳐서, 이런 속임과 인식의 역동성은 시력에 대한 언어와 상상으로 강화된다. 1막에서 리어가 리건과 고네릴를 위해 왕국을 둘로 나누고 코델리아를 배제한 이후에, 그는 그의 충성스러운 하인, 켄트를 쫓아내면서 이렇게 말한다. "내 눈에서 사라져!" 이에 대해 켄트는 이렇게 응답한다. "리어, 더 잘 보세요." 이것은 연극의 중심 플롯가운데 하나를 드러내는 장면이다.[81] 이와 유사하게, 왕국에서 배제된 코델리아가 그녀의 자매들에게 안녕을 고하면서, 자신을 따돌린 그들을 통해서 눈이 회복되고 다시 보게 된다고 진술한다. 코델리아가 흘린 눈물들이 그녀의 눈을 깨끗이 씻어내서 분명하게 보게 되었다는 것이다.

---

80 궁정에서 왕에게 하는 아첨은 진실을 이야기 했었던 바보의 일과는 정반대의 것이었다.

81 William Shakespeare, *King Lear*, The Arden Shakespeare, 3rd ser., ed. R. A. Foakes (London: Cengage Learning, 1997), 1.1.158-59. 이 연극에 대한 더 많은 참고목록은 그 책의 본문 안에 있다.

우리 아버지의 보석들, 깨끗해진 눈으로 코델리아는 당
신을 떠납니다. 나는 당신이 어떤 존재인지 이제 압니다
(1.1.270-71).

이런 시각적인 이미지가 연극 전반에 걸쳐 마지막 끝나는 순간까지 반복된다. 역설적이게도 리어 왕이 마치 죽은 자처럼 그의 육신의 시력을 상실했을 그때에, 실로 그는 "더 잘 볼 수" 있게 된다 (5.3.277-309). 그리고 연극의 마지막 장면은 에드가가 언급한 것처럼 리어와 글로세스터가 발견한 참된 인식을 밝히 드러낸다.

가장 나이 많은 사람이 다시 태어났으니, 젊은이 이제 우
리는 그렇게 많이 보지도 말자. 그렇게 오래 살지도 말자
(5.3.324-25).

속임과 인식에 필연적으로 관계된 또 다른 극적인 이야깃거리는 지혜와 어리석음이다. 속임과 인식 사이에 일어나는 이 비극적 역동성의 한가운데서, 매우 복합적인 다양한 외형을 가진 바보는 진리를 보고 말한다는 사람을 지혜자로 섬긴다. 처음 3막 동안에, 리어 왕과 그의 어릿광대는 짝을 이룬다. 그리고 그 바보는 수수께끼와 노래를 통해 왕국을 둘로 나누는 어리석음을 리어가 볼 수 있도록 하기 위해 반복적으로 노력한다. 즉 리어의 바보는 진짜 바보가 바로 리어 왕이라는 사실을 보여준다. 그 바보는 거울이 됨으로 리어 왕이 그 거울로 자신을 볼 수 있게 한다.[82] 때때로 이런 수수께끼들은

---

82 이것은 바보가 그 자신을 "리어의 그림자"로 일컬었던 언급들과 관계가 있다. Shake-

재미있으면서도 예리하다.

> 바보: 아저씨, 계란 하나 주시면 제가 왕관 두 개 드릴게요.
> 리어: 무엇으로 두 왕관을 마련할 건데?
> 바보: 왜 못해요? 계란 가운데를 잘라서 알맹이를 먹고 나면, 계란 껍데기로 두 왕관이 생기지요. 당신의 왕관을 둘로 쪼개서 양쪽을 다 줘버렸을 때, 당신이 타야 할 당나귀를 업고 더러운 진흙 길을 걸어간 셈이 되었지요. 당신이 당신의 금관을 줘버린 것은, 그 벗겨진 머리에 지혜가 없었기 때문이에요. 내 식대로 이렇게 말하고 싶어요. 저자를 채찍으로 치라 그래서 왕관을 찾도록 하라!(1.4.148-56).[83]

다른 때에는 그 바보의 수수께끼들은 훨씬 더 험악하다. 극 중에서 그것은 비극적 발단의 전조가 된다. 고네릴의 연설 후에, 바보가 리어 왕에게 말한다.

---

speare, *King Lear*, 1.4.222, note on 1.4.222를 보라. 리어 왕에 나오는 거울로서의 바보에 대한 더 많은 정보는 다음을 보라. Allen R. Shickman, "The Fool's Mirror in King Lear," English Literary Renaissance 21, no. 1 (1991): 75-86.

83 복합적이고 역설적인 최종 장면에서, 그 바보는 진실을 말하다가 채찍질을 당할 수도 있는 현실을 감내하며 연기한다. 그러나 그 바보는 이런 일반적인 상황들을 본질적인 언급을 통해서 역전시킨다. "만약 내가 이것을 이야기함에 있어서 바보처럼 진실을 이야기할 수 있다면 이렇게 이야기하리라, 어리석게 되고자 했던 리어를 채찍질하라고"(1.4.156). 초기에 리어는 실제로 바보를 채찍으로 위협했다(1.4.108-10). 자신의 당나귀를 지고 가는 주인의 이미지는 역전된 질서의 이미지를 보여주는 하나의 우화이다(1.4.154).

아저씨 아시지요.
참새가 오랫동안 뻐꾸기 새끼를 먹이며 키웠다가
그 뻐꾸기 새끼에게 먹혀버렸다는 사실을.
그와 같이 촛불은 꺼지고 우리는 어둠 속에 남겨져 있었어
요(1.4.205-8).

그러므로 리어 왕은 바보에 대한 예리한 그림을 제공한다. 즉 자신의 어리석은 행동들을 왕 자신이 인식할 수 있게 하는 그런 바보의 역할이다.

그러나 연극의 흐름 속에서, 인식과 어리석음 사이의 상호작용은 현저하게 복합적이고 역설적인 것이 된다. 능력의 전당들 바깥에 위치한, 주변부 즉 거친 폭풍이 부는 경계성의 공간에서, 리어와 그 바보는 글자 그대로 자리 바꾸기를 시작한다. 그들 사이의 관계의 모호성은 켄트가 그 폭풍의 현장에 도착했을 때 그 바보에 의해서 강조된다. 켄트가 "거기 누구요?"라고 물었을 때, 그 바보는 리어에 대한 이야기로 대답한다. "저런 어쩌나, 여기는 우아함과 핫바지!" 즉 현인과 바보가 있다고 대답한다(3.2.40-41). 켄트와 청중 모두는 누가 현명한 자이고 누가 바보인지에 대한 판단을 유보한다.[84] 연극이 진행되면서, 리어의 어리석음은 사실 사라진다(3막 이후). 그리고 리어 왕이 바보의 역할을 맡게 된다. 역설적이게도, 점점 더 바보같이 되어 갈 때, 리어는 더욱 진실하고 깊이 있게 사물을 보게 된다.

카니발에서 바보 왕의 가짜 대관식이 있는 반면에, 리어 왕에서

---

[84] Shakespear, *King Lear*, note on 3.2.40.

는 정반대의 대관식이 나타난다. 여기저기 모두 바보 같은 왕의 역설적인 대관식이 등장한다. 리어는 왕관의 상징인 금관 대신에, 들꽃으로 만들어진 자연의 왕관을 쓰기 시작한다(4.4.1-6).[85] 그가 자신을 부르는 것처럼 리어는 타고난 바보의 역할을 맡은 것으로 보일 수도 있다.[86] 에드가가 말하는 것처럼, 리어는 실제로 어리석음과 지혜를 뒤섞어서 바보처럼 말하기 시작한다. 불의의 현실들을 꿰뚫어 보는 리어의 놀라운 연설에 이어서 에드가가 말한다.

> 사실과 불합리가 뒤섞였네.
> 미쳤다는 이유로(4.6.170-71).

리어는 심지어 글로체스터에게 "나는 너에게 설교할 것이다"라고 선포하면서 설교하는 바보가 된다. 역설적이게도 바보들의 위대한 무대 위에서(4.6.178-79), 리어가 세상을 부를 때, 미친 사람 즉 설교하는 바보만이 진리를 알게 되는 일이 생긴다.

이와 유사한 역동적인 어떤 풍자는 글로체스터를 거짓에서 참된 인식으로 돌아서게 만든다. 리어가 미쳐 가면서 진리를 인지하게 된

---

[85] 바보처럼 행동하는 글로체스터의 멀쩡한 아들 에드가를 포함해서 "뒤죽박죽 바보 쇼 같은 세상의 중심에서", 리어는 바보의 수준으로 떨어졌고 조롱당하는 "가짜 왕"이 된다. 게다가, 청중은 극을 보는 특정한 방식으로 인도된다. "청중은 리어가 본 것과 에드가가 본 것과 리어는 보지 못했으나 관중들이 본 것들 사이에서 의미를 찾도록 극 중의 에드가처럼 남겨진다." William Willeford, *The Fool and His Scepter: A Study in Clowns and Jesters and Their Audience* (Evanston, Ill.: Northwestern University Press, 1969), 218-20.

[86] 4.6.187를 보라. "구해줄 사람이 없어? 뭐, 내가 죄수라고? 나는 운도 따르지 않는 타고난 바보로구나." "타고난 바보"란 선천적인 바보, 즉 숙맥 혹은 백치이다.

반면, 글로체스터는 그가 맹인이 되었을 때에서야 비로소 볼 수 있게 된다. 그의 눈이 뽑혀 버린 이후에, 그는 자신의 어리석음을 인식하고 아들 에드가를 학대했던 자신의 모습을 발견한다(3.7.90). 극의 초반부 에드먼드가 그의 아버지를 속이려고 시도하는 바로 그 순간에, 글로체스터는 "보자!"라고 말하면서 에드먼드가 숨겼던 편지를 보려고 한다(1.2.34). 극의 진행 속에서, 글로체스터는 사실 보기 위해서 왔으나, 그는 단지 맹인에 불과했다. 이것은 후에 나타난 기독교 찬송의 역설과도 같다. "나 같은 죄인 살리신"(Amazing Grace): "나는 앞을 못 보나, 광명을 얻었네!"

속임과 인식, 지혜와 우매, 광명과 암흑 모든 것들은 풍자와 역동 속에 서로 관련되어 있다. 복음적 주제들의 영향(그러나 복음적 희망은 아니다)으로, 사물들의 질서는 특이하게 뒤바뀐다. 왕이 바보들의 조롱감이 되고 맹인들이 가장 잘 보게 되는 것 같은 일이 일어남으로 세상의 질서가 도치된다. 이 과정 가운데, 바보는 단순히 코믹하고 오락적인 인물만이 아니라, 비극적인 인물이 된다. 수수께끼와 유머 뿐만이 아니라, (눈을 깨끗이 씻어내는) 눈물과 애곡으로 규정되는 인물이 된다. 리어 왕이 바보가 되었을 때, 그 바보는 삶의 고통과 인간의 비천함을 깊이 들여다보게 된다. 그리고 그는 힘이 지배하는 기만적이고 혼란한 세상에서는 오직 바보만이 진실 되게 볼 수 있다고 주장한다. 그러나 이 연극의 무수한 풍자와 반전들 때문에 식별하는 일은 궁극적으로 청자 혹은 독자에게 맡겨진다. 무엇이 지혜인가? 무엇이 어리석음인가? 무엇이 흑암인가? 무엇이 광명인가? 폭풍이 몰아치는 가운데 리어와 그 바보에게로 나왔던 켄트처럼, 우리도 그 바보의 도움을 받아야 한다. "저런 어쩌나, 여기 우아함과 핫바지" 즉 "현인과 바보가 있도다." 그리고 우리는 무엇이 무엇인지를 분별해야만 한다.

2) 어리석음의 찬미(*Praise of Folly*, 우신예찬)

그의 고전 『어리석음의 찬미』에서, 에라스무스는 독자의 분별력이 필수적인 요소가 되는 경계성의 공간을 만든다. 그 책 자체가 철저하게 경계성의 시간 안에서 기록되었다. 그 시간은 전환의 시대였고, 두 세계 사이의 시간이었다. 구 시대의 견고함은 녹아내렸고, 새로운 형식들은 아직 탄생하지 않았었다.[87] 이런 경계성의 순간에, 에라스무스는 『어리석음의 찬미』를 쓴다. 이 책에서 의인화된 어리석음(Folly)은 어리석음을 찬미하기 위해서 연단으로 올라간다.[88] 어리석음은 자기 자신을 찬미한다. 자기 자신을 사랑하는 어리석음의

---

[87] Welsford, *The Fool*, 243-44. 에라스무스의 『어리석음의 찬미』를 둘러싸고 있는 특별한 역사적 상황들에 대해서 다음을 보라. Roland H. Bainton, *Erasmus of Christendom* (New York: Scribner, 1969), 78-100; 그리고 Leonard F. Dean, "The Praise of Folly and Its Background," in *Twentieth Century Interpretation of The Praise of Folly: A Collection of Critical Essays*, ed. Kathleen Williams (Englewood Cliffs, N.J.: Prentice Hall, 1969), 40-60.

[88] 어리석음이 어리석음을 찬미하기 때문에 에라스무스의 작품은 풍자적인 가짜 찬사로 읽힐 수 있다. 즉 『어리석음의 찬미』는 자신의 모습을 스스로 조롱하는 가짜 찬미이다. 풍자는 단지 의미에 영향을 주는 것이 아니라 의미 자체가 되어간다. Walter Kaiser, "The Ironic Mock Encomium," in Williams, *Twentieth Century Interpretations of The Praise of Folly: A Collection of Critical Essays*, 79-80. 이것은 십자가에 대한 예수의 풍자를 생각나게 한다. 『어리석음의 찬미』가 우리가 앞으로 보게 될 것처럼, 거룩한 미련함에 대한 어리석음의 찬미, 즉 그리스도의 목적을 위한 바보들의 찬미로 결론지어지기 때문에 십자가에 대한 예수의 풍자가 생각나는 것은 놀랄 일이 아니다.

찬미, 이것은 분명히 어리석음의 절정이다.[89] 따라서 에라스무스는 철저하게 유동적이고 어리둥절케 하는 시나리오를 만든다. 이런 시나리오는 독자들이 경계성의 공간 안으로 들어와서 다음과 같은 내용을 분별해 내기를 요구한다. 언제 어리석은 이야기가 단지 미련함으로 끝나는가? 그리고 언제 어리석음이 지혜를 이야기할 수 있는가?[90] 무엇보다도, 만약 세상이 미쳐 간다면, 어리석음 만이 진리를 이야기하는 이가 될지도 모를 일이다. 그러나 말하는 자가 어리석음이기 때문에 어리석음이 말하는 어떤 것이 사람들로부터 신뢰를 받아낼 수 있겠는가? 어리석음은 단순히 어리석은 것이기에 그저 떠나가게 할 수는 없는 것인가? 에라스무스가 책을 헌정하며 자신에게 말했던 것처럼, 어리석음에 당했다고 느끼는 사람들이 그들 자신을 현명하다고 생각해서는 절대로 안 되는 일이란 말인가?[91]

---

89 그 시대를 반영하는 이 작품에서, 어리석음은 여성으로 묘사된다. 이 사실 자체가 독자들의 분별력을 요구한다. 이 작품의 어떤 부분에서 주장하는 것처럼, 에라스무스는 단지 여성을 어리석음과 동일시하는 성차별주의자인가? 혹은 성차별주의자의 전제를 뒤집으면서 에라스무스는 궁극적으로 지혜를(잠언서의 여인의 지혜처럼) 여성의 형상으로 생각하고 있는가?.

90 작품의 흐름 속에서, 독자는 "영원한 불확실성의 풀리지 않는 딜레마"라는 미궁 속으로 빠져든다. Kaiser, "Ironic Mock Encomium," 79, 82. 다른 말로 하면, 어리석음의 "이야기는 모두 어리석다. 그녀의 찬미는 자기 칭찬이다. 그녀는 자신의 손가락으로 늘 자기 자신을 가리킨다. 같은 말을 되풀이하는 동어 반복의 굴레 속으로, 끝이 없는 퇴보의 나락으로 주체와 객체가 무너져 내릴 때 그녀의 손가락은 늘 자신을 향한다." Rosalie L. Colie, "Problem of Paradoxes," in Williams, *Twentieth Century Interpretations of The Praise of Folly: A Collection of Critical Essays*, 93.

91 Erasmus, *Praise of Folly*, trans. Betty Radice, intro. and notes by A. H. T. Levi (Middlesex, U. K.: Penguin, 1971), 60-61. 에라스무스의 작품은 세바스찬 브란트(Sebastian Brant)의 유명한 작품, 『바보들의 배』(*Ship of Fools*)와는 많이 다르다. 브란트에 의한 어리석음의 모든 형태에 대한 신랄한 도덕주의적 비평에서는 에라스무스의 책에 나오는 역설, 양면성, 그리고 복합성의 모습들을 발견할 수 없다.

이 복합성은 『어리석음의 찬미』 전반에 걸쳐서 등장한다. 이 작품의 수없이 많은 꼬기와 돌리기, 반복적인 역전과 그에 반한 또 다른 역전들로, 그 풍자는 매우 복잡하게 된다. 그 결과 어리석음이 지혜를 말하고 있는지 혹은 단지 미련한 말을 하고 있는지 분별하기가 어렵다. 어리석음의 언어는 그녀가 다양한 가면들을 쓰고 여러 가지 역할들을 하는 것처럼 의도적인 모호함을 가지고 있다.[92] 에라스무스는 독자들을 혼란한 상황으로 몰고 간다. 거기서는 무엇이 진지한 것이고 무엇이 아닌지 식별하기가 어렵다.[93] 어느 순간, 어리석음은 유머러스하고 풍자적으로 축복의 수많은 방법을 자랑한다. 그녀는 모든 삶의 축복을 위한 원천적인 방법들을 찬미한다. 인간의 삶 자체에서부터 우정과 결혼을 포함한 모든 좋은 관계들과 모든 위대한 업적들에 이르기까지 모든 삶을 축복하는 방법들을 노래한다. 활기에 넘쳐 천한 육체의 어리석음과 우스꽝스러움을 찬미한다. 그 천한 육체란 인간 종족을 번식시키는 육체이다. 즉 모든 것이 그것으로부터 나오는 "참으로 신성한 원천"이지만, "농담거리가 되는 일에서 피할 수 없는" 그런 육체이다.[94] 어리석음이 그녀의 많은 추종자들을 찬미하는 장황한 장면의 중심 부분에서 그녀는 자신의 찬미를 극단으로 몰고 간다. 그녀가 찬미하고 있는 것이 엉터리라는 것, 즉 바보들의 일반적인 수법임을 드러내기 위해서 극단적인 찬양을 한다.[95] 그녀가 신학자들과 설교자들(!) 그리고 교회의 계급주의를 비판

---

92 Bainton, *Erasmus*, 92–93.
93 Erasmus, *Praise of Folly*, 77n21.
94 Erasmus, *Praise of Folly*, 76.
95 그 바보는 종종 자신의 어리석음을 지적하기 위해서 필연적으로 멍청함의 극단으로 치닫는 생각과 행동을 한다. 이런 기술에 대해서 Otto, *Fools Are Everywhere*,

할 때, 그녀의 까불거리던 빈정댐은 압도적인 풍자로 뒤바뀐다.[96] 이런 방법으로 어리석음은 에라스무스의 패러디를 에라스무스 자신에게 제공한다.[97] 한순간에서 다음 단계로 목소리가 변할 때, 사람들은 마치 놀이동산 거울의 집에서 무엇이 진짜 모습이고 무엇이 웃긴 모습인지를 찾아내려고 하는 사람처럼 느끼게 된다. 사람들은 깨닫기 위해서 자리에 남겨진다. 에라스무스가 그 자신에 대한 결정적인 진실들을 이야기하기 위해서 어리석음이라는 모습을 사용한 자리와 등장인물인 어리석음은 단지 바보로 여겨져야만 하는 그 자리에 남겨지는 것이다.

결정적으로 그 찬사는 "그리스도를 위한 바보들"에 대한 어리석음의 찬미로 대단원의 막을 내린다. 어리석음은 고린도전서의 바울의 말씀들을 인용한다. "우리는 그리스도 때문에 어리석으나." "누구든지 이 세상에서 지혜 있는 줄로 생각하거든 어리석은 자가 되라." "하나님의 어리석음이 사람보다 지혜롭고."[98] 정리하면, 어리석음은 다음과 같이 선포한다. "기독교가 비록 똑똑한 것과는 아무런 관계가 없을지언정, 어리석음과는 상당한 부분에서 가까운 관계라는 사실은 매우 분명하다."[99]

이 부분에서 어리석음의 가면은 전적인 진지함으로 대체되어 사

127를 보라.

96 예를 위해 152-63, 168-73 (설교에 대한 신랄한 비판) 그리고 177-83를 보라. 실로 이 부분의 마지막에서, 어리석음은 그녀가 모순 속으로 떨어져 버린 것을 깨닫고 다시 멍청함으로 돌아가야 할 필요를 알린다(183).

97 예를 위해 119-20를 보라. 여기서 지혜와 배움을 추구하는 한 사람의 비극이 바보의 행복과 대조된다.

98 고전 4:10, 3:18, 1:25. Erasmus, *Praise of Folly*, 196; 196-208를 보라.

99 Erasmus, *Praise of Folly*, 201.

라지는 것처럼 보인다. 그럼에도 불구하고, 말하는 이는 여전히 어리석음이다. 십자가의 미련함을 선포하는 그리스도를 위한 바보였던 바울처럼 기독교의 미련함을 찬양하는 이는 여전히 어리석음이다. 어리석음이 한 말들이 그녀가 번식에 쓰이는 미련한 육신 덩어리를 찬양할 때보다 혹은 미친 신학자들을 찬양할 때보다, 지금 여기서 더욱 진지하게 다루어 져야만 하는가? 그리고 어리석음이 가장 진지할 때, 그녀는 가장 신뢰를 받지 못해야만 하는가? 이 찬사의 결론에서 어리석음은 자기 스스로가 누구인지를 잊어버렸을 수도 있다는 사실을 인정한다. 그리고 그녀는 자신의 인물됨을 교정한다. 그리고 그 인물됨 안에서 어리석음은 분별해야 할 사명을 독자에게 남긴다. "내가 말했던 모든 것이 뻔뻔스럽고 수다스럽게 보인다면, 말하고 있는 이는 어리석음이고 여자라는 사실을 당신은 반드시 기억해야만 한다. 동시에, 헬라의 격언 '바보가 옳은 말을 할 때가 자주 있다'는 사실을 잊어버리지 말아야 한다."[100]

에라스무스는 어리석음에 대한 문화적 표현들이 복음의 근본적인 미련함 안에서 그 문화의 가장 깊은 실체와 난제를 보여주고 있음을 시사한다. 극적인 바보의 역할을 맡은 설교자로서의 바울처럼, 에라스무스는 아마도 그 자신이 설교하는 바보가 되었을 것이다.[101] 그는

---

[100] Erasmus, *Praise of Folly*, 208. 어리석음은 그녀의 말들을 해석하도록 독자 개개인을 남겨두었다. 이 일은 독자가 할 수 있고 해야만 하는 일이다. 그 독자들이 해석하는데 실수를 할 것이라는 사실은 어리석음과는 관계가 없다. 실수하는 것은 오히려 그 사람에게 큰 도움이 된다. 왜냐하면 그의 구원은 그 자신의 어리석음에 대한 궁극적 깨달음에 달려있기 때문이다. Colie, "Problems of Paradoxes," 96.

[101] 「어리석음의 찬미」는 "궁극적이고 진지한 풍자적 설교일지도 모른다고" 불려 왔다. Jones, "Parodic Sermon," 97를 보라. 종종 아이러니한 형태를 띠고 역설적 찬미들을 가지고 있는 풍자적 설교는 에라스무스의 고향에서 풍성하게 나타난다. 이런 형

어리석음이라는 등장인물을 통해서 복음의 미련함을 찬송함으로 결론을 맺는다. 그는 그리스도를 위한 바보들을 칭송한다. 그러나 그는 독자를 분별의 자리에 남겨둔다. 이런 기독교의 어리석음은 거룩한 미련함인가 아니면 그저 평범한 미련함인가? 에라스무스는 십자가의 미련함에 대해 바울의 선포에 의해서 만들어진 것과 유사한 유동적인 경계성의 공간을 창조한다. 그리고 그 공간은 독자의 이중 초점의 시야 같은 신실한 분별력을 요구한다. 사실, 거룩한 바보들이 기독교 전통 가운데 구체화된 것은 정확히 이런 어리석음의 일면이다.

3) 거룩한 바보 시므온(Symeon the Holy Fool)

우리는 세계 곧 천사와 사람에게 구경거리가 되었노라…. 우리는 그리스도 때문에 어리석으나(고전 4:9-10). 에라스무스의 『어리석음의 찬미』의 끝에서 어리석음에 의해서 채택된 바울에 의한 말씀들은 가장 매력적이고 다채로운 전통들 가운데 하나인 거룩한 바보라는 전통에 영감을 주었다. 기독교 역사 전반에 걸쳐서 사람들은 극단의 기괴한 방법들로 이 구절을 실천하며 살아왔다. 이런 이상하고 혼란스러운 인물들은 거룩한 바보들로 알려져 왔다. 트릭스터, 어릿광대, 그리고 카니발의 구체화된 양상들로서의 거룩한 바보들은 예외 없이 그리스도를 위한 봉사의 일에 자신들을 집중시킨다.[102]

식의 화란 설교에 대한 연구를 위해서 다음을 보라. Ben Parsons and Bas Jongenelen, "'The Sermon on Saint Nobody': A Verse Translation of a Middle Dutch Parodic Sermon," *Journal of American Folklore* 123, no. 487 (2010): 92-107.

102 거룩한 바보들은 카니발을 비롯해서 이런 다른 종류의 바보들과 비교되었다. Ser-

거룩한 바보들은 이런 인물들이다. 복음을 위해서 기괴하고, 추잡하고, 심지어 미친 짓들도 마다하지 않는 인물들이다. 그들은 정신병자들, 백치들 혹은 익살꾼들로 보인다.[103] 이 거룩한 어리석음은 다양한 형태들을 가지고 있다. 다른 바보들이 미친놈 혹은 미친년 소리를 들으며 거리를 헤맬 때, 어떤 바보들은 수도원 안에서 바보로 살았다. 어떤 다른 이들은 반사회적 괴짜들로 혹은 순진한 사람으로 등장했다. 또 다른 이들은 여전히 호감이 가기도 하고 비호감이기도 한 어릿광대로 나타났다.[104] 그들 가운데 많은 사람들이 더럽게 살았고, 때로는 옷도 없이 돌아다녔다. 어떤 이들은 쇠사슬이나 철 멍에들이 씌워졌다. 그리고 그들은 온갖 종류의 기괴하고 불쾌한 행동에 개입했다. 이런 이상한 행동들을 통해서, 이 인물들은 종교적이고 사회적인 관습들을 방해했다. 그들도 새로운 관점들이 가능해지는 경계성의 공간을 창조함으로 "세상의 견고함"을 녹였다. 그러나 분별력은 그 경계성의 공간에서도 늘 요구된다.

거룩한 바보들의 장구한 전통을 토론하려 하기 보다는, 『그리스

---

gey A. Ivanov, *Holy Fools in Byzantium and Beyond*, trans. Simon Franklin (Oxford: Oxford University Press, 2006), 3-6. 이바노프는 거룩한 바보들이 해석되는 여러 가지 렌즈들을 제시한다.

103 Wendy Wright, "Fools for Christ," *Weaving A Journal of the Christian Spiritual Life* 9 (1994): 25.

104 Wright, "Fools for Christ," 25. 어떤 거룩한 바보들은 어릿광대 같은 행동들에 참여한다. 예를 들어 16세기 가장 유명한 러시아 정교회 교인이었던 모스크바의 축복받은 바질(Basil the Blessed)은 이반과 그의 잔인한 통치를 비판하면서, 그 공포의 타자르 이반(Tsar Ivan the Terrible)을 위해 어릿광대처럼 봉사했다고 전해진다. 그러나 일반적으로 거룩한 바보들은 어릿광대들보다 더욱 철저한 외부인들이다. 위에서 살펴보았듯이 어릿광대들은 내부자이며 동시에 외부인이기 때문이다. Ivanov, *Holy Fools*, 5.

도를 위한 바보로 불린 아바 시므온의 삶과 행위』(*The Life and Conduct of Abba Symeon Called the Fool for the Sake of Christ*)[105]라는 한 작품에 초점을 맞추려고 한다. 7세기 중엽 사이프러스, 나폴리의 주교 레온티우스(Leontius)에 의해서 쓰인 이 책은 비록 미친 척했던 성도 이야기와 관련된 첫 번째 글은 아니지만, 거룩한 바보의 전 인생에 대한 첫 작품이다.[106] 거룩한 바보들의 후기 성인전(聖人傳)들에게 영향을 미친

---

[105] 거룩한 바보들의 전통은 거룩한 바보가 그랬던 것처럼 매우 복합적이다. 동방정교회에는 "그리스도를 위한 바보들"로서 알려진 성인으로 추앙된 사람들의 특별한 순서가 있다. 거기에는 심지어 이런 인물들을 위한 특별한 용어들이 있다. 헬라어로 *salos* 그리고 러시아어로 *yurodivy*이다. 러시아 정교회에는 그리스도를 위한 36명의 바보들이 14세기부터 17세기까지 추앙되었고 그 이후에는 남용하는 것이 문제가 되어 교회가 중단시켰다. 그러나 19세기 표도르 도스토예프스키(Fyodor Dostoevsky)의 소설에 나오는 수많은 거룩한 바보들의 존재가 말해주듯이, 러시아 정교회 전통에서 거룩한 바보들은 대중들의 종교적 상상력과 신앙심 속에서 중요한 인물들로 계속 존재한다. 그리스정교회에서는, 거룩한 바보들의 수호성인이 된 첫 번째 바보, 성 시므온을 포함하여 여섯 명의 사람들이 거룩한 바보로 추앙되었다. 따라서 동방에서는 거룩한 어리석음이 교회 안에 있는 특별한 은사이다. G. P. Fedotov, "The Holy Fools," in *The Religious Mind II: The Middle Ages: The Thirteenth to the Fifteenth Centuries*, ed. John Meyendorff (Cambridge, Mass.: Harvard University Press, 1966), 316를 보라. 서구 교회에서는 그리스도를 위한 바보 성자들을 추앙하는 공식적인 반열은 없다. 그러나 가장 잘 알려진 아시시의 성 프란시스를 비롯한 수많은 인물들이 추앙된 거룩한 바보들이 가지고 있는 특징들을 많이 가지고 있다. 거룩한 바보들에 대한 다른 기사들을 위해 다음을 보라. John Saward, *Perfect Fools: Folly for Christ's Sake in Catholic and Orthodox Spirituality* (Oxford: Oxford University Press, 1980); Harriet Murav, *Holy Foolishness: Dostoevsky's Novels and the Poetics of Cultural Critique* (Stanford, Calif.: Stanford University Press, 1992); and Ewa M. Thompson, *Understanding Russia: The Holy Fool in Russian Culture* (New York: University Press of America, 1987). 수도원의 거룩한 바보에 대한 오늘날의 이례적인 취급에 대해서 다음을 보라. 파벨 렁인(Pavel Lungin) 감독 러시아 영화 *Ostrov* ("Island").

[106] Derek Krueger, *Symeon the Holy Fool: Leontius's Life and the Late Antique City* (Berkeley: University of California Press, 1996), 1. 크루거의 책은 또한 UC Press

『시므온의 삶』(Life of Symeon)은 이러한 기괴하고 무례한 인물들 주변에 있는 역동성들과 복합성들을 포착해 낸다.

『시므온의 삶』의 핵심은 분별 혹은 인식이라는 문제를 다루는 것이다.[107] 이 책이 전개되면서, 등장인물들 가운데 한 사람인 겸손한 노새 몰이꾼은 실제로 시므온을 특징짓는 어떤 이미지를 제공한다. 시므온의 속임수들 가운데 하나를 참아내면서 그 노새 몰이꾼은 다음과 같이 선언한다. 시므온은 서커스의 요술쟁이처럼 "시각적 착각"을 통해서 일한다.[108] 사실, 시므온에 대해서 이렇게 말할 수도 있다. 그 책에 등장하는 시므온은 그 스스로가 시각적 환영이라는 것이다. 레온티우스는 시므온의 삶 가운데 있는 "속임"이라는 것으로 그를 소개하기 시작한다(133). 우리가 토론했던 다른 바보들의 삶처럼 시므온의 삶도 어떤 "창조적인 속임"을 내포한다. 이런 특별한 경우에, 그 속임은 "거룩한 속임" 혹은 "거룩한 거짓"이라고 할 수 있다. 그럼에도 불구하고 레온티우스는 진실을 증명한다.

시므온의 어리석은 삶에 대한 긴 소개에서, 레온티우스는 이 진리를 알리며 독자들의 분별력을 준비시키려 한다. 레온티우스는 시

E-Book Collection, 1982-2004에서 온라인으로 이용 가능하다. http://publishing.cdlib.org/ucpressebooks/view?docId=ft6k4007sx;brand=eschol.

107 Murav, *Holy Foolishness*, 97. 무라브는 인식 혹은 "보기 위한 배움"의 문제는 거룩한 어리석음과 거룩한 바보들의 성인전에서 중심을 차지한다고 주장한다. 분별의 문제는 그것 자체가 매우 복잡하다. 추잡한 행동과 심지어 비정상적인 광기에 거룩함을 인지하도록 사람들을 인도하는 거대한 문화적 힘이 있다. 이러한 문화적 영향들에 대해 여기서는 다루지 않을 것이다. 이런 문화적 문제들에 대한 토론을 위해서 Ivanov, *Holy Fools*; Murav, *Holy Foolishness*; and Thompson, *Understanding Russia*를 보라.

108 Krueger, "Appendix: The Life of Symeon the Fool," in Krueger, Symeon, 167. 『시므온의 삶』에 대해서는 앞으로 크루거의 번역을 참조할 것이다.

므온의 삶을 자세히 설명한다. 그는 전통적인 수도자이자 거룩한 사람으로서 부요한 삶과 그의 어머니를 떠나서 수도원에 들어왔다. 그리고 그의 동료 요한(John)(131-50)과 더불어 29년간 사막에서 살았다. 덧붙여서, 이 작품 전체에 걸쳐, 레온티우스는 반복적으로 시므온의 신성함을 보여준다. 그는 시므온이 극한의 내핍생활, 금욕주의, 그리고 기도에 깊이 관여되어 있다는 것을 은밀하게 보여준다. 그리고 그는 아주 멀쩡하고 지혜로운 부사제 요한(Deacon John)(사막의 동료인 요한과는 다른 인물이다)이라는 다른 사람과 교류한다(163, 168). 그러므로 독자들은 에마사(Emesa) 시에서 살게 될 시므온의 남은 생애를 통해 구현될 "농담에 참여"하게 된다. 그리고 그 이야기의 참여자들은 그 농담을 분별해 내는 것이 금지되어 있다.[109] 독자는 시므온이 공연 예술가처럼 단순하게 바보를 연기하고 있다는 것을 알게 된다. 그러므로 레온티우스는 시므온의 전통적 신성함을 그의 규율 위반, 파괴적인 어리석음, 긴장감 조성과 동일시한다. 또한 그는 시므온의 어리석음 안에서 경계성의 공간과 시므온의 신성함을 같은 선상에 놓았다. 레온티우스는 그 경계성의 공간 속에서 시므온의 신성함을 분별하라고 독자들에게 요청하고 있다.

누군가 『시므온의 삶』으로 발을 들여놓을 때, 그는 추잡하고, 때때로 외설스러우며, 익살스러운 코미디의 세계로 들어갈 뿐만 아니라, 역설, 풍자 그리고 패러디의 세계로 들어가게 되는 것이다. 고린도전 1장에서 바울이 선포했던 것처럼 이 작품에서 추잡한 스캔들과 복음은 밀접하게 관계되어 있다. 에마사 거리의 시므온에 의해 만들어진 그 "광경"은 두 가지 이상으로 해석될 수 있도록 그 가능

---

[109] Kruger, *Symeon*, 47.

성을 열어 놓았다. 그것은 마치 예수의 삶이 소문이 무성한 십자가의 삶이었으며, 또한 부활의 삶이었던 것과 같이 최소한 두 가지로 해석될 가능성을 말한다. 우리가 이전에 사용했던 이미지를 빌린다면, 이 작품으로 들어가는 것은 카니발 축제의 광장에 있는 거울의 집에 들어가는 것을 의미한다. 그 거울의 집 안에 있는 사람은 무엇이 진짜이고 무엇인 "시각적 착각"인지를 구별해 내야만 한다. 시므온과의 조우를 통해서, 사람들은 "보는 법"을 배우도록 초청되며, 추잡한 소문 가운데서 복음을 구별하도록, 어리석음 가운데서 거룩함을 분별하도록, 수치스러움 가운데서 신성함을 식별하도록 초대된다.[110] 레온티우스는 시므온의 삶의 속임에 대한 언급에 바로 이어서 바울의 말씀을 인용하여 분별력의 필요성을 강조한다. 그리고 보는 법을 아는 사람과 그것을 모르는 사람들을 나누어 놓는다.

> 가장 몰상식하고 오만한 사람들에게 우리가 어떤 웃음거리에 관련된 것처럼 보인다는 것을 우리는 알고 있다. 그러나 만약 그들이 "누구든지 이 세상에서 지혜 있는 줄로 생각하거든 어리석은 자가 되라"(고전 3:18), "우리는 그리스도 때문에 어리석으나"(고전 4:10), "하나님의 어리석음이 사람보다 지혜롭고"(고전 1:25)와 같은 말씀을 들었다면, 그들은 이런 진실한 행동가의 업적들을 웃음거리고 간주하지는 않았을 것이다. 오히려 그들은 놀랍고도 가치 있는 덕행을 실천하려는 사람들로 인해 경탄했을 것이다(133).

---

110 Murav, *Holy Foolishness*, 96-97.

그러므로 "인식의 위기"를 창조하는 것이 『시므온의 삶』이 추구하는 목적 그 자체라고 할 수 있다. 그 성인전은 역사적 작품이 아니다. 비록 그것이 미친 것처럼 보이는 사람의 존재를 부인하지 않고 성인으로 추억하며 인정해 준다 할지라도, 현대적 용어의 개념으로는 역사적인 작업이라고 볼 수는 없다. 오히려 그것은 문학적, 신학적 작업이다.[111] 사실 독자들을 교육하고 구원하려는 그 책의 목적 때문에, 그것은 설교적 작품으로 볼 필요가 있고 레온티우스는 설교하는 바보로 생각되어야 할 필요도 있다. 이 『시므온의 삶』이라는 작품을 통하여, 레온티우스는 그 자신의 시대에 그 자신의 방법으로 복음의 미련함을 선포한다. 시므온의 축제 거리 극장에서의 그의 속임을 통해서, 레온티우스는 그 시대의 종교적, 사회적 관례들을 방해하고 경계성의 공간을 창조한다. 그 경계성의 공간 안에서 새로운 관점과 새로운 삶이 가능해진다. 그러나 이런 새로운 관점과 삶은 오직 추잡한 소문 속에서 복음을 식별하는 법과, 바라보는 법을 아는 사람들에게만 일어나는 일이다.

거룩한 바보로서의 삶을 떠맡는 그 순간부터, 시므온은 철저하게 파괴적이고 초법적인 인물이 된다. 그는 트릭스터처럼 익살맞은 사람이다. 몸짓으로 익살을 떠는 로마의 무언극에 나오는 바보처럼, 시므온은 일반인들에게 어필하는 희극적 인물이다.[112] 그의 익살맞은 행동들은 상상할 수 있는 모든 문화적 종교적 울타리를 넘어선다. 그의 이런 행동들은 모든 인습을 뒤집어 놓는다. 에마사 시로 들어가는 시므온의 입장 그 자체가 신성함의 본성과 관련된 당시의

111　Krueger, *Symeon*, 6.
112　Krueger, *Symeon*, 18, 47.

관습들을 위반하는 것이다. 참으로 거룩한 사람이 사막에서 수도자의 삶을 살았다. 도시는 더럽혀진 장소였다. 사막에서 지내던 시므온의 동료 요한은 실제로 시므온에게 도시로 들어가면 그의 거룩성을 상실하게 될 것이라고 경고한다(149). 사막과 도시 사이의 경계를 넘어서면서, 시므온은 성스러운 것과 세속적인 것에 관련된 관습들을 위반하게 된다. 그는 그의 행동으로 거룩함을 그 자리로부터 "탈구"(脫臼)시킨다. 거룩함을 전위(轉位)시키는 그의 행동은 예수의 예루살렘 입성을 떠올리게 할 뿐만 아니라 예수의 성육신을 암시하기도 한다. 그 성육신은 신성을 땅과 인간의 영역으로 전위시킨 것이기 때문이다.[113]

이렇게 규칙을 어기며 경계선을 넘어서는 행동은 시므온이 도시로 들어가는 그 순간부터 시므온의 어리석음을 만들어 낸다. 그리고 그는 실질적으로 모든 사람의 체면을 깎아내린다.[114] 거기에 독자들도 예외는 아니다. 그의 카니발 식의 익살스러운 행동들은 실제로 트릭스터와 카니발의 육신(*carne*)적인 "저급한 몸"이라는 주제들로 무

---

113 Krueger, *Symeon*, 114-16. 뒤에 알려지게 될 것처럼, 이 책에 나오는 복음서에 있는 예수에 대한 암시들은 의도적이다. 사실 그 이야기는 예수의 삶에 대한 패러디의 일종이다. 왜냐하면 시므온의 이야기는 요한복음과 틀림없이 의도적으로 연결된 요한이라는 직접적인 증인에 의해 공유되기 때문이다. 실로 요한복음의 서론은 『시므온의 삶』이라는 책의 본문으로 여겨 질 수도 있다. "그가 세상에 계셨으며…세상이 그를 알지 못하였고"(요 1:10).

114 크루거가 제안한 것처럼, 시므온의 진심에서 우러나온 거룩함에 관한 레온티우스의 미안한 듯한 말씨는 『시므온의 삶』이라는 책 자체가 일으킨 스캔들이 많은 독자들에게 퍼졌다는 것을 암시한다. Krueger, *Symeon*, 31. 비록 이것들이 거룩한 바보를 길들이는 것처럼 보일지라도, 성인전들과 성인추앙은 앞에서 언급했듯이 교회 생활 안으로 들어가는 트릭스터의 문화적 역설 그 중심에 위치한다. 즉 "문화들의 기원들, 생동감, 그리고 영속성은 문화가 기초해 있는 바로 그것들을 드러내고 부수는 인물들을 위한 공간을 필요로 한다." Hyde, *Trickster Makes This World*, 9.

대에 올려진다. 즉 전통적으로 수도사들에 의해서 거부되었던 두 가지의 금기인 성욕과 음식이 주도권을 쥐게 되는 것이다. 시므온은 공개적으로 금식의 시간인 거룩한 목요일에 게걸스럽게 먹어댄다(160). 그는 여자들의 공중목욕탕에 벌거벗고 들어간다. 그리고 벌거벗은 채 두 명의 "무희들"과 춤을 춘다(154, 159).[115] 그는 정욕에 효과가 있다는 엄청난 양의 콩을 먹는다. 심지어 그는 공공장소에서 배변을 한다. 이런 행동 자체가 복합적인 행위이고 규칙을 어기는 그런 행위이다. 그의 공개적인 배변을 통해서 시므온은 공적인 것과 사적인 것 사이의 엄격한 경계선을 넘을 뿐 아니라, 신성한 것으로 간주되는 관습들을 위반해 버린다. 참된 성인들은 극단의 금식에 돌입했다. 반면 시므온의 배변은 분명히 그가 거룩하게 여겨지는 풍습을 무시하고 있다는 것을 보여준다.[116] 그러므로 시므온의 규범을 어기는 소란하고 짓궂은 행동들은 종교적이며 사회적인 관습들 모두를 혼란케 한다. 그는 그 사회로부터 도망치기 위해서 사회 구조와 관습들 밖으로 나와 있는 이상 성격자이다.[117] 그의 거리 극장은 경계성의 공간을 창조한다. 그 경계성의 공간은 어리석음 가운데서 거

---

[115] 물론 시므온은 어떤 쾌감도 경험하지 못한다. 심지어 무희들이 춤을 추며 그를 애무할 때도 그랬다. 그는 냉정함 혹은 무감각의 상태에 도달했다. 소와드(Saward)는 그 냉정함을 다음과 같이 묘사한다. "기독교의 냉정함은 스토익 학파의 차가운 무감각이 아니다. 감각을 자유롭게 하는 성령의 해방은 기계적으로 행동하는 사람이 되는 것을 그만두게 했다. 그리고 그의 열정들과 본능들에 의해서 이쪽저쪽으로 끌려 다니는 충동적 행동의 희생자가 되는 것을 멈추게 했다. 또한 감각을 자유롭게 하는 성령의 해방은 타인들을 소유와 착취와 지배의 대상들로 간주하는 것을 거부함으로 타인들과의 관계 안에 있는 최상의 자유에 이르게 했다." *Perfect Fools*. 20. 시므온은 마치 "한 조각의 나무"만큼이나 둔감하다(154).

[116] Krueger, *Symeon*, 92.

[117] Krueger, *Symeon*, 2.

룩함을 분별하라고 요청한다. 그 도시의 대부분의 거주민들이 동요하는 것은 놀랄 일이 아니다. 그 도시의 거주민들은 그 추잡한 소문에서 신성함을 분별해내지 않는다. 그러나 독자들은 그 신성함을 보는 법을 배우도록 초청된다.

시므온은 철저하게 역설적인 인물이다. 한편으로 그는 많은 이메사 사람들을 향해서 극단의 반감을 품고 있고 때때로 무자비하기까지 하다. 그는 정기적으로 "백치"로서 그들에게 설교한다. 그는 사람들을 모욕하고, 뺨을 때리며, 그들에게 극단적인 일들을 행한다. 그는 어떤 수도사들의 입술을 뜨거운 와인으로 지져서 그들이 자신에 대해서 더 이상 말하지 못하게 만든다(157). 그는 요술쟁이들이 요술을 중단한다고 말할 때까지 그들의 손을 비틀었다(155). 그는 상인들이 그리스정교회 신앙으로 개종할 때까지 그들의 상품들을 부순다(157-58; 165-66).[118] 시므온은 아무리 좋게 이야기해도 호감이 가는 사람은 아니다.[119]

그러나 다른 한편으로 그는 가난한 자들과 소외된 자들을 향한 큰 동정심을 가지고 있다. 그는 가난한 자들에게 의연금을 주기 위해서 그럴만한 힘이 있는 자들에게 강청한다(169). 그는 장터의 상거래 행위들을 중단시킨다. 그가 팔아야 할 음식들을 가난한 자들에게 줘버리고 고용주의 진노를 자기가 받음으로써 상거래 행위를 방

---

118 시므온은 이방인들과 유대인들 모두를 개심시킨다. 유감스럽게도, 그 일은 때때로 반유대적 색채를 띠게 된다.
119 이런 종류의 잔인한 행동들 때문에, 어떤 사람들은 이런 바보들을 그리스도의 길과는 반대되는 길을 가는 자들로 생각하고, 기독교 성자로 일컫기에는 부적절하다고 생각해서 거부해 버린다. Thomson, *Understanding Russia*를 보라. 톰슨은 러시아의 거룩한 바보들이 샤머니즘의 전통을 반영하고 있으므로 기독교인으로 세례받기에는 부적절하다고 주장한다.

해한다(151). 그는 하인들이 주인에게 맞는 것을 막기 위해서 장거리 여행을 간다(164-65). 그리고 그는 귀신들에게 사로잡혀 있는 사람들을 위해 여러 차례 귀신을 쫓아낸다. 시므온은 그리스도의 자리는 부랑자들, 걸인들, 소작농들 가운데 있다고 단언한다.

그러나 그가 행한 모든 일들 속에서, 시므온은 자신의 신성함을 숨긴다. 그는 자기의 거룩함을 감춘다.[120] 그가 기적 혹은 투시를 행할 때마다, 그는 기적과 투시로부터 관심을 돌려서, 그의 어리석음을 강화하려는 시도를 한다. 그는 기적들을 드러나게 하는 그의 신성함을 감춘다. 레온티우스가 말했듯이, "시므온이 구제받지 못할 인생이라는 사실을 믿게 만드는 그의 동작들은 종종 그가 기적들을 발휘할 때 나타나는 것들이다"(155). 지진이 그 도시를 강타하기 직전에, 시므온은 어느 학교에서 채찍들을 가져다가 손에 쥐고서는 건물 기둥들을 내리치기 시작한다. 그러면서 그는 미친 듯이 말한다. "너희 주인이 말한다. 꼼짝하지 마라!" 지진이 왔을 때, 그가 때렸던 기둥들은 하나도 무너지지 않았다. 그러나 모든 사람들은 시므온이 미쳐서 기둥을 치고 돌아다녔다고 생각한다(155). 이와 비슷하게, 전염병이 그 도시에 퍼지려 할 때, 시므온은 학교 다니는 어린이들에게 뽀뽀를 하면서 돌아다니면서 마치 장난치듯이 말한다. "애들아 잘 가!" 그리고 그는 선생님들에게 자기가 뽀뽀한 아이들이 "먼 길을 가야 하기 때문에" 때리지 말라고 부탁한다. 그 선생님들은 시므온을 조롱하면서 채찍질한다. 그러나 전염병이 돌았을 때, 시므온이 뽀뽀했던 모든 아이들은 죽는다(155).

누군가 그의 거룩함을 인식하는 데 가까이 다가오는 모든 경우

---

120 숨겨진 신성함의 전통과 그것의 특징들에 대해서, Krueger, *Symeon*, 66-71를 보라.

에, 시므온은 그에게 쏠린 그들의 관점을 돌리기 위해서 고의적으로 난폭하고 추잡한 어떤 일을 행한다.[121] 여인숙 관리인이 그의 신성함을 알아챘을 때, 시므온은 그 관리인의 잠자는 부인에게 가서 옷을 벗는 시늉을 한다. 그녀는 깜짝 놀라 깨서 시므온이 자기를 강간하려고 하는 줄로 생각하고 그의 남편에서 비명을 지른다. 그래서 그 남편은 시므온을 때리고 가게 밖으로 던져버린다. 그 순간부터 여인숙 관리인은 시므온이 정신 나간 미친놈이라고 생각한다(153). 반복적으로 시므온은 그의 신성함을 감추기 위해서 규율을 어기며 타인을 속이는 이런 행동들을 저지른다.

그러나 풍자적으로, 이런 시므온의 감추기는 금욕주의의 역설적 형태로 보일 수도 있다. 그의 거룩함을 적극적으로 숨기는 것으로, 시므온은 고행주의를 추구하는 삶 때문에 그에게 쏟아질 수도 있는 찬미와 갈채를 피해 간다. 어떻게 보아야 하는지를 아는 사람들에게, 시므온의 이상한 행동들은 실제로 겸손의 역설적 고행주의 형태가 된다. 그의 신성함은 이런 추잡한 소문 뒤에 숨겨지고, 그 결과 그는 찬미의 대상에서 제외된다.[122] 레온티우스의 기록처럼, 시므온은 "어느 것도 명석한 방법으로 행하기를 원치 않았다. 그 대신 그는 바보 같은 어릿광대짓을 통해서 일들을 행했다"(167).

이런 익살스러운 모든 기행(奇行)을 통해서, 시므온은 프렌너리 오코너(Flannery O'Connor)의 짧은 이야기들 가운데 등장하는 극단적이며 때로는 기괴한 인물들 가운데 한 명을 생각나게 한다. 기독교 작

---

121 마가복음의 메시아적 비밀에 관한 모든 사역 전반에 걸쳐 암시들이 나타난다. 시므온의 진정한 정체성은 오직 그의 죽음 이후의 회고를 통해서만 알 수 있게 된다.

122 Krueger, *Symeon*, 51-52.

가로서 오코너는 레온티우스처럼 통제되지 않는 역동적인 복음으로 세상을 흔들어 놓고 있었다.[123] 왜 이런 극단적이고 기괴한 인물들이 나오는 기상천외한 이야기들을 썼냐고 질문받았을 때, 그녀는 관점과 분별이라는 측면을 강조하면서 이렇게 대답했다.

> 여러분은 여러분의 시각에 충격을 줘서 똑똑히 볼 수 있게 만들어야만 합니다. 듣는 것이 중노동인 사람들이 들을 수 있도록 크게 소리를 질러야 하고, 거의 보지 못하는 둔감한 사람들에게 크고 놀라운 인물들을 보여줌으로 충격을 줘야 합니다.[124]

또 다른 방법으로는, 구 시대의 포로가 되어버려서 그들의 관점이 변화되어야 할 필요가 있는 사람들에게 설교를 할 때, 여러분의 설교에 크고 놀라운 인물들을 등장시켜서 충격을 줘야 할지도 모릅니다. 레온티우스는 정확히 이런 식으로 설교한다. 시므온이라는 우리를 매우 놀라게 하는 인물을 통해서 그는 충격적인 설교를 한다.[125]

레온티우스의 작품에 나오는 설교학적 등장인물은 시므온의 속임이 예수의 삶을 패러디한 것이라는 사실을 깨닫게 될 때 더욱 예리

---

123 프렌너리 오코너의 기괴한 이야기와 묵시적 복음 사이의 관계에 대해서 다음을 보라. J. Louis Martyn, "From Paul to Flannery O'Connor with the Power of Grace," in *Theological Issues in the Letters of Paul* (Nashville: Abingdon, 1997), 279-97.

124 Flannery O'Connor, *Mystery and Manner: Occasional Prose*, eds. Sally Fitzgerald and Robert Fitzgerald (New York: Farrar, Straus & Giroux, 1957), 34.

125 심지어 어떤 사람은 시므온을 어릿광대 같은 존재로 보기도 한다. 극단적 행동들을 통해서, 그 도시에 사는 백성들의 죄와 악덕을 향해서 거울을 들어 올리는 어릿광대로 보는 것이다.

하게 부각된다. 레온티우스의 성인전은 풍자적 기독론을 내포한 작품이다.[126] 이것은 풍자적 설교이다. 세상을 구원하기 위해서 세상을 조롱하며 십자가를 지는 예수 그리고 설교하는 바울의 모습과 유사하다. 시므온은 스스로 이러한 용어들로 사막을 떠나고자 하는 이유를 언급한다. 단지 그 자신의 구원을 위해서 정성을 드리기보다는, 오히려 그리스도의 능력 안에서 타인들에게 구원을 가져다주기 위해서 세상을 "조롱"할 것이라고 그는 선포한다(148).

시므온의 어리석은 삶은 예수의 삶을 암시하는 수많은 내용을 포함하고 있다. 도시로 들어가는 시므온의 입장에서 시작해서 그의 죽음을 거쳐 빈 무덤에 이르기까지 많은 암시가 있다. 그러나 이런 암시들은 사실 예수의 삶에 대한 풍자들이다. 예수의 삶과 시므온의 삶에서 일어난 사건들은 비슷하다. 그러나 시므온은 모든 것들을 망친다. 시므온의 이야기는 뒤죽박죽이 된다. 그는 일종의 반전된 그리스도의 형상이다.[127] 예를 들어, 예수님이 예루살렘에 들어가듯이 시므온도 이메사 시로 들어간다. 그러나 종려나무 가지를 흔드는 무리들의 환영을 받으며 당나귀를 타고 들어가지는 않는다. 오히려 그는 도시 바깥의 똥 무더기에서(부정함의 상징인) 죽은 개를 발견한다.

---

126 예수의 이야기를 위한 풍자적 암시들에 대해서 다음을 보라. Krueger, *Symeon*, 51-52. 크루거가 비록 그의 작품을 설교적인 것과 관련된 것으로 이야기하지는 않았지만, 우리는 이 부분에서 크루거의 작품으로부터 배운다. 예수의 이야기에 더하여, 크루거는 『시므온의 삶』이 견유학파(Cynics)의 전통, 특별히 디오게네스라는 인물에 의해서 형성되었다고 주장한다. 이러한 전통을 끌어들이는 것은 레온티우스로 하여금 견유학파를 비판하도록 하는 것일 뿐만 아니라, 그의 독자들과의 접촉점을 가지기 위함이다. Krueger, *Symeon*, 72-107를 보라. 우리는 크루거의 논쟁들로 인한 영향 때문에 염려할 필요가 없다. 비록 그 논쟁이 거룩한 바보들의 삶들을 보여주는 수많은 문화적 자료들을 포함하고 있다고 해도 걱정할 필요가 없다.

127 Krueger, *Symeon*, 124.

그리고 그 개를 허리띠 줄로 묶어서 도시 안으로 끌고 들어간다.[128] 모여든 군중들의 환영을 받기보다는 오히려 시므온은 그의 이름을 부르며 따귀를 때리는 학생들에 의해서 모욕을 당한다. 이것은 오늘날 귀여운 어린이들에 의해서 축하되는 현재의 종려주일에 대한 일종의 패러디이다. 다음날 예수의 성전 청결 기사에 대한 암시로, 시므온은 교회에 들어가서 밤을 던져서 촛불들을 꺼버린다. 그다음 설교단에 올라가 회중들을 향해서 밤을 던진다. 교회 사람들이 그를 추방했을 때, 그는 자기를 거의 죽을 정도로 때렸던 제빵사의 탁자들을 엎어버린다(150-51).

예수의 다른 행적들과 유사한 패러디들이 또한 일어난다. 시므온은 눈에 백내장을 앓고 있는 사람을 고친다. 그러나 실제로는 그 사람의 눈을 멀게 한다! 침으로 이긴 진흙을 그의 눈에 바르는 것 대신에, 뜨거운 겨자를 문질러 버렸다. "그 남자는 거의 타 죽을 정도가 되었다." 그래서 시므온은 가서 식초와 마늘로 닦아내어 치료를 받으라고 말한다. 그러나 그 남자는 의사에게로 달려간다. 그 의사는 아무것도 해줄 수 없었고 눈이 멀어버린다. 마침내 미친 광기로 그 남자는 시므온이 하라고 말했던 것을 행하기로 맹세한다. "즉각적으로 그의 눈은 치유되었고, 태어났을 때처럼 깨끗해졌으므로 하나님께 영광을 돌린다"(164). 또 다른 요점은 시므온은 물을 포도주로 바꾸기보다는, 포도주를 식초로 바꾼다는 점이다(166-67). 시므온도 또한 먹이는 기적을 행하였다. 다만 복음서에서 예수가 한 것처럼 떡과 생선을 더 만드는 대신에, 시므온은 반금욕주의적인 풍성

---

[128] 크루거가 지적한 그 개는 또한 견유학파 사람들을 상징한다. Krueger, *Symeon*, 100-103.

한 연회를 베푼다. "빵, 케이크, 고기완자, 생선, 특급 와인, 튀긴 과자들, 쨈 그리고 생활 속에서 맛볼 수 있는 모든 것들이 있는 연회를 베푼다"(166). 이런 연회는 그 어떤 카니발과도 견줄 수 있을 정도이다.

레온티우스는 예수의 죽음과 부활이라는 렌즈들을 통해서 시므온의 종말을 비슷하게 구성한다. 그의 삶의 마지막을 향하여 나아 갈 때, 시므온은 잔가지 면류관을 쓴다(168). 그는 집사 존에서 작별인사를 한다.[129] 그다음 시므온은 그의 헛간의 막대기들 사이에서 홀로 바보의 죽음을 맞이한다. 그 마을 사람들은 "그의 죽음이 또 하나의 백치 같은 행위"라고 말한다(169). 그는 아리마대 요셉과 같은 인물인 어떤 회심한 유대인에 의해서 이방인들이 묻히는 어떤 곳에 묻힌다. 그러나 집사 존이 그 소식을 듣고 그 시신을 수습하려고 갔을 때, 시신은 사라져 버린다. 그 무덤이 빈 것이다. 시므온은 "영광"을 받고 "옮겨진다"(169-70). 그 순간, 그 도시의 사람들은 레온티우스가 독자들에게 처음부터 알려주고 했던 것을 분별해 낸다. 즉 시므온은 그냥 바보가 아니라, 거룩한 바보라는 사실을 깨닫게 된 것이다.

레온티우스는, 예수가 예루살렘 백성들에게 우습게 보였던 것과 똑같이, 그 기괴한 행동으로 인해 시므온도 이메사의 백성들에게 우습게 보였다는 것을 선포하고 있는 것 같다.[130] 예수의 신성이 그의 십자가 처형으로 인해서 숨겨지고, 역설적이고 풍자적인 것이 된 것처럼, 시므온의 거룩함도 그랬다. 그러나 예수처럼, 시므온도 구원

---

[129] 한 번 더 요한복음과의 유사한 점이 주의를 끈다. 시므온의 두 명의 사랑하는 친구들이 둘 다 존이다. 레온티우스에 따르면 집사 존은 시므온이 죽은 이후에 그에 대해서 이야기해 주는 사람이다.

[130] Krueger, *Symeon*, 114.

을 가져왔고 시므온의 생을 마쳐갈 때 즈음에는 전 도시가 죄짓는 것을 멈출 정도까지 되었다(165). 복음의 미련함이 그랬던 것처럼, 시므온도 일반적인 일들을 중단시키고 새로운 인식과 삶이 가능하게 되는 경계성의 공간을 만들어 냈다.

그러나 모든 것들은 분별하기에 달렸다. 한편으로 레온티우스가 독자들에게 시므온의 신성함을 반복적으로 언급함으로 시므온을 순화시키는 것처럼 보이기도 하고, 다른 한편으로는 레온티우스가 오히려 관습적 도덕성과 그리스정교회 신앙을 옹호하기 위해 성인전을 기록한 것으로 보이기도 한다. 그러나 그럼에도 불구하고 그는 "신성함에 대한 인습적 개념들에 도전하고, 일상의 삶 속에서 거룩함을 발견하는 문제를 상정한다."[131] 레온티우스는 지배당하지 않는 어리석은 복음을 설교한다. 그 복음은 궁극적으로 결코 정복당할 수 없다. 그리고 스스로 깨닫지 못한다면 그 어떤 언어로도 그 복음을 진실하게 붙잡지는 못한다. 사도 바울을 떠올리며, 레온티우스는 "하나님을 따라 그 미련한 복음 안에서 모든 세상의 지혜와 지각을 흔적 없이 사라지게 만드는 그분을 어떻게 입술의 지혜로 찬양할 수 있겠는가?"라고 쓴다(170). 또한 그 작품의 마지막에 레온티우스는 일상의 삶 속에서 거룩함을 찾아낼 수 있는 분별력을 계속해서 가질 수 있게 하려고 그의 독자들을 세상 속으로 보낸다. 그 세상은 가장 추잡한 곳일 가능성이 높다. 그런 세상 속에서 "진실한 하나님은 인간이 보는 것처럼 보지 않으실 것이다. 진실로 그 사람의 영을 모르고서는 한 사람의 행위들을 알아낼 수 있는 사람은 아무도 없다"(170). 그래서 레온티우스는 다음과 같이 결론 맺는다. 사람은 반

---

131 Krueger, *Symeon*, 18.

드시 그 추잡함 가운데서 거룩함을 보고 분별하는 법을 배워야만 한다.

『리어 왕』, 『어리석음의 찬미』 그리고 『시므온의 삶』이 제시하는 것처럼, 이런 인식의 문제는 바보에 의해서 제공되는 세상에 대한 새로운 관점의 문제보다 훨씬 더 깊은 부분이다. 인식에 대한 가장 깊은 도전은 바보들 자신의 인물됨으로 인해 규정된 것이기 때문이다. 예를 들어, 트릭스터들은 새로운 관점들을 초청할 뿐만 아니라, 그들 자신의 기괴한 행동들에 대한 여러 가지의 인식들을 만들어내기도 한다. 따라서 트릭스터들은 항상 그들의 이야기를 듣는 사람들의 분별력을 필요로 하는 양면성을 가지고 있다. 어릿광대들은 항상 바보들처럼 말한다. 그리고 그들은 늘 바보들을 처리하는 그런 식으로 처리될 수 있다. 이것은 부분적으로 어릿광대들이 그렇게 마음대로 이야기해도 괜찮은 이유이기도 하다. 카니발은 늘려지고 뒤틀려진 다양한 가면들과 거울들을 가지고 있다. 이런 카니발은 참가자들에게 무엇이 진짜 세상인지 분별할 것을 요구한다. 그것은 "카니발의 세상" 혹은 "일상의 심각하고 계급주의적인 세상" 중에 무엇이 진짜 세상이냐고 참가자들에게 묻는다. 그리고 거룩한 바보들은, 그들의 기묘한 삶들을 통해서, 이 세상의 추잡함 가운데서 복음을 분별해 내라고 신자들에게 요구한다. 이런 행동들로, 바보들은 분별력이 필요한 경계성의 공간을 만든다. 즉 바보가 지혜를 말하고 구현하는가, 아니면 그 모든 것들은 그저 어리석음에 불과한 것인가를 분별해야만 하는 경계성의 공간을 만드는 것이다.

4. 결론 없는 결론

지금까지 분명해진 것은 우리가 이번 장에서는 결론을 내릴 수 없다는 것이다. 왜냐하면 바보들은 어떤 것도 결론 내지 않기 때문이다. 그들은 그 어떤 결론도 내릴 수 없는 그런 인물들이다. 그들은 세상의 견고함을 녹인다. 인습, 신화, 합리성 그리고 돌에 새겨진 세상의 결론을 파괴함으로 세상을 녹인다. 바보들은 우리들의 맹목적인 철의 신학과 안전을 위해 수레로 만든 원형진에 대한 요구를 흔들어 놓음으로 경계성을 부추기고 지탱한다. 그들은 형성과 재형성, 파편과 형상, 존재와 생성 사이의 공간에서 우리를 계속 움직이게 한다. 그들은 경계선을 지평선으로 바꾸고 반복적으로 우리의 관점을 바꾸도록 도전한다. 그리고 바보들은 항상 분별력을 요청한다. 어리석음 속에서 지혜를, 혹은 추잡한 소문 가운데서 복음을 찾아내는 이중 시각과 같은 분별력을 요구한다.

설교단은 바보들이 설교를 방해하고 흔들어 놓기 때문에 남아나지가 않는다. 설교 흉내내기는 카니발의 한 부분이다. 에라스무스는 어리석음이라는 인물을 미련한 복음을 선포하는 설교자로 만들었다. 시므온은 이메사 교회의 설교단으로 올라가 회중들에게 밤을 던지고 교회의 폐쇄된 엄숙함을 부순다. 그리고 레온티우스는 십자가에 못 박힌 메시아에 대한 바울의 말씀만큼이나 말 많은 복음을 증언한다. 모든 종류의 바보들은 직간접적으로 설교자들을 생각나게 한다. 설교자들은 결단코 우리가 전하는 복음을 카테고리로 묶거나 지배할 수 없다. 복음은 어리석어서 통제할 수 없기 때문이다. 복음은 결코 우리를 고착시키거나 결론 내버리지 않기 때문이다. 오히려 복음은 우리를 반복적으로 당황케 하고 동시에 주장한다. 바보들처럼,

복음은 모든 결론을 뒤집어 버리고, 새로운 관점이 가능한 경계성의 공간을 만든다. 그리고 그 공간에서 설교자와 회중은 함께 보는 것을 배우고 담대히 말하는 것을 배운다.

제5장

세상 우롱하기: 예수의 미련함

예수가 죄인을 조롱하며 높이 달아 올리는 십자가를 역으로 패러디하면서 바보로 죽은 것과 같이, 예수는 그의 전 사역에 걸쳐 바보 노릇을 한다. 우리가 지금까지 논의한 트릭스터들과 어릿광대들처럼 예수는 철저하게 경계성적인 인물이다. 그는 경계를 넘나들고, 의도가 담긴 모호한 표현으로 가르치고 설교하며,[1] 사람들을 구 시대와 새 시대의 문턱 즉 세상을 꿰뚫고 들어오는 하나님의 통치를 깨닫고 그 통치 안에서 살라고 불러낸다. 예수의 말씀과 행위는 그 시대뿐만 아니라 우리 시대의 관습과 신화적 통념 그리고 그 논리를 중지시킨다. 그의 언행은 세상의 견고함을 녹이고, 새로운 지각을 가능하게 하는 경계성의 공간을 창조한다. 그러나 그 공간은 또한 분별력이 필요한 공간이며, 요구되는 공간이다. 예수는 진실로, 그 자신의

---

[1] 예수의 가르침에 존재했던 의도적인 모호성은 그의 수수께끼 사용에서 찾아볼 수 있다. *Tom Thatcher, Jesus the Riddler: The Power of Ambiguity in the Gospels* (Louisville: Westminster John Knox, 2006) 예수의 수수께끼의 사용은 아래에서 더 깊게 논의될 것이다.

인격 속에 인성과 신성 사이의 경계선과 구 시대와 새 시대 사이의 문턱을 통합하는, 궁극적인 의미의 경계성적 인물이다.

레온티우스(Leontius)는 시므온의 스캔들이라는 그의 충격적인 주장으로 무엇인가를 깊이 있게 개혁하고자 한다. 레온티우스는 시므온과 예수 사이의 깊은 연관성을 인식한다. 예수 당시의 복음들은 시므온의 삶과 사역만큼이나 충격적인 삶과 사역을 감당했었던 복음이었고, 또한 시므온만큼이나 예수 자신의 정체성이 숨겨져 있던 복음이었기 때문이다. 트릭스터들이나 어릿광대들 그리고 거룩한 바보들과 어리석음을 떼어 놓고 생각할 수 없듯이, 예수에게 있어서도 지혜와 미련함, 복음과 스캔들은 분리될 수 없는 존재들이다. 예수 그 자신도 우리가 고착되는 것을 원하지 않는다. 그는 우리를 그 길(the Way)로 인도하고, 우리를 시대의 전환기의 제자로 불러낸다. 그리고 우리가 결코 주인 되거나 통제할 수 없는, 언제나 파악하기 어렵고 그래서 우리를 혼란스럽게 만드는 예수를 따르고 그 예수를 설교하라고 명한다.

복음서에서 선포되듯이 예수는 그의 말과 행동 모두에 있어 철저하게 초월적인 인물이다. 그는 우리의 정체성, 우리의 믿음, 우리의 지각하는 방법을 거스르고 그것들에 도전한다.[2] 그의 행위의 많은 부분에서 예수는 경계를 넘나들고, 금기를 깨뜨리며, 종교적 사회적 통념을 뒤엎는, 트릭스터나 거룩한 바보를 닮았다.[3] 예수는 자주 어릿광대로서 말씀한다. 그는 간접화법과 의도적으로 모호한 패러독스

---

2 David McCracken, *The Scandal of the Gospels: Jesus, Story, and Offense* (New York: Oxford University Press, 1994), 4.

3 거룩한 바보로서의 예수에 대해서는 다음을 보라. Elizabeth-Anne Stewart, *Jesus the Holy Fool* (Franklin, Wis.: Sheed & Ward, 1999).

의 수사법, 그리고 수수께끼들과 비유를 사용해 통념들을 뒤엎고 사회적, 종교적 규범을 위반하며, 사람들을 새로운 지각과 새 시대의 새로운 삶으로 불러들인다. 예수는 그의 언행을 통하여서 우리를 형성과 재형성, 파편과 본체, 존재와 생성 사이에 존재하는 한 공동체로 초대한다. 그는 우리에게 카니발적인 공동체를 이루라고 명령한다. 낡은 계급제도와 범주들이 타파되고, 평등이 실현되며, 메시아의 성대한 연회로부터 자유를 주는 웃음이 터져 나오는, 그러한 카니발적인 공동체를 이루도록 명령한다. 그러나 시종일관 예수는 마치 바보와 같이 파악하기 어려운 존재로 남아있다. 그의 정체성은 언제나 다수의 해석에 열린 채, 언제나 분별력을 요구하는 경계성의 공간을 만들어내며 숨겨져 있다. 어떤 이들은 그를 따르고, 다른 이들은 그가 미쳤거나 바알세불에게 사로잡혔다고 결론 내린다. 결국 그는 십자가에 못 박히고, 그의 미련한 삶은 십자가의 어리석음에서 정점에 이른다.

　우리의 제안은 예수의 이야기들은 어리석음의 해석학을 통하여 읽을 때 가장 잘 읽을 수 있다는 것이다. 설교자들은 예수에 대한 이야기들을 바보들이 하는 것 같은 이야기들이라고 생각하고 접근해야 한다는 것이다. 훼방 놓고, 경계성의 공간들을 만들어내고, 시각을 바꾸며, 분별력을 요구하는 바보의 이야기들 말이다.[4] 우리가

4　그의 책 *Deep Exegesis: The Mystery of Reading Scripture* (Waco, Tex.: Baylor University Press, 2009)에서 피터 레이타트(Peter J. Leithart)는 성경 본문들을 읽는 몇 가지 설교학적 렌즈들을 제공한다. 예를 들어, "본문은 껍데기이다." "본문들은 음악이다." 그리고 특별히 흥미로운, "본문은 농담이다." 그는 본문 해석의 상호텍스트성을 탐구하기 위해 본문을 농담(joke)에 비유한다. 즉 농담에서와같이 본문을 알아듣기 위해서는 어느 정도의 본문 외의 배경지식이 요구된다(109–39). 우리는 성경 본문들, 특히 복음서들을 읽기 위한 또 하나의 비유를 제안하려고 한다. 그것은 본문이 바보

이 이야기들을 가장 충실하게 설교할 수 있을 때는 우리가 이 이야기들을 존경받을 만하게 혹은 심지어 이해가 될 만하게 만들려고 노력할 때가 아니라, 그들을 소란스러운 원래 상태로 내버려 둘 때이다. 그들을 가장 잘 읽고 설교할 수 있는 방법은 어떠한 결론을 향해 이야기들을 강요하거나 설명하는 것이 아니라, 사람들을 동요케 하도록 내버려 두는 것이다. 우리가 그들과 가장 완전하게 상호작용할 수 있으려면 이야기들의 초점을 명료하게 하거나 논지를 발전시키려고 노력하기보다는 사이에 끼인 그 공간으로 들어가야 한다. 짧게 말하면 예수는 그의 말과 행동들을 통해 세상을 우롱한다. 그리고 우리도 감히 예수의 어리석음으로 들어가 우리 자신을 우롱해야만 복음을 가장 잘 이해할 수 있게 된다는 것이다.

1. 와해시키는 행위들: 경계선 넘기

복음서들에서 선포되었듯이, 그의 삶과 사역에 있어서 예수는 철저하게 경계성적인 인물이다. 그는 경계선들을 넘나들고, 금기를 부수며, 사회와 종교의 관습들을 방해한다. 반복적으로 예수는 소위 올바른 행동양식의 범주를 벗어난다. 그리고 그는 의심에서부터 시작해서, 적대적이며 폭력적인 저항에 이르기까지 다양한 반응들을 불러일으킨다.[5] 예수에 대한 자세한 묘사를 통하여, 복음서들은 이

라는 제안이다.

5 Greg Carey, *Sinners: Jesus and His Earliest Followers* (Waco, Tex.: Baylor University Press, 2009), vii.

러한 위반과 일탈은 예수의 속성을 보여주고 있을 뿐 아니라, 초기 그리스도인들의 자기 이해를 보여주며 다른 이들이 그들을 바라보았던 방식을 보여주고 있음을 가르쳐준다.[6]

많은 면에서 예수는 어릿광대와 같은 존재였다. 가장 일반적으로, 예수는 한 장소에서 다음으로 움직이며 항상 길 위에, 도상에 있다. 그는 "인자는 머리 둘 곳이 없다"는 말씀처럼 극단적인 떠돌이 생활, 즉 편력적인 삶을 산다(마 8:20).[7] 어떤 학자들은 예수가 그의 급진적 편력을 통해 남성상에 관한 전통적 기준을 뒤엎는다고 말하고 있다. 여인들에게 도움을 받는 것을 포함하여, 순례하는 그의 삶의 방식은 그를 "가정을 꾸리고, 사업을 시작하고, 부를 축적하거나 혹은 지역의 기관들을 후원하는" 전통적인 남성의 활동들에 참여하지 못하게 했다.[8] 심지어 사회적 측면의 성적인 역할에 있어서도 예수는 경계성적 정체성을 체현한다. 실제로 예수가 그를 향한 가장 무서운 반대에 부딪히고 죽음을 선고받는 곳은, 그 어느 곳도 아닌, 규율과 체계와 권력이 존재하는 "남성적인" 공간, 즉 도시이다. 그러나 그가 십자가에 못 박힐 때 그는 또다시 도시 밖으로 나와서, 경계성의 공간에서 처형된다. 지리적으로 또한 신학적으로, 예수의 삶과 죽음은 전통적인 인습들을 방해하고, 철의 신학이나 원형진을 이

---

6 Carey, *Sinners*, viii.
7 존 도미닉 크로산(John Dominic Crossan)은 예수의 극단적인 편력이 하나님 나라의 "극단적 인류평등주의"를 체현하고 "아무것도 아닌 자들과 버림받은 자들의 중개인 왕국"을 중개인 없이 구현한다고 주장한다. Thatcher, *Jesus the Riddler*, 131-32에서 인용되었다.
8 Carey, *Sinners*, 68 또한 55-71를 보라. 예수는 그의 대외적 역할이나 그의 신학적 권위와 같은 다른 부분들에 있어서는 통념적인 남성의 역할을 충실히 수행한다. 그의 남성상은 "복잡하고, 심지어 정도를 벗어난, 남자다움"이다.

룬 수레로는 열 수 없는 구 시대와 새 시대 사이의 경계성적 문턱을 열어준다.

그의 떠도는 삶의 특징에 덧붙여서, 예수는 어릿광대처럼 경계를 넘는 데 있어서는 최고의 선수이다.[9] 복음서들 사이에서 그는 상상할 수 있는 거의 모든 사회적 또한 종교적 경계들과 관습들을 넘어선다. 예를 들자면, 예수는 반복적으로 (바울도 그러했듯이) 유대인들과 이방인들 사이의 경계를 넘나든다. 그는 유대인들의 영토와 이방인들의 영토 사이에 있는 갈릴리 바다를 수도 없이 가로질러 여행한다.[10] 그는 유대인과 이방인들 모두를 치유한다.[11] 그는 이방인 백부장과 유대인 서기관 모두를 그들의 믿음 때문에 칭찬한다(마 8:5-13; 막 12:28-34). 이런 측면에 있어 예수가 언제나 주도적으로 앞장선 것은 아니라는 사실을 인정할 필요가 있다. 어느 한 만남에서, 그의 사역은 수로보니게 여인의 믿음으로 변하게 된다. 그 여인은 유대인들에게만 집중하고 있는 예수의 배타성에 도전함으로, 유일무이하게 수사학적으로 예수의 허를 찌르고, 예수로 하여금 유대인과 이방인 사이의 경계를 넘을 수 있도록 도움을 준다(막 7:24-30; 마 15:21-28).[12]

---

9 이러한 우리의 논법은 철저하다기보다는 암시적이라 할 수 있다. 예수의 일탈과 위반에 관한 더 철저한 근거를 위해서는 Carey, *Sinners*를 보라.
10 웨너 켈버(Werner Kelber)는 예수가 유대인들과 이방인들 사이의 경계를 넘나드는 것은 마가복음, 특히 예수가 반복적으로 유대와 이방 영토 사이의 갈릴리 바다를 왕복하는 막 4:35-8:21에서, 구조적인 요소로 자리하고 있다고 말한다. *Mark's Story of Jesus* (Philadelphia: Fortress, 1979), 30-42.
11 귀신 쫓는 행위와 치유가 병렬된 막 5장을 예로 보라.
12 캐리는 충분한 근거와 함께 예수가 경계들, 특히 순결법들에 의해 세워진 경계들을 넘어서는 것에 있어 언제나 앞장선 것은 아니었다고 주장한다. 오히려 예수는 자주 백부장, 수로보니게 여인 혹은 "정결하지 않은" 자들과 같은 다른 이들의 주장에 반응하여 행동한다. 그럼에도 불구하고, 심지어 캐리가 보기에도, 예수는 사회

어찌 되었든 간에 경계를 넘어선 것이다.

거기에 더해서 예수는 남성과 여성 사이의 통념적인 경계를 침범할 뿐만 아니라, 요한복음의 주목할 만한 본문에서 사마리아인들과 유대인들 사이의 경계를 침범하는 것으로 묘사된다. 요한복음 4:1-42에서 예수는 유대와 사마리아 사이의 경계를 넘어 사마리아 도시 수가로 간다.[13] 그곳에서 예수는 요한복음에서의 전형적인 그의 방식으로, 사마리아 여인과 수수께끼들과 다의성(多義性)으로 가득 찬 공개적인 대화를 나눈다. 수많은 관습들과 규범들이 금지하는 일을 한 것이다. 그는 심지어 그 여인에게 물을 달라 부탁한다.[14] 그들의 대화 이후, 하고많은 사람들 중에 그 사마리아 여인이 증인이 되

의 관습적 경계들을 넘어서서 축복을 내려준다. Carey, *Sinners*, 37-53를 보라. 더욱 전통적인 입장을 반영하는 다른 학자들은 예수가 이러한 경계들을 넘고 순결 법을 깨는 데 있어 앞장섰다고 주장한다. 예를 들어, David Rhoads, Joanna Dewey, and Donald Michie, *Mark as Story: An Introduction to the Narrative of a Gospel*, 2nd ed. (Minneapolis: Fortress, 1999), 84-89를 보라. 물론 이에 대한 근거들은 이야기별로 다르듯이 복음서별로도 달라진다. 네 개의 다른 복음서에서 전해지는 "탈중심화를 추구하는 예수"는 여전히 파악하기 어렵고 다수의 해석에 열려있다. 사복음서의 신학적인 의미들과 그들 사이의 창조적인 긴장감들에 대한 논의를 위해서는 다음을 보라. Graham N. Stanton, *Jesus and Gospel* (Cambridge: Cambridge University Press, 2004), 63-91.

13 본문은 예수가 유대를 떠나 갈릴리로 가기 위하여 사마리아를 통과"하여야" 했다고 말하지만 이는 문자 그대로 보자면 사실이 아니었다. 유대인들은 실제로 사마리아를 통과하지 않고 우회할 수 있는 도로를 가지고 있었다. 어쩌면 예수는 얼마 전에 하나님이 세상을 사랑하신다고 선포하셨기 때문에 사마리아를 통과"하여야" 했을지도 모른다(요 3:16). 하나님이 세상을 사랑하신다고 선포한 후에 사마리아를 회피한다는 것은 정직한 자가 해서는 안 될 일이었기 때문이다.

14 제자들이 음식을 찾으러 갔다가 돌아왔을 때, 그들은 예수가 사마리아인과 대화하는 중이었다는 사실보다는, 공공연하게 여인과 대화하였다는 사실에 더욱 깜짝 놀랐다(요 4:27).

고 설교자가 되었다. 그녀는 요한복음의 믿음과 제자도를 향한 가장 근본적인 외침이 된, "와서 보라"(요 4:29)라는 말씀을 외친다. 이 선포는 그전에는 예수와(요 1:39) 그의 제자들에게만(요 1:46) 허용되었던 외침이다. 실로 세상을 어지럽히는 설교하는 바보가 아닌가! 그 후 예수는 이틀 동안 사마리아에 머무른다. 식사의 교제, 그 가장 친밀한 의식에 관한 금기를 깨며 또다시 논란의 소지가 되도록 불결하다고 여겨지는 사마리아인들과 함께 식사를 한다. 이 이야기는 인습적인 규율을 반복해서 깨버림으로 세상을 철저하게 우롱하는 이야기이다.

예수의 충격적인 식사 관례는 사마리아에서 멈추지 않는다. 예수는 모든 영역을 통틀어, 식사의 교제에서 가장 급진적으로 사회의 관습들을 뒤엎는다. 예수는 바울의 표현에 의하면 "천한 것들과 멸시받는 것들"(고전 1:28)이라고 할 수 있는 사회에서 배척당한 세리들, 그리고 죄인들과 함께 떡을 뗀다. 세상을 어지럽히는 그의 식사 행위들은 함축적인 사회적 의미와 함축적인 종교적 의미를 모두 가지고 있다. 죄악은 종교적이기도 하지만 또한 사회적인 범주에 들어가는 문제이기 때문이다. 죄인들에게 꼬리표를 붙이는 행위는, 우리가 지금까지 사용해온 말들로 표현하자면, 수레를 원형으로 배치하고 다가오는 위협에 맞서 질서를 유지하는 것이다. 그것은 사회적 통제 형식 중의 하나였고, 사회적 그리고 종교적 질서를 보호하기 위한 방법이었다.[15] 그러므로 식사 행위에 있어서 예법을 어기는 예수의

---

15 Carey, *Sinners*, 1-15. 월터 윙크(Walter Wink)는 일세기 팔레스타인에서는, 이후의 기독교와는 다르게, "죄인들"이 주관적인 죄의식에 의해 고통받는 사람들이 아니라 사회적으로 버림받은 자들의 무리를 뜻했다는 사실에 주목한다. 예를 들어, 세리들처럼 경멸당하던 직종에서 종사하는 사람들 혹은 부도덕함으로 악명 높았던 간음

행동은 많은 이들에게 불쾌한 일이었고 불평의 원인을 제공했다(예를 들어 막 2:16).

동시에, 우리가 예수를 어느 한 부류에 국한된 사람으로 분류하려 하거나 우리 자신의 경계들로 그를 에워싸지 못하게 하려고, 예수는 종교 지도자들, 즉 바리새인들을 포함한 부유하고 권세 있는 자들의 집에서도 식사를 한다. 그러나 마치 어릿광대처럼, 그런 장소들을 방문할 때 예수는 그 권력의 중심에서 벌어지는 식사 친교의 자리로 종종 소외된 자들을 함께 데리고 온다. 그의 존재와 그의 말들은 경계를 흐리게 하고 혼란을 불러들인다. 글자 그대로, 일찍이 예수가 바리새인의 집에서 식사하실 때에 "죄인"인 한 여인이 예수가 그곳에 계시다는 말을 듣고 집으로 들어와 예수의 발을 눈물로 씻기고 머리카락으로 닦은 뒤 향유를 그의 발에 붓는다(눅 7:36-50).[16] 예수의 존재는 분명하게, 한 여인으로 하여금 견고한 사회적 종교적 방어선을 넘을 수 있는 능력을 공급한다. 그녀는 단순히 품위 있는 식사자리를 방해하는 "죄인"일 뿐만 아니라 가장 배타적인 남성들만의 공간에 들어온 여성이다.[17] 예수를 초대한 바리새인 시몬이 충격

하는 자들, 창녀들, 착취자들, 그리고 살인자들, 혹은 종교 권위자들의 기준에 따른 법을 지키는 것에 실패한 자들, 혹은 사마리아인들과 이방인들처럼 민족적이거나 종교적으로 불결한 자들이다. Wink, *Engaging the Powers*, 115를 보라.

16 그 여인의 죄목이 한 번도 명명되지 않았음에도 불구하고, 모든 이들이 그녀가 죄인인 줄 명백히 아는 사실에 대한 캐리의 유용한 탐구를 보라. *Sinners*, 1-15.

17 고대 식사 풍습에 있어서 여성의 역할이라는 배경 안에서 이 이야기를 다룬 글을 위해서는 다음을 보라. Kathleen E. Corley, *Private Women, Public Meals: Social Conflict in the Synoptic Tradition* (Peabody, Mass.: Hendrickson, 1993), 121-30. 그리스 로마 식사에서의 여성의 역할에 대해서는 24-79를 보라. 콜리는 그 상황의 무례함을 강조하지만, 동시에 그 여인을 예수와 같은 식탁에 앉게 하지는 않는 것을 통해 누가가 어느 정도의 예의범절은 유지했다고 말한다. 이 이야기와 "죄인들"에 대

을 받은 것은 놀랄 일이 아니다. 그러나 예수는 여인을 변호할 뿐만 아니라 그녀의 행동을 손님에게 마땅한 환대를 베푸는 데 실패한 시몬의 행동들과 비교한다. 그리고 마침내 예수는 또 하나의 경계선, 즉 인성과 신성 사이의 경계선을 넘는다. 식탁에 앉은 다른 이들이 경악하는 것을 뒤로하고 예수는 그 여인의 죄를 용서한다.[18]

특권층과 함께하는 또 다른 저녁 연회에서, 예수는 연회를 베푼 주인에게 충고한다.

> 네가 점심이나 저녁이나 베풀거든 벗이나 형제나 친척이나 부한 이웃을 청하지 말라 두렵건대 그 사람들이 너를 도로 청하여 네게 갚음이 될까 하노라 잔치를 베풀거든 차라리 가난한 자들과 몸 불편한 자들과 저는 자들과 맹인들을 청하라 그리하면 그들이 갚을 것이 없으므로 네게 복이 되리니, 이는 의인들의 부활시에 네가 갚음을 받겠음이라(눅 14:12-14).

여기에서 예수는 충격으로 인해 침묵할 수밖에 없게 만드는 방향으로 대화를 이끌어 가고 있음이 분명하다. 식사 연회가 그 주최자

한 문화적 이해에 대해 각주하면서, 플로렌자(Elizabeth Schüssler Florenza)는 예수의 행동이 유대인 동료들과 훗날의 그리스도인들의 "종교적인 감수성을 건드리는" 방식임을 강조한다. *In Memory of Her: A Feminist Theological Reconstruction of Christian Origins*, 10th anniversary ed. (New York: Crossroad, 1994), 128-30를 보라.

18 예수의 죄 사하심이 가지고 있는 신성모독적인 성질은 다른 경우에서 명백하게 서술된다. 예수가 중풍병자의 죄를 사하신 후에(막 2:1-13) 서기관들은 "이 사람이 어찌 이렇게 말하는가? 신성 모독이로다! 오직 하나님 한 분 외에는 누가 능히 죄를 사하겠느냐?"라고 반응한다.

의 명예를 드높이고 초대받은 이들을 그에게 빚지게 하는 데에 목적이 있는 당시 사회의 규범에 반대해서, 예수는 주최자에게 갚을 능력이 없는 자들을 초대하라고 말씀한다. 또한 종교적 억측들에 반대해서, 예수는 "천한 것들과 멸시받는 것들"과의 식사야말로 의로움의 핵심이라고 분명히 가르친다. 마치 어릿광대처럼 예수는, 힘과 특권의 자리에 초대받지 못하는 자들의 현실을 구체적으로 언급하면서, 다른 이들을 경계를 뛰어넘는 초월적인 그의 길로 초대한다. 예수 시대의 식사 친교의 중요성과 친밀함을 고려하면, 예수가 권하는 그러한 행동들은 당시 사람들에게 어리석은 행위로 보였음이 분명했을 것이다.

예수의 범칙적인 행동은 안식일 규례에까지 연장된다. 안식일 날 그의 제자들이 이삭을 잘라 먹었을 때, 이 행동이 종교적 권위자들을 불쾌하게 했음에도 불구하고 그는 제자들을 변호한다(마 12:1-8). 예수가 안식일에 병자를 고치자 그 때문에 권력자들은 그를 죽이고자 한다(마 12:9-14). 그의 터무니없는 수많은 행동들에 비추어 볼 때, 종교 지도자들이 그가 바알세불에 사로잡혔다고 단언하고 다른 이들은 그를 제정신이 아니라고 말하는 것은 놀랄 일이 아니다(막 3:19b-30).

그러나 예수는 이보다 더욱 엄청난 경계선을 침범한다. 그는 정결함과 부정함, 궁극적으로는 생명과 죽음을 둘러싼 경계선을 넘고 금기를 깨부순다. 나병환자를 만짐으로 인해, 예수는 이제 그 스스로 부정하게 되었기 때문에 더 이상 공개적으로 동네 안으로 들어오지 못할 수도 있다(막 1:40-45). 예수는 그 당시의 관례에 의하면 부정한 여인이었던, 즉 12년 동안 혈루증을 앓아오며 천하고 멸시받는 자로 사회적 죽음을 맛보던 여인에 의해 만져진다. 그러자 그는 가던 길을 멈추고, 거대한 군중 앞에서 그녀와 공개적으로 대화를 나누며 그 여인의 믿음을 칭찬한다. 그 후에, 예수는 회당장 야이로의 집으로 떠나 야이로의 죽은 (부정한) 딸의 손을 잡으시니 그 딸이 일어나 걷는다(막 5:21-43).[19] 요한복음의 다른 경우에서 예수는 나사로를 죽음에서 일으킨다(요 11:1-44). 이 장면은 최후의 경계선을 넘는 결정타로 보인다. 그 일이 있고 난 직후, 종교 지도자들은 예수와 나사로의 죽음을 모의하는 첫 번째 공식적인 회의를 갖는다(요 11:45-53; 12:10).

그의 사역 전반에 걸쳐서 예수는 경계선들을 넘고, 금기를 깨고, 종교와 문화 모두의 통념들과 합리성을 방해한다. 그의 기괴한 행동들은 단순한 방해로 보이기 보다는 때때로 부도덕하고 신성 모독적으로 보였을 것이다. 어릿광대들과 트릭스터들과 거룩한 바보들의 이야기들은 예수의 이야기들에 비하면 아무것도 아니다.

---

19 본문을 두고 야이로의 딸이 실제로 죽어있었는지 아닌지에 대한 논쟁이 있다(막 5:39). 이 상황을 해석할 수 있는 다양한 방법들이 있지만, 본문에 등장하는 "일어나라"의 헬라어 단어들(egeirö v.41; anistēmi v.42)은 나중에 예수의 죽음에서부터 부활하심을 표현하기 위해 사용된 단어들과 같다(egeirö 16:6; anistēmi 8:31, 9:31, 10:34). "이 아이가 죽은 것이 아니라 잔다"라는 예수의 말씀은 다의적이고 또한 다의적이도록 의도되었을 것이다. 그가 힘을 발휘한 다른 상황들과 마찬가지로, 그는 이것을 비밀에 부치고자 한다. 캐리 또한 예수의 말씀을 단순히 있는 그대로 받아들인다. Carey, *Sinners*, 48를 보라. 삶과 죽음의 경계선 상에서, 다의성은 실제로 존재하고 있고 분별력이 요구되고 있다.

2. 와해시키는 수사학: 수수께끼와 비유, 패러독스와 유머

예수를 함정에 빠뜨리려 하는 세력들은 트릭스터들이 언제나 직면하고 극복해야 하는 그런 함정들이다. 이 함정들과 마주할 때, 예수는 바보를 연기한다. 그는 트릭스터와 어릿광대의 복합체를 몸으로 보여준다. 트릭스터로서 예수는 반복적으로 "길이 없는 곳에 길을" 만든다.[20] 그는 시험에 빠뜨리려고 질문하는 권력자들의 덫에 빠지지 않고, 특별한 해석학적 기민함으로 권력자들이 신성시하는 본문들을 다루며 그들의 허를 찌른다.[21] 이런 해석학적 기민함은 사실 트릭스터들의 주특기라고 할 수 있다. 게다가 권력자들과의 관계에서 예수는 자주 어릿광대의 수사학적 행동들을 차용한다. 예수는 수수께끼, 즉 몇 가지의 가능한 답을 암시하는 의도적인 모호함을 지닌 수사학적 형식을 사용함으로 혼란을 생성해내며, 분별력 있는 반응을 계속해서 요구한다.[22] 예수의 수수께끼들도 보통의 수수께끼들

---

20 Hurston, "High John de Conquer," 452.
21 4장에서 주목했듯이 트릭스터와 해석의 관계는 매우 깊다. "성경해석학"(hermeneutics)이라는 용어는 그리스의 트릭스터, 헤르메스(Hermes)로부터 기원된다. 성경의 해석은 앞으로 나올 많은 예시들에서 중요한 역할을 한다.
22 수수께끼의 특성에 대한 개략을 위해서는 다음을 보라. Thatcher, *Jesus the Riddler*, 3-15. 대처가 말하듯이, "그 당시의 수수께끼는 청중의 질서와 가치에 대한 감각을 가지고 놀고자 하는 의도를 지닌 다의(多義)적 문장들을 뜻한다. 그들은 대체로 대답하기 어려우며 가끔은 불가능해 보인다. 이유는 오로지 수수께끼들이 대개는 우리가 세상을 이해하는 데 도움을 주는 바로 그 생각의 체계를 전복시키기 때문이다"(15). 대처가 알아차렸듯이 특히 전통문화에 있어 수수께끼는 단순히 심심풀이나 유희를 위해 사용되지 않고 종종, 심지어 삶과 죽음을 다루는 때에도 사용된, 사회적으로 중요한 형태의 사회 화법이다. 대처는 또한 수수께끼가 반드시 단순한 질문의 형식을 띠어야만 하는 것은 아니라고 설득력 있게 주장한다. 대신 수수께끼들은 반응을 요구하는, 또한 청중들에게 반응하도록 도전하는 (명확함과 애매함 둘 다

과 같이 일반적으로 인정된 규범과 판에 박힌 사고를 뒤엎으면서, 자주 경계선을 넘나들고 사회적 기준들을 위반한다.[23] 예수는 수수께끼를 사용해서 낡은 범주와 양자택일의 틀에 갇히기를 거부하고, 새로운 깨달음을 향해 나아가기 위한 경계성의 공간을 창조하며, 그에 대한 분별력과 반응을 요구한다.

마태복음 22장을 보면 예수와 종교 지도자들 사이에서 이런 종류의 만남이 연속적으로 일어난다. 이런 일련의 사건들은 심지어 예수와 종교적 권력자들이 서로 공세를 취하는 일종의 "수수께끼 대결"로 인식될 수도 있다.[24] 이 대결은 황제에게 세금을 바쳐야 하는지

에게 반대되는) 고의적인 다의성에 의해 특징지어진다. 이런 의미에서 그의 비유들을 포함한 예수의 많은 말씀들은 수수께끼처럼 접근될 수 있다. 수수께끼와 수수께끼를 내는 자로서의 예수에 대한 그의 매우 중요하고 유용한 통찰들에도 불구하고, 불행히도 대처는 하나님의 왕국은 예수의 수수께끼들을 이해하는 특별한 지식을 소유한 자들의 공동체로 이루어져 있다고 주장하며, 그의 통찰을 다소 영지주의적인 방향으로 끌고 간다(135-51). 대처와 반대되게, 프랭크 케어모드(Frank Kermode)는 우리는 결코 예수의 비유적 수수께끼들의 내면을 완전히 이해할 수 없다고 주장한다. "수수께끼는 여전히 어둠 속에 남아있다"라고 그는 말한다. "복음도 마찬가지이다." 그 둘 모두가 굉장한 "해석학적 잠재력"을 가지고 있기 때문에 언제나 "숨겨져 있거나 명확한" 의미들 사이에서 교묘하게 움직이는 트릭스터의 한 종류로 작용한다고 말하는 것이다. 케어모드가 썼듯이, "분명하게 명료한 이야기는 잠재된 감각들을 해석에게 넘겨줘 버린다. 따라서 우리는 절대 그 이야기의 내면으로 들어가지 못하게 되고, 내면이 아닌 바깥에서는 모든 감각의 원천에서 반짝이는 힌트 외에는 결코 그 무엇도 경험하지 못한다." Frank Kermode, *The Genesis of Secrecy* (Cambridge, Mass.: Harvard University Press, 1979), 2, 45-47를 보라. 수수께끼에 대한 더 많은 논의를 위해서는 다음 글들을 보라. Rhoads, Dewey, and Michie, *Mark as Story*, 56-58; N.T. Wright, *Jesus and the Victory of God*, vol. 2 of *Christian Origins and the Question of God* (Minneapolis: Fortress, 1996), 493-510, 565-74, 631-45.

23 Thatcher, *Jesus the Riddler*, 9-15.
24 "수수께끼 대결"과 예수가 수수께끼를 내고 있다는 언어적 단서에 대해서는 다음을 보라. Thatcher, *Jesus the Riddler*, 27-43. 이 수수께끼 대결은 그러나 안전지대에서

에 대한 바리새인들과 헤롯 당원들(그들의 제자를 통한)의 질문으로부터 시작된다(마 22:15-22).[25] 그 질문은 양자택일의 선택을 강요한다. "가이사에게 세금을 바치는 것이 옳으니이까? 옳지 아니하니이까?"라는 질문에서 빠져나갈 길은 없어 보인다. 예수는 세금을 바치는 것에 반대함으로써 로마의 통치권에 도전하는 자로 수배되어 신속한 보복을 이끌어 내거나, 세금 제도를 옹호함으로써 로마의 협력자로 낙인찍혀 선지자로서의 위신을 잃는 것만이 가능한 대답인 듯 보인다.[26] 그곳에 있던 종교 지도자들에게 데나리온 하나를 빌린 후, 예수는 수수께끼를 낸다.

> 이 형상과 이 글이 누구의 것이냐? 이르되 가이사의 것이니이다. 이에 이르시되 그런즉 가이사의 것은 가이사에게, 하나님의 것은 하나님께 바치라 하시니 그들이 이 말씀을 듣

하고 있는 것이 아니라, 잠재적으로 삶과 죽음이 달린 위험한 문제이다. 이 장면은 예수의 수수께끼의 수사학적 이용의 한 예로 쓰일 수 있다.

25 라이트(N. T. Wright)는 이 수수께끼와 또한 (아래에서 논의되는) 다윗의 주와 다윗의 자손에 대한 왕족의 수수께끼에 대해서 논의한다. 라이트에 따르면, 이 수수께끼들은 성전을 깨끗케 하는 예수의 상징적 행위(마 21:12-17)와 분리될 수 없이 연관되어 있고 하나님의 심판과 승리(새로운 출애굽)를 체현해 낸다. 그러나 기대되었던 것처럼 무력으로, 민족주의적 방법이 아닌 "메시아를 닮지 않은 이상한 메시아"로서 심판과 승리를 성취하는 예수에 대한 비밀스러운 계시들을 이 수수께끼들은 포함하고 있다. *Jesus and the Victory of God*, 502-10, 574를 보라. 그렇게 해서 라이트는 예수의 상징적 행동들과 그의 수수께끼들 사이의 역동적인 관계를 주장한다. 더 나아가 그는 예수의 "십자가라는 수수께끼"를 마지막 만찬에서 있었던 새로운 출애굽으로서의 예수의 상징적 행위(565-74)와 연관시키고, 또한 예수의 예루살렘을 향한 마지막 여정의 상징적 행위(631-45)와 연관시킨다.

26 Warren Carter, *Matthew and the Margins: A Sociopolitical and Religious Reading* (Maryknoll, N.Y.: Orbis, 2000), 439.

고 놀랍게 여겨 예수를 떠나가니라(마 22:20-22).[27]

즉 예수는 양자택일의 질문지를 거부한 것이다. "보기 중에 답이 없다"라고 그는 의도된 다의적인 대답을 한다. 그의 대답은 두 선택을 결합한다.[28] 예수는 그의 청중들, 그리고 마태와 그의 독자들 모두에게 분별해야 할 책임과 수수께끼의 의미를 살아 내야 할 책임을 남긴다.[29] 그는 수수께끼의 두 절(節) 사이의 관계를 자세히 살펴보는 일을 우리에게 맡긴다. "가이사의 것은 가이사에게, 하나님의 것은 하나님께 바치라." 신약학자 워렌 카터(Warren Carter)는 예수의 대답으로 인해 생긴 현기증 날 정도로 많아진 선택 목록을 주목한다.

> 두 번째 절은 첫 번째 절을 무효화시키는가? 즉 땅을 포함한(레 25:23) 모든 것은 하나님께 속하니 아무것도 세금으로 내지 말아야 하는 것인가? 아니면 두 번째 절이 첫 번째를 승인하는가? 즉 황제가 하나님의 뜻을 행하니 세금을 내는 것이 옳은 것인가? 아니면 첫 번째 절을 상황화하고 상대화하는가? 즉 하나님께 더 많은 충성을 보여야 한다는 사실을 인정하면서 황제에게 세금을 바쳐야 하는 것인가? 예수는 로마에 대한 당장의 반란을 촉구한 것인가? 아니면 로마와의 조화? 아니면 비폭력적인 로마 타도를 의미하는

---

27 하나님 앞에서 불경스럽게도 황제가 신성한 모습으로 그려진 동전을 꺼내 들므로, 종교 지도자들은 이미 그들 스스로 자신들의 체면을 완전히 깎아 먹고 당황해 버렸다고 라이트는 주장한다. Wright, *Victory of God*, 503.

28 Carter, *Matthew and the Margins*, 440.

29 Thatcher, *Jesus the Riddler*, 37.

것인가?[30]

여기에는 해답이 없다. 대신 청중과 독자들이 그 안에서 분별하고 반응해야만 하는 고착 되지 않는 경계성의 공간을 여는 수수께끼가 남겨진다. 즉 예수는 덫을 빠져나가고 우리는 예수의 수수께끼에 담긴 어떠한 특정한 교훈 혹은 정치적 가르침을 인식하기 위해 계속 노력하도록 남겨진다. 마치 트릭스터처럼 예수는 우리에게 파악하기 어렵고 막연한 해석의 임무를 남기고 떠난다. 이 해석은 필시 예수의 수수께끼에 대한 최종적인 풀이를 내놓기 보다는 우리 자신의 믿음과 헌신을 더 명료하게 드러낼 것이다. 실제로 예수가 이 말씀을 한 이후 바리새인들의 제자들과 헤롯 당원들은 아무 말 없이 그 자리를 떠나버렸다. 그러나 떠나버린 자들과는 달리 그 말씀의 해석자들은 가능한 모든 방향에서 그 말씀에 접근해, 무엇이 황제의 것이고 무엇이 하나님의 것인지에 대해 논쟁하며 예수 자신이 제공한 것보다 더 확실한 결론과 명확함을 찾기 원한다.

이 만남 이후에, 부활을 믿지 않는 사두개인들은 예수를 상대로

---

30 Carter, *Matthew and the Margins*, 440. 카터는 마 17:24-27에 나오는 예수의 설명에 기초해 세 번째 옵션을—하나님께 더 많은 충성을 보여야 한다는 사실을 인정하면서 황제에게 세금을 바쳐야 한다—주장한다. 이러한 해석은 다른 본문에서 예수가 비폭력적인 저항을 강조한 것과 일치한다. 그러나 다른 해석자들은, 예수의 설명 자체가 카터 자신의 확신들을 진전시키고 명료하게 했을 것이라고 말한다. 헤르조크(William R. Herzog)는 예수가 고의적으로 "본심을 숨기고"(dissembling) (혹은 "설전하며"), "이중의 목소리"로 말한다고 주장하면서 상황을 더욱 복잡하게 만든다. 즉 예수는 대중적으로 받아들여질 만한 말을 하는 듯 보이지만 사실 암호화된, 파괴적인 서브텍스트를 사용해 제국을 전복시키려 한다는 것이다. William R. Herzog II, "Dissembling, A Weapon of the Weak: The Case of Christ and Caesar in Mark 12:13-17 and Romans 12:1-7," *Perspectives in Religious Studies* 21 (1994): 339-60.

또 하나의 함정을 판다.

> 선생님이여 모세가 일렀으되 사람이 만일 자식이 없이 죽으면 그 동생이 그 아내에게 장가 들어 형을 위하여 상속자를 세울지니라 하였나이다 우리 중에 칠 형제가 있었는데 맏이가 장가 들었다가 죽어 상속자가 없으므로 그 아내를 그 동생에게 물려 주고 그 둘째와 셋째로 일곱째까지 그렇게 하다가 최후에 그 여자도 죽었나이다 그런즉 그들이 다 그를 취하였으니 부활 때에 일곱 중의 누구의 아내가 되리이까(마 22:24-28).

예수가 할 수 있는 선택은 모두가 불가능해 보인다. 그는 이렇게 대답할 수 있다.

첫째, "그 여인은 형제들 중 한 명의 아내가 될 것이다." 그러나 모든 형제들이 그 여자와 혼인하였으므로 이 해답은 가능하지 않다.

둘째, "그 여인은 형제 모두의 아내가 될 것이다." 그러나 이 해답은 터무니없다.

셋째, "그래, 할 말이 없구나. 죽은 자 가운데서 부활은 없는 것이 분명하다"만이 답일 것이다.

넷째, 그러나 예수는 "보기 중에는 답이 없다"라고 또 한 번 대답한다.[31] 예수는 해석학적으로 또한 수사학적으로 성경이나 하나님의 능력을 담아낼 수 없는 이런 식의 분류를 거부한다. "부활 때에는

---

31 Thomas G. Long, *Matthew*, Westminster Bible Companion (Louisville: Westminster John Knox, 1997), 252.

장가도 아니 가고 시집도 아니 가고 하늘에 있는 천사들과 같으니라"라고 그는 말씀한다. 즉, 부활이라는 미련한 복음이 세상적인 억측들을 중단시키는 것이다. 부활 때에는 완전히 새로운 질서가 생겨난다. 어느 누구도 혼인하거나 혼인 "시켜"지지 않는다. 여성들은 더 이상 소유물이 아니라는 뜻이다. 죽은 자의 하나님을 다루는 것이 아니라 산 자의 하나님을 이야기하는 것이기에 사두개인들의 질문은 완전히 빗나간 것이다. 사두개인들은 낡은 것과 새것 사이의 경계성적인 한계점의 공간에 서서 아무 말도 하지 못한다. 또한 관중들은 그 광경에 깜짝 놀란다. 트릭스터처럼, 예수는 함정에서 탈출해 세상을 재배열한다. 그리고 그는 이미 예수 안에서 세상으로 침범해 들어오고 있는 새 시대를 들여다보고 그 안에서 살도록 우리를 초대한다.

이 일련의 만남 끝에, 여러 번 종교 지도자들의 허를 찌른 뒤, 예수는 종교적 권력자들에게 예수 자신의 수수께끼를 낸다. 성경에서 바로 가져온 해석의 문제를 제기하면서 예수는 해석학적 트릭스터와 수사학적 어릿광대를 동시에 연기한다.

> 너희는 그리스도에 대하여 어떻게 생각하느냐 누구의 자손이냐 대답하되, 다윗의 자손이니이다 이르시되 그러면 다윗이 성령에 감동되어 어찌 그리스도를 주라 칭하여, 말하되 주께서 내 주께 이르시되 내가 네 원수를 네 발 아래에 둘 때까지 내 우편에 앉아 있으라 하셨도다 하였느냐 다윗이 그리스도를 주라 칭하였은즉 어찌 그의 자손이 되겠느냐(마 22:42-45).

또 한 번, 예수는 세상의 범주들을 혼란스럽게 하고 방해한다. 어떻게 다윗의 자손이 다윗에 의해 "주"라고 불릴 수 있단 말인가? 바울이 선포한 "메시아의 십자가"와 같이 이것은 서로 비교할 수 없는 현상들로 느껴진다. 이는 모순되는 수수께끼이다. 하지만 이는 고착되지 않고 통제되지 않는 예수를 새로운 방식으로 깨달을 수 있도록 경계성의 공간을 연다. 당연히 그 누구도 예수의 질문에 답하지 못한다. 아마도 성령의 능력으로 인한 믿음 외에는 답이 될 수 없을 것이다. 또한 그 누구도 감히 더 이상 예수에게 질문하지 못한다. 그리고 그것은 현명한 선택이었다. 마치 바보처럼, 예수는 세상의 견고함을 녹이고 새로운 지각과 생명을 위한 공간을 창조한다.

성육신에서 부활까지, 우리가 설교하는 예수는 동요케 하고 규범을 뒤엎는 인물이다. 그의 사역은, 그의 성육신, 십자가, 그리고 부활과 마찬가지로, 세상의 인습과 합리성을 무너트린다. 그리고 문지방과 같은 경계성의 공간을 창조한다. 그 공간 안에서 성령은 사람들을 형성하고 재형성하기 위해 일하신다. 그 결과 사람들은 새로운 방식으로 세상을 인식하고 거기서 살아가게 될 것이다.[32]

---

[32] 라이트는 예수의 말씀들의 은밀하고 수수께끼적인 성격은 오직 십자가와 부활을 통해서만 이해될 수 있다고 주장한다. 부활 이후에는 그러한 수수께끼는 더 이상 필요치 않다고 그는 말한다(*Victory of God*, 510). 그러나 라이트의 단언은 십자가와 부활 자체의 은밀한 "어리석음"의 특성을 간과한다. 십자가와 부활은 수수께끼처럼 관습적인 범주들을 벗어나 새로운 지각이 가능한 그러나 분별력이 요구되는 경계성의 공간을 창조해낸다. 십자가와 부활 이후에도 예수는 여전히 비밀스러운 수수께끼로 남을뿐더러 바울의 십자가에 대한 선포가 보여주듯이, 예수의 선포는 여전히 미련함의 수사학을 차용한다.

1) 비유: 세상을 우롱하는 수사학

예수는 그를 덫에 걸리게 하려는 자들과 공방을 주고받으면서 사용했던 미련함의 수사학을 꾸준히 그 자신의 설교에서도 사용한다. 예수의 비유들이 바로 이런 역할을 한다. 비유는 수수께끼와 마찬가지로 의도를 가진 다의적인 발언 형식이다.[33] 비유들은 자주 관습적인 범주들 사이의 경계선들을 뛰어넘고, 새로운 깨달음이 가능하지만 동시에 분별력이 요구되는 경계성의 공간을 창조해낸다. 비유들은 그들의 형식에 있어 은유법이 가지고 있는 긴장감이라는 특성을 차용한다. 이 특성은 무언가 새로운 것을 상상할 수 있는 공간을 창조하기 위해서 괴리적인, 심지어 서로 모순되는 개념들을 연결하는 것을 통해 억지로 꾸며진 질서체계를 방해한다. 실제로 비유를 뜻하는 헬라어 파라볼레(parabolē)는 "함께 가다" 또는 "동행하다"의 뜻을 가지고 있다. 즉 비유는 은유법과 마찬가지로 새로운 무언가가 인지될 수 있는 경계성의 공간을 만들어내기 위해 괴리적인 현실들 혹은 개념들을 한자리에 함께 모은다.[34] 십자가에 대한 바울의 어리석은

---

33 실제로 대처는 비유들이 그 자체로 종종 수수께끼의 기능을 수행한다고 주장한다. Thatcher, *Jesus the Riddler*, 54-61, 67-82.

34 Thatcher, *Jesus the Riddler*, 76-77. 대처에 따르면 몇몇 비유들, 특히 "하나님의 왕국"과 함께 다른 현실이나 개념을 만나게 하는 비유들은 ("천국은 마치…같으니") 사실 "공허한 은유"이다. 즉, 은유의 한 요소가 마땅히 있어야 할 곳에 없다는 말이다. "하나님의 왕국"이 가리키는 그 "무언가"가 보이지 않는 것이다. 이러한 텅 빈 은유들은 사실 다중의미를 부각시킨다. Thatcher, *Jesus the Riddler*, 80-82를 보라. 그러나 누군가는 대처의 지적을 해결해낼 수도 있다. 실제로, 행방불명된 본래의 명사는 바로 "하나님"이다. "왕국"이 언급하는 그 무언가는 굉장히 실제적이므로 은유의 다른 요소들로 인해 전복될 수 있다. 그러나 그 "빈 공간"은 "하나님"이라는 단어를 중심으로 존재한다. "왕국"의 은유적인 전복을 통하여서 하나님에 대한 새로운

설교처럼, 예수의 비유는 보통의 언어를 특별하게 사용한다.

우리에게 익숙한 선한 사마리아인의 비유를 생각해 보라(눅 10:25-37).³⁵ 한 율법교사가 예수를 시험하기 위해 나선다. "선생님, 내가 무엇을 하여야 영생을 얻으리이까?" 그러자 예수는 그 율법교사가 스스로 그 질문에 답하게 하려고 문답 형식으로 대답한다. 사실, 예수는 그 질문을 하나의 성경적 해석으로 바꾸어 버린다. "율법에 무엇이라 기록되었으며 네가 어떻게 읽느냐?" 율법교사는 이렇게 대답한다. "네 마음을 다하며 목숨을 다하며 힘을 다하며 뜻을 다하여 주 너의 하나님을 사랑하고 또한 네 이웃을 네 자신 같이 사랑하라 하였나이다." 그러자 예수는 그에게 "네 대답이 옳도다. 이를 행하라, 그러면 살리라"고 말씀한다. 그러나 율법교사는 이런 식으로 떠나가기를 거부하고 자신을 정당화하고자 한다. 그는 해석(그리고 삶)에서 결론과 안전을 얻고자 한다. 그는 묻는다. "그러면 내 이웃이 누구니이까?"

그 율법교사가 상황을 파악하기도 전에, 예수는 세상을 재배열하는 비유를 말씀한다. "천하고 멸시받는" 사마리아인이 자비로운 이웃의 예가 된다. 또한 예수는 율법교사의 질문 자체를 다시 구성한다. 더 이상 그 질문은 명확한 선 긋기를 요구하는 "내 이웃이 누구니이까?"가 아니다. 대신 이것은 개방적이고 선을 넘는 질문이 된다. "누가 강도 만난 자의 이웃이 되겠느냐?"라는 질문에 대한 대답은 역설적이게도 "사마리아인"이다. 그러나 율법교사는 차마 입 밖

지각이 가능해 질 수도 있는 일이다. 이러한 은유적 비유들은 그러므로 대처가 제안하는 것보다 훨씬 더 복잡할 수 있다.

35 수수께끼로서의 선한 사마리아인 비유에 관해서는 다음을 보라. Thatcher, *Jesus the Riddler*, 68-72.

으로 그 말을 낼 수 없어 예수의 질문에 완곡하게 대답한다. "자비를 베푼 자니이다." 이웃 사마리아인, 선한 사마리아인, 이들 또한 율법교사의 세계에서는 있을 수 없는 현실들이다. 실제로 "선한 사마리아인"은 현 질서를 방해하는 역설적인 비유가 된다. 바울의 경우에서처럼, 예수는 그의 비유에서 세상의 일반적인 가설들을 가져다가 "틀에 박히지 않고 불안정하게 만드는 반대되는 쌍들"에 붙임으로 세상의 가설들을 뒤엎는다.[36] 또한 그 율법교사는 세상을 새로운 방식으로 바라보도록 초대된다.

많은 학자들이 알아차렸듯이, 예수의 비유들은 몇 번이고 되풀이해서 이러한 방식으로 작용한다. 그의 비유들은 세상을 흔들고 재구성한다. 그 비유들은 어떠한 종류의 결론이나 해답을 향해 나아가지 않는 대신에 여러 가지 해석이 가능한 경계성의 공간을 창조한다. 그런 뒤 그 비유들은 청중들을 예수 안에서 세상으로 침노한 새 시대를 인지하고, 그 새로운 시대로 이동할 수 있도록 이끌어간다.

그의 비유 가운데 하나에서, 예수는 실제로 고전적인 트릭스터의 이야기를 닮은 한 비유를 든다.

> 또한 제자들에게 이르시되 어떤 부자에게 청지기가 있는데 그가 주인의 소유를 낭비한다는 말이 그 주인에게 들린지라 주인이 그를 불러 이르되 내가 네게 대하여 들은 이 말이 어찌 됨이냐 네가 보던 일을 셈하라 청지기 직무를 계속하지 못하리라 하니 청지기가 속으로 이르되 주인이 내 직분을 빼앗으니 내가 무엇을 할까 땅을 파자니 힘이 없고 빌

---

36 Brown, *Cross and Human Transformation*, 30.

어 먹자니 부끄럽구나 내가 할 일을 알았도다 이렇게 하면 직분을 빼앗긴 후에 사람들이 나를 자기 집으로 영접하리라 하고 주인에게 빚진 자를 일일이 불러다가 먼저 온 자에게 이르되 네가 내 주인에게 얼마나 빚졌느냐 말하되 기름 백 말이니이다 이르되 여기 네 증서를 가지고 빨리 앉아 오십이라 쓰라 하고 또 다른 이에게 이르되 너는 얼마나 빚졌느냐 이르되 밀 백 석이니이다 이르되 여기 네 증서를 가지고 팔십이라 쓰라 하였는지라 주인이 이 옳지 않은 청지기가 일을 지혜 있게 하였으므로 칭찬하였으니 이 세대의 아들들이 자기 시대에 있어서는 빛의 아들들보다 더 지혜로움이니라 내가 너희에게 말하노니 불의의 재물로 친구를 사귀라 그리하면 그 재물이 없어질 때에 그들이 너희를 영주할 처소로 영접하리라(눅 16:1-9).

예수의 이 이야기에 붙여진 일반적인 제목은 "불의한 청지기의 비유"이다. 이와 같은 제목은 이야기를 근본적으로 도덕에 관한 것으로 만들고, 여기에 관한 도덕적 쟁점들은 현대의 자본주의적 체제를 기준으로 읽힌다.[37] 이러한 본문 읽기는 특히 이야기의 마지막에

---

[37] 우리의 해석은 William R. Herzog II, *Parables as Subversive Speech: Jesus as Pedagogue of the Oppressed* (Louisville: Westminster John Knox, 1994), 233-58의 해석을 따른다. 헤르조크는 이 상황에서 다양한 "도덕들"이 작용하고 있다고 말한다. 부유한 고위층인 주인의 도덕, 자신을 위해서 한몫 차지하도록 예상되었던 청지기의 도덕, (상인들인지 소작농들인지는 알 수 없지만) 자신들의 이익을 위해 행동했던 빚진 자들의 도덕. 서로 다른 도덕성들이 유동적으로 작용하고 있을 때, 비유 안에서 전체를 지배하는 도덕적 쟁점들을 읽어내는 것은 적절하지 않다. 헤르조크 자신은 청지기를 트릭스터라고 부르거나 이야기를 트릭스터 설화와 비교하지는 않는다. 트릭스

"주인"(kyrios)이 청지기를 칭찬할 때, 심각한 문제를 만들어낸다.[38] 그러나 이야기의 중점은 도덕에 있는 것이 아니라 지혜로움, 다른 말로 트릭스터를 정의하는 특성이라고 할 수 있는 영리함에 있다. 그러므로 이 비유에 더욱 걸맞은 제목은 "세상을 재배열하는 트릭스터의 비유"가 될는지도 모른다. 왜냐하면 정확히 이것이야말로 이 비유에서 일어나는 일이기 때문이다. 트릭스터 혹은 청지기의 익살맞은 행동을 통해서 세상은 재구성되고, 경계성의 공간이 창조되며, 우리에게는 기묘한 것임이 틀림없을 테지만 새로운 창조를 잠깐이나마 들여다볼 수 있는 기회가 주어진다.

이 비유는 트릭스터 이야기의 고전적 형태를 따른다. 처음에 청지기는 그 자신의 어리석음과 또한 그의 일 처리에 대한 소문과 험담을 퍼뜨려서 그를 음해하려 하는 소작인들의 간계로 인해 곤경에 처한다.[39] 소문이 주인의 귀에 들어갔을 때, 청지기가 빠져나갈 구멍은 없어 보인다. 청지기는 그야말로 생사가 걸린 상황에 처한 것이다.[40] 그래서 그는 주인과 소작인들 모두의 허를 찌르는 방법으로 덫을 빠져나가려 한다. 그가 주인에게 직분을 빼앗겼다는 사실을 밝히지 않은 채, 청지기는 소작인들이 주인에게 진 빚의 일부를 탕

터의 일종으로서의 청지기를 다룬 연구를 위해서는 다음을 보라. Dan Otto Via Jr., *The Parables: Their Literary and Existential Dimension* (Philadelphia: Fortress, 1967), 155-62.

38 실제로 8절 전반부의 칭찬은 예수에게서 나왔다고 주장하는 사람들도 있다. 그렇다면 도덕적 해석은 잠재적으로 더욱 어려워진다. 헤르조크는 그의 글에서 이 청지기 비유를 향한 다양한 접근 방식들을 다룬다.

39 청지기는 아마도 빚진 자들 덕분에 그가 얻은 이익들을 조금 너무 과시하듯이 드러냈을 것이다. 헤르조크가 주목하듯이, 소작인들은 항상 청지기를 해하려 노력했다.

40 Herzog, *Parables*, 242.

감해 준다. 이를 통해 청지기는 자신과 또한 (사람들이 생각하기에 아직) 그가 대표하는 관대한 주인에게 소작인들이 호의적이 될 수밖에 없는 상황을 만든다.[41] 게다가 청지기는 소작인들이 청지기를 비판한 바로 그 일, 즉 주인의 돈을 아무렇게나 써버리는 그 일을 소작인들 자신도 기꺼이 저지르고 있다는 사실을 드러낸다. 동시에 청지기는 그 주인을 곤란한 상황에 처하게 만든다. 만일 주인이 "나는 빚을 탕감해준 적이 없다"라고 하면 채무자들은 주인에게 분노할 것이다. 만일 주인이 "그래 내가 빚을 탕감해 주었다"라고 하면 주인은 채무자들로부터 감사의 인사를 받을 것이나 청지기를 해고할 수는 없게 된다.

더욱이, 청지기의 행동을 확언해 줌으로써 주인은 그의 관대함으로 채무자들을 자신에게 신세 지게 만드는 꼴이 된다. 당장은 돈을 잃겠지만(물론 주인은 여전히 큰 이득을 남길 것이다), 소작인들은 훗날 그 은혜를 갚아야 할 것이다. 청지기가 주인의 미래에 이득이 되는 방식으로 일했다는 것을 주인이 깨닫게 함과 동시에, 청지기는 주인과 소작인들 모두의 허를 찌른다. 이것은 미련함이 곤경을 초래하고, 그 곤경이 다시 적들의 의표를 찌르는 것과 같은 영리함을 이끌어내는 고전적인 트릭스터 이야기의 형식이다. 이런 영리함으로 트릭스터는 위기를 모면하게 되고 트릭스터 청지기는 결국 구린 냄새를 떨

---

41 만일 비유가 어떤 이들이 주장하듯이 유대인의 환경을 묘사한다면, 청지기는 빚에 붙은 이자를 탕감해 주었을 수도 있다. 유대교 법을 어기지 않기 위해서, 이자는 별개의 항목으로 첨부되기보다는 전체 빚의 일부로 포함되었을 것이다. 빚의 이자 부분을 탕감해줌으로서 청지기는 주인을 이도 저도 할 수 없는 상황에 몰아넣는지도 모른다. 만일 주인이 법으로 금지된 이자를 복원하려 했다면 여간 고생이 아니었을 것이다.

쳐 버리고 비난받을 일 없는 향기로운 모습으로 다시 일어선다.

그러나 이 비유에서 구현된 트릭스터 이야기에는 또 하나의 차원이 있다. 트릭스터는 우연하게 세상을 재배열한다. 그는 무언가 소중한 것, 즉 하나님의 통치를 잠깐이나마 들여다볼 수 있는 경계성의 공간을 창조해낸다. 신학자 윌리엄 헤르조크는 다음과 같이 말한다.

> 이 비유는 평범한 사회적 각본으로 시작한다. 주인은 청지기를 불신하고, 소작인들은 청지기를 증오하며, 청지기는 소작인들과 주인 모두를 속인다. 그러나 그의 터무니없는 행동을 통해 청지기는 이 모든 각본을 뒤엎는 데 성공한다. 소작인들은 주인을 칭송하고, 주인은 청지기를 칭찬하며, 청지기는 소작인들의 짐을 덜어주고 그의 직책을 지킨다.[42]

즉 그의 영리함을 통해서 청지기는 결국 견고한 문화적 체제를 전복시키고 진실한 공동체(*communitas*)[43]의 경계성적 순간을 만들어낸다. 혹은 신학적 용어로 하면, 트릭스터는 세상을 재정리하고 우리에게 새로운 세계에 대한 일견, 즉 "빚의 탕감, 즉 죄 용서가 기도 속의 탄원으로 그치지 않는 또 다른 질서"를 잠깐이나마 들여다볼 수 있는 기회를 선물한다.[44] 트릭스터의 어리석음과 곤경 때문에 시작된 일이 세상을 갱신하는 결과를 가져온다.

42　Herzog, *Parables*, 257.
43　Herzog, *Parables*, 257-58. 커뮤니타스(*communitas*)는 빅터 터너(Victor Turner)에 의해 사용된 용어로, 경계성을 통해서만이 가능한 새로운 공동체의 한 종류를 뜻한다.
44　Herzog, *Parables*, 158.

이런 의미에서 트릭스터 청지기는 예수가 경계선을 넘으면서 수행한 그 일을 행하고 있다. 사회의 구조와 모순을 뒤엎고 새로운 세계가 부수고 들어올 수 있는 경계성의 공간을 만드는 것이다. 트릭스터는 그 자신이 트릭스터라는 사실에도 불구하고 하나님의 통치의 도구로 쓰인다. 희극적인 형태를 통해, 비유는 구 시대가 중지되고 새 시대를 엿볼 수 있는 그곳, 즉 시대의 전환점에 우리를 세워 놓는다. 그 비유는 또한 시대들 사이에 끼인 삶은 트릭스터처럼 불안정하다고 말한다. 다시 말해서, 이러한 삶은 세상과는 다른 복음의 미련함을 요구한다고 말하는 것이다. 그 복음의 미련함은 새 시대에서의 새 삶을 위하여 구 시대의 체계와 모순들의 의표를 끊임없이 찔러댄다.⁴⁵

국제적으로 저명한 설교학자 알브레히트 그뢰징거(Albrecht Grözinger)는 비유들의 역할, 다시 말해 설교 그 자체의 역할은 "현실을 기묘하게" 만드는 것에 있다고 말한다. 여기에서 "기묘"란 "평범하고 합법적이고 우세한 것과 어긋나는" 존재를 뜻한다.⁴⁶ 현실을 기묘하게 하는 데 있어, 비유와 설교는 세상에 속한 재료들을 이용해서 세상을 재배열하고 세상에 대한 우리의 인식을 바꾼다.⁴⁷ 이 과정을 묘사하기 위해 그뢰징거는 바보의 이미지, 그중에서도 광대를 사용한다.

---

45 이러한 해석은 8절, 또한 9절에서의 예수의 말씀의 아이러니에 의해 뒷받침된다.
46 Albrecht Grözinger, "What Are the Consequences for the Language of the Sermon?: A Respond [sic] to the Lecture of Henning Thomsen," in *Preaching: Does It Make a Difference?*, ed. Mogens Lindhardt and Henning Thomsen, Studia Homiletica 7 (Frederksberg: Aros Vorlag, 2010), 50. 그뢰징거는 주디스 버틀러와 데이비드 할퍼린의 현대 퀴어 이론을 참조한다.
47 Grözinger, "What Are the Consequences?," 50.

설교자가 "한 사람이 음식점으로 들어섭니다!"라고 말하는 것은 청중들에게 그물망 같은 머릿속 이미지들을 불러일으킨다. 그들은 식탁들과 의자들을 보고, 부엌과 싱크대를 보고, 종업원들을 볼 것이다. 청중들이 떠올리는 이미지는 각자의 경험에 따라 다를 수 있다. 그러나 모두는 음식점의 광경을 머리에 떠올린다.

이제, 이 광경은 기묘하게 만들어질 수 있다. 그리고 나는 이러한 기묘하게 만드는 것이야말로 설교의 가장 중대한 요점이라고 생각한다. 우리가 "한 사람이 음식점으로 들어섭니다"라고 말할 때, 우리는 보통의 경우라면 평범했을 음식점의 정서적 그림을 불러낼 것이다. 그러나 우리가 "그리고 음식점으로 들어서는 이 사람은 어릿광대입니다"라고 말하는 즉시 우리는 음식점의 상투적인 상상도를 비틀어 버린다. 당신은 찰리 채플린이 종업원으로 등장하는 모습을 상상하고 있을지도 모른다. 찰리 채플린이 종업원으로 등장하는 유명한 장면을 기억하는 모든 이들은 자동으로 "음식점을 기묘하게 만드는 것"이 무엇을 뜻하는지 이해하게 될 것이다.[48]

그뢰징거는 여기에서 예수의 어리석고 비유적인 설교의 본질로 다가선다. 이웃의 역할을 시연하는 사마리아인에 대한 비유를 말씀하면서, 예수는 현실을 비튼다. 주인에게서 훔치고 후에는 장부를 조작한 청지기가 주인에 의해 칭찬받는 이야기를 함으로써, 예수는

---

48 Grözinger, "What Are the Consequences?," 50.

현실을 비튼다. 뒤를 잇는 비유마다 이런 식이다. 그뢰징거 자신의 용어인 "기묘한 혹은 괴상한"이라는 말과 성경의 언어인 "비유"를 나란히 놓는 것은 많은 사람들을 불편하게 만들 것이다. 그의 언어는 비유에 대한 우리의 길들여진 태도 혹은 정답을 찾고자 하는 접근 방식에 개입하여, 우리에게 비유를 보는, 또한 비유를 통해서 세상을 보는 새로운 시각을 소개한다.

우리가 지금까지 사용했던 용어들로 바꿔 말하자면, 비유들(그리고 설교)은 십자가에 못 박힌 메시아가 당시의 현실을 우롱한 것처럼, 지금의 현실을 우롱한다고 말할 수 있을 것이다.[49] 예수의 비유들은, 십자가에 대한 바울의 설교처럼, 바보의 역할을 한다. 틀에 박힌 언어와 이미지들을 틀에 박히지 않게 사용함으로써 예수의 비유들은 평범하고, 합법적이며, 우세한 위치에 있는 것들을 파괴한다. 다시 말해, 비유를 통해서 예수는 지혜롭다고 여겨지는 것을 어리석게 만든다. 그리고 그 비유를 통해서 예수 안에서 세상을 뒤엎어 버린 바보스러운 새 시대를 지각할 수 있는 이중 초점 시야를 불러일으킨다. 설교의 핵심은 이러한 종류의 어리석은 일이다.

---

49 실제로 예수 그 자체가 비유로 해석되어왔다. 예수의 삶과 죽음 그리고 부활의 신비하고 수수께끼적인 특성에 비추어 보면 적절한 일이다. 예를 위해서는 다음을 보라. Sallie McFague, *Metaphorical Theology: Models of God in Religious Language* (Philadelphia: Fortress, 1982), 48–54; Leander Keck, *A Future for the Historical Jesus: The Place of Jesus in Preaching and Theology* (Philadelphia: Fortress, 1981), 243–49. 크로산(John Dominic Crossan)이 쓴 것처럼, "예수는 비유 안에 계신 하나님을 선포했지만, 원시교회는 예수를 하나님의 비유로 선포했다."

2) 산상수훈의 미련함

산상수훈은 예수가 사용한 미련한 수사학의 한 예로 보아야 한다. 예수의 설교 내용은 바울의 설교만큼이나 바보스럽다. 바울의 설교만큼이나 세상의 인습과 논리 그리고 세상의 근거 없는 통념을 뒤엎는다. 예수의 설교는 새로운 것으로 구 시대를 조롱한다.

교회는 시대를 거치며 이 미련함을 알게 되었다. 신학자들과 윤리학자들은 설교의 어리석음을 회피하거나 얼버무리기 위해서, 또한 설교의 어리석음을 축소하고 설교를 사람들의 입맛에 더 맞게 하기 위해서, 놀라운 일련의 방법들을 생각해냈다. 예를 들어 설교는 내세 지향적인, "잠정적"(interim) 윤리와 같은 어떤 종류로 치부되어 왔다. 설교는 종말이 즉시 닥칠 것이라는 기대와 함께 선포되었고 오로지 종말적 배경을 위해서만 존재했다. 그러나 시간이 흘러 지금은, 이런 종말론적 설교는 현대의 신앙인들에게 의미가 없어졌다. "진짜" 세상에서 전혀 실용적이지 않기 때문에 설교는 내세 지향적 잠정적 윤리로 전락하고 만다.

게다가 교회는 설교를 오로지 기독교적 삶을 극단적인 형태로 살고자 하는 "초월적인 그리스도인"들만을 위한 윤리로 받아들여 왔다. 그러나 그런 설교는 세상에서 하루하루를 살아가야 하는 신앙인들과는 무관하다. 이 층으로 이루어져 있는 체계가 성립되었고, 설교는 오직 위층에 사는 자들에게만 적용되었다. 나머지는 아래층에 사는 이들은 그저 방치되었다. 놀랄 것도 없이, 설교의 엄격한 기준을 문자 그대로 따라 살기를 선택한 많은 사람들은 그리스도를 위한 바보 혹은 "예수 바보"들로 불렸다. 이러한 별명들은 산상수훈의 미련함을 인정하는 간접적이고 함축적인 또 하나의 표지이다.

또한 어떤 이들은 설교는 더 광범위한 의미에서 정치적 혹은 사회적 관계들을 위한 것이 아니라, 개인적인 사람 사이의 관계를 위한 것이라고 주장한다. 이러한 시각은 그의 가장 잘 알려진 책의 제목 『도덕적 인간과 비도덕적 사회』가 제안하듯이 개인과 사회의 도덕을 분리한 라인홀드 니버(Reinhold Niebuhr)의 연구에 내재되어 있다.[50] 이런 시각으로 볼 때, 산상수훈은 이 말씀이 반복적으로 경제적, 사회적 그리고 정치적 현실을 다룸에도 불구하고 개인의 영역에 국한된 것으로 좌천당한다.

마지막으로, 몇몇 전통들에서, 설교는 우리의 죄를 빌미로 우리에게 유죄선고를 내리는 도구로 해석되었다. 그러한 설교는 고의적으로 너무나도 높은 기준, 너무나도 감당하기 벅차도록 의도된 기준을 세움으로써 우리의 노력들이 실패로 돌아갈 수밖에 없게 만들어 우리 자신을 하나님의 긍휼히 여기심에 전적으로 의지하게 한다.

교회는 체제를 전복할 정도로 세상을 우롱하는 산상수훈의 미련함을 분명하게 이해했다. 그럼에도 불구하고 교회는 너무나도 자주 설교의 어리석음을 회피하기 위한 길, 즉 파괴적이고, 불안정한 미련함이라는 측면을 회피하기 위한 방법을 찾아왔다. 그러나 설교자들은 결코 설교를 사람들의 구미에 맞도록 만들기 위해 노력해서는 안 된다. 설교자들은 설교가 "파괴적이고 어리둥절케 하는 말씀"을 그대로 전할 수 있도록 하기위해 "미련함의 해석학"으로 설교에 접근해야 한다.

---

50 Reinhold Niebuhr, *Moral Man and Immoral Society: A Study in Ethics and Politics* (New York: Scribner, 1932).

산상수훈은 가히 충격적이다. 대안적인 세상에 대한 비전을 보여주기에 너무나도 바보 같아 보인다.[51] 이 대안 세계는 예수의 시대 그리고 우리 시대의 관습과 논리와 근거 없는 신화들을 거스르는 이상한 세계이다. 이러한 시각에서 예수는 이 낯설고 새로운 세상에서의 삶은 어떤 것인지를 보여주는 실제적인 모습들을 묘사한다. 이 새로운 공동체에서 화해는 복수에 우선한다(마 5:21-26). 여성은 더 이상 상품이나 소유물로 취급되지 않는다(마 5:27-32). 원수를 향한 사랑과 비폭력적인 저항이 타인에 대한 폭력적인 지배를 대체한다(마 5:38-48).[52] 종교적 행위들은 우월함과 경쟁력의 원천이 되지 못한다(마 6:1-18). 그리고 부를 향한 욕망은 더 이상 삶의 원동력이 되지 못한다(마 6:19-34). 사회적, 정치적, 종교적 그리고 경제적으로, 예수는 위와 아래, 안과 밖이 뒤바뀐 세상을 선포한다. 그의 설교는 청중들을 불편하게 하고 혼란스럽게 만들려 한다. 마치 바보처럼, 설교는 우리가 우리의 상식과 당연하게 여겨왔던 가정들을 완전히 잊어버릴 정도로 충격을 받게 해서, 우리가 이 세상을 다르게 바라볼 수 있게 하고, 또한 예수 안에서 현 세상을 가로막고 있는 새로운 세계를 바라볼 수 있도록 한다.

이런 점에 있어서 우리는 설교 안에서 예수를 어릿광대 혹은 바

---

[51] 비전으로서의 산상수훈에 대해서는 Campbell, *Word before the Powers*, 94-95, 또한 워렌 카터의 설교에 대한 논의를 위해서는 Warren Carter, *Matthew and the Margins*, 128-95를 보라.

[52] 월터 윙크가 설득력 있게 주장했듯이 마 5:38-42에서의 행동들("네 오른편 뺨을 치거든 왼편도 돌려 대며", "속옷을 가지고자 하는 자에게 겉옷까지도 가지게 하며", "너로 억지로 오 리를 가게 하거든 그 사람과 십 리를 동행하고")은 수동적인 행동이 아니라 비폭력적인 저항의 행위, 즉 예수의 세 번째 방식이다. Wink, *Powers That Be*, 98-111.

보와 같이 생각할 수 있다. 우리 중에 많은 이들이 설교를 너무나 심각하게 받아들인 나머지 설교의 충격적인 광기를 놓친다. 예수를 어릿광대로 생각하는 것은 설교의 이러한 부분을 이해하도록 도울 수 있다. 우리가 전 장에서 주목했듯이, 어릿광대란 근본적으로 세상을 다르게 보는 인물이다. 그 혹은 그녀는 세상을 보는 색다른 시각을 가지고 있다. 일반적으로 우습고도 기괴한 행동들을 통해, 어릿광대는 우리가 세상의 습관적인 가정에서 벗어나와 새롭고 창의적인 방식으로 세상을 바라보고 살아갈 수 있도록 사람들에게 충격을 준다.

예수의 설교는 정확히 이러한 방식으로 작용한다. 산상수훈의 첫 부분에서 예수의 팔복에 대한 가르침을 생각해 보라(마 5:1-12). 여기에서 예수는 고린도전서 1장에 나오는 바울의 어리석은 선포와 비슷한 방식으로 언어를 사용한다.[53] 팔복의 말씀은 요구 사항이 아니다. 오히려 그들은 종말론적 축복, 시간의 끝과 함께 오는 축복이다. 종말론적인 방식으로, 팔복의 말씀들은 예수 안에서 세상을 뚫고 들어오는 새로운 세계를 예고한다. 또한 팔복의 말씀은 어리석음과 능력에 대한 바울의 언어와 같이 충격적일 정도로 역설적이다. 예수는 관습적인 짝짓기와 관점을 파괴하는 방식으로, 반대되는 개념들을 한 짝으로 묶는다. 그는 평범한 언어를 비범하게 사용한다. "심령이 가난한 자는 복이 있나니." "온유한 자는 복이 있나니." "의를 위하여 박해를 받은 자는 복이 있나니." 바울의 수사학과 마찬가지로 예수의 수사학에서도 어울리지 않는 반대되는 것들로 이루어진 쌍들

---

53 개정표준성구집은 실제로 예수 현현 후 네 번째 주일에 팔복의 말씀을 고전 1:18-31과 짝지어 놓았다.

이 청중들 안에서 급진적인 지각의 변화를 일으킨다. 우리는 이 구절들을 읽을 때 "복이 있나니"와 그 전에 오는 내용 사이를 한참 끊어서, 놀란 목소리로, 심지어 충격받은 목소리로 읽어야 한다.

바울과 같이 예수는 언어적 관습을 파괴한다. "복"과 "가난한 자"는 예수의 시대, 혹은 우리 시대의 세상에서는 두말할 것도 없이 같은 문장에 속할 수 없다. 바울과 같이 예수는 당연하게 받아들여지던 세상을 파괴한다. 그리고 그는 청중들을 새로운 방식으로 세상에서 살아가도록 초대한다. 여기에서 예수는 바울과 비슷한 방식으로 바보의 역할을 한다. 바울과 같이, 또한 곳곳의 바보들과 같이, 예수는 그의 설교를 통해 세상을 재배열한다. 그러나 그는 청중들이 예수 안에서 이미 세상을 부수고 들어온 새 시대를 보고 그 안에 들어가 살 수 있도록, 세상을 보는 청중들의 관점을 바꿈으로써 그 일을 한다.

산상수훈의 나머지 부분에서도 예수는 어릿광대로서의 역할을 계속한다. 예수는 실제로 세상의 견고함을 녹이고 새로운 가능성을 위한 경계성의 공간을 창조하기 위해 자주 유머를 차용한다. 예수가 어떤 방식으로 자신들의 의로움을 다른 이들 앞에서 드러내고 있는 자들을 풍자하는지 생각해 보라.

> 구제할 때에 외식하는 자가 사람에게서 영광을 받으려고 회당과 거리에서 하는 것 같이 너희 앞에 나팔을 불지 말라(마 6:2).

구호금을 나누어 주기 전에 나팔을 불어 대는 사람. 볼만한 광경이 아닌가. 그러나 이 이미지는 사람들의 행동을 사실 그대로 묘사한 것은 아니다. 구제하는 자들이 진짜로 나팔 부는 선봉대를 먼저 보내지는 않았다. 여기에서 예수는 당시의 종교적 행위들을 비꼬고 중지시키기 위해 과장법을 사용한다. 그는 놀라게 하고 충격을 주는 우스꽝스러운 이미지를 만들어낸다.[54] 그리고 그는 거기에서 멈추지 않는다. 그는 계속한다.

> 기도할 때에 이방인과 같이 중언부언하지 말라 그들은 말을 많이 하여야 들으실 줄 생각하느니라(마 6:7).

우리 중 대부분은 예수가 정확히 어떤 종류의 기도에 냉소적이었는지 알고 있다. 다들 이런 기도들을 듣는 중 졸아본 적이 있지 않는가? 예수의 말씀을 듣고 있던 사람들은 공공연하게 의롭게 보이고 싶어 하는 이들의 모습을 생각하며 최소한 숨죽여 웃거나, 혹은 크게 웃고 있었을지도 모른다.

또한 예수가 티와 들보에 대해 한 말씀을 생각해보라.

> 어찌하여 형제의 눈 속에 있는 티는 보고 네 눈 속에 있는 들보는 깨닫지 못하느냐 보라 네 눈 속에 들보가 있는데 어찌하여 형제에게 말하기를 나로 네 눈 속에 있는 티를 빼게 하라 하겠느냐 외식하는 자여 먼저 네 눈 속에서 들보를 빼어라 그 후에야 밝히 보고 형제의 눈 속에서 티를 빼리라(마 7:3-5).

---

54 Carter, *Matthew and the Margins*, 160.

이 말씀은 사실 익살맞은 연극의 형식으로 공연되어야 한다.[55] 한 인물이 다른 인물과 코를 맞대고 서서, 그 다른 사람의 눈에서 티끌을 찾아내기 위해 엄청나게 열중해서 인상을 쓰며 자신의 한쪽 눈으로 그 사람의 눈을 들여다보는 장면을 상상해보라. 그렇게 하는 동안 내내, 티끌을 찾고 있는 사람의 눈에서 거대한 들보가 튀어나와 있는 것이다. 이 과장된 장면은 그 어느 어릿광대라도 만족할만한 큰 웃음을 자아낸다.

특별하고도 자주 오해되는 마태복음 5:38-41의 말씀만큼, 어릿광대처럼 행동하는 예수의 모습을 제대로 보여주는 곳은 흔치 않다.

> 눈은 눈으로 이는 이로 갚으라 하였다는 것을 너희가 들었으나 나는 너희에게 이르노니 악한 자를 대적하지 말라 누구든지 네 오른편 뺨을 치거든 왼편도 돌려 대며 또 너를 고발하여 속옷을 가지고자 하는 자에게 겉옷까지도 가지게 하며 또 누구든지 너로 억지로 오 리를 가게 하거든 그 사람과 십 리를 동행하고(마 5:38-41).

"'눈은 눈으로, 이는 이로 갚으라'하였다는 것을 너희가 들었으나." 여기에서 예수는 출애굽기(출 21:23-24), 레위기(레 24:19-20), 또한 신명기(신 19:21)에서 열거된 "복수의 율법"에 맞선다. 흥미롭게도 그 율법은 사실 폭력을 제재하기 위해, 그 시대에 흔히 일어났던 통제 불가능한 복수를 저지하기 위한 것이었다. 그것은 보복을 "같은 종류"

---

55 여기에서 우리는 이 대사를 이런 방식으로 공연에 올리고 그것의 미련함을 강조해준 캐나다의 메노나이트 컨퍼런스의 배우들에게 빚을 졌다.

의 보복에 제한했다. 눈에는 눈보다 과하지 않게. 이에는 이보다 과하지 않게. 그 율법은 점진적으로 나아갈 온전한 율법의 한 부분이었다.

그러나 뿌리 깊은 가설은 여전히 남는다. 이 가설이란, 적에게 반응하는 방식, 즉 나를 해치는 자에게 반응하는 방식은 폭력적인 보복을 통해서라는 것이다. 그리고 이러한 가설은 출애굽기, 레위기, 신명기에만 존재하는 것이 아니다. 그것은 우리가 매일 숨 쉬는 이 공기 안에 존재한다. 그것은 (둘 다 테러리스트들의 행위이자 다양한 국가들의 그들에 대한 반응인) 전쟁부터 테러리즘, 그리고 지구상의 다른 갈등들부터 우리의 사람 사이 관계까지, 우리의 세상을 지배하며 몰아간다. 그것은 인습적인 지혜가 되어버렸다. 그리고 그 결과로, 폭력의 악순환은 끊어질 기미가 보이지 않는다. 우리는 대안을 상상하기조차 힘들다. 저명한 칼럼니스트 머린 도드(Maureen Dowd)는 오사마 빈 라덴의 죽음 후에 뉴욕 타임스에 이렇게 썼다. "오직 바보들이나 사기꾼들만이 우리가 알 카에다의 폭력을 비폭력으로 맞서 싸울 수 있다고 말할 것이다."[56]

예수는 여기에서 월터 윙크가 "구속적 폭력의 신화"(myth of redemptive violence)라고 부르는 것들을 제시한다. 이것은 폐쇄된 엄숙함의 한 형태라고 앞에서 이야기되었던 것이고, 경계성과 다른 이들에게서 오는 협박에 대한 예측 가능한 반응의 형태로 인식되는 것들이다.[57] 예수는 다음과 같이 말씀하며 이러한 근거가 희박한 통념에 맞

---

56 Maureen Dowd, "Killing Evil Doesn't Make Us Evil," *New York Times*, May 7, 2011, accessed August 2, 2011. http://www.nytimes.com/2011/05/08/opinion/08dowd.html?r=1&ref=maureendowd.

57 Wink, *Powers That Be*, 42–62.

선다. "'눈은 눈으로, 이는 이로 갚으라'하였다는 것을 너희가 들었으나."

여기서 우리는 "그러나(…으나)"에 주목하여야 한다. 이 중단시키는 작용을 하는 (성경에서 종종 가장 중요한 단어인) "그러나"라는 단어와 함께 예수는 세상의 견고함을 녹이기 시작한다. "들었으나(그러나), 나는 너희에게 이르노니 악한 자를 대적하지 말라." 우리는 "폭력으로 대항하지 말라"가 매우 적합한 번역이라고 생각한다. 여기에서는 군대의 이미지가 사용된다. 폭력적 저항이야말로 예수가 반대하는 존재이다. 그는 결코 우리에게 악에게 맞서지 말라고 말씀하지는 않는다. 예수 자신도 언제나 악에게 대항했다. 그러나 그는 단 한 번도 폭력을 통하지 않았다. 그리고 여기서 바로 그것에 대해 말씀한다. "악한 자에게 폭력으로 대항하지 말라."

그런 뒤 예수는 폭력적인 대항의 대안을 상상해 보라고 우리를 초대한다. 그리고 여기서 예수는 어릿광대의 옷을 입고 고깔모자를 쓰며 바보를 연기한다. 유머는 우리를 자유롭게 하는 도구가 된다. 예수는 풍자와 해학으로 지배하는 권세들과 폭력에 맞선다. 그는 그 어떤 어릿광대라도 뿌듯해 할 만한 우스꽝스러운 행동들을 생각해낸다. 관중들은 분명히 낄낄거리거나 아니면 박장대소하고 있었을 것이다.

십 리를 더 동행하는 예시를 생각해보라.[58] 로마 군인은 오 리 동안 다른 이에게 자신의 짐을 지고 가도록 강제할 수 있는 특권을 가졌다. 그러나 오 리 이상은 불가했다. 이 권리가 너무도 남용되었기

---

58 이 지점에서 본문에 대한 우리의 해석은 월터 윙크의 연구에 기초한다. Wink, *Powers That Be*, 98–111.

때문에 군인의 요구를 제한하는 법이 생겨난 것이다. 오 리, 그러나 그 이상은 금지되었다. 그래서 예수는 말씀한다. "누구든지 너로 억지로 오 리를 가게 하거든 그 사람과 십 리를 동행하라." 첫 오 리를 다 걸었을 때의 상황을 상상해 보라.

> 군인은 말한다. "됐어. 충분해. 오 리를 다 왔군. 이제 짐을 내려놓고 가서 하던 일이나 마저 하쇼." 그런데 짐을 지고 가던 사람이 마치 바보처럼 대답한다(찰리 채플린을 또 떠올려 보라). "짐을 지고 오리를 더 가겠어요!"
> "뭐라는 거요?" 군인이 대답한다. "그럴 순 없소. 법에 어긋난단 말이오."
> "하지만 난 진짜로 정말로 당신을 돕고 싶은걸요. 제발 내가 오 리 더 가게 해주세요."
> "이보쇼, 내가 곤란해질 수 있단 말이요. 벌금을 내야 하거나 아니면 맞거나. 대체 뭘 바라는 거요?"
> "그저 당신을 돕고 싶을 뿐이에요. 제가 제발! 제발! 오 리를 더 동행할 수 없을까요?"

몽키스패너 하나가 제국이라는 거대한 기계 안으로 던져진다. 기계는 긁는 소리를 내며 멈춘다. 그것이 단 일분일지라도 말이다. 그러자 무언가 새롭고 놀라운 일이 일어날 것만 같은 경계성의 공간이 열린다.

왼쪽 뺨을 맞고 속옷까지 내어주는 등의 다양한 예시들을 통해서, 어릿광대 예수는 억압하는 사회 질서의 다양한 일면들을 해학적으로 풍자한다. 동시에 예수는 폭력적 저항에 대한 대안들을 제안함으로써 보복의 율법을 뒤엎는다. 그리고 예수는 새롭고도 상상력 넘치는 어리석은 방식으로 세상을 살아가라고 우리를 부른다.

예수의 많은 설교에 바보스러운 복음이 존재하고 그중에 많은 것들이 익살스럽다. 어릿광대처럼, 예수는 우리가 들이마시는 공기와 같은 사회 체제를 구성하는 관습과 세상의 논리와 근거 없는 통념을 반복적으로 중단시킨다. 그리고 그는 사람들이 세상을 새로운 방식으로 바라보고 살아갈 수 있는 경계성의 공간을 창조한다. 예수가 말씀을 끝마칠 때쯤, 그 어느 것 하나도 변화되지 않은 것은 없다.

두 가지 예만 더 생각해보자. 두 가지 모두 구속적 폭력의 지배적이면서도 꽉 막힌 엄숙함을 뒤엎어 버리는 말씀이다.

첫째, 예수가 어떻게 팔복의 말씀을 맺는지에 주목해보라. 그는 다음의 기묘한 말들을 한다.

> 나로 말미암아 너희를 욕하고 박해하고 거짓으로 너희를 거슬러 모든 악한 말을 할 때에는 너희에게 복이 있나니 기뻐하고 즐거워하라 하늘에서 너희의 상이 큼이라 너희 전에 있던 선지자들도 이같이 박해하였느니라(마 5:11-12).

구속적 폭력에 대한 통념에 따르면, 박해에 대한 당연한 반응은 보복이 될 것이다. 그러나 여기에서는 아니다. 이 말씀에서 말하는 바보스러운 반응은 기뻐하고 즐거워하는 것이다. 매우 이상한 일이 아닐 수 없다. 그리스도인들 여럿이, 어떤 순교자들이 그랬듯이, 박해자들 앞에서 노래하고 기뻐하는 모습을 상상해보라. 이러한 행동은 세상의 가설들을 뒤엎는다. 그리고 박해하는 자들을 혼란시키며, 그들이 자신들이 하고 있는 행동을 다시 한 번 고려해보도록 할지도 모른다.

둘째, 이 설교 안에서 예수의 가장 극단적인 단어 선택에 주목하라.

> 네 이웃을 사랑하고 네 원수를 미워하라 하였다는 것을 너희가 들었으나 나는 너희에게 이르노니 너희 원수를 사랑하며 너희를 박해하는 자를 위하여 기도하라 이같이 한즉 하늘에 계신 너희 아버지의 아들이 되리니(마 5:43-45).

사랑, 그리고 원수. 이들 또한 함께 생각될 수 없는 현실들이다. 또다시 평범한 언어가 비범하게 사용되었다. 또다시 예수는 세상을 우롱한다. 이 말씀에서 미련함을 구분해 내는 것은 실로 어렵지 않다. 세계무역센터의 9·11 테러와 같은 참사가 있었던 후, (어느 나라이던) 그 나라의 대통령이 텔레비전에 나와 이와 같은 말을 했다고 상상해 보라. "우리는 우리의 적들을 사랑할 것이고 우리를 박해하는 자들을 위해 기도할 것입니다." 적을 대하는 이러한 반응은 상상할 수조차 없어 보인다. 넬슨 만델라나 데스몬드 투투와 같은 비범한 인물들에 의해 이런 일들이 가끔 실현되었음에도 불구하고 말이다. 세상의 지혜가 가지고 있는 힘과 세상의 힘이 가지고 있는 지혜가 그렇게나 큰 것이다. 아마도 여기에서 우리는 예수의 설교가 가지고 있는 엄청난 어리석음과 우리가 받은 교회로서의 사명과 또한 설교자로서의 사명이 가져야 할 어리석음의 모습을 가장 분명하게 볼 수 있을 것이다. 이러한 것이 바로 산상수훈에 의해 그려지는 이상하고 새로운 세상, 바보스러운 신세계이다.

그렇게 설교를 마무리하면서, 예수는 지혜와 미련함을 다시 이해하라고 바울과 같이 우리에게 도전한다.

> 그러므로 누구든지 나의 이 말을 듣고 행하는 자는 그 집을 반석 위에 지은 지혜로운 사람 같으리니 비가 내리고 창수가 나고 바람이 불어 그 집에 부딪치되 무너지지 아니하나니 이는 주추를 반석 위에 놓은 까닭이요 나의 이 말을 듣고 행하지 아니하는 자는 그 집을 모래 위에 지은 어리석은 사람 같으리니 비가 내리고 창수가 나고 바람이 불어 그 집에 부딪치매 무너져 그 무너짐이 심하니라(마 7:24-27).

세상, 심지어 교회마저도 어리석다고 말하는 예수의 설교는 이제 지혜라고 일컬어진다. 예수는 십자가의 어리석음이 사실은 하나님의 힘과 지혜라고 주장하는 바울만큼이나, 급진적으로 지혜와 미련함에 대한 세상의 이해를 뒤바꾼다. 이것이 바로 설교하도록 부름 받은 우리가 전해야 할 미련한 복음이다.

3. "말씀의 파수꾼"

그러나 산상수훈에서 예수는 단지 내용과 형식의 수준에서만 (물론 둘 다 중요하지만) 바보를 연기하지 않는다. 그는 단순히 의미적 차원에서만 세상의 지혜와 힘을 전복시키는 것이 아니다. 더 깊은 차원에서 예수는 바보를 연기하고 실제적인 차원에서 현존하는 힘을 파괴한다.

　예수의 산상수훈을 설파하는 예수의 "행위"는 그가 전달하는 메시지만큼이나 바보스럽다. 설교의 내용과 설교하는 행위는 분리될 수 없다. 십 리를 동행하라는 예수의 예시처럼, 그의 설교는 그 자체로 세상의 지혜와 힘을 뒤엎는다. 설교하기로 마음을 먹는 데 있어 예수는 돌이나 총이나 폭탄, 그 어느 것이든지 구 시대에 의해 만들어진 무기의 사용을 거부한다. 예수는 마태복음 5:38-41에서 다른 사람에게 실천할 것을 권고한 어릿광대와 같은 비폭력적 저항의 세 가지 예를 실제로 설교 안에서 "실천"한다. 그는 구속적 폭력 방식의 대안을 제시한다. 수레로 원형진을 짜고 다른 이들을 배척하는 것이 아닌 새로운 가능성을 위한 경계성의 공간을 여는 방식이다. 이 대안은 바로 "말씀을 설교하는 것"이다.

　설교자들 또한 단순히 우리가 선포하는 메시지를 통해서만, 즉 설교 내용적 차원에서만 바보가 되는 것은 아니다. 물론 이 메시지도 많은 이들에게 어리석게 들릴 테지만 말이다. 가장 깊은 차원에서 우리는 설교하는 행위 자체에 의해서 바보가 된다. 설교 행위는 근본적인 윤리적 선택을 상징한다. 설교는 우리의 삶을 돌이나 총이나 폭탄이 아닌, 하나님의 말씀에 거는 윤리적 결정을 상징하기 때문이다. 또한 현존하는 힘들 앞에서 이러한 결정은 절대적인 미련함처럼 보인다.

　말씀은 상처 입기 쉽고 깨어지기 쉽기 때문에, 충실하게 선포되었을 때에도, 청중을 지배하거나 결과를 강요해내지 못한다. 말씀은 다른 이들을 물건이나 상품으로 만들기를 거부한다. 말씀은 인간에게서 자유를 빼앗길 거부한다. 그래서 말씀은 거절당하고 십자가에 못 박힐 수 있고, 실제로도 그래 왔다. 그러나 이 말씀은 다른 의미로서도 연약하다. 말씀은 흠이 많은 사람의 말에 의존한다. 심지어 하나님의 사람들도 이 말씀을 악용해왔다. 하나님의 사람들은 성전(聖戰)과 전쟁을 설교해왔다. 교회는 말씀을 학대하고, 조종하고, 배척하는 도구로 사용해왔다. 하나님의 사람들 스스로 종종 이 말씀을 복음의 미련함과는 철저하게 반대되는 폐쇄된 엄숙함의 하나로 변질시켜왔다.

그럼에도 불구하고 설교자들은 새로운 창조가 이 연약하고, 힘없는 말씀을 통해 도래할 것이라고 믿기를 두려워하지 않는다. 우리는 이 말씀이 하나님의 "샬롬"을 성취할 도구라고 감히 단언한다.[59] 어떻게 그런 일이 이루어질 수 있을까? 하나님의 새로운 세계가 말씀을 통해, 설교를 통해 어떻게 도래할 수 있단 말인가? 얼마만큼의 시간이 걸릴 것인가? 얼마만큼의 믿음과 충성과 고난이 요구될 것인가? 오로지 말씀을 통해 새로운 예루살렘, 즉 하나님의 평화로운 통치에 다다르는 것은 불가능해 보인다. 구 시대의 지혜와 힘의 한가운데에서 이 말씀에 당신의 목숨을 내걸기 위해서, 당신은 바보가 되어야 한다.[60]

예수의 말씀에 대한 의지는 사실 바울이 선포했던 십자가의 미련

---

59 이사야 선지자는 사 2:2-4에서 정확히 이와 같은 단언을 한다. 이사야는 "여호와의 말씀"이 예루살렘에서부터 나와, 나라들이 "칼을 쳐서 보습을 만들고 그들의 창을 쳐서 낫을 만드는" 그 날에 백성들을 이끌어 "이 나라와 저 나라가 다시는 칼을 들고 서로 치지 아니하며 다시는 전쟁을 연습하지 아니하도록 할 것"이라고 선포한다.
60 이 논점은 Campbell, *Word before the Powers*, 68-88에서 도덕적 용어들로 더 자세히 발전된다.

함과 분리될 수 없다. 말씀에 대한 의존이 예수를 십자가로 이끌었기 때문이다. 예수는 두 가지 이유 때문에 십자가에 못 박힌다.

첫째, 그는 언어와 상징적 행동 모두를 통해서 미치광이 어릿광대처럼 말씀한다. 그는 지배와 폭력과 죽음의 권세들 앞에서 말씀하기를 그치지 않고, 그 권세들에게 복종하기를 거부한다. 예수는 그 권세들의 가면을 벗기고 그 실체, 즉 그들이 세상에 존재하는 하나님의 거룩한 대리인들이 아니고 오히려 하나님의 샬롬을 대적하는 적들임을 드러낸다. 그리고 예수는 그들의 방식에 대한 대안을 구현하고 계획한다. 그의 기묘한 수사학을 통해 예수는 세상을 재배열하고 사람들을 새로운 지각으로 초대한다. 그러나 이러한 그의 도전적인 언사 때문에 예수는 현재 상태와 일상의 사업과 구 시대의 세력에게 위협적인 존재가 된다. 예수가 침묵하기를 거부하기 때문에, 구 시대의 힘들은 그를 죽여서라도 반드시 그를 제거해야 한다.[61] 이것이 바로 설교의 힘이고, 하나님의 바보스러운 말씀의 힘이다.

하지만 둘째, 예수는 말씀에 의존했기 때문에 십자가에 못 박힌다. 그는 힘의 방식으로 힘에게 반응하기를 드러내놓고 일관되게 거절한다. 그는 군사적 선택권을 거부한다. 그는 더 폭력적인 지배로 폭력적인 지배와 맞서 싸우기를 거부한다. 심지어 그것이 자신의 죽음을 의미할지라도 말이다. 그가 사용할 유일한 "무기"는 이 연약하고 어리석은 하나님의 말씀이다. 그리고 예수는 십자가에 못 박힌다. 이것이 바로 말씀에 의지할 때 마주할 위험이다.

사도 바울도 비슷하게 설교를 구 시대의 힘과 지혜의 대안으로

---

61 우리가 앞에서 언급했듯이, 선을 넘은 어릿광대들은 실제로 사형에 처해질 수 있었다.

이해했다. 사도행전이 말하듯이, 다메섹으로 가는 길에 바울은 스데반 집사가 죽임당함을 마땅히 여긴 후(행 8:1), "주의 제자들에 대하여 여전히 위협과 살기가 등등하였다"(행 9:1). 바울은 폭력을 통하여 그의 적들을 멸하려 한다. 회심 이전의 바울에게 있어 폭력은 구속적(redemptive)이다. 폭력은 경계성을 상대하는 방식이고 다른 이들의 위협을 상대하는 방법이다. 그것은 폐쇄된 엄숙함의 전달수단이자 수레로 이루어진 원형진을 치는 도구이다. 그러나 그때 바울은 다메섹으로 가는 길에서 십자가에 못 박히고 부활하신 예수와 마주친다. 그런 뒤 바울은 예전에는 그의 적이었던 아나니아에 의해서 화해라는 특별한 은혜 안에서 안수를 받는다. 이 경우 화해는 경계를 넘어서고, 상식을 뛰어넘는 말 그대로 특별한 은혜라고 할 수 있다. 이 순간부터, 바울의 삶은 변화된다.

더 이상 바울은 그의 사명을 다하기 위해 폭력이나 박해에 손 벌리지 않는다. 더 이상 그는 자신의 적들을 감옥으로 끌고 가거나 그들에게 사형선고를 내리지 않는다. 대신 바울은 가장 심오한 의미에서(위대한 평화의 선각자 다니엘 버리건의 표현을 빌리자면)[62] "말씀의 파수꾼"이 된다. 이제 바울의 사역, 곧 그의 삶은 말씀에 의해 정의된다. 선포가 박해를 대체한다. 설교가 돌로 치는 것을 대체한다. 목소리가 폭력을 대체한다. 말씀이 전쟁을 대체한다.

바울의 변화는 아마도 가장 놀라운 이야기일 것이다. 위협과 살기가 등등한 바울로 시작된 이야기가 성령의 숨결을 통해 말씀을 설교하는 바울로 끝을 맺는다. 다메섹에서 바울은 세상의 무기를 계속

62　버리간(Daniel Berrigan)은 윌리암 스트링펠로우(William Stringfellow)의 장례식에서 이 말을 했다.

사용하는 것으로는 십자가에 못 박힌 그리스도의 방식을 따를 수 없다는 것을 깨닫는다. 그는 자신이 아나니아에게 안수받은 후 계속해서 그의 적들을 돌로 칠 수 없다는 것을 깨닫는다. 우리는 바울 자신이 "전도의 미련한 것"이라고 부르는 그것이 단지 십자가의 "메시지" 내용만을 의미하지 않고 설교하는 "행위"도 포함한다는 사실을 알고 있었다고 생각한다. 설교의 미련함은 돌이나 총이나 폭탄에 대한 믿음이 아닌, 말씀에 대한 믿음을 수반하기 때문이다. 이러한 것이 바로 설교하는 바보들의 소명이다.

산상수훈의 끝자락에서, 예수의 설교와 바울의 설교는 세상을 우롱하는 복음의 미련함 안에서 하나가 된다. 설교자들은 내용과 형식 둘 다의 측면에서 미련한 설교와 함께 남겨진다. 우리는 그리스도를 위한 바보, 곧 폭력적인 세상 한가운데 말씀의 파수꾼이 되도록 남겨진다. 우리는 예수의 어리석은 지혜와 연약한 힘이라는 반석 위에 우리의 집을 짓도록 남겨진다. 짧게 말하자면 우리는 사람의 지혜보다 더 지혜로운 하나님의 어리석음과 사람의 강함보다 더 강한 하나님의 약함을 신뢰하도록 남겨진 것이다.

다음의 이미지를 생각해보라. 대한민국에는 남한과 북한 사이 경계의 언덕 높은 곳에 지어진 통일 전망대라고 불리는 놀라운 장소가 있다. 언덕 꼭대기에 있는 전망대에 오르면 당신은 국경 넘어 북한을 바라볼 수 있다. 비무장지대(DMZ), 철책 그리고 철조망이 보인다. 그리고 물론 눈 닿는 곳마다 군대의 존재를 느낄 수 있다. 훈련소, 군복, 그리고 기관총들. 마음을 가라앉게 하는 장소임이 틀림없다.

그러나 그 언덕 위에는 군대만 있는 것이 아니다. 전망대의 한쪽에는 두 개의 커다란 동상이 놓여 있다. 하나는 축복하듯 팔을 벌리고 북한을 마주 보는 부처의 조각이다. 부처 옆에는 마찬가지로 북한을 바라보며 손을 모아 기도하는 마리아의 동상이 서 있다.

언덕을 조금 올라가면 전망대의 다른 쪽에는 예배당이 있다. 아이러니하게도 군사 관계자들을 위한 곳이다. 예배당은 둥근 모양을 하고 있다. 예배당으로 들어서면 단 한 가지만이 눈에 들어온다. 예배당의 앞부분 전체가 투명한 유리로 되어 있다는 것이다. 유리를 통해서 북한의 언덕들이 보이고 비무장지대와 철책과 철조망들이 보인다. 마치 그것이야말로 이 예배당의 핵심이라고 말하듯이 강단 뒤가 열려 있는 것이다. 그곳에서 예배하는 사람들은 모두 줄곧 유리창 너머를 바라보아야 한다. 그들이 기도하고, 노래하고, 찬양하고, 회개하는 동안 그들은 부처와 마리아와 함께 북한을 바라보아야 한다. 사람들은 그 유리창을 통해 그들의 형제자매이기도 한 적들을 바라보아야 한다.

그 창문 바로 앞에는 자그마한 강대상이 놓여있다. 그리고 모든 예배마다 설교자는 철조망과 철책과 총들 한가운데서 오로지 말씀만을 붙들고 남한과 북한 "사이"에 선다. 그리고 그는 회중이 자신들의 형제자매이자 동시에 적인 자들을 내다보는 그 현장에서 설교한다. 그리고 그 경계성의 공간에서 설교자는 그 무엇도 바뀌지 않는 듯이 보임에도 불구하고 매주 설교를 계속한다. 설교하는 바보가 세상을 바보로 만드는 미련한 복음을 선포한다. 우리 시대를 위한 또 하나의 설교 상(像)을 보여준다.

PREACHING FOOLS

The Gospel as a Rhetoric of Folly

제6장

웃음과 비탄(悲嘆)

> 이 세상은 우리가 그 안에서 웃을 수 있는 극장이 아니다. 또한 우리는 와! 하고 웃음을 터뜨리기 위해 함께 모인 것이 아니라 우리의 죄를 애곡하기 위해 모였다…우리에게 놀 기회를 주는 자는 하나님이 아니라 사탄이다.
> —크리소스톰, 마태복음 2:1-2에 대한 설교 제6번, AD 390[1]

1. 경계성, 웃음, 그리고 비탄

이제 유머는 설교하는 바보의 주된 도구임이 분명해졌다. 심지어 예수에게도 유머는 기본 도구가 된다. 그러나 설교자들의 수호성인

---

1 Conrad Hyers, *And God Created Laughter: The Bible as Divine Comedy* (Atlanta: John Knox, 1987). 27. Cf. Homilies on the Gospel of Saint Matthew, ed. Philp Schaff (New York: Christian Literature Publishers, 1886), 42에서 인용되었다.

이라 불리는 크리소스톰의 말도 일리가 있다. 삶은 심각한 일이 될 수 있다. 웃을 일은 없고, 눈물 흘릴 일은 너무 많다. 특히 고난과 덧없음에 함몰되어, 이도 저도 아닌 사이에 끼여서 불안함을 대면하는 자에게는 더욱 그렇다.

경계성은 우리가 보아 왔듯이 다양한 반응들을 불러일으킨다. 불안함과 두려움, 그에 대한 가장 인기 있는 해결방안이 되어버린 도망과 폭력. 그리고 연이어 힘의 신학과 수레로 만든 원형진이라는 반응이 그 뒤를 따를 것이다. 극단적으로 심각한 것, 즉 우리가 전에 이름 붙인 폐쇄된 엄숙함이라는 반응이 또한 등장한다. "나는 춤출 줄 아는 신만을 믿을 것이다"라고 말한 프리드리히 니체는 이 엄숙함의 증후군에 대한 더 심오하고 불길한 배경이 있음을 암시한다. 그에 따르면, 사탄은 "심각하고, 철저하고, 심원하며 엄숙하다." 사탄은 "모든 것을 끌어내리는 중력의 영이다."[2] 정반대의 이야기를 하고 있는 크리소스톰과 니체 사이의 토론을 상상해 보라. 재미있을 것 같지 않은가.

덧없는 삶의 심각함을 향해 한바탕 웃음으로 반응하는 사람을 상상해보라. 불안함과 두려움과 폭력을 유머로, 아니면 최소한 입술에 웃음을 띠고 직면하는 사람을 상상해 보라. 혹은 (자주 있는 일이듯) 그게 불가능한 일이라는 것을 알게 되었다면, 겉으로 드러나는 웃음의 표현보다 한 차원 높은 웃음이라는 내면의 "자세"를 가지고 불안함과 두려움과 폭력을 대면하는 사람을 상상해보라. 거의 모든 사람들이 "누군가 세상이 무너질 때 웃는다면" 그것은 어리석은 짓이라고

2　Friedrich Nietzsche, *Thus Spoke Zarathustra*, trans. R. J. Hollingdale (London: Penguin Classics, 1961), 210.

생각할 것이다. 웃음이 왜 "선한" 것인지, 혹은 어떻게 웃음이 위험한 전복의 도구가 될 수 있는지 모든 사람이 다 이해할 수 있는 것은 아니다. 그 이유는 그것이 아주 바보스럽게 보이기 때문이다. 일련의 엄숙함의 증상들을 웃음의 자세로 맞설 때, 곧 경계성과 중력 사이를 웃음으로 가로막을 때, 많은 이들은 그것이 터무니없고 우스꽝스러운짓이라고, 지독한 어리석음이라고 말할 것이다.

바보들은 이에 동의하지 않는다. 바보들에게 있어 웃음이란, 경계성을 만들어내고 유지하기 위하여 완고한 관습, 신화, 그리고 세상의 논리들이 가지고 있는 폐쇄된 엄숙함을 중지시키는 것이다. 그리고 실제로 바보들에 의해 구현된 이 웃음과 경계성 사이의 연결 관계는 웃음 그 자체를 이해할 수 있는 기회를 준다. 그래서 이제 우리는 특히 "웃음"과 "유머"라는 키워드를 통해 바보의 이러한 면을 탐구할 것이다. 우리가 이해하는 웃음은 부조화를 통한 해체의 행위이다. 우리가 알고 있는 유머는 엄숙함과 진리의 융통성을 시험한다.[3] 웃음과 유머 둘 다 새로운 선택을 추구하고 대안들을 제시한다.[4]

유머의 라틴어 어원(*umor*)은 "축축한"(예를 들어, 습도)과 같은 의미를 지닌다. 고체와 기체 사이의 존재를 뜻한다. 유머는 실로 삶이

---

[3] 웃음의 개념은 전 영역에 걸친 유사한 관념들과 이어질 수 있다. 예를 들어, 놀이, 유머, 재치와 희극. 그리고 그들은 예를 들어 아이러니, 풍자 만화, 풍자 문학 그리고 패러디와 같은 웃음의 표현들과 다시 연결된다. Arbuckle, *Laughing with God*, 8-13를 보라. 이러한 용어들은 각자의 의미적 뉘앙스들을 지니고 특정한 개념상의 테두리 안에서 움직인다. 그러나 이들을 정확하고 상세하게 설명하거나 구분하고자 하는 것은 우리의 의도가 아니다.

[4] 이 지점에서 우리가 우리 자신을 비웃을 수밖에 없다는 것을 고백한다. 우리가 지금 하려고 하는 것, 즉 웃음을 분석하는 일은 그 자체로 웃긴 일이다.

증발되거나 굳어지지 못하게, 삶이 (희망 없는) 연기로 피어올라 가거나 돌처럼 딱딱해지지 못하게 막는 행위로 해석될 수 있다. 유머는 허무주의의 절망을 억제하며, 사람들이 진리라고 주장하는 화석화된 논리를 견제한다.[5] 유머는 진리가 증발되어버리고 그 빈자리를 힘의 신학이 메워 버리게 되는 화석화의 과정에 개입하여 대안을 제시한다.

이렇게 유머는 고체(진리의 화석화)와 기체(진리의 증발) 사이의 경계성적 단계에서 작용한다. 더 살만하고 인간적인 세상을 기대하면서 고체와 기체 모두를 해석하고 또한 해체한다. 유머의 고체와 기체 사이에서의 해석학적 이동은 삶을 유연하고 적응력 있게 유지해준다. 이런 유연성과 적응성은 우리의 삶에 새로운 발견들을 가능하게 하고 그 발견들로 인해 놀랄 수 있는 개방성을 제공한다. 만일 모순이 초월성의 지렛대라면, 그 지레는 적당량의 습도(umor)로 기름칠을 해주지 않으면 뻑뻑해져 움직이지 않을 것이다. 유머는 양면성을 느슨하게 하고 모순되는 개념들 사이의 이음새에 기름칠을 한다. 유머가 없다면, 모호함(ambiguity)은 양극화를 가져오고 갈등을 야기하게 된다.[6] 유머와 같이, 웃음 또한 경계성을 만들어내고 유지하기 위해 맹목적으로 숭배되는 힘의 신학의 폐쇄된 엄숙함을 중단시킨다. 웃음이 항상 이러한 기능을 충족시키는 것은 분명 아니다. 세상에는 자유를 주지도 않고 치유를 선사하지도 않는 부정적인 웃음이 존재하기 때문이다.[7] 이런 웃음은 교만하고 파멸적이며 냉소적이고 쓸쓸

---

5 Anton van Niekerk, "Humor en Lewensin." *Tydskrif vir Geesteswetenskappe* 26, no. 3 (1986): 184–93.

6 Hyde, *Trickster Makes This World*, 274–75.

7 Hyers, *Comic Vision*, 26–32.

할 수 있다. 어떤 웃음은 힘과 편견과 배척의 도구가 될 수도 있다. 웃음은 심지어 철의 신학이 내는 으르렁대는 공격적인 소리로 타락할 수도 있다.[8]

그러나 신학적으로, 바보의 웃음은 대체로 부조화(incongruity)라는 말을 통해 가장 잘 이해된다.[9] 이러한 시각에서 웃음은 비천한 것이 저명한 것을 끌어내려 자신의 자리에 두는 방식으로 서로 어울리지 않는 반대되는 두 요소가 나란히 자리하는 데서 시작되는 것이다.[10]

---

8 웃음의 이유에는 일반적으로 통용되는 세 가지 주된 이론들이 있다. 우월성 이론, 부조화의 이론 또한 안도감의 이론이 그것이다. 웃음의 우월성 이론은 희생자들 위에 군림하는 힘의 맥락에서 웃음을 이해한다. 실제로 권력자들은 이런 방식으로 어릿광대들을 "비"웃었다. 그러나 바보는 힘의 자리에 앉아있지 않기 때문에 바보의 웃음은 군림하는 힘을 숭배하지 않는다. 안도감의 이론은 압박의 신체적 해소의 개념으로 이해되어 진다. 우리는 이전에 이런 종류의 웃음이 십자가를 대면함으로 세상으로부터 배척당한 자들 사이에서 어떻게 작용했을까에 대해서 알아보았다. 또한 이런 종류의 웃음은 때때로 바보의 사역의 특징이 될 수 있다. 바보의 웃음이 가지고 있는 핵심은 부조화의 이론이기 때문이다. 다시 말해, 웃음은 반대되는 것들 사이의 긴장감에서 유래된다는 것이다. Ingvild S. Gilhus, *Laughing Gods, Weeping Virgins* (London: Routledge, 1997), 5. 재클린 부시(Jacqueline Bussie)는 그녀의 웃음에 대한 풍부하면서도 독특한 신학적-윤리적 탐구에서, 웃음은 보편적 이론으로 취급되기보다는 전후 상황에 의해 판단되어야 한다고 주장한다. 그녀의 유용한 개요를 위해서는 *The Laughter of the Oppressed*, 9-27를 보라. 그렇게 해서 우리는 바보의 웃음은 대체로 부조화라는 모순성을 통해 가장 잘 이해될 수 있다고 말한다. 그러나 이 테두리 안에서, 우리는 부시의 연구들과 관련해 웃음의 몇 가지 신학적이고 윤리적인 면들을 논의할 것이다.

9 웃음은 서로 다른 차원들에서 이해될 수 있는 현상이다. 예를 들자면, 웃음은 생리학적, 심리적, 사회적, 철학적, 언어적, 해석학적 그리고 신학적 범주들을 통해 이해될 수 있다. Daniël Louw, *Dominee en Dokter by did Siekbed*, ed. David W. de Villiers and Jakobus A. S. Anthonissen (Kaapstad: N. G. Kerk-Uitgewers, 1982), 192-95.

10 Hans Conrad Zander, "Warum lachen wit über die Religion?," *Katechetische Blätter* 4 (2008): 238-39.

폐쇄된 엄숙함은 그 분위기를 깨버리는 부조화에 의해서 중단된다. 예를 들어 경건한 설교자의 코 위에 파리가 내려앉았을 때나, 그걸 본 회중들 중 어린아이들이 참지 못하고 교회 안에서 웃음을 터트릴 때, 예상치 못한 부조화로 인한 웃음은 이미 그 자체로서 통제될 수 없는 더 많은 웃음을 이끌어 낸다. 혹은 신이 어린아이의 모습으로 세상에 왔을 때, 카니발적인 웃음이 터져 나온다. 혹은 예수가 십자가상의 패러디적인 칭송을 패러디했을 때, 예수의 역설적인 조롱을 이해하는 사람들은 현존하는 힘들이 무용지물이 되는 아이러니를 보고 웃는다. 부조화의 모순들로 창조된 경계성의 공간에서, 웃음은 고착되어버린 폐쇄된 엄숙함의 대안이 된다.

이런 익살꾼들을 위해서, 종교가 즐거운 놀이 공간과 유머를 위한 유용한 원재료들을 제공하는 것은 놀랄 일이 아니다. 종교는 본질적으로 삶의 가장 극단적인 모순들을 포함하기 때문이다. 길을 잃어버리는 것(죄)과 다시 찾아지는 것(구원) 사이의 모순, 높이 있는 것들과 아래에 있는 것들 사이의 모순, 이상과 현실 사이의 모순, 은혜의 선물과 순종하라는 부름 사이의 모순, 삶과 죽음 사이의 모순.[11] 신학적 시각으로 볼 때, 웃음은 바보가 일하는 공간, 곧 역설과 모순의 왕국에서 생육하고 번성한다.[12] 신학적으로 가장 깊은 수준에서 말하자면, 웃음을 통해 우리는 십자가의 미련함에 이르는 것이다. 다시 말해 웃음을 통해서, 우리는 모순들 속에 계시된 십자가라

11　Zander, "Warum lachen wir," 240.
12　아버클(Arbuckle)은 긍정적인 웃음과 부정적인 웃음에 대해 논하면서 긍정적인 웃음을 경계성의 중심 안에 위치시킨다. 즉 "분리(separation)로서의 경계성"과 "재결합(aggregation)이라는 경계성"의 무대들 위에 긍정적인 웃음을 두는 것이다. *Laughing with God*, 6-7.

는 하나님의 심오한 역설에 당도하는 것이다.

그러나 세상의 고난과 마찬가지로 십자가의 미련함을 대면했을 때, 크리소스톰이 편파적으로 제안했던 것처럼, 웃음과 유머는, "지금 존재하는 것" 그리고 "되어야 하는 것 혹은 될 수도 있는 것" 사이의 모순들에 의해서 생기는 "비탄"이라 불리는 또 다른 현실에 연결되어야 할 필요가 있다. 웃음과 비탄은 실제로도 자주 분리될 수 없다. 우리가 말했듯이 웃음은 사소함, 천박함 또는 경솔함보다 더 깊이 들어가는 문제이기 때문이다. 웃음은 또한 비탄을 알기 때문이다. 재치는 울음을 배제하지 않으며, 익살은 눈물의 반대말이 아니다. 사실, 웃음과 비탄은 경계성으로 이어진 동전의 양면이다. 바보처럼, 웃음과 비탄은 경계성의 선동자이자 유지자이다. 피에로의 얼굴에 그려진 눈물 자국이 분명히 말해주듯이, 그래서 바보는 바보의 공연 레퍼토리를 구성하는 두 가지, 곧 웃음과 눈물 모두와 친숙하다. 그러므로 이 장에서 우리는 세상을 우롱하는 설교의 신학적 차원으로서의 웃음과 비탄을 다룰 것이다.

2. 웃음에 대한 신학의 요소들

형성과 재형성, 파편과 본체, 존재와 생성 사이에 있는 경계성의 신학적 공간에서 일하는 설교하는 바보들에게는 웃음의 신학이 필요하다. 인식론적, 윤리적 그리고 종말론적 차원들을 포함하고 있는 이 웃음의 신학은 단순히 웃음의 깊이와 중요성만을 말하는 것이 아니라, 유머를 피상적으로 사용하는 실수로부터 설교자들을 보호할 수도 있다. 경계성의 신학을 특징짓는 복음의 미련함은 단순히 "재미있는" 것이 아닌 어떤 특별한 웃음을 요구한다. 무언가 더 깊은 것이 작용하고 있다.

이 웃음의 신학을 추구할 때에, 우리는 하나님이 웃으시고 또한 우리가 하나님과 함께 웃도록 초청받았다는 사실을 발견하며 놀랄지도 모른다. 웃는 인간(*Homo ridens*)이 웃으시는 하나님(*Deus ridens*)과 대면할 수 있는 것이다. 우리는 웃음이 가져오는 인식론적 반전, 곧 진리는 웃음을 불러일으키는 존재라는 사실을 재발견할 수도 있다.[13] 우리는 웃음의 변화시키는(혹은 치유하는) 능력을 접할지도 모른다. 그리고 필시 우리는 눈물 없는 웃음은 드물다는 진리를 경험할 것이다. 웃음은 중요한 신학적 현상이다. 때로는 (대체로 아주 독특한!) 가청 소음으로, 낄낄댐으로, 웃음을 참기 위해 끙끙대는 소리 등으로 분출되기도 하지만, 종종 마음 깊은 곳의 침묵으로 표현되기도 한다. 우리는 이러한 웃음의 분출과 침묵에 귀 기울여야 한다.

불행히도, 설교하는 바보들은 종종 웃음에 대한 반대에 직면 할 지도 모른다. 교회와 웃음의 관계는 대체로 다의적이었기 때문이다. 크리소스톰의 말에서 드러나듯이, 이 관계는 애증의 관계라고 표현될 수 있다.

증오, 곧 웃음을 틀어막고자 하는 욕구는 움베르트 에코의 고전 소설 『장미의 이름』에서 가장 농도 짙은 불온함으로 묘사된다. 이 이야기는 잘 알려져 있다. 1327년, 교회는 바스커빌의 윌리엄 수도사에게 이탈리아의 한 수도원의 몇몇 수도사들이 받고 있는 이단성 혐의를 밝혀내기 위해 그 수도원을 조사하라는 임무를 부여한다. 그

---

13 Peter Berger, *Redeeming Laugher: The Comic Dimension of Human Experience* (Berlin: Walter de Gruyter, 1997), 193, 211.

러나 그의 조사 임무는 요한계시록에 등장하는 형식을 따른 일곱 번의 의문의 죽음들이 수도원을 송두리째 뒤흔들면서 극적인 전환점을 맞는다. 그의 조사 기간 동안, 윌리엄 수도사는 열광적으로 수도원의 비밀을 숨기고자 하는 음모와 마주친다. 그 과정에서 윌리엄은 황제와 교황 사이의 권력 다툼에 휘말리게 된다. 그러나 그는 곧 지금 위험에 처해 진 것은 단순한 정치적 분쟁 혹은 교권에 관한 분쟁보다 훨씬 더 큰 무엇이라는 사실을 깨닫는다. 그 단서를 따라 조사하는 과정에서 윌리엄 수도사는 상상력에 대한 선입관적 두려움이라는 걸림돌을 만나고 또한 호기심과 아이디어의 능력을 거스르는 저항 때문에 힘들어한다. 수사가 진행되는 동안 수면 위로 떠올라 장기간의 불꽃 튀는 토론을 시작하게 한 핵심적인 질문들 중 하나는 가히 충격적이다. "하나님은 웃을 수 있는가?" 이야기의 끝에 다다랐을 때, 교회는 이 질문에 대한 교회의 확답이 있을 것이라고 감히 생각하는 자들의 입을 막기 위해 모든 수단을 동원하게 된다. 교회의 공식적인 입장은 다음의 논쟁에서 드러난다. "그러나 웃음은 우리 육신의 연약함이고 타락함이자 어리석음이다. 웃음은 시골뜨기의 유희이며 주정뱅이의 특허물이다…웃음은 결국 천박한 것이고, 단순한 자들을 위한 방어막이며, 평민들을 위해 속되게 사용되는 미스터리다."[14] 이러한 주장들은 웃기는 소리다. 그러나 이런 주장들은 자주 살인의 원인이 되기도 한다. 그리고 살인은 눈물을 흘리게 만드는 존재이다.

기독교 역사 속에서, 교회와 웃음과의 애증 관계는 종종 카니발과 사순절 사이의 팽팽함으로 표현된다. 대(大) 피터르 부뤼헐(1559)

14　Umberto Eco, *The Name of the Rose* (London: Picador, 1980), 474.

의 유명한 그림 "카니발과 사순절의 싸움"(The Fight between Carnival and Lent)은 이 두 세계의 충돌을 묘사한다(그림 6.1). 두 세계는 공존할 수 없을 것처럼 보인다. 그러나 우리는 그들이 사실은 알 수 없는 방식으로 같이 이어져 있고, 웃음과 양심의 가책이라는 현상을 포함한 삶의 현실을 그려내기 위해 팽팽히 엮여 있다는 느낌을 분명히 받는다.

그림 6.1 카니발과 사순절 사이의 싸움, 피터르 부뤼헐
(비엔나 역사예술/ *Kunsthistorisches* 미술관 소장)

부뤼헐의 그림은 사순절과 카니발 사이에서 일어나는 경건함의 절제와 삶의 풍성함 사이, 혹은 심지어 삶과 죽음 사이의 충돌을 묘사한다. 그림 아래쪽 중앙을 보면 서로 충돌하는 양자택일의 개념들을 상징하는 두 인물을 찾을 수 있다. 왼쪽에는 붉은 얼굴의 둥글고 떠들썩한 "카니발"이 커다란 맥주 통에 올라타 있다. 오른쪽에는 창백하고 병약한 "사순절"이 참회를 위한 옷을 입고 기도하는 단상에 앉아있다. 카니발이 풍성하고 기름진 음식 꼬챙이를 높이 들어 올리고 있는 반면, 사순절은 자그마한 두 마리 생선이 오른 노(paddle)밖에 가지고 있지 않다. 이 두 인물은 가짜 결투를 위한 서로 다른 "무기"들을 사용해서 결투에 참여한다.

카니발이 있는 그림의 왼편에서는 카니발의 즐거움과 삶의 기쁨을 상징하는 다양한 형상들을 찾아볼 수 있다. 맥주를 들이켜는 잔치의 단골손님들, 키스하는 연인들, 길거리에서 춤추는 사람들. 사순절과 함께하는 오른편에서는 경건함과 박애의 행위들이 보인다. 카니발적 인물들과는 다르게, 예배를 마친 사람들이 교회에서 나오고 있고 부유한 자들은 자신들의 재산을 가난하고 장애가 있는 자들과 나눈다. 두 세계와 두 현실과 삶을 보는 두 가지 시각이 존재한다는 것을 풍부하게, 또한 분명하게 보여준다.[15]

그림 속의 장터에서는 한쪽의 음침하고 수수한 경건함과 또 다른 한쪽의 생기 넘치는 삶의 축제가 충돌한다. 이 충돌은 예수님 당시의 사람들이 마치 장터에 앉아 있는 아이들과 같다는 예수님의 묘사를 상기시킨다. 한 무리가 다른 무리에게 외친다.

> 우리가 너희를 향하여 피리를 불어도 너희가 춤추지 않

---

15 그림에 대한 매력적인 묘사를 위해서는 다음을 보라. Linda Maynard Powell, Feasts, *Fairs and Festivals: Mirrors of Renaissance Society*, Yale-New Haven Teachers Institute, accessed July 29, 2011, http://www.yale.edu/ynhti/curriculum/units/1986/3/86.03.06.x.html.

고 우리가 슬피 울어도 너희가 가슴을 치지 아니하였다(마 11:17).

그리스도는 결국엔 그가 탐식가이자 주정뱅이, 세리들의 친구이자 여타 죄인들의 친구로 비난받을 것을 알았다(마 11:18-19). 그의 십자가는 이 전투의 정확히 한가운데에 세워진 듯이 보인다. 종교와 삶, 웃음과 비탄 사이에서 일어나는 전투의 최전선에 세워진 것이다.

이따금 예상치 못한 어릿광대가 앞으로 나서서 웃음이 교회의 삶과 증언에 핵심적인 역할을 해야 한다고 교회를 상기시켜줘야만 한다. "어릿광대의 영역 방어: 정치 풍자만화의 한계를 넓히며"라는 제목의 심포지엄[16]에서 저명한 남아공의 만화가 자피로는 전통적으로 종교계가 "비평하는 만화"에 대한 반대를 공론화하는데 가장 적극적이었다고 지적했다. 그 반대하는 자들은 (예를 들어, 교회와 같은) 종교계 자체가 사실 종종 불쾌감을 주는 비평 만화가 담당하고 있는 어떤 부분을 대표하고 있다는 사실을 깨닫지 못한다는 것이다. 종교계의 이러한 현상은 현실을 반영하지도 않을뿐더러, 그러한 종교계의 현상이 현실이 되어서도 안 될 것이다. 자피로에 따르면, 교회들은 궁정 어릿광대의 영역을 방어해주지 않고, 그 대신에 "웃음 불매운동"을 선도할 때가 더 많았다. 자피로는 교회에게 "만평하는 만화가"라는 흥미로운 이미지를 제공한다. 교회의 폐쇄된 엄숙함을 방해하는 일을 어릿광대에게 맡겨 행하게 함으로 우리를 웃음의 신학으로

---

16 이 심포지엄은 2009년 7월 23일, 스텔렌보쉬대학교의 미술학부와 만화 및 삽화 센터에 의해 남아프리카 공화국의 스텔렌보쉬대학교에서 개최되었다.

돌아가게 하라!

1) 그렇다면? 웃음과 인식론

이전의 예시가 보여주듯이, 웃음은 인식론적 논제이다. 웃음은 경계성의 신학에 있어서 필수적 요소이다. 웃음은 교회를 통제하기 위해 너무 자주 사용되는 이데올로기들과 철의 신학을 파괴하는 데에 중대한 역할을 하기 때문이다. 따라서 교회의 권위자들이 이런 웃음을 억눌러 버리는 것은 당연할지도 모른다. 또한 교회가 만평하는 만화가로서의 역할을 망각하는 것도 놀랄 일은 아니다.

설교하는 바보를 포함하여 바보라는 인물은 웃음을 통해 인식론적 지평이 풍성해지는 바로 그 공간에 존재한다. 인식론적 지평의 비옥함은 지나치게 단순화시키는 전형적인 환원주의적 경향을 반대한다. 웃음을 통해서 바보는 "영적인 것"과 "세속적인 것", 혹은 "영혼"과 "육체"의 이원론을 포함하여 삶을 이원론적으로 이해하고 부추기려는 경향을 반대한다. 명백히 모순되는 것들을 하나로 통합하는 태도를 보이면서, 바보는 삶을 규정해 버리는 지배적인 경향과 반대로 움직인다. 바보는 "최종적인 진리들"을 비웃음으로서 사람들에 의해서 진리라고 주장되는 것들을 상대화시킨다. 어떤 이가 "이거야말로 진정한 현실이다"라고 제안할 때, 바보는 웃음을 터뜨리며 되묻는다. "진짜로?" 바보의 웃음은 우리의 지평을 넓히고, 삶과 죽음에 대한 인류 공통의 질문들을 제시하고 다룬다. 동시에 바보의 웃음은 삶을 재평가 하는 용도로 사용된다.

웃음을 통한 이데올로기들의 파괴는 카니발 현상에 대한 미하일 바흐친(Mikhail Bakhtin)의 고전 작품에서 다루어진다.[17] 바흐친은 오늘날까지도 풍부한 삶의 경험과 의미 그리고 진리를 가능하게 하는 "웃음의 인식론"에 대한 윤곽을 잡는다.

> 유동적이고 보편적인 진정한 웃음은 진지함을 부정하지 않고 다만 그 진지함을 정제하고 완성한다. 웃음은 우리를 독단주의와 편협함 그리고 경직된 상태로부터 정화되게 하고, 광신주의와 규율, 두려움과 위협, 계몽주의와 고지식함 그리고 착각, 하나의 의미와 하나의 차원, 또한 감상주의로부터 자유롭게 한다. 웃음은 진지함을 위축시키지 않는다. 그 진지함이 하나의 존재에서 찢겨 나가 영원히 불완전한 것이 되도록 내버려두지 않는다. 웃음은 양면적인 완전함을 회복시킨다. 이것이 바로 문화와 문학의 역사적 발전을 위한 웃음의 역할이다.[18]

---

17 Bakhtin, *Rabelais*.
18 Bakhtin, *Rabelais*. 122-23. 바흐친이 말하듯이, 웃음은 현실에 대한 새롭고도 놀라운 통찰을 제공한다. 웃음의 르네상스적 개념에 대해서 그는 이렇게 말한다. "웃음은 심오한 철학적 의미를 가지고 있다. 웃음은 역사와 인간성에 관련해서 전 세계를 아우르는 진리의 불가결한 형태 중 하나이다. 웃음은 세상과 대등하게 존재하는 고유한 관점이다. 웃음으로 볼 때 세상은 심각한 관점에서 볼 때만큼이나 (심지어 더) 의미심장하게 새롭게 보인다. 그러므로 웃음은 진지함만큼이나 보편의 문제를 제기하는 위대한 문학의 등장인물이 될 만한 자격이 있다. 세상의 특정한 필수 요소들은 오직 웃음을 통해서만 접근될 수 있다." 중세적 패러디에 관하여 그는 "웃음은 심각함만큼이나 보편적이었다. 웃음은 전 세계와 역사와 모든 사회들과 이데올로기를 향해있었다. 그것은 모든 것으로 확장되고, 무엇 하나도 결핍되지 않은 세상의 두 번째 진실이었다. 웃음은 세상의 축제적인 모든 요소이고 놀이와 웃음에서 나오는 세상의 두 번째 주인공이다." Bakhtin, *Rabelais*. 66, 84.

웃음은 사람들이 세상을 보는 균일화된 시각, 인습, 만들어진 진실, 진부함과 단조로움에 도전할 수 있도록 돕는다. 웃음은 자신들이 진리를 알고 있다는 확신을 갖고 살아가는 자들의 반대편에 선다. 다음의 오래된 유대인의 유머가 말해주듯이, 사람들이 주장하는 진리란 많은 측면을 가지고 있는 것이라고 웃음은 우리를 부단히 각성시킨다.

> 한 사내가 랍비를 찾아와 자기 아내의 잘못된 행동에 대해 불만을 토로했다. 랍비는 그의 이야기를 귀 기울여 듣더니 이렇게 대답했다. "당신도 알다시피 당신이 옳소." 그 사내가 떠나자마자 그의 아내가 나타나 남편의 잘못된 행동에 대해 불평했다. 랍비는 남자의 아내의 이야기를 귀 기울여 듣더니 이렇게 대답했다. "당신도 알다시피 당신이 옳소."
> 그 사내의 아내가 떠난 뒤, 두 대화를 모두 엿들은 랍비의 아내가 따지듯이 물었다. "아니, 같은 결혼 생활에 대한 각자의 말이 이렇게나 다른데 대체 어떻게 남편과 아내 모두가 옳을 수가 있단 말이에요?"
> 랍비는 아내의 말을 귀 기울여 듣더니 이렇게 대답했다. "당신도 알다시피 당신도 옳소."

웃음은 우리에게 삶과 진리에 대한 영원불변한 이해라는 것은 존재하지 않는다는 사실을 끊임없이 상기시킨다. 웃음 속에는 언제나 시간에 대한 정확한 자각과 시간 속에서 일시적인 인간에 대한 자각이 그러므로 삶과 진리에 대한 우리 시각의 한계에 대한 자각이 존재한다. 웃음 속에서는 그 어떤 정설도 생겨나지 않는다. 웃음은 대신 종종 불편하게 하는 새로운 시각을 열고 정해진 신념의 뿌리를 흔든다. 웃음은 방어적이고 초(超)시간적인 불변성에 이의를 제기한다. 웃음은 변치 않을 듯이 고착화된 규칙과 이데올로기에 도전하고 변화와 회복의 가능성을 강조한다. 웃음은 "관련성과 생성"(becoming) 대(對) 사람들이 만들어 낸 소위 영구적으로 고정된 부동의 "진리"와의 싸움을 강조한다. 웃음은 "도중"(途中, en route)에 있고, 존재하고, 살아가는 경계성 안에 있는 유동성을 이해한다. 웃음은 진리를 찾기 위하여, 관련성과 상대를 고려하여 생각하는 기술을 발휘한다. 웃음은 진리가 결과물이 아닌 과정, 또한 기념비가 아닌 카이로스(kairos)로서의 순간이라는 사실을 이해한다. 웃음은 불확실성을 포용한다.[19]

웃음은 교회로 하여금 다음과 같은 사실을 다시금 기억하게 해준다. 교조(敎條)란 정확한 문법적 혹은 신학적 체계 안에 담아 놓기에는 너무 심오한 진리들을 더듬거리듯이 이야기해 보는 것에 불과하기에 우리는 진리 앞에 늘 겸손해야 한다. 중세시대의 카니발들이 어울리지 않고 공존할 수 없어 보이도록 대비되는 것들의 뒤섞임 속에 빠져있던 것은 어쩌면 당연하다. 겨울과 봄, 어둠과 빛, 노년과 젊음, 웃음과 눈물, 삶과 죽음, 이 모두는 우리에게 형성되는 과정에 있는 세상, 계속되는 미완성적인 특성을 가지고 있는 세상임을 잊지 않게 만든다.[20] 간단히 말하면, 웃음은 바보의 도구로서 형성과 재형

---

19 Eward Postma, "Dilettant, pilgrim, nar: De positie van C. W. Mönnich in cultuur en theologie," *Jaarboek voor liturgie-onderzock* 24 (2008): 241.

20 L. Juliana M. Claassens, "Laughter and Tears: Carnivalistic Overtones in the Stories of Sarah and Hagar," *Perspective in Religious Studies: Journal of the NABPR32*, no.3 (2005): 298.

성, 파편과 본체, 그리고 존재와 생성 사이에서 고착되지 않고 끊임없이 역동하는 그 움직임을 인식론적으로 부추기고 유지한다.

남아공의 아파르트헤이트(흑백분리정책) 반대운동에 있어, 철의 신학과 이데올로기를 파괴적인 유머로 중지시키는 웃음의 인식론에 대해 데스몬드 투투 대주교보다 더 잘 이해한 사람은 없었다. 투투 그 자신이야말로 남아공과 서양 사이를 수시로 여행하며 문턱을 넘나드는 순례자이자, 아파르트헤이트에서 민주주의로 가는 남아공의 과도기 가운데 존재했던 경계성적 인물이었으며, 지금도 여전히 그런 삶을 살고 있다.

투투는 경계성과 중력 사이를 중재하는 웃음의 예술을 이해했다. 그는 결정적인 순간들에 아주 놀라운 설교들을 행했다. 그는 남아공 국민들이 대면했던 어떤 카이로스와 같은 결정적인 순간들의 결정에 도움을 주었던 설교들을 선포했다. 그러한 설교 중 하나는 러스텐버그 회담의 개회 예배에서 선포되었다. 이 회담은 남아공의 민주주의를 여는데 중추적인 역할을 한 회담으로 평가된다. 1990년 2월, 당시 대통령 디 클락(F. W. de Klerk)은 ANC에 대한 금지령을 거두었고, 넬슨 만델라는 자유의 몸이 되었으며, 흑인과 백인 리더들 사이의 역사적 협상이 시작되었다. 그때까지만 해도 심각하게 분열되어 있었던 남아공 교회의 대표자들은 그 해 후반 화해의 길을 찾고 분열된 나라에게 국민들의 본보기가 되기 위한 노력의 일환으로 러스텐버그에 모였다.

당시의 긴장상태는 그 한계점에 있었다. 그 누구도 어떠한 협상 절차를 따라야 할지 정확히 알지 못했고 어떠한 결과가 나올지도 알지 못했다. 인종 간의 대학살이 강력한 가능성으로 떠오르고 있었다. 그리고 그때, 이 회담의 개회 예배 중에, 늘 그렇듯이 성공회 예복을 완전히 갖춰 입은 데스몬드 투투가 강단에 오른다. 이 견딜 수 없는 긴장과 의심의 공간에서 입을 열고 다음의 말로 그의 설교를 시작하는 것을 상상해 보라.[21]

> 어느 날, 한 흑인 사내가 하나님께 이의를 제기했습니다. "당신이 나에게 주신 피부색을 보십시오. 이게 무슨 색이란 말입니까? 왜 나는 이런 후추 열매 같은 머리카락과 이렇게나 우스꽝스러운 두꺼운 입술을 가져야 합니까? 당신이 내 얼굴 한가운데에 때려 박은 이 기괴함을 보십시오. 이게 무엇입니까, 말이나 가지고 있을 법한 커다란 콧구멍 말입니다!" 그러자 하나님이 대답하셨습니다. "내 아들아, 만일 네가 밝은 피부색을 가졌다면, 어찌 내가 창조한 아프리카의 천국에서 살아남을 수 있었겠느냐? 네가 만일 풍성하게 흐르는 긴 머리를 가졌다면 머리가 나뭇가지에 걸려대는 바람에 네 걸음은 빠르지 못했을 것이다. 그리고 네가 조그마한 콧구멍을 가지고 있다면 어찌 네가 나의 아프리카 에덴의 놀라운 향기들을 맡을 수 있었겠느냐?" 그러자 그 사내가 말했다. "하나님 죄송하지만 한 말씀 드려도 될까요?" "물론이지"라고 하나님이 대답했다. 사내가 말했다. "저…하나님, 전…필라델피아에 살고 있는데요."[22]

---

21 설교 전문은 다음에 출판되었다. Louw Alberts and Frank Chikane, *The Road to Rustenburg: The Church Looking Forward to a New South Africa* (Cape Town: Struik Christian Books, 1991), 19–26.

22 Alberts and Chikane, *Road to Rustenburg*, 19.

첫눈에 볼 때, 이 서론은 단순히 재미있는 농담으로 보인다. 농담은 마음을 편안하게 하고, 긴장을 깨트리며, 수용적인 분위기를 만들어낸다. 그러나 여기에는 더 깊은 차원들이 존재한다. 예를 들어 투투의 이야기는 남아공 역사의 가장 큰 걸림돌이 되어왔던 민족성의 문제를 우습게 만든다. 동시에 이 이야기는 또한 엄격한 인종 간의 경계를 강화하고 발전시키는 듯 보이는 신학(어찌 되었든 여기에서 명령을 내리는 분은 하나님이시니 말이다)을 패러디한다. 러스텐버그 회담의 많은 대표자들은 정확히 그러한 인종차별적 신학을 실천해오고 있었다.

그러나 이 농담에는 심지어 더 깊은 차원이 존재한다. 첫 문장은 종종 설교자들의 가장 근본적인 의도를 드러낸다. 투투는 그의 농담을 이렇게 시작한다. "어느 날, 한 흑인 사내가 하나님께 이의를 제기했습니다." 이것은 악의 존재를 신의 섭리라고 주장하는 신정설의 형태, 혹은 비탄시의 형태를 띤다. 이 농담에는 하나의 짧은 문장에 웃음과 비탄을 연결해주는 눈물과 울음과 거룩한 분개가 동시에 잠재한다. 이 첫 문장은 나머지 회담 전반의 논조를 정한다. 이 문장은 인종차별 방식으로, 그러나 특히 매우 부당한 신학적 방식으로 자신들의 존엄성을 빼앗긴 흑인들의 투쟁역사를 협상 테이블에 올려놓는다. 농담에 등장하는 이런 현실이야말로 하나님께 항의를 제기할 만하다. 이 다각도의 패러디에는 성공회 주교의 다채로운 예복을 차려 입은 이 선지자적인 어릿광대의 천재성이 녹아있다. 그는 웃음으로 세상의 견고함을 녹이고, 권력층을 향해 진실을 말한다.

투투의 대부분의 설교에서 우리는 대화, 이야기, 그리고 (눈물을 흘리게 하는) 거룩한 진지함의 요소들을 다 찾아볼 수 있지만 특히 유머는 거의 언제나 그의 설교 안에 빠지지 않고 나타난다.[23] 남아공의 전 대통령 넬슨 만델라는 투투를 이렇게 묘사했다. "가끔은 거칠지만, 대체로 부드러우며, 결코 두려워하지 않고, 항상 유머를 지닌 데스몬드 투투의 외침은 그 언제까지나 소리 내지 못하는 자들의 소리가 될 것이다."[24]

투투는 그 자신을 웃음거리로 만드는데 결코 단 한 번도 주저하지 않았다. 그러나 또한 그는 아파르트헤이트의 내부적인 작용을 패러디함으로써 아파르트헤이트의 실체, 곧 그 제도의 우스꽝스러움을 드러냈다. 예를 들어, 뉴올리언스에서 연설할 때 투투는, 권력자들이 아파르트헤이트의 현실을 숨기고자 사용한 완곡한 표현들, 그 언어 곡예의 가면을 벗김으로 해서 아파르트헤이트의 견고한 이데올로기를 조롱했다. 투투는 정부가 "반투(Bantu) 행정부"[25]의 이름을 "복수이해관계(Plural Relations) 행정부"로 개명했다는 사실에 주목했다. 그리고 어릿광대의 말장난을 차용하고 계속되는 웃음과 박수를 이끌어내면서, 투투는 추측컨대 이제 우리(흑인들)는 "복수"(Plural)들입니다. 이 복수들 중 한 명을 지칭하자면 재미있어지겠군요. "단수 복수"(singular plural)라니! 참 기가 막힙니다. 시골에서 온 흑인은 아마

23　Hennie Pieterse, "Hom kom God aan die woord in die prediking?"n Vaste vertroue op God is teologies noodsaaklik," *Practical Theology in South Africa* 20, no. 2 (2005): 122.

24　Cath Elliott, "Desmond Tutu Is One of a Rare Breed," *Mail and Guardian online*, September 18, 2010, accessed August 2, 2011, http://www.mg.co.za/article/2010-09-18-desmond-tutu-is-one-of-a-rare-breed.

25　아파르트헤이트 당시, 교육에서의 차별을 비롯한 극심한 인종차별정책으로 많은 반발을 사고 있던 정부 부서의 이름이다-역주.

시골 복수(rural plural)가 되겠군요."²⁶

투투의 농담과 같은 이런 유머는 불확정이란 개념이 그림자조차 드리워지지 않는 화석처럼 굳어져 버린 진리, 즉 유머의 심각한 결핍을 겪고 있는 철의 신학의 손아귀로부터 남아공 사회를 자유롭게 하는데 공헌했다. 사실, 아파르트헤이트를 포함한 모든 압제적인 사회 체계들과 이데올로기들은 이러한 방식으로 작용한다. 그들은 허세와 자만, 광신적 행위, 편협함 그리고 통제로 특징지어진다.²⁷ 아파르트헤이트는 그 자신의 돌덩이처럼 단단한 "진리"와 화석화된 정결(purity) 안에서 안정적이었다. 아파르트헤이트는 철의 신학에 의해 뒷받침되었다. 불확정이란 존재하지 않았고 모든 것은 흑백논리에 의해 분류되었다.²⁸ 그러나 투투는 웃음이란 도구를 사용하여 그 꾸

---

26 John Allen, *Rabble-Rouser for Peace: The Authorized Biograpy of Desmond Tutu* (New York: Free Press, 2006), 238.
27 Phillippus F. Theron, "Liberating Humour: Calvinism and the Comic Vision," in *Freedom*, eds. A. van Egmond and D. van Keulen, Studies in Reformed Theology, vol. 1 (Baarn: Callenbach, 1996), 208–24.
28 "흑과 백"에 대해 이야기하면서, 메리 더글라스는 다음과 같이 말한다. "흑백논리로 세상을 보는 것에는 한계가 있을 수밖에 없다. 당신이 색채를 보지 못한다면, 당신은 뉘앙스를 놓치고, 3D 효과는 누그러지며, 얼굴표정에 생동감은 없어진다. 우리는 이것을 오래된 흑백영화와 사진에서 느낄 수 있다. 나는 이 제목을 사용해 분노를 일으키는 특정한 사회 구조에 대해 이야기하고자 한다. 제한된 시야는 세상을 두 종류로 나눈다. 한쪽에는 우리들, 우리 동료들과 우리의 친구들이 있고 다른 한쪽에는 나머지 모두, 곧 우리가 아닌 사람들이 있다. 극단적인 경우에는 우리 쪽 안의 사람들은 성인이고 바깥에 있는 사람들은 모두 죄인으로 치부된다. 안은 희고, 밖은 검다. 극단적인 경우 이 논리는 성인들과 죄인들로만 이루어진 세상을 만든다. 도덕의 벽이 두 편을 가르고 성인들은 바깥사람들과 상종조차 하려 하지 않는다. 협상은 있을 수가 없고 '타협'은 배신을 뜻한다." Mary Douglas, "Seeing Everything in Black and White," accessed August 24, 2011, http://projects.chass.utoronto.ca/semiotics/cyber/douglas2.pdf, 2.

며진 신화를 중지시키고 경계성의 공간을 창조해냈다.

그의 만평 만화들로 아파르트헤이트에 도전하는 역할을 했던 자피로는 그의 작품에서 웃음의 인식론적 역할을 강조한다.

> 만화를 그릴 때 나는 단 한 가지만을 묻는다. "만약 그렇다면?" 아파르트헤이트 당시, 만화가들은 만약 세상이 지금과 다르다면? 만약 우리가 대안을 시도해본다면? 이라는 질문을 하기 위해 계속해서 과장, 패러디, (고정관념을 드러내기 위한) 역설적 고정관념, 조롱하기 등을 이용했다. 그 과정에서 만화가들은 대중의 교육과 동원에 공헌했다. 그뿐만 아니라 대중들이 변화하는 현실과 변화의 과정에서 마주할 도전들을 이해하도록 도왔다. 그리고 이러한 "만약…한다면?"은 아파르트헤이트 이후의 남아공에서도 반드시 존재해야만 한다.[29]

실제로 자피로는 이러한 "만약?"을 최근 미국의 철의 신학에도 적용한 적이 있다. 코란을 불태운 미국의 설교자 존스를 직접 겨냥한 만평 만화를 통해서, 자피로는 철의 신학의 불편한 결과들을 상기시키는 어울리지 않는 다양한 이미지들을 재미있게 버무린다.

---

29 "어릿광대의 영역 방어: 정치 풍자만화의 한계를 넓히며" 심포지엄에서 저자 실리에가 작성한 노트로부터 인용되었다.

그림 6.2 "존스 목사", 조나단 자피로
(2010년 9월 12일에 선데이 타임즈/ Sunday Times에 실린 작품)

2) 저항, 윤리, 그리고 웃음

투투의 설교와 자피로의 만화가 분명히 보여주듯이, 웃음의 인식론은 중대한 윤리적 차원들을 함께 끌고 간다. 철의 신학, 그리고 아파르트헤이트를 떠받치는 이데올로기들에 대한 그들의 인식론적 도전은 모두 저항의 윤리적 실천이다. 사실, 웃음의 결정적인 속성은 현존하는 힘에 대항하는 웃음의 특성이다.

신학자 재클린 부시(Jacqueline Bussie)가 논하듯이, 어거스틴(Augustine)으로부터 오이코람파디우스(Oecolampadius), 그리고 라인홀트 니버(Reinhold Niebur)에 이르기까지 웃음에 대한 부정적인 견해를 내놓은 자들은 모두 권력의 자리에 있는 백인 남성들이었다.[30] 그녀는 이러

---

30 Bussie, *Laughter of the Oppressed*, 3.

한 힘 있는 자들은 의식적으로나 무의식적으로나 웃음을 위협적으로 느낀다고 주장한다. 웃음이 그들의 권력을 위협하기 때문이다.[31]

그러나 배척과 무력함의 경험에서 오는 "저 아래"에서 터져 나오는 웃음은 현존하는 힘들에 대한 윤리적이고 신학적인 저항을 제공한다. 부시는 이러한 웃음은 억압의 체제를 중지시킬뿐 만 아니라 "언어의 깨짐과 생각과 믿음의 인습적 체제의 파괴에도 불구하고 창의적인 방식으로 희망, 저항 그리고 항의를 만들어 낸다.

간단히 말하자면, 억눌린 자들의 웃음은 윤리적, 신학적 저항이라는 측면에서 헤아릴 수 없는 가치를 지닌다."[32] 믿음과 소망은 역설적이고 예기적인(proleptic) 부조화의 공간을 활짝 연다. 그리고 이 공간들에서 웃음의 신학이 들려지고 이해된다.[33]

이러한 윤리적 관점에서 웃음은 자유를 기뻐하고 인간에 대한 억압에 대항한다. 그들의 희극적이고 익살스러운 행동을 통해서 바보들은 우리를 해방시킨다.[34]

웃음은 독자적인 금지들과 계급적 장애물들로 이루어진 공식적 체계를 설령 잠깐일지라도 중단시키기 때문이다. 통상적이고, 합법적이고, 신성시되는 것들이 도전을 받고 찢긴다. 실제로, 자유로운 대화의 전통은 자유로운 교제와 참여가 묶인된 축제 기간 동안에 생긴 것이다. 따라서 자유로운 대화의 전통은 일시적이나마 허락되었던 자유로운 교제와 참여를 통해서 소외된 자들이 자신들의 소리를 낼 수 있었던 "바보축제"와 같은 중세시대 축제로 거슬러 올라

---

31 Bussie, *Laughter of the Oppressed*, 3.
32 Bussie, *Laughter of the Oppressed*, 4.
33 Bussie, *Laughter of the Oppressed*, 183.
34 Welsford, *The Fool*, 326.

간다.³⁵

웃음은 또한 사람들이 두려움을 극복할 수 있도록 돕는다. 놀랄 것도 없이, 바보들은 대체로 두려움이 없는 인물들이다. 그리고 그들은 다른 이들을 두려움의 속박에서 벗어나게 해준다.

바흐친이 주장하듯이, 카니발의 웃음은 이런 역할을 한다. 그러한 웃음은 죽음과 사탄, 하나님에 대한 근거 없는 신화적인 두려움, 자연의 힘과 죄의식의 억압을 이기고 승리할 수 있는 방법을 제시한다. 웃음은 새로운 의식, 두려움을 이긴 승리에 대한 새로운 자각을 일깨운다. "웃음은 수천 년을 걸쳐 사람들 사이에서 발전된 두려움, 곧 신성함, 금지, 과거, 그리고 힘에 대한 두려움으로부터 우리를 해방시킨다."³⁶ 웃음은 그 어떤 금령과 한계도 알지 못하기에 두려움을 극복한다.

퓰리처상을 받은 만평가 마이크 루코비치(Mike Luckovich)는 그의 최근 만화에서 두려움으로부터의 자유를 위해 웃음을 사용한다(그림 6.3). 미국 내에서 회교 사원들이 지어지는 데 대한 두려움에서 나온 많은 반응들을 폭로함으로써, 루코비치는 사람들로 하여금 자기 자신들을 비웃게 하고 그렇게 해서 그들을 해방시키려 한다.

---

35 Cf. Bakhtin, *Rabelais*, 89–90.
36 Bakhtin, *Rabelais*, 94.

그림 6.3 "회교 사원", 마이크 루코비치
(마이크 루코비치 & 창작자 연합회 소장)

    루코비치가 제안하듯이, 두려움으로부터의 해방은 그저 억압받는 자들만을 위한 것이 아니다. 철의 신학과 원형진을 이룬 수레들이 지배하는 곳이라면 어디든 공포는 존재한다.[37] 그런데 여기서 바보가 무대로 올라선다. 그러면 우리는 웃음을 터뜨리거나, 아니면 우리의 무시무시한 철의 저항, 즉 폭력성을 드러낸다.

    이러한 웃음은 사실 그 자체로 "두려움의 산물로 나타난 권력 강탈의 욕망"과는 정반대의 경향을 가진다. 웃음은 이데올로기나 힘의 신학들의 먹잇감으로 전락하기 쉬운 교회의 성향을 꾸준히 저지하고, 교회가 진리의 일부분을 나타내는 조각이지 진리 자체는 아니라

---

37 사람들을 이끄는 코끼리는 미국 공화당의 상징이다. 그러므로 루코비치는 이슬람교도들에 대한 이런 공포를 조장하는 공화당 정치인들을 비판하는 것이기도 하다. 루코비치는 단지 사람들을 두려움에서 자유롭게 하려고만 하는 것이 아니라, 두려움을 이용해 여론을 조종하고자 하는 자들의 덫으로부터 사람들을 자유롭게 하려 한다.

는 사실을 교회 자신에게 상기시키는 보호자의 역할을 한다. 그러므로 웃음은 약함 속에 있는 강함과 어리석음 속에 있는 지혜를 선포하는 것과 관련되어 있다.

남아공에서와 마찬가지로 미국에서도 노예제도와 분리정책은 교회의 강력한 철의 신학으로 정당화되었었다. 그리고 두 상황의 한가운데에서, 웃음은 단지 인식론적 비평의 형식으로서 뿐만이 아니라, 사람들을 두려움에서 벗어나게 하고 억압에 대한 저항을 가능하게 하는 윤리적 도전의 형식으로 존재한다. 미국 흑인 노예 어릿광대, 정복자 존에 대해서 노벨상 수상자이자 민속학자인 조라 닐 허스턴(Zora Neale Hurston)은 이렇게 쓴다.

> 이 사내의 표식은 웃음이었다…그것은 노예들을 버틸 수 있게 해주었다. 노예들은 무언가 더 나은 날이 오고 있다는 것을 알았다. 그래서 그들은 그들 앞의 고난을 비웃고 노래했다. "나는 너무도 기뻐! 어떤 문제도 영원하지는 않으니까." 그리고 그것을 들은 백인들은 그들이 웃을 수 있다는 사실에 할 말을 잃었다.[38] 그리고 그녀는 이런 결론을 내린다. "그래서 흑인 형제는 이런 미국에게 인내하는 용기와 웃음의 근원을 제공한다…백인들의 미국이여, 검은 입들로부터 웃음을 빼앗아 가 이겨보라! 우리는 정복자 존을 내세운다."[39]

---

[38] Hurston, "High John de Conquer," 450.
[39] Hurston, "High John de Conquer," 458.

미국시민운동은 이 웃음의 전통을 저항운동의 시행으로 발전시켰다. 길거리 행진과 저항운동을 위한 대규모 모임들에서, 웃음은 중요한 역할을 감당했다. 마틴 루터 킹 주니어(Martin Luther King Jr.)의 가장 친한 친구, 랠프 데이비드 애버나티(Ralph David Abernathy)는 종종 이러한 웃음의 선동자였다. 그는 저항운동의 어릿광대라고 불렸다.[40]

예를 들어, 앨라배마의 셀마에서 열린 대형 집회에서 애버나티는 유명한 그의 "물건"(doohicky) 연설을 했다. 비밀경찰들은 집회장 밖에 있는 경찰기동타격대에게 집회장의 연설을 중계하기 위해 조그마한 녹음 기계를 강대상 위에 올려놓았다. 그의 연설 도중 애버나티는 이 기계를 "물건"이라고 부르면서 그것에 대고 이야기하기 시작함으로 관중들에게 기쁨을 선사했다. "여기 이건 시내로 메시지를 전달하는 조그만 물건이라고 하지요",라고 그는 이야기를 시작한다.

> 그리고 물건!, 난 자네가 그들에게 이렇게 말해주었으면 한다네. (군중들은 물건! 물건! 을 외친다.) 너는 우리가 갈 수 없는 곳들로 갈 수 있으니, 앨라배마 셀마에 사는 선한 백인들에게 우리는 두렵지 않고 우리는 그 누구도 우릴 막게 두지 않을 거라고 말해주겠나? 이제, 물건, 난 네가 그들에게 우리는 오늘 그 아래 있었지만 내일 다시 돌아올 거라고 말해주었으면 한다네. 그리고 이렇게 말해주겠나? 우리는 우리 변호사들과 이야기했고 우리는 "우리의" 법정에 설 권리가 있다는 것을 알고 있다고. 그리고 그들은 그 아래에서

---

40 Lischer, *Preacher King*, 173.

한 백 명이 넘는 사람들을 위해 대비하는 게 좋을 거라고 말일세…

이제, 우리는 물건!, (이 단어가 사용될 때마다. 군중들은 기쁨의 탄성을 지른다.) 자네가 또 다른 메시지를 전달했으면 한다네. 오늘 우리는 두 명이 나란히, 20피트씩 떨어져 서서 시내로 걸어가야만 했었다고. 이제, 물건, 이건 옳지 않다네. 왜냐면, 왜냐하면, 여긴 러시아가 아니기 때문이야. 만일 여기가 러시아였다면, 물건, 우린 이해했을 거라네. 하지만 여긴 자유인의 땅이자 용기 있는 자들의 고향이지. 그리고 물건, 우리는 우리가 함께 걷고 싶은 사람과 함께 걸을 권리가 있어. 그리고 실망하게 해서 미안하지만, 우리는 겨우 둘이서 걷지도 않을 것이고, 우리는 20피트 떨어져서 걷지도 않을 거라네. 물건!, 우리는 "함께" 걸어갈 거라고 그들에게 말해 주게.

이제, 이제, 조그만 물건아, 나는 이 얼마 안 되는 말들이 자네에게 잘 흘러들어 갔으면 한다네. (지금부터는 군중을 향해서)…저는 여러분이 이 물건에게 말하기를 원합니다. 보십시오, 그들은 떠들어댔습니다. 그들은 오직 몇 명의 흑인들만 자유를 원한다는 헛소문을 떠들었습니다. 그리고 오늘 밤 우리는 "모두" 이 물건에게 이야기할 것입니다.[41]

이 조롱하는 유머를 통해, 애버나티는 어울리지 않게도 현존하는 백인들의 힘을 "조그만 물건"과 동일시한다. 그의 연설은 시민운동

---

41 Lischer, *Preacher King*, 256에 인용되었다.

을 통제하려는 권력자들의 노력이 불합리한 실체임을 드러낸다. 그리고 그가 일으킨 웃음은 사람들에게 윤리적 저항과 자유를 위한 능력을 공급한다.[42]

노예제도와 아파르트헤이트와 분리정책의 폐쇄된 엄숙함과 철의 신학에 반대하는, 전복시키는 웃음은 많은 목소리로부터 터져 나왔고 다양한 형태를 띠었다. 그러한 웃음은 굳어진 억압의 "진실들"을 폭로하고 그것들과 직면하는 방법을 제공했다. 또한 창의적인 저항의 기회를 제공하는 경계성의 공간을 형성하도록 도왔다.[43] 웃음의 신학적 이해는 이러한 저항의 요소를 포함하게 될 것이다.

3) 유머의 희망

웃음의 인식론적, 윤리적 차원들은 필연적으로 종말론의 주제를 연다. 철의 신학이 녹아버리고 탄압이 저지될 때, 미래는 새로운 가능성과 함께 우리에게 손짓한다. 신학적 관점에서, 바보의 유머는

---

42 Lischer, *Preacher King*, 256. 심지어 마틴 루터 킹 주니어 자신도 대형 집회들에서 비슷한 목적을 위해 유머를 사용했다. 리셔가 쓰듯이, "기독교적 맥락에서, 위험을 마주했을 때의 웃음은 슬픔 속의 찬양처럼 지상의 통치자들 위에 군림하는 하나님의 권위에 대한 믿음을 상징한다." *Preacher King*, 247–48.
43 웃음이 저항의 유일한 형태가 아닌 것은 분명하다. 실제로, 우리가 계속 논의할 것처럼, 웃음과 애도와 (사랑의 표현으로서의) 분노는 모두 공존한다. 저항을 위해 웃음을 사용하는 사람들은 아마 필수적으로 다른 형태의 저항과 함께거나 그러한 저항들을 구현할 것이다. 예를 들어, 랠프 데이비드 애버나티(Ralph David Abernathy)는 대형 집회들에서 더 심각한 저항자 마틴 루터 킹과 짝을 이루었다. 그리고 앞으로 더 분명해질 것처럼, 투투는 웃음만을 사용한 것이 아니라 비탄, 그리고 날카롭고 직설적인 메시지 또한 사용했다. 또한 투투는 넬슨 만델라를 비롯한 많은 다른 이들의 서로 다른 접근방식들을 포함한 거대한 운동의 일부분일 뿐이었다.

희망을 준다.

이 유머의 희망은 켄 케시(Ken Kesey)의 소설 『뻐꾸기 둥지 위로 날아간 새』[44]에서 훌륭하게 묘사된다. 주인공 랜들 맥머피(Randle McMurphy)는 분명히 바보 혹은 광대의 역할을 맡는다. 그는 자기 자신을 "도박하는 바보"[45]라고 부르며 그는 "트릭스터" 또한 "빨간 머리를 한 골칫거리"라고 묘사한다.[46] 웃음은 맥머피의 작업방식이다. 책 속에서 웃음은 간호원장으로 효과적으로 대표되는 공포와 억압에 대한 대안으로 작용하고, 권력에 대한 저항의 형식으로 나타난다. 간호원장, 래치트(Ratched)양은 그녀가 맥머피를 "주인 없는 바보"라고 표현했을 때, 자신이 무슨 말을 하는지 모르고 있었을 것이다. 사실 맥머피는 모두의 바보였을 지도 모른다.[47]

맥머피가 이르게 된 정신병원 안의 근본적 권력다툼은 온전한 정신과 광기 사이의 싸움이라기보다는, 견고하고 기계적이고 교활한 함정과 자유 사이의 싸움에 가깝다.[48] 그들을 포로로 잡고 있는 강압적인 힘과 체제로부터 동료 환자들을 해방하기 위해, 바보는 웃음과 함께 이 힘의 세계로 들어선다. 맥머피에게 웃음이 중요하다는 것은 시작부터 분명해진다.

> 있지 말이야, 내가 이곳이 마음에 들지 않았던 첫 번째 이유는 그 누구도 웃고 있지 않았다는 사실이야. 그거 알아?

44　Ken Kesey, *One Flew Over the Cuckoo's Nest* (New York: Penguin, 2002).
45　Kesey, *One Flew Over*, 11.
46　Robert Faggen, "Introduction," in Kesey, *One Flew Over*, xx.
47　Faggen, "Introduction," xxii.
48　Faggen, "Introduction," xviii.

내가 저 문을 통해 들어온 이후로 나는 단 한 번도 진짜 웃음소리를 들어 본 적이 없어. 네가 웃음을 잃는 순간, 너는 네 지위를 잃는 거라고.[49]

실제로 맥머피는 정신병원으로 요란하게 입장한다.

그는 거기 서서 기다리고 있다. 누구도 그에게 말을 걸 것처럼 보이지 않자, 그는 웃음을 터뜨린다. 아무도 그가 왜 웃는지 모른다. 재미있는 일이라고는 쥐꼬리만큼도 일어나고 있지 않기 때문이다. 그러나 그 웃음은 공식적 관계를 위한 가식적인 웃음이 아니다. 그 웃음소리는 크고 자유로왔다. 그것은 이를 드러낸 그의 활짝 벌려진 입으로부터 나와 안뜰을 둘러싼 모든 벽에 부딪힐 때까지 너울처럼 점점 더 커져갔다. 이 웃음소리는 진짜다. 나는 순간 이것이 내가 몇 년 만에 처음 들어보는 웃음이라는 것을 깨닫는다.
 그는 우리를 바라보며 서 있다. 부츠를 신은 발에 체중을 싣고 몸을 뒤로 기울인 채, 그는 웃고 또 웃는다.…뜰에 나와 있는 사람들 환자들, 의료진들, 그리고 모두는 그와 그의 웃음소리에 어리벙벙해져 있다. 그를 멈추려는 시도도, 무언가 말하려는 시도도 없다. 그는 그 스스로 멈출 때까지 웃다가, 주간 휴게실로 들어간다. 심지어 그가 웃고 있지 않을 때에도, 웃음소리는 방금 울리기를 그친 종 주위를 종소리가 맴도는 것처럼 그의 주위를 맴도는 듯하다. 그 웃음

---

[49] Kesey, *One Flew Over*, 63.

의 맴돎은 그의 눈에 존재하고, 그가 미소 지으며 활보하는 모습에 존재하며, 그가 말하는 방식에 존재한다.[50]

맥머피는 동료 수용자들을 웃게 하려고 최선을 다한다. 그는 "주위 사람들이 웃음의 힘으로, 원망이라는 취약함을 멈추도록 격려한다."[51] 처음에는 투덜거림이 그가 환자들에게서 끌어낼 수 있는 정상적인 반응의 희미한 빛 전부였다. 그러나 이야기가 진행되면서 맥머피는 낚시 여행을 주도하고 모두가 함께 웃기 시작한다. 이 낚시 여행에서 맥머피는 사람들을 위해 고기를 낚는 예수님의 역할 혹은 바보들로 가득 찬 배의 선장 역할을 맡는다.[52] 예상하겠지만, 사람들이 다시 감금됨과 동시에 병원의 관리체제는 사람들을 자유롭게 하고 인간답게 만드는 웃음을 짓밟으려 한다. 그러나 맥머피의 개입은 정신병동 전체를 좋은 방향으로 이미 바꾸어 놓았다. 맥머피에게 강제로 행해졌던 전기충격치료나 뇌의 전두엽 절제술, 심지어 죽음도 그의 웃음이 일으킨 자유와 희망의 불씨를 완전히 꺼버릴 수는 없었다. 몇몇 사람들은 정신병동을 떠나 바깥세상의 삶으로 돌아간다. 그리고 소설은 이 이야기를 전해왔던 "지혜로운 바보", 미국 인디언 브롬든(Bromden)이 극적으로 병원을 탈출하는 것으로 마무리된다. 맥머피는 그렇게 해서 예수님과 같은 인물로 그려지기도 하지만, "파괴로 틈을 만들고 빛을 들이며 약간의 황폐함을 방출하는 그 틈에서 창조를 불러일으키는 마술사 트릭스터"로 그려지기도 한다.[53] 그의

---

50 Kesey, *One Flew Over*, 11.
51 Faggen, "Introduction," xx.
52 Faggen, "Introduction," xxii.
53 Faggen, "Introduction," xxii.

웃음은 죽음으로 그를 이끌었지만 동시에 희망을 만들어낸다.

유머의 표현으로서의 웃음과 희망의 발생 사이에는 강력한 관계가 존재한다. 유머와 희망 모두, 매일 매일의 생활이 최종적 결론은 아니라고 선포한다.[54] 따라서 우리는 "희망의 유머"와 "유머의 희망"에 대해 이야기할 수도 있다.

유머는 우리로 하여금 우리 자신과 (우리 자신이 누구인지를 포함한) 현실 사이에 건강한 거리를 유지할 수 있도록 도와주면서 우리의 희망을 지킨다. 유머는 고착된 것들을 상대화시키지만 스스로 상대화의 먹잇감이 되지는 않는다. 유머는 세상을 넓게 보면서 우리가 순진한 낙관론이나 낙담하는 비관론에 빠지지 않도록 보호한다. 유머는 현실을 현실로 받아들일 수 있게 하는 촉매 역할을 한다.[55]

유머의 희망은 진정한 인간성과 인간의 연약성을 부정하거나 부인하지 않는다. 오히려 반대로 그것들을 드러내고 인정한다. 그러나 유머의 희망은 또한 미래에 대한, 대안에 대한, 그리고 가능성에 대한 전망을 밝혀준다. 그것은 삶의 모호성으로부터 도피하지 않고, 오히려 두려움을 극복하고 자유를 키워냄으로써 인간의 존엄성을 확증한다. 유머의 희망은 이러한 삶이야말로 웃을 (그리고 울) 가치가 있다는 사실을 강조한다.[56]

이러한 방식으로 유머의 희망은 우리가 현실을 더 깊게 바라볼 수 있도록 한다. 신학적으로 본다면, 유머의 희망은 우리가 믿음의

---

54 Joel S. Kaminsky, "Humor and the Theology of Hope: Issac as a Humorous Figure," *Interpretation* 54 (2000): 371.

55 Cf. Phillipus F. Theron, "Dogma en Humor," *Dutch Reformed Theological Journal* 28, no. 4 (1987): 263.

56 Cf. Louw, "Pastoraat as oorwinningsorg," 178-99.

눈으로 삶을 바라보게 하고, 이중 초점의 시야로 보이지 않는 것들을 보게 한다.[57] 이런 의미에서 유머는 재치라는 타고난 재능보다 더 깊은 차원의 것이다. 유머는 타고난다기보다는 우리 중에 하나님이 존재하신다는 진실을 분별해내기 위해서 우리 감각들을 재생성하는 데서 비롯된다. 유머는 우리를 우스꽝스러움에서 숭고함으로 옮기고 또다시 숭고함에서 우스꽝스러움으로 옮겨 놓는다. 이중 초점의 시야와 함께, 유머는 우스꽝스러움이 숭고함이 될 수 있다고 주장한다.

유머는 "태생적으로 종말론적이다." 그것은 우리에게 하나님이 우리를 위해 예비해놓으신 미래에 대한 약속에 초점을 맞출 수 있는 렌즈를 제공한다. 그것은 지금의 현실이 유일하거나 최종적인 현실이 아니라는 사실과 우리의 희망은 하나님의 약속과 행동에 달려있다는 사실을 우리에게 상기시킨다. 그러나 동시에, 유머는 우리로 하여금 이러한 미래의 실재를 자각하게 하며, 구 시대 가운데로 들어서는 새로운 창조를 지각할 수 있도록 만든다. 이러한 깨달음들은 우리가 미래로 도망치는 것을 막는다. 유머는 우리와 현실 사이에 거리를 만든다. 그러나 이 거리는 절대 현실도피를 의미하지 않고, 세상을 보는 새로운 관점을 내포한다. 유머는 변화를 의도하고 기대한다. 웃음은 변화를 위한 것이다. 유머는 현실에 살면서 종말론적 희망으로 미래를 바라본다.

그러나 유머의 종말론적 특성은 우리를 비탄으로 이끈다. 유머의 희망은 하나님의 계시의 모호함에 대한, 그리고 우리 중에 계시는 하나님의 임재라는 모순성에 대한 통찰을 가져온다. 그러한 종말론적 유머는 하나님의 존재에서 비롯되는 기쁨을 불러일으키지만 눈

57　히 11:1.

으로 보이는 하나님의 부재에 대한 슬픔을 또한 불러일으킨다. 신학적으로 말하자면, 유머는 언제나 눈물과 함께하는 웃음을 수반한다. 유머는 우리를 순간적인 경솔함에서 지켜 줄 뿐만 아니라, 만성적인 질병에서도 지켜준다. 유머는 우리가 웃음과 비탄 사이의 긴장 속에서 살아갈 힘을 준다.

3. 웃음과 비탄

웃음과 비탄은 전혀 다른 것처럼 보인다. 철저하고 완전하게 반대되는 듯이 보인다. 비탄이란 무엇인가? 남아공의 목사이자 신학자 데니스 에커만(Denise Ackermann)은 역동적인 용어들로 비탄에 대한 정의를 내린다.

> 비탄은 고통에게 악담을 퍼붓거나, 가슴을 치며 통곡하거나, 죄를 고백하는 것보다 깊은 차원이다. 비탄은 고통과 희망, 자각과 추억, 분노와 안도, 복수에 대한 열망, 용서와 치유의 소용돌이이다. 비탄은 우리 개인 혹은 공동체가 견딜 수 없는 것을 견뎌내는 방식이다. 이것은 하나님의 심장을 때리는 인간 영혼의 울부짖음이자 눈물의 폭격이며 질책과 애원과 칭송과 희망들이다.[58]

---

58 Denise Ackermann, *Tamar's Cry: Re-Reading an Ancient Text in the Midst of an HIV/AIDS Pandemic* (Stellenbosch: EFSA, 2001), 26.

여기에 웃음의 소리는 들리지 않는다. 유머의 암시조차 없다.

비탄은 존재의 한계상황에 대한 있는 그대로의 느낌들과 경험들로 이루어진다. 경계성과 모순성에 대한 느낌들과 경험들은 우리의 균형감각을 무너뜨리고 우리 안에 초월성에 대한 열망에 불을 붙인다.[59] 그러나 비탄을 통해서 우리는 슬퍼한다. 그리고 비탄을 통해서 우리가 알고 있는 인간에 의한 모든 해결책을 포기하는 법을 배운다. 그리고 이러한 슬퍼함은 희망, 곧 인간의 모든 노력을 초월한 새로운 시작을 기대하는 희망, 그리고 웃을 수 있는 희망이 태어날 수 있는 공간을 만든다.

비탄은 통념적인 답들에 도전하고 현존하는 질서에 이의를 제기하기 때문에, 몇몇 사람들에게 비탄은 위험하고 파괴적인 것으로 비추어진다. 이러한 의미에서 비탄은 그 자체로 혁명적이고 급진적이다. 그저 덮고 넘어가는 은폐 공작으로 잠재울 수 없다. 비탄은 진실하고 근본적인 변화를 갈망하며, 감지된 변화를 보는데 뛰어날 수 있다.[60]

비탄은 문제에 대한 대안들을 제시하고, 상상조차 하지 못했던 가능성을 내세운다. 왜냐하면 비탄은 하나님의 심장에 호소하기 때문이다. 궁극적으로 비탄은 하나님의 신실함에 의거하여 하나님의 개입을 호소한다. 여기에 희망적인 비탄의 본질이 있다.

---

59 Cf. Johan Cilliers, "Preaching as Language of Hope in a Context of HIV and AIDS," in *Preaching as a Language of Hope*, eds. Cas Vos, Lucy L. Hogan, and Johan H. Cilliers, *Studia Homiletica* 6 (Pretoria: Protea, 2007), 155-76.
60 성령의 역사 안에서 애도와 축제를 함께 묶는 최근의 설교학적 연구를 위해서는 다음을 보라. Luke A. Powery, *Spirit Speech: Lament and Celebration in Preaching* (Nashville: Abingdon, 2009).

희망 안에서의 비탄, 혹은 비탄 가운데의 희망은 웃음이 피어날 공간을 만든다. 둘 다 부조화 안에 존재하고 변화를 요구하며 기대한다. 웃음과 비탄은 그들의 분개함 가운데 하나가 된다.

그들의 분개함이란 경계성의 시대를 살아가는 인생들을 위협하는 권력들에 반대하는 거룩한 분노라고 일컬을 수 있다. 그들은 경계성적 시대에 필수적으로 일어나야 할 변화가 권력 있는 자들에 의해 화석화될 때마다 똑같이 분노한다. 거룩한 분노 안에서, 바보는 웃는다. 그리고 그 분노 안에서 또한 권세들에 반대하여 애통한다.

그러므로 현대의 어릿광대라 할 수 있는 정치 풍자 만화가들 또한 불편한 웃음의 날을 세우고, 거의 늘 "그렇다면?"이라는 질문들을 던지게 하는 비탄적인 상황 가운데 활동한다는 사실은 놀랄 일이 아니다.

서른세 명이 사망한 2007년 버지니아 공대 총기 난사 사건 이후, 마이크 루코비치(Mike Luckovich)는 그 사건을 이라크 전쟁과 나란히 놓는 만화를 그렸다. 이런 사건을 목격했을 때, 우리는 웃는가?, 아니면 우는가?, 그것도 아니라면 마이크 루코비치와 같은 만화가처럼 분노하는가?(그림 6.4)

그림 6.4 "이라크와 버지니아 공대" 마이크 루코비치
(마이크 루코비치 & 창작자연합회 소장)

연극 가면의 전형적인 모습은 웃음과 비탄 사이의 관계를 포착한다. 첫눈에 보면 가면들은 하나는 웃고 있고 또 하나는 울고 있는 두 얼굴을 보여주는 듯하다(그림 6.5). 그러나 더 자세히 들여다보면 웃음과 애도 사이의 세 번째 얼굴을 볼 수 있다. 그 얼굴은 화난 얼굴이다. 우리는 그것을 사랑에 기초한 거룩한 분노로 해석한다. 그것은 실제로 웃음과 비탄이 하나로 통일된 얼굴이다. 그 얼굴은 비인간화와 파괴를 조장하는 모든 힘에 대한 웃음과 비탄의 일치된 반응이다.[61]

---

61 사랑에 의거한 분노에 관하여는 다음을 보라. Beverly Wildung Harrison, "The Power of Anger in the Work of Love: Christian Ethics for Women and Other Strangers," in *Feminist Theology: A Reader*, ed. Ann Loades (Louisville: Westminster John Knox, 1990), 194–214.

우리에게 있어, 가면들은 웃음과 비탄을 하나로 묶는 아교를 뜻한다. 우리는 웃음 자체가 비탄이라고, 또한 비탄 자체가 웃음이라고 말할 수도 있을 것이다. 그러므로 어릿광대가 매번 지나치게 크고 붉은 입으로 웃고 있는 모습으로 표현되는 것만이 아니라, 얼굴에 흐르는 눈물 한 방울과도 함께 표현되는 것은 우리가 앞서 논의했듯이, 결코 우연이 아니다. 광대가 쓰고 있는 (빨간 코, 웃는 입, 눈물자국이 그려진) 가면은 삶의 다의성과 일맥상통한다. 이 가면은 인간이 종종 그들의 눈물을 통해 웃고, 혹은 웃음을 터뜨릴 때도 운다는 사실을 인지한다. 광대도 바보와 마찬가지로 웃음과 비탄을 이해한다. 왜냐하면 광대와 바보는 현존하는 힘들 밑에서 고통받고, 현존하는 힘들에 맞서 분노하며 함께 대항하기 때문이다.

그림 6.5 웃음과 비탄의 가면 삽화

그러므로 많은 거룩한 바보들이 유머와 웃음뿐만이 아니라 눈물과 비탄 안에서 사역한 것은 당연하다. 예를 들어 시므온은 우리가 전에 이야기했듯이 추잡하고 익살맞은 괴상한 행동들을 하면서 평생을 살았다. 그러나 그는 "그의 눈물로 땅을 적시며", 자주 밤을 새우며 기도했다.[62] 마찬가지로 서양의 거룩한 바보라고 묘사될 수 있는 아시시의 성 프란체스코는 그의 명랑함과 유머 감각으로 잘 알려졌다.[63] 그와 그의 제자들은 자신을 그리스도를 위한 광대들이라고 명명했다. 당시 어릿광대들은 사회적 조롱거리이자 비웃음의 대상이었기 때문에 이러한 행동은 매우 대담한 것이었다.[64] 그러나, 프란체스코 또한 울음을 터뜨릴 때가 있었다. 거룩한 바보의 특성들을 체현한 또 다른 인물로는 "중세 영국의 예레미야"라고 불리는 15세기의 영국 여인, 마저리 켐프(Margery Kempe)가 있다.[65] 그녀는 수많은 순례 여행을 다니며 넓은 지역을 여행했다. 그녀는 그녀가 도착한 모든 곳에서 설교 도중이나 성찬식 도중 같은 가장 부적절한 때에 눈물을 터뜨렸다. 그녀는 세상의 죄악과 예수 그리스도의 고난과

62　Kruger, "Appendix: The Life of Symeon the Fool," 168.
63　성 프란체스코의 일대기는 『하나님의 바보』라는 적합한 제목이 붙었다. Julien Green, *God's Fool: The Life and Times of Francis of Assisi*, trans. Peter Heinegg (San Francisco: Harper-SanFrancisco, 1987), 82-83.
64　Saward, *Perfect Fools*, 87-88. 성 버나드와 시토회 수도들 또한 "어릿광대들"이라고 알려졌다. Saward, *Perfect Fools*, 58-79.
65　Ellen M. Ross, "Spiritual Experience and Women's Autobiography: The Rhetoric of Selfhood in *The Book of Margery Kemp*," *Journal of the American Academy of Religion* 59, no. 3 (1991): 531. 켐프의 자서전은 영어로 된 첫 번째 자서전이었다. 이 작품의 최근 번역을 위해서는 다음을 보라. Tony D. Triggs, *The Book of Margery Kempe: The Autobiography of the Madwoman of God* (Liguori, Mo.: Triumph, 1995). 마저리 켐프는 결코 성인으로 추앙받지 못하였는데 아마 그녀의 자서전이 미련함 안의 거룩함을 선포한 성경저자의 관점으로 읽히지 않았기 때문일 것이다.

자비를 생각할 때 제어할 수 없을 정도로 소리 내어 울었다. 마저리의 어리석음은 익살맞은 희극으로 표현되지 않고 대신에 눈물과 애가로 표현되었다. 거룩한 바보들의 전통은 웃음과 비탄을 떼어놓을 수 없도록 서로 끌어안고 있다. 두 가지 모두 이러한 바보들의 부조화로 인해 창조된 경계성의 공간에서 확실한 자리를 차지하고 있다.

이러한 바보들은 가장 깊은 감정의 표현이라 할 수 있는 기쁨을 위한 눈물을 흘리곤 한다. 그들은 단지 기쁘기 "때문에" 우는 것이 아니라 또한 기쁨을 바라보면서, 기쁨을 "갈망하면서" 운다. 그들은 기쁨의 눈물을 흘리고, 특별히 삶이 연약하고 조각나있을 때 그들은 최소한 눈물 섞인 미소를 지어 보인다. 물론 많은 다른 이들에게 그러한 울음이나 눈물은 연약함의 상징으로서 바보들의 전유물로 여겨진다. 권력의 자리에 있는 자들, 또한 힘의 신학들은 눈물을 보이지 않는다. 철의 신학들에게는 눈물샘이 없다. 오직 난공불락의 성벽 같은 태도만 있을 뿐이다. 철의 신학자들은 울음을 어린애 같고, 어리석으며, 무익하다고 믿는다. 어떻게 비탄이라는 미련함이 돌처럼 견고해 보이는 것을 변화시킬 수 있단 말인가? 그러나 바보들은 변화에 대한 희망을 품고, 웃는 중에도 끊임없이 울고 있다.

하나님의 자녀들의 나타남을 바라며 피조물과 교회와 더불어 탄식하시는 성령에 대한 로마서 8장을 본문으로 한 설교에서, 독일의 신학자 에버하르트 융겔(Eberhard Jüngel)은 웃음과 비탄을 훗날 독일어의 표준 표현이 된 두 단어로 합쳤다.[66] "*Ach, ja*"라는 표현을 최대한 가깝게 번역하자면 "아, 그래" 정도가 될 것이다. 앞부분(*Ach*, 혹은 "아!")은 아픔과 고난을 표현하지만 뒷부분(*ja* 혹은 "그래")은 우리가 고

---

66 Eberhard Jüngel, *Geistesgegenwart*, Predigten II (Munich: Kaiser, 1979), 240.

통받고 그래서 "아!"라고 한탄할 수밖에 없는 상황 일지라도, 활기차게 앞을 향해 움직이며 미래를 바라보는 긍정의 대답을 암시한다. 융겔에게 있어 변화의 희망은 단지 웃음을 통해서만 나오는 것이 아니라 새 시대의 탄생을 기다리는 행위로서의 비탄을 통해서도 나오기 때문이다. 그는 이렇게 쓴다.

> "아! 그래" 이 단어들 속에서 우리는 오순절의 신비를 찾아볼 수 있다. 우리가 사는 세상은 "아!"라는 탄식을 외치게 한다. 그러나 우리가 이 탄식과 함께 하나님께로 나아올 때, 우리는 "그래"라고 말할 수 있다. 하나님께 "예"라는 대답을 하는 것이다. 하나님의 이름으로 "아 그래"를 외치는 그 사람은 성령으로 가득 차오른 사람이다. 그리고 우리가 이 두 단어로 진정한 기도를 할 수 있게 되는 순간, 우리의 단순한 표현인 "아!, 그래!"는 이 세상에서 들을 수 있는 가장 희망적인 신음이 되는 것이다.[67]

우리는 변화를 위한 웃음만이 아니라 변화를 위한 비탄을 또한 필요로 한다.[68] 마음 아파함과 웃음은 우리가 생각하는 것보다 훨씬 가까운 관계에 있다. 그 둘은 동전의 양면과도 같다. 웃음과 눈물처럼, 그들은 서로를 보완한다.[69] 삶의 의미는 다른 것이 아닌 웃

67　Jüngel, *Geistesgegenwart*, 241로부터 저자가 번역하였다.
68　Cf. Gerald A. Arbuckle, *Grieving for Change: A Spirituality for Refunding Gospel Communities* (London: Geoffrey Chapman, 1991).
69　우리는 이와 같은 기묘한 관계를 성경에서 찾을 수 있다. J. 윌리엄 웨드비는 "이러한 익살맞은 시각에게 열정과 원천적 깊이를 주는 것은 바로 비극과 어두움 그리고

음과 비탄의 상호 작용 안에 있다고 말할 수도 있을 것이다. 전도서 3:1-4의 "울 때가 있고 웃을 때가 있으며"라는 말씀이 이들이 전혀 별개의 상황들인 듯한 인상을 주지만, 많은 사람이 특히나 자신들이 처한 상황이 너무도 우습거나 터무니없어 보일 때, "웃을 수도 없고 울 수도 없는" 괴로운 경험을 한다.[70]

유머는 우리를 웃게 하지만 가끔은 우리를 울게 할 수도 있다. 탁월한 예로서는 그의 긴 사역 동안 그가 웃었던 만큼 눈물 흘렸던 남아공의 데스몬드 투투가 있다.[71] 좋은 유머란 단순히 재미있거나 재치 있는 것이 아니다. 유머는 피상적이지 않다. 유머가 진정한 인간성을 표현할 때, 종종 더 깊은 차원의 의미를 담게 된다. 또한 유머의 이런 면은 우리에게 웃음과 마찬가지로 운다는 것도 현재 주어진 현실에 순응하지 않겠다는 거부의 표시라는 사실을 알려준다. 웃음과 마찬가지로 울음은 세상을 향해 울부짖는 자들의 관계를 변화시킬 뿐만 아니라, 그 울부짖음이 향하는 사람들이나 구조들에게 도전한다. (사라와 하갈의 이야기와 같은) 성경의 몇몇 기사들에 따르면 눈물

다듬어지지 않은 인간의 존재에 대한 자각이다. 그들은 대속받지 못한 죽음과 정당화되지 못한 재앙, 누그러지지 못한 절망이라는 뚜렷한 존재를 드러낸다.…익살스러운 시각은 삶의 비극적 일면의 파괴적인 영향들을 설명하거나 완전히 치유하는 것은 고사하고, 그 비극적 일면을 제거하거나 부정하는 일 없이 끌어안을 수 있게 한다." J. Willam Whedbee, *The Bible and the Comic Vision* (Cambridge: Cambridge University Press, 1998), 5.

70 Donald Capps, "Nervous Laughter: Lament, Death Anxiety, and Humor," in *Lament: Reclaiming Practices in Pulpit, Pew, and Public Square*, eds. Sally A. Brown and Patrick D. Miller (Louisville: Westminster John Knox, 2005), 70.

71 Cf. Andrew Geoghegan, "He Laughed, He Loved, He Cried: Tutu's Legacy," ABC News, October 8, 2010, accessed July 29, 2011, http://www.abc.net.au/news/stories/2010/10/08/3032653.htm?section=justin.

은 웃음과 마찬가지로 하나님과의 대화 자리로 초대받게 하는 효과를 지닌다.[72] 그러므로 비탄은 웃음과 마찬가지로 바보의 증거이다. 우리가 전에 논의했듯이, 어리석음은 단순히 재미있는 언행에 대한 것이 아니기 때문이다. 바보들은 웃지만, 새로운 시작들을 위하여 울기도 한다.

이와 동시에 웃음은 우리가 비탄의 소리를 기대할 수밖에 없는 깊은 골짜기로부터 솟아 날아오르기도 한다. 사회로부터의 소외와 견딜 수 없는 고통의 자리에 처한 사람들이 자주 웃음의 힘을 빌린다는 것은 매우 놀라운 일이다. 그들은 웃음과 비탄 사이의 경계가 사라지는 지점까지 이른다. 그 둘은 본질적으로 관련되어 있고 상호적인 관계에 있다. "고통과 희망 모두 서로에 의해 살아간다. 희망이 없는 고통은 원한과 절망만을 만들어 낸다. 고통 없는 희망은 환상과 지나친 순진함과 술 취함만을 만들어 낸다."[73]

예를 들어 러시아의 기독교인들은 이 복합성이 무엇인가를 이해하고, 그 어떤 자기 학대의 징후도 없이 이렇게 말한다. "우리는 우리의 문제를 해결하기 위해 웃음을 사용한다. 우리 삶에 더 많은 문제가 있을수록, 우리 삶이 더 즐거워진다는 말이지."[74] 러시아 기독교인들은 고난의 역사를 통하여 웃음의 기묘한 힘을 이해하는 듯 보인다. 웃음은 러시아인들이 유난히 더 심하게 겪어내야 했던 삶의

72　창 16, 21장을 보라. Claassens, "Laughter and Tears," 303.

73　Rubem A. Alves, *Tomorrow's Child: Imagination, Creativity, and the Rebirth of Culture* (London: SCM Press, 1972), 203.

74　G. Khazanov가 한 말이 다음의 책에서 인용되었다. Larisa Levicheva, "Russian Salvation: From Jokes to Jesus," in *Missiology: An International Review* 38, no. 3 (2010): 335.

부조화, 그리고 불합리를 다룰 수 있는 방법을 제공한다.[75] 이 사실은 러시아의 거룩한 바보들의 길고도 풍부한 전통을 부분적이나마 설명해 준다.

웃음과 비탄 사이의 복합적인 상호작용은 "정신 분열병적인 상태"와 같이 어리석게 보일 수도 있다.[76] 그러나 사도바울 또한 심각함과 기쁨, 삶과 죽음, 웃음과 비탄 사이의 기묘한 상호작용을 이해했다. 그에게 있어 죽음은 비웃는 외침 소리에게 삼킴을 당한다.

> 사망아 너의 승리가 어디 있느냐 사망아 네가 쏘는 것이 어디 있느냐(고전 15:55).

죽음을 이긴 생명이 의미하는 바는 텅 빈 무덤에서 탄생한다. 그것은 웃을 만한 일이다. 유진 오닐의 "나사로는 웃었다"라는 연극에서 나사로는 우렁찬 웃음과 함께 무덤에서 걸어 나온다.[77] 죽음은 유쾌함에 의해 정복된다.[78]

십자가 앞에서 모든 기쁨은 사라진 듯이 보인다. 그러나 부활절은 새로운 현실을 출발시킨다. 이제 "비록 기뻐할 이유 하나 없는

75　Levicheva, "Russian Salvation," 335, 340.
76　Hyers, *Comic Vision*, 11.
77　Sherwood Eliot Witt, "The Heresy of the Serious," *Christianity Today* 35 (April 8, 1991): 44.
78　토마스 G. 롱은 설교 안에는 새롭게 된 기쁨이 필요하다고 말한다. 오로지 이 부활절 환희의 신학 때문이다. 그리스도가 죄와 사망을 이기고 거둔 승리 때문이다. 그는 이렇게 쓴다. "기독교 신자들과 설교자들은 거리낌 없이 자신들을 비웃을 수 있기에, 마음껏 자만과 탐욕의 공허한 우상들을 비웃을 수도 있다. 신자들과 설교자들은 지옥을 조롱하며, 사망과 죄악의 무덤 위에서 춤출 수 있는 것이다." Thomas G. Long, *The Witness of Preaching* (Louisville: Westminster John Knox, 1989), 16.

상황 속에서 살아갈지라도, 대속된 자들의 웃음이 시작되고, 자유를 얻은 자들의 춤이 시작되고, 여전히 우리를 위해 열려있는 자유의 새롭고도 견고한 동반자로서의 창조적인 놀이가 시작된다."[79] 그렇게 해서 몇몇 문화에서는 부활절 주간에 유쾌한 이야기들과 농담들이 강대상으로부터 흘러나오곤 한다. 십자가 위의 그리스도에 대한 조롱은 죽음과 사탄에 대한 부활절 주간의 조롱으로 이어진다. 카니발의 웃음이 사순절 기간에 앞서 오듯이, 부활의 삶 자체를 함께 기뻐하는 축제로서의 부활절에 웃음은 다시 우리에게 돌아온다.

즉 복음은 "십자가에 못 박힌 자가 다스린다"는 세상에서 가장 엄청난 부조화를 선포하는 것이다. 당나귀 등에 올라 예루살렘으로 입성한 자는 조롱당하는 대관식의 주인공이 되고 십자가라는 모욕적인 왕좌를 견디어 낸다. 그리고 이 조롱을 통해, 예수의 양손과 옆구리의 상처로 충만한 부활절의 환희가 태어난다.

그때부터, 이 세상은 우리가 웃을 수 있는 극장이 되었다. 우리는 하나님의 어울리지 않는 모습과 하나님의 새로운 창조를 경험하며 터져 나오는 웃음소리로 웃기 위하여 함께 모인 것이다. 우리에게 웃을 수 있는 기회를 주시는 분은 하나님이시지 사탄이 아니다.

그때부터, 하나님은 결코 웃는 것을 멈추지 않으셨고, 결코 기쁨의 눈물을 멈추지 않으셨다.

---

79 Jurgen Moltmann, *Theology and Joy* (London: SCM Press, 1971), 50.

PREACHING FOOLS

The Gospel as a Rhetoric of Folly

제7장

설교하는 바보들

　설교자들은 바보들이다. 설교하는 바보들이다. 가장 깊은 차원에서 보면 설교자에 대한 이런 묘사는 불가피한 것으로 보인다. 설교자들은 예수의 삶과 죽음 그리고 부활이라는 어리석어 보이는 소식, 기존의 질서를 와해시키는 소식을 선포하기 때문이다. 권세와 능력 앞에서, 설교자들은 그들의 삶을 하나님의 새로운 창조의 최종 수단인 말씀에 건다. 실로 어리석은 일이다. 그러나 설교자의 어리석음이라는 이런 깊은 측면들에 덧붙여서, 설교하는 바보들의 더욱 구체적인 다른 특징들이 있다. 이전 장에서 우리는 이런 특징들 가운데 몇 가지들을 이야기하기 시작했다. 우리는 여러 다른 바보들의 얼굴들을 관찰했다. 십자가에 못 박힌 그리스도의 얼굴에서 시작해서, 그리스도를 위한 바보 바울, 어릿광대들, 트릭스터들 그리고 거룩한 바보들, 카니발의 공공 의식들에 이르기까지 우리가 제안한 모든 것들은 설교와 밀접한 관계를 가지고 있다. 이번 장에서 우리는 특별히 설교하는 바보의 얼굴을 식별해 보는 시간을 가지려 한다. 우리가 만났던 그 바보들의 양상들을 탐구함으로써 우리는 설교하는 바보들의 네 가지 특징들에 관한 신학적이고 설교학적인 관점을 제시하고자 한다. 이 네 가지의 관점들(방해, 경계성, 인식, 분별)은 책 전반에 걸쳐서 반복적으로 언급되어왔다.

설교하는 바보들의 얼굴을 조사하는 것은 불안정하고 혼란스러운 경험이 될 수도 있다. 설교하는 바보들은 설교자들과 설교에 대한 우리의 어떤 견고한 신념들을 녹이게 될지도 모르기 때문이다. 어쩌면 그들은 우리가 바라보는 다른 사람들의 얼굴보다는 우리 자신의 얼굴에 더 많은 관심을 가지고 있었던 우리의 신념들을 녹여버릴 수도 있기 때문이다. 절대타자이신 하나님보다 우리 자신의 신학적이고 설교학적인 정체성들에 더 많은 빛을 비추고 있었을지도 모르는 우리의 견고한 신념들을 흔들어버릴 수도 있기 때문이다. 우리 가운데 어떤 이들은 표도르 도스토예프스키의 소설 『카라마조프가의 형제들』에 나오는 이반 카라마조프라는 종교재판관의 자리에 서 있는 우리 자신을 발견할지도 모른다. 종교재판관은 감방문을 열어젖히며 칠흑 같은 감방 안으로 들어선다. 그리고 그는 예수와 같이 교회의 질서를 위협하는 신비로운 얼굴을 응시하면서 몸서리치며 말한다. "가라 다시는 돌아오지 마라…. 결코, 결코 오지 마라!"[1]

이번 장에서 우리는 설교하는 바보들의 얼굴을 응시한다. 그리고 우리가 떠나라고 요구하거나 그렇지 않거나 간에 피해갈 수 없는 불가사의한 일들이 남겨질 것이다. 여기에는 묘책이 없다. 그러나 층을 이룬 집합체, 즉 상호 관련된(때로는 어긋나 보이는) 특징들이 어릿

1　Fyodor Dostoevsky, *The Brothers Karamazov*, trans. Richard Peaver and Larissa Volokhonsky (New York: Farrar, Staus & Giroux, 1990), 262. 이 결론은 실제로 이반의 대안적 결론이다. 이 앞부분의 결론에서 그 종교재판관은 그의 죄수를 화형에 처하기로 약속한다(260).

광대의 얼룩덜룩한 옷처럼 파편들이 함께 꿰매져 있다. 어리석음을 "네 단계 계획"으로 불러낼 수 있다고 생각하는 것보다 더 어리석은 일은 없을 것이다. 그 네 단계 계획이 설교하는 바보가 되는 기술에 관한 성공을 보장한다고 생각하는 것이 어쩌면 세상에서 가장 어리석은 일일 줄도 모른다. 이러한 특징들은 오히려 복합적인 태도, 방향성, 습관, 그리고 생각하고 행동하는 방식을 의미한다. 그 네 가지 특징들은 설교하는 바보들의 얼굴선을 그저 스케치할 뿐이다.[2]

1. 방해

설교하는 바보들은 근본적으로 방해의 대리인(agents of interruption)들이다. 방해는 그들의 영원한 품질보증서이다. 이것은 그들의 다각적인 다른 모든 사역에 색깔을 입힌다. 경계선을 넘어서고, 금기를 깨고, 기존의 질서를 와해시키는 말을 하는 트릭스터같이, 예수같이, 설교하는 바보들은 사회적이고, 종교적이고, 설교학적인 현상(現狀)을 와해시킨다. 바울이 고린도라는 무대로 올라가서 십자가의 저속하고 통속적인 농담으로 지혜롭고 권세 있는 인물들을 무너뜨리는 것 같이, 설교하는 바보들은 교회가 세상의 인습들과 우선순위들에 순응할 때 그 질서를 훼방하고 와해시킨다. 카니발이 계급주의적인 사회의 제도를 뒤집어 놓는 것처럼, 어릿광대들이 특권층의 자리에 변방의 목소리를 가지고 들어오는 것처럼, 설교하는 바보들은 역

---

[2] 이번 장은 설교하는 바보의 특성을 다룬다. 다음 장에서 우리는 설교하는 바보의 수사학에 초점을 맞추게 된다.

동하는 반전과 역전의 복음으로 권세와 특권의 구조들을 훼방하고 파괴한다. 설교하는 바보들은 하나님의 기묘한 새 창조의 침노함으로 구 시대를 방해하고 와해시킨다.

바보로서의 교회와 설교자의 이미지는 교회가 능력 없이 연약할 때, 교회의 메시지가 영향력이 없어 보일 때, 교회의 존재가 바보같이 여겨질 때 종종 전면에 등장한다. 많은 설교자와 교회는 오늘날 위와 같은 상황 속에 있는 자신들을 발견한다. 그러나 이런 바보 이미지는 종종 교회가 힘이 있고 정치적 사회적 구조에 순응하는 기간에는 적어도 공식적인 교회 내에서는 사라져 버리고 불필요한 것으로 나타난다. 이런 사실들은 설교하는 바보들은 힘과 그에 대한 순응이 유행하는 바로 그 시점에 필요하다는 것을 보여주고 있다. 그래서 설교하는 바보들은 그 시점의 구조들을 폭로하고 방해함으로 현재 상태를 와해시킬 필요가 있다. 그러므로 아시시의 성 프란시스에서 데스몬드 투투에 이르기까지 설교하는 바보들은 교회가(혹은 교회의 중요한 부분들이) 현상에 안주하여 권세와 합류하며, 그 현재 상태 자체의 장식품으로 전락했을 바로 그때 등장한다. 사실 교회는 침체의 시대 그리고 순응의 시대에서와 마찬가지로, 경계성의 시대에도 자주 등장하는 바보라고 불리는 기묘한 인물 없이는 일할 수 없다.

사회와 교회의 경계성적 국면들은 보수적인 엄격성과 창조적인 새로운 출발 모두를 위한 잠재력을 불러오기 때문에, 이런 경계성적 국면들은 미련한 설교의 가치를 재발견하라고 우리에게 요구한다. 이런 때에 우리는 전환기의 보호자로서, 출입구의 수호자로서, 사물들을 변화시키는 대리인들로서 설교하는 바보들이 필요하다.[3] 설교

---

3 루이스 하이디(Lewis Hyde)는 우리에게 "모든 트릭스터들은 깊은 변화가 일어나는

하는 바보는 침체에서 새로운 삶으로의 전환의 시기에 일한다. 그 혹은 그녀는 경계성의 모서리들 위에서 정확하게 기다리고 서 있다. 단순한 구경꾼으로서가 아니라, 근본적인 변화의 움직임을 이끌어 내는 적극적인 대리인으로서 존재한다. 특별히 어떤 국면들이 영구화되고 기념비처럼 고착화될 때, 파편들이 고정될 때, 현재 순례자들이거나 순례자가 되어야만 하는 자들이 현재의 권세와 안전에 집착하고 있을 때, 이런 것들을 흔들 수 있는 무게감 있는 방해가 필요하게 된다. 모든 바보처럼, 설교하는 바보는 경계성의 선동자이며 유지자이지만 또한 경계성의 소산물이기도 하다.

그러므로 설교하는 바보들은 특별히 교회 안에서 종종 불편하고 불필요한 인물들로 여겨진다. 설교하는 바보들은 교회가 가지고 있는 거울을 깨버린다. 그 거울이 너무 반짝이게 되어서, 그것이 천국의 완전한 반영이 된다고 믿고 있을 때, 그 거울을 부수어 버리는 것이다. 설교하는 바보들은 바보들의 축제에서와같이, 심지어 매우 완벽하게 되어버린 의식(儀式)들을 방해한다. 그들은 심지어 뛰어나고 "성공적인" 교회라 할지라도 예전 형식들이 깨져 버리는 단계들이 필요하다는 점을 알고 있다. 설교하는 바보들은 교회가 하나님에 대한 모든 경험을 다 내포할 수 없다는 것을 안다. 그리고 교회는 결코 거짓 질서체계로 변질되어서는 안 되고, 감옥이 되어서도 안 된다는 것을 안다.[4] 그러므로 설교하는 바보들은 예배의식들에 찬탄을 보내기도 하지만, 화석화된 의식들을 부수기도 한다. 종종 그들

장소들 가운데 하나인 출입구 주변에서 서성대는 것을 좋아 한다"는 점을 상기시켜 준다. Hyde, *Trickster Makes This World*, 124.

4 Lathrop, "*Ordo* and Coyote," 208.

은 예배의식의 매우 아름다운 네 가지 요소들이 또한 끊임없이 깨트려져야 한다는 것을 알기 때문에 그 예배의식들을 고르지 못한 파편들의 상태로 남겨둔다.[5]

　방해의 대리인으로서, 설교하는 바보들은 안정이 침체로 바뀔 때 불안의 원인이 된다. 그들은 우리가 현실에 안주하려고 할 때 경계선을 넘어오라고 우리를 초대한다. 그들은 우리가 떠나지 못하고 우물쭈물해 할 때, 이동 통로로 우리를 인도한다. 그들은 우리의 눈을 열어서 우리가 광야와 유배 가운데 거주하는 외국인들이며, 그 길을 따라 움직이는 예수의 제자라는 경계성적 상태를 보게 한다. 방해의 대리인들로서, 설교하는 바보들은 구 시대의 힘들을 전복한다. 폭력으로가 아니라, 윤리적이며, 미학적이고, 희극적이며, 비극적으로 구 시대의 권세들을 뒤집는다. 그들은 시스템들을 세워놓고 충격을 준다. 그들은 현상을 뒤집고 흔든다. 그들은 예상을 뛰어넘는 웅변술로 놀라움과 충격을 가하며 현재 상태를 혼란하게 만든다. 새로움으로 구 시대를 방해하면서, 설교하는 바보들은 데스몬드 투투가 가장 어둡고 흉측했던 아파르트헤이트(흑백분리정책) 시대의 합동 장례식장에 놓여있는 관들 앞에 서서 남아프리카의 통치자들에게 소리쳤던 것처럼 미련하고 신실하게 소리친다. "너무 늦기 전에 와서 승리의 편에 서라!"[6] 요약하면, 설교하는 바보들은 방해한다. 그리고 그런 행위들로, 설교하는 바보들은 예수의 삶과 죽음 그리고 부활 안에 있는 하나님의 파괴적이고 종말론적인 대사건을 위해 봉사한다.[7]

5　Lathrop, "*Ordo* and Coyote," 209.
6　다음의 설교에서 인용. Peter Storey, Goodson Chapel, Duke Divinity School, November 2, 2010.
7　리벤 보이브(Lieven Boeve)는 기독교적 내러티브를 방해하는 사건으로서의 초월성에

이런 방해의 행동들이 어떤 경우에는 공식 교회에서는 거부되는 예언적 설교의 한 형태가 될 수 있을지도 모른다.[8] 설교학자 레오노라 툽스 티스데일(Leonora Tubbs Tisdale)은 다음과 같은 중요한 질문을 던진다. 그 모든 선지자는 어디로 가버렸을까?[9] 그들은 아마도 우리가 생각하는 것보다도 더 가까이 있을지도 모른다. 그들은 강하고 두려움 없는 그런 상투적인 인물들이 아니고, 현존하는 권세들을 향해 호치는 설교단의 용감무쌍한 독불장군들도 아니기 때문에, 어쩌면 우리는 그들을 간과하고 있었는지도 모른다. 아마도 그들은 설교하는 바보들의 다양하고 놀라운 모습들로 우리에게 다가오고 있는지도 모른다.

때때로 설교하는 바보들은 설교단 자체를 훼파한다. 그 설교단은 모든 종류의 금기들과 배척과 울타리들로 둘러싸여 있기 때문이다. 어떤 설교의 주제들은 금기시되어서, 많은 설교자는 그 주제에 대해 내부 검열 같은 종류의 것으로 압박을 받는다(그런 주제를 설교하기 위해서는 바보가 되어야만 한단 말인가!).[10] 게다가 어떤 내용은 설교

대한 표현이라고 말한다. 교회는 "항상 파편화된 말씀, 이미지, 이야기, 상징 그리고 의식"이라는 비지배적 방식의 도움으로 최고의 증언을 할 수 있다. Lieven Boeve, "Method in Postmodern Theology: A Case Study," in *The Presence of Transcendence: Thinking "Sacrament" in a Postmodern Age*, eds. Lieven Boeve and John C. Ries (Leuven: Peeters, 2001), 26.

8 제니퍼 로드(Jennifer Lord)는 자신의 책에서 선지자적 설교의 방해하는 기능에 대해 언급하였다. Jennifer Lord, *Finding Language and Imagery: Words for Holy Speech*, Elements of Preaching Series (Minneapolis: Fortress, 2010), 24-25.

9 Leonora Tubbs Tisdale, *Phrophetic Preaching: A Pastoral Approach* (Louisville: Westminster John Knox, 2010), 1-3. 티스데일은 선지자적 설교의 한 형태로서 어릿광대의 비아냥거림을 강조한다.

10 우리는 설교단 자체의 금기들과 내부 검열이라는 주제를 생각나게 한 듀크대학교의 박사과정 학생 돈옐 맥크레이(Donyelle McCray)에게 빚을 지고 있다.

하는 것 자체가 허락되지 않는다. 왜냐하면 그런 내용은 잘못된 모습, 성(gender), 혹은 색깔 혹은 성적 취향(sexual orientation)을 가졌기 때문이다. 설교하는 바보들은 이러한 금기들에 도전하고 이러한 경계선들을 넘어선다. 무엇보다도 우리가 앞에서 언급했던 것처럼, 바울의 미련한 설교의 핵심인 "십자가 형틀" 그 자체가 점잖은 사회에서는 토론되어서는 안 되는 금기시된 주제였다. 존경받는 교회 사람들은 분명히 기분이 상했을지도 모른다.[11] 그래서 트릭스터들과 거룩한 바보들같이 그리고 예수님처럼, 설교하는 바보들은 때때로 금기들을 깨버릴 것이고 설교단 자체 내에 있는 경계선들을 넘어설 것이다. 웃음을 통해서든지 울음을 통해서든지, 그들은 설교단의 부조화를 부각시킬 것이다. 설교단의 부조화란 하나님의 말씀을 전한다고 주장하면서도, 그 거룩한 공간에서 삶의 중요한 양상들을 배제함으로 그에 대한 어떠한 언급도 하지 못하게 하는 설교단의 모순을 의미한다. 그들은 다음과 같이 주장하면서 설교단의 부조화를 강조할 것이다. "하나님이 세상을 이처럼 사랑"하셨으나 "사마리아 여인"에게 설

---

11 루이스 하이드(Lewis Hyde)가 언급한 것처럼, 트릭스터들은 메마른 질서라는 자리로 "오물"을 가지고 온다. 그들은 깔끔하고, 거룩한 질서를 그런 질서가 세워질 때 배제된 문제들을 제기함으로 파괴한다. "만약 오물이 있어서는 안 될 것이라면, 만약 그것이 우리가 질서를 만들 때 배제해 버린 것이라면,…트릭스터들과 오물에 대한 이야기들은 반드시 거의 모든 인간의 시스템과 기획 가운데에 숨겨져 있는 그 불능 혹은 불임에 대해서 이야기해야만 한다. 세상을 설명하기 위해서 우리가 고안해 낸 모델들과 그 세상 안에 우리가 머물 집을 만들기 위해 우리가 창조해낸 형상들은 복합적인 사물들을 설명하기에는 너무 부적절하고 결국 우리 자신들이 배제됨으로 인해서 사장되는 결과를 가져온다." Hyde, Trickster Makes This World, 179-80; see also 173-99. 트릭스터처럼, 바울은 기독교 공동체가 만들려고 애썼을 지도 모를 열매 맺지 못하는 거짓 질서 안으로 십자가 형틀이라는 파괴적인 오물을 들여온다. 그 십자가에 의해서 인도된 설교하는 바보들은 다른 설교단의 금기들을 깨버릴 것이다.

교하는 것을 허락하지는 않으신다.[12]

이십여 년 전에 나온, 『좀처럼 들을 수 없는 설교들: 여인들 그들의 삶을 선포하다』라는 제목의 설교 모음집은 설교단의 금기에 도전했고, 설교단의 울타리를 넘어섰다. 그 책의 서론에서 엘리자베스 쉬슬러 피오렌자(Elisabeth Schüssler Fiorenza)는 이 책의 제목이 "결코 들려지지 않은 설교들"이 되어야 한다고 주장하면서, 이런 금기들과 경계선들을 폭로한다.

> 우리 가운데 누가 근친상간의 희생자인 세 살 된 한 여자아이에 대한 기구한 삶의 이야기를 강단으로부터 들었는가? 누가 자신의 어린 두 아들이 있는 기독교 가정에서 수년 동안 학대당한 한 여인으로부터 가정 폭력에 대한 설교를 들었는가? 강간당한 한 여인에 의해서 선포된 강간의 폭력에 대한 설교를 들어 본 적이 있는가? 그리고 우리는 아직도 모든 연령대의 여인들이 이웃들이 살고 있는 그들의 거리에서 언제든지 강간을 당할 수 있는 안전하지 못한 문화 안에서 살고 있다. 우리의 교회들과 예배당들에서 얼마나 많은 예배자가 레즈비언의 삶을 경험했던 설교자의 솔직한 설교를 들어 보았을까?[13]

쉬슬러 피오렌자의 질문들은 많은 설교단의 금기들을 폭로할 뿐

---

12 제5장의 요 4:1–42에 대한 토론을 보라.
13 Elisabeth Schüssler Fiorenza, "Forword," in *Sermons Seldom Heard: Women Proclaim Their Lives*, ed. Annie Lally Milhaven (New York: Crossroad, 1991), vii.

만 아니라, 설교단 주위로 울타리들을 만들고 어떤 사람들을 배척하는 "구조적 교권주의"에 도전하기도 한다.[14]

이런 많은 금기와 경계선이 오늘날도 물론 남아있다. 얼마 전에, 우리가 가르치는 클래스 가운데 한 반에서 공부하는 어떤 여학생이 좀처럼 듣기 힘든 인격적이고 깊이 있는 설교를 했다. 그 설교가 끝났을 때, 그 교실에는 완전한 침묵이 흘렀었다. 그 반의 학생들은 충격으로 멍한 상태에 있었다. 그 이전에는 이런 설교를 거의 경험해 보지 못했던 것이 분명했었다. 마침내 한 동료 여학생이 그 설교에 대해서 이렇게 평가했다. "방금 그 설교단에서 귀신을 쫓아내는 일이 일어났어요!" 이런 감사의 말들에도 불구하고 또한 많은 학생들의 걱정과 염려가 있었고 심지어 체념이 이어졌다. "그 설교를 교회에서는 할 수 없을지도 몰라." 남아공의 만화가 자피로처럼 설교하는 바보는 "그렇다면?"이라고 묻기 위해 등장한다. 그리고 설교자는 금기 깨기, 경계 넘기의 증인으로 설교단 자체를 담대하게 훼파한다. 설교하는 바보들의 경우에 있어서 이 훼파하는 증인은 필연적으로 구체화된 증인이 될 것이다. 무엇보다도 바보들은 문자 그대로 현 상태에 대한 훼방을 구체화한다. 예를 들어 어릿광대들은 종종 그의 위치를 정확하게 찾아낸다. 왜냐하면 그들의 몸은 정상이라고 여겨지는 몸과는 다르기 때문이다. 정상과는 다른 몸을 가지고 있기에 그들은 세상을 보는 다른 관점을 갖게 된다. 신학적으로 예수의 성육신에 기초한 카니발은[15] 지혜와 믿음 모두에 대한 과도한 지식

---

14 Schüssler Fiorenza, "Forword," ix.
15 "카니발"(Carnival)의 어원은 헬라어 "카르네"(carne, 육신)에서 비롯된다. 그러므로 신학적으로 예수 그리스도의 성육신이 카니발의 근간이 된다고 말할 수 있다.-역주.

적 이해를 훼파하면서 비천한 몸을 생각하게 한다. 이스라엘의 예언자들을 포함하여 거룩한 바보들은 훼방하는 육체적 행동들과 관련되어있다. 그 행동들은 옷을 벗는 행동들까지 포함하는 데 힘의 계급구조들에 도전하고 그 시대의 종교적 사회적 인습들을 훼파한다.[16] 사도 바울 자신의 육체적 외양과 육체의 고통이 그의 설교를 따라다녔고 이런 모습들은 그를 어리석은 세상의 구경거리로 만들었다.[17]

[16] 이사야가 애굽의 군사력에 의존하는 이스라엘의 불신앙을 폭로하기 위해서 삼 년 동안 벗고 살았던 이야기가 있는 이사야 20장을 보라. 거룩한 바보들의 벌거벗음은 단지 미쳤다는 표시일 뿐만 아니라, 벌거벗은 모습으로 창조된 인간과 십자가 위에서 벌거벗은 예수 그리스도의 수치가 결합하여 신학적으로 구현된 것이다. 창조와 십자가로 암시들이 결합함으로, 벌거벗음은 이중 초점 비전을 통해서 새로운 창조의 실현으로 인지되어 질 수 있다. 벌거벗은 거룩한 바보들과 설교학에 대한 토론을 위해서 다음의 책을 보라. Charles L. Campbell, "Preacher as Ridiculous Person: Naked Street Preaching and Homiletical Foolishness," in *Slow of Speech and Unclean Lips: Contemporary Images of Preaching Identity*, ed. Robert Stephen Reid (Eugene, Ore.: Cascade, 2010), 89-108. 덧붙여서 벌거벗음은 구 시대의 계급구조들과 신분들에 도전했다. 월터 윙크(Walter Wink)가 기록했듯이, "나체는 관습적인 것들에는 상극이다. 왜냐하면 한 사람이 사회 전체의 어느 부분에 위치하는가를 분류하는 시스템을 침해하기 때문이다. 옷이 없으면 사회에 의해서 주문되고 보호된 세상의 경계선들이 해체된다. 옷을 입는다는 것은 누군가의 사회적 위치, 성별과 신분을 알리는 것이다." Wink, *Engaging the Powers*, 371n16. 벌거벗음은 또한 다른 환경에서 저항의 형태로 사용되어 왔다. 예를 들어 아프리카 여인들은 벌거벗음 혹은 벌거벗겠다는 위협을 저항의 수단으로 사용했다. 왜냐하면 누군가의 벌거벗은 어미를 보는 것은 수치스러운 행동이기 때문이다. 그 예를 위해서 다큐멘터리 작품 *Pray the Devil Back to Hell*에 나오는 평화를 위한 라이베리아 여인들의 행위들을 보라. 미국에서 퀘이커 교도들은 가끔 청교도 당국들이 그들을 대하는 방법에 대한 항의로써 옷을 벗는다. Catherine A. Brekus, *Strangers and Pilgrims: Female Preaching in America, 1740-1845* (Chapel Hill: University of North Carolina Press, 1998), 30. 브레커스는 설교단에서의 옷, 육체, 그리고 힘 사이의 관계를 탐구한다. 예를 들어 공개된 만인의 친구 제미마 윌킨슨(Jemima Wilkinson)에 대한 그녀의 치료법을 보라(80-97).

[17] 우리가 앞에서 언급했던 것처럼, 바울은 그의 몸에 십자가의 상스럽고 저속한 농담

바보 특별히 서커스의 어릿광대는 우리가 다른 것이 아닌 육체라는 사실을 반복적으로 생각나게 한다. 사실 서커스의 어릿광대는 그네 예술가, 마술사, 사자 조련사의 호화로운 광채를 육체적으로 훼방한다. 즉 어릿광대는 엄청난 인간적 업적들의 상징들을 육체적으로 파괴한다. 어리석은 어릿광대는 또 다른 세상, 인간다움의 또 다른 측면을 보여준다. 빨간 코를 하고 과도하게 큰 신발을 신고 비틀거리고 어슬렁거리며 그들은 구체화된 인간 삶의 불완전, 덧없음, 취약성과 쾌활함을 강조한다.[18] 그들의 존재는 강한 사람들과 영리한 사람들을 상대화시킨다. 강하고 영리한 사람들도 위로와 도움이 필요한 단지 할 수 없는 인간들일 뿐이라고 폭로한다. 그들의 다채로운 장식과 밝은색으로 칠한 얼굴들은 기쁨과 눈물들, 웃음과 애곡을 함께 가지고 온다. 넘어지고 나서도 어릿광대는 항상 다시 일어

을 짊어졌다. 실로 바울의 몸은 여러 가지 방법들로 그의 설교를 볼 수 있게 만들었다. 고후 4:10에서 그의 고통과 박해에 대해 언급하면서 "우리가 이 보배를 질그릇에 가졌으니"라고 쓴 이후에, 바울은 "우리가 항상 예수의 죽음을 몸에 짊어짐은 예수의 생명이 또한 우리 몸에 나타나게 하려 함이라"라고 기록한다. 그리고 갈 6:17에서 바울은 "내가 내 몸에 예수의 흔적을 지니고 있노라"라고 쓴다. 이 책에서 중요하게 대두된 데스몬드 투투는 그의 몸을 아파르트헤이트 반대 투쟁의 노선에 둔다. 그의 말들도 역시 구체화된 말들이었다. 우리는 여기서 단지 십자가형에 관련된 것만이 아니라 성육신에 관련된 육신의 역할을 탐구한다.

18 바보의 웃음처럼 우리가 진짜 인간이라는 사실을 상기시켜주는 것은 없다. 칼 라너(Karl Rahner)는 매섭게 지적한다. "웃음이 우리에게 이야기하는 첫 번째는 너는 인간이다…라는 사실이다. 그러므로 웃음은 네가 인간이라는 사실을 고백하는 것이다." 그러나 동시에 웃음은 또한 "하나님에 대한 고백의 시작…웃는 것은 하나님께 영광을 돌리는 것이다. 왜냐하면 웃음은 인간이 인간 되도록 하기 때문이다." Karl Rahner, *Das Grosse Kirchenjahr: geistliche Texte. Fastnacht: vom Lachen und Weinen des Christen*, ed. A. Raffel (Freiburg: Herder, 1987), 16에서 번역.

나서 마지막으로 웃는다.[19] 어릿광대들은 서커스장을 더욱 인간적이고 살만한 공간으로 바꾼다.[20]

다른 바보들처럼, 어릿광대도 설교자들이 상처 입기 쉬운 분명한 인간 육체라는 사실을 생각나게 해준다. 또한 신학적으로 바보들은 파괴적이고 자기 비하적인 성육신의 특성을 상기시킨다.[21] 예수의 성육신에 관해 카니발의 참석자들이 아주 잘 이해한 것처럼, 하나님은 인간의 몸이 되었고 인간들과 함께 존재하는 거룩함에 대해서 사람들이 세워놓은 전제조건들을 훼파하신다. 육신의 형태 취하기(Body-liness)는 그리스도의 성육신으로 급진전 된다.[22] 하나님은 우리

---

19 Cf. Heije Faber, *De pastor in het moderne zieken huis* (Assen, Netherlands: Van Gorcum en Comp, 1971), 99.
20 어릿광대에 대한 탁월한 토론을 위해 Hyers, *Comic Vision*, 56-72를 보라.
21 러시아 정교회에서, 거룩한 바보들의 증거는 특별히 자기 비하 기독론에 의해서 형성된다. 자기 비하에 대한 강조는 빌립보에 보낸 바울의 편지에서 기인한다. "그는 근본 하나님의 본체시나 하나님과 동등됨을 취할 것으로 여기지 아니하시고 오히려 자기를 비워 종의 형체를 가지사 사람들과 같이 되셨고 사람의 모양으로 나타나사 자기를 낮추시고 죽기까지 복종하셨으니 곧 십자가에 죽으심이라"(빌 2:6-8). 이런 자기 비움은 실제로 바보스러움과 깊은 관계를 가지고 있다. 비워짐에 해당하는 헬라 단어는 케누(*kenoō*)는 자기 비하(kenotic) 기독론의 뿌리를 형성한다. 사람에게 사용될 때, 이 단어는 또한 어리석음과 무지함의 뜻에서 "비어있음"이라는 의미가 될 수 있다. 이것은 바보의 "텅 빈 머리"와 관련된다. 자기 비하와 거룩한 어리석음 사이의 신학적 연결들은 실로 더 깊은 주제이다. 케누(*kenoō*)에 대해서 William F. Arndt and F. Wilbur Gingrich, *A Greek English Lexicon of the New Testament and Other Early Christian Literature* (Chicago: University of Chicago, 1957), 429를 보라.
22 Gerard Lukken, *Liturgie en Zintuiglijkhei: over de betekenis van Lichamelijkheid in de liturgie* (Hilversum: Gooi&Sticht, 1990), 16. 룩켄은 또한 흥미로운 다음과 같은 사실을 지적한다. 거룩한 성령의 거주하심에 대해서 서구 전통에서는 "아직"(not yet)의 개념이 지배적인데 반해 동방 교회 전통은 "이미"(already)라는 개념에 더욱 초점이 맞추어져 있는 것으로 보인다. "이미, 벌써"라는 개념은 예전 안에 육체적인 표현과 규정을 위해 더 많은 공간을 허락하는 이유가 될 수 있다. 그리고 "아직"이라

의 육신적 모양이라는 틀 밖에서는 계시되지 않는다. 그리스도 자신이 구체적인 증거이다. 이에 대한 구체적인 증거는 성령의 부어주심으로 훨씬 더 급진적으로 변화된다. 성령은 형태 없이 흘러다니는 무정형적인 존재가 아니다. 오히려 성령은 모든 육체에 부어진 존재이다(행 2:17). 성령의 내주하심은 하나님의 계시가 육신의 형태를 취했다는 측면을 강조하고 있다. 그리스도의 몸인 교회는 비록 깨지고 파편화된 형태들일지라도, 한 몸을 이루기 위해 부름 받았다.[23]

이런 신학적인 틀 안에서, 이와 같은 몸은 인간들의 해석학적 행위가 된다.[24] 우리는 육체를 가지고 있는 것이 아니다. 우리는 육체

는 개념은 정확하게 이 부분에 관해서 부족함이 있는 것으로 보인다. Lukken, *Liturgie*, 18-19.

[23] 우리 가운데 있는 하나님의 육체적 임재는 최소한 두 가지 차원, 즉 신성의 자기 진술과 인간에 대한 재진술을 함의하는 것으로 보인다. 성령은 몸을 가진다(혹 우리는 "성령은 몸이다"라고 말해야 할지도 모른다). 그리고 이 몸이 없이는 우리와 함께 하는 하나님의 임재를 설명하기가 불가능하다고는 할 수 없지만 어려워질 수 있다. 신학자 셀리 맥파구(Sallie Mcfague)는 다음과 같이 강력하게 주장했다. 은유적으로 말하면 세상은 하나님의 몸으로 이해될 수 있다. 더 나아가, 하나님의 몸으로서의 세상이라는 모델은 하나님이 육체들을 사랑한다는 것을 보여준다. 세상을 사랑하는 가운데 하나님은 육체를 사랑한다. 이런 개념은 오래된 기독교 내의 반육체, 반신체, 반물질 전통에 대한 예리한 도전이다. Sallie McFague, *Models of God: Theology for an Ecological, Nuclear Age* (Philadelphia: Fortress, 1987), 47.

[24] 체화(혹은 육신의 형태 취하기)의 개념은 새로운 어떤 것이 아님이 분명하다. 그러나 육신의 형태 취하기가 의미하는 것을 모호하지 않게 정확히 지적하기도 쉽지 않다. 사실 "이러한 시도들은 육체의 대상화와 추상화를 통한 육체 길들이기의 변형판이 될 수도 있다. 어떤 한 가지의 개념, 비유 혹은 모델로 체화를 파악하는 것은 불가능하다." Ola Sigurdson, "How to Speak of the Body? Embodiment between Phenomenology and Theology," *Studia Theologica: Nordic Journal of Theology*, vol. 62, no. 1(2008): 40. 비록 다른 기간에는 체화에 관심이 없었고 심지어 경시되기까지 했을지라도, 교회사의 어떤 일정 기간에는 체화에 대한 심오한 신학적 배경지

자체이다. 그 육체는 복합적인 전체의 한 부분으로 감각과 역량을 가지고 있다. 하나님은 우리의 모든 감각을 향해서, 감각을 통해서 계시된다. 그 이유는 간단하다. 우리가 육체이기 때문이다. 그러므로 우리의 믿음은 또한 체화(embodiment)를 추구한다.[25]

그러므로 육체들은 설교하는 바보들의 사역에서 결정적인 역할을 차지한다. 때때로 정말 특별하게, 어떤 설교단에 등장하는 육체는 경계선을 훼손하고 그 훼손의 증거를 제시한다. 특별한 상황들 속에서, 어떤 육체들은 시각적으로 설교단의 계급구조를 재배치하고 그것의 울타리들을 훼파하면서 설교단을 조롱한다.[26] 더욱 폭넓게, 설교하는 바보들은 반복적으로 우리가 육체들이라는 사실을 우리에게

식이 토론되고 이해되었다. 예를 들어 중세 시대에, 영적인 것과 육신적인 것, 몸과 영의 이중적 이해에 대한 경향이 유행했었다. 다행스럽게도, 교회가 체화에 대한 더 좋은 신학을 가지고 있었던 때가 있었다. 예를 들어 제라드 룩켄(Gerard Lukken)은 60년대 이래로 신학이 취했던 육신의 형태 취하기와 믿음의 삶 사이의 관계를 예전 가운데로 들여오고 다시 주목받게 만드는 인류학적 경향에 대해 언급한다. 그에 따르는 이런 최근의 성향은 인간에 대한 헬레니즘적 이해라기보다는 성경의 셈족 인류학과 더불어 작동한다. Lukken, *Liturgie*, 6-7. 오늘날 육체들에 대한 교회의 불편함, 특별히 저급한 육체들에 관한 불편함은 성적인 문제가 설교단의 금기 주제들 가운데 하나가 되는 곳 어디에서나 발견된다.

25 Cf. Johan Cilliers, "Fides Quaerens Corporalitatem: Perspectives on Liturgical Embodiment," *Verbum et Ecclesia* 30, no. 1 (2009): 50-64.
26 어떤 아프리카계 미국 교회의 설교단에 아프리카계 미국 여인이 서 있다는 것에 대한 언급으로, 테레사 프라이 브라운(Teresa Fry Brown)은 "정의를 위한 시각적 요소"로서의 육체에 대해서 말한다. Teresa Fry Brown, "An African American Woman's Perspective: Renovating Sorrow's Kitchen," in *Preaching Justice: Ethic and Cultural Perspectives*, ed. Christine Marie Smith (Cleveland: United Church Press, 1998), 55. 비록 여인의 몸으로 설교단에 선다는 것이 아직도 많은 교회에서 파괴적이고 경계선을 넘어서는 사건들로 여겨질지라도, 브라운이 사용한 예는 다른 상황들 속에서 물론 바뀔 수도 있다.

상기시킴으로 인간성을 구체적으로 실현한다.[27] 우리가 우리 자신이 육체들이라는 사실을 망각하거나 혹은 우리의 육체들로 다산과 풍요의 신을 섬기라고 강요하는 경우, 설교하는 바보들은 우리를 무너트린다. 그 다산과 풍요의 신은 삶의 기계화로 우리를 이끈다. 그 다산과 풍요의 틀 속에서 한 개인은 그 혹은 그녀의 유용성이라는 관점으로만 이해된다.[28] 설교하는 바보들은 성육신과 관계된 체화(體化)를 알아보고 인정한다.

진지하게 성육신을 받아들임으로, 설교하는 바보들은 하나님이 관계한 사람들과 연대하여 살면서 설교한다. 설교하는 바보들은 그리스도를 통해서 우리 자신의 인간성이라는 영역 안에 하나님이 계시된다는 사실을 믿는다. 설교하는 바보들이 그들의 육체로서 미련한 복음을 담대히 전할 때 하나님은 인간성의 영역 안에 계시된다고 할 수 있다. 그러므로 설교하는 바보들은 회중의 삶을 구체화된 온전한 인간의 삶으로 본다. 그들은 그들의 회중들에게 자기 비하라는 신학적 관점으로 접근한다.[29] 회중들은 하나님이 영적으로만이 아니라 육체 안에서도 관계를 맺어가고 있는 사람들이다. 설교자가 강단에 등장하

---

27 Gerardus Van der Leeuw, *Sacramentstheologie* (Nijkerk: Callenbach, 1949), 9.
28 Robert Vosloo, "Body and Health in the Light of the Theology of Dietrich Bonhoeffer," *Religion and Theology. A Journal of Contemporary Religious Discourse* 13, no. 1 (2006): 24. 보슬로는 이것을 "생활 가운데 생산력의 절대화"라고 말한다.
29 피터 베르거(Peter Berger)가 쓴 것처럼, "이런 역설을 주장하는 것은 이 세상의 현명한 자들의 관점으로 보면 어리석음의 행위에 빠지는 것이며…자신의 연약함에 빠지게 되는 것이다. 그(사도) 또한 왕족 바보로서 왕관을 쓰고 십자가에 못 박혔던 자기 비하의 구세주에게 있었던 연약함을 모방한다.…그때부터 그리스도를 위한 모든 바보는 세상을 대속하는 하나님의 자기 비하에 참여하며 동시에 그것의 상징이 된다." Peter Berger, *Redeeming Laughter: The Comic Dimension of Human Experience* (Berlin: Walter de Gruyter, 1997), 190.

기 오래전부터 하나님은 그 사람들과 관계를 맺어오고 있다. 설교를 듣는 회중들은 성육신하신 그리스도가 그들을 위해 죽고 그들을 위해 부활한 사람들이다. 따라서 이들은 스스로 깨지고 약할 바로 그때에 그들을 위한 하나님의 은혜가 충만한 그런 사람들이다.[30]

그러나 성육신은 단지 회중의 구체화된 인간속성을 향해 설교자들의 눈들을 뜨게 할 뿐만 아니라, 설교자의 인간속성 자체를 향해 눈을 뜨게 한다. 설교하는 바보들은 엄격한 권위의 분위기를 유출하지 않는다. 그들은 (아마도 십자가에 의한 풍자적 높임을 제외하고는) 결코 높이 들려지지 않는다. 반대로, 그들은 그들의 말과 행동들뿐만 아니라, 자신들의 존재 자체를 통해서 구체화된 생물적 인간속성을 강화시킨다. 설교하는 바보들은 연약해지는 것을 두려워하지 않는다. 그들은 칭송받는 웅변가라기보다는 자기를 부인하고 비우는 그리스도에 더 가깝다. 그들은 곡예 예술가나 사자 조련사보다는 어릿광대에 더 가깝다. 그들은 진지한 말씀을 전한다. 그러나 그들은 자신을 너무 진지하게 여기지 않는다.[31] 그들의 인간속성 가운데서, 바울이

---

30 더 나아가서 이런 접근은 설교자들이 교회 회중석에 앉아 있는 자들을 소비자가 아니라 인간 자체로 생각한다는 것을 의미한다. 다시 말해 청중을 가능한 한 이해관계를 효과적으로 다뤄야만 하는 종교적 소비자 고객으로 간주하기보다 인간으로 생각한다는 사실을 의미한다. Cf. Johan Cilliers, *The Living Voice of the Gospel: Revisiting the Basic Principles of Preaching* (Stellenbosch: Sun Press, 2004), 138.

31 에니 딜라드(Annie Dillard)는 이 점을 "극지 탐험"의 모험과 희망의 예를 들면서, 그리고 예배 중의 경험들이 서로 비슷함을 예로 들면서 유쾌하게 설명한다. 교인들과 사제들 그리고 다른 공적 예배 인도자들의 서투름에 대해서 충격적으로 묘사함으로써, 그녀는 그들을 서투른 곰들과 서커스 어릿광대 패와 비교한다. "상대적으로 도달하기 어려운 극"을 향해 담대히 접근하는 사람들의 연약함과 인간미는 다음과 같이 묘사된다. 고등학교 연극 무대가 일 년에 단 한 번만 리허설을 하는 예배보다 더욱 빛난다. 이천 년 동안 우리는 이 꼬임을 풀지 않았다. 우리는 적극적으로 그들에게 영광을 돌린다. 매주 우리는 똑같은 기적을 증언한다. 하나님은 당신 자신의 옷

그랬던 것처럼 그들은 육체와 분리된 채 세상의 설득력 있는 지혜의 말들을 의지하는 모든 설교형태를 파괴한다.

바보의 더듬거림, 어릿광대의 몸짓 그리고 익살꾼들의 꼴사나운 외모는 모든 언어를 동원하여 설교자들에게 요청한다. 설교자 당신들은 (완전한 크기와 모양을 갖추지 못한) 코, (어쩌면 너무 커서 버겁기까지 한) 발, 그리고 (모든 사람이 그런 건 아니지만) 두피를 덮을 수 있는 머리카락을 가지고 있음을 잊지 마라. 마치 당신이 육체를 가진 인간이 아닌 것처럼 행동하지 마라. 인류(그리고 하나님)의 목적을 위해서 그 누군가(some-body)가 되라. 그리고 여러분의 육체들의 실체들 안에서 하나님의 현존(계시)을 담대히 보라. 성육신으로 육체를 가지게 된 바로 그 어리석은 그리스도로 말미암아 설교하는 바보의 파괴적인 특성이 형성된다.

음을 꾹 참을 수 있을 정도로 능력이 있으시다. 매주 우리는 똑같은 기적을 증언한다. 하나님은 헤아릴 수 없는 이유로 우리의 춤추는 곰을 산산 조각내서 날려버리지 않고 참으신다. 매주 그리스도는 제자들의 더러운 발을 씻긴다. 그들의 발가락에 손을 대며 반복해서 씻긴다. 믿거나 말거나 이런 사실은 사람들에게 너무도 좋은 일이다. 누가 이 사실을 믿겠는가? 연이어 딜라드는 계속해서 말한다. "내가 듣기로 서커스 어릿광대 패는 박봉에 시달린다." 그들은 알록달록한 헐렁한 외투에 쌓여 있다. 그들은 자발적이고, 숙련되지 않은 덩치 큰 아이들의 무리이다. 그들은 장난치며 사람들을 들이받는다. 빙산의 한쪽 끝에 빨강 노랑 파랑 색깔로 치장한 열 명의 어릿광대들이 인간 피라미드를 만들기 위해서 서로의 위로 올라가려고 하고 있다. 이것은 놀랍고도 재미있는 광경이다. 왜냐하면 밑바닥에 제일 작은 네 명의 어릿광대들을 두고 제일 덩치 크고 뚱뚱한 광대들이 꼭대기로 올라가려고 애를 쓰기 때문이다. 나머지 어릿광대들은 곡예훈련을 하고 있다. 그들은 얼음 위에서 굴러떨어지고 기분 좋게 공중제비를 돈다. 그들이 공중제비를 돌 때 그들의 주름 잡힌 목 부근의 옷깃으로부터 그들의 십자가 목걸이들이 날아다니다가 땅에 착지할 때 그들의 대머리를 때린다. Annie Dillard, "An Expedition to the Pole," in *The Annie Dillard Reader* (New York: Haper Perennial, 1994), 23, 34.

설교하는 바보에게 있어서, 육체는 하나님의 계시가 발생하는 공간이 되는 것이다. 그러므로 육체는 양식을 공급받아야만 한다. 절망적 기아에 시달려서는 안 된다. 존중받아야지 겁탈당해서는 안 된다. 고귀하게 여겨져야지 오명을 씌우면 안 된다. 받아들여져야지 추방당해서는 안 된다. 양육되어야지 살육되어서는 안 된다. 육체는 환영받아야만 한다. 그러므로 설교하는 바보들은 인간의 육체를 무시하고 위협하는 설교단을 포함한 모든 시스템과 구조들에 저항하고 그것들을 방해하고 훼파한다.

그러므로 설교하는 바보들은 근본적으로 방해를 위해서 체화된 대리자들이다. 이런 방해들을 통해서 그들은 교회를 경계성의 공간으로 이동시킨다. 이런 경계성의 공간에는 설교하는 바보들의 세 가지 역동적인 형태와 특성이 있다. (1) 성령은 그리스도의 몸을 형성하고 재형성하면서 활동하신다. (2) 새로운 인식은 구 시대와 새 시대의 파편들 속에서 가능해진다. (3) 분별력은 존재(being)와 생성(becoming)의 역동적 움직임 가운데서 요구된다. 비록 그들이 부득이하게 서로 겹치고 얽혀있다 할지라도, 다음에 나오는 세 가지 영역별로 설교하는 바보들의 직무에 대한 각각의 특성들을 탐구하게 된다.[32]

---

[32] 이 세 가지의 신학적 렌즈들은 다음과 같은 세 가지 부문들에서 사용되었다–형성과 재형성을 위한 성령의 역할, 파편과 전체 사이의 움직임, 그리고 타인들에 대한 존재와 생성의 역동성. 이러한 부문들은 제3장에서 다루어졌다. 각 영역은 시대의 전환기에 경계성의 공간 안에 존재하는 설교하는 바보의 직무 특성을 탐구하기 위한 렌즈가 된다.

2. 성령 안에서 바보 노릇 하기

시대의 전환기에 생기는 경계성의 공간에서, 성령은 그리스도 안에서 주어진 하나님의 계시를 따라 모든 형태를 끊임없이 재형성하면서 형성과 재형성 사이를 운행한다. 그 성령은 역사를 더 넓고 깊게 주장하면서 경계성의 한계점에서 활동한다. 그러나 성령은 항상 부서진 그리스도의 형상을 따라간다.

형성과 재형성의 연계(連繫) 상태에서 활동함으로 성령은 구 시대와 새로운 시대 사이의 경계 선상에서 운행한다. 새로운 시대란 요동치는 그리스도 십자가 사건의 형태를 우리에게 지속적으로 상기시킴으로 하나님이 개입하시는 때를 말한다.

재형성을 위한 성령의 한 가지 방법은 구 시대의 힘들을 폭로하는 설교하는 바보들을 통해서 성령의 재형성 역사에 저항하는 철의 신학들을 제거하고 수레들의 원형진을 열어젖히는 것이다. 이 성령 안에서, 설교하는 바보들은 형성과 재형성, 구성과 재구성 사이의 문지방에 서 있다. 그들은 움직임의 흐름 속에 서 있다. 위기의 불연속성 가운데 서 있고 창조와 재창조 사이에 서 있는 것이다. 그들은 십자가와 부활로 탄생한 경계성의 공간을 연속해서 다시 열어젖히는 성령의 대리자들이다. 성령은 그들의 사역을 위해 심오한 성령론적 기초를 제공한다.

성령의 이런 움직임 속에서, 설교하는 바보들은 새로운 패러다임, 혁신적인 재형성, 그리고 재구성 혹은 재배열을 요구한다. 그들은 재형성자(re-former)들이 되기 위해 기존의 형태에서 벗어난 기형자(de-former)들이 된다. 그들은 낡은 형태에 새로운 삶을 불어넣기 위해서 훼방꾼들이 된다. 지구를 들어 올릴 수 있는 지레 받침점으로서의 아르키메데스 포인트처럼, 그들은 움직일 수 없고 움직이지 않을 듯이 보이는 것을 들어서 바꾸기 위한 성령의 지렛대를 준비하고 있다. 설교하는 바보들은 성령과 형태 사이의 얇은 막을 지속적으로 콕콕 찔러 터트림으로 그 막이 굳어져서 두꺼워지지 않도록 만든다. 이런 방법으로 그들은 끊임없이 우리에게 다음과 같은 사실을 상기시켰다. 요구되는 것은 낡은 패러다임의 반복이 아니고, 그것들의 재창조라는 사실이다. 필요한 것은 존재했던 것의 복제(cloning)가 아니라 존재할 수 있는 가능성을 위한 거룩한 바보들의 익살(clowning)이다.

우리가 살펴보았던 다른 바보들처럼, 설교하는 바보들은 종종 신나게 경계성에 개입한다. 그들은 노는 데 있어서는 선수들이다. 그들은 바보로 논다. 그러나 (재미를 줄 수 있을지라도) 단순히 불쾌감을 주는 그런 재미를 추구하지는 않는다. 설교하는 바보들은 재형성의 희망을 품고 형태들을 저글링 하듯이 절묘하게 다룬다. 이런 설교는 심각한 일이긴 하나, 이미 우리가 살펴보았듯이 절대로 폐쇄된 엄숙함이 되어서는 안 된다. 설교하는 바보들은 열린 진지함을 추구한다. 그 열린 진지함은 놀이로 받아들여진다. 형성과 재형성 사이의 움직임은 놀이를 통해서 지속적으로 살아있게 된다. 그렇다고 놀이가 눈물도 슬픔도 없는 그런 것은 아니다. 반대로, 정치권력 놀이가 파괴되고 부서지게 될 때, 종종 십자가들이 세워지고 피가 흐르게 된다. 그러나 설교하는 바보들은 힘의 놀이로서의 정치에 저항하여 끊임없는 놀이를 한다. 그들은 해석학적인 기묘한 놀이를 계속해서 수행한다.

놀이는 사실 침체된 형태들을 녹이는 데에 결정적인 역할을 한다. 힘이 다 빠져버린 상태에서 새로운 생명으로, 형성에서 재형성으로의 변화를 주장하는 경계성이라는 개념의 최초의 주창자들은 진지함과 쾌활함이라는 특성을 모두 가지고 있다. 진지함과 쾌활함 모두를 가진 예식은 가면무도회이다. 가면무도회에는 이런 경계성의 의식들과 동반되는 수수께끼들, 반전이 있는 의식들, 실제적인 농담들과 동시에 여러 종류의 어릿광대들이 등장한다.[33] 누구든지 진지하게 삶의 경계선들을 분명히 넘어서야만 한다. 그러나 어릿광대들처럼 쾌활하게 넘어서야 한다. 경계성은 진중함을 요구하지만 또한 웃음소리를 요구하기도 한다.

사실, 유아기에서 성인기로의 전환(경계성의 넘어섬)을 부드럽게 맞이한 사람들은 일반적으로 삶의 쾌활함을 유지하며 살아간다.[34] 이런 사람들은 그들의 놀이 감각을 포기하지 않는다. 오히려 그들은 그 놀이 감각을 삶의 새로운 국면들 가운데 등장하는 다른 현장으로 끌어들인다. 그들이 어렸을 때, 그들은 손가락 자국을 남기며 나무를 오르고 공을 차며 자라간다. 그들의 쾌활한 어린 시절의 마음들이 흩어져 버린 것은 아니다. 오히려 그들은 어린 시절의 그 놀이를 계속하고 있고, 그렇게 함으로 그들은 창조적이며 순발력 있게 삶에 참여하는 방법을 계속 영위할 수 있다. 이런 쾌활한 놀이라는 수단을 통해서 그들은 진짜 문제들이 무엇인지 분별하는 법을 배우며 현

---

33 Victor Turner and Edith Turner, *Image and Pilgrimage in Christian Culture: Anthropological Perspectives* (Oxford: Basil Blackwell, 1978), 35.
34 놀이에 대한 놀라운 토론을 위해서 다음의 책을 보라. Kay Redfield Jamison, *Exuberance: The Passion for Life* (New York: Alfred A. Knopf, 2004), 40-65. 풍성함에 대한 그녀의 폭넓은 탐험 또한 적절하다. 놀이의 중요함 때문에 복음은 어떠한 상황에도 도전하고 훼방해야 한다. 그것이 어린이들로 하여금 놀이의 기쁨에 참여하지 못하게 하는 가난, 학대, 혹은 폭력이라 할지라도 복음은 그런 상황을 파괴하고 거기에 대항해야만 한다.

명하게 되어간다.

　놀이의 해석학을 통해서, 바보들은 삶의 기초들에 대해 생각하게 한다. 화란의 문화 철학자 요한 하위징아(Johan Huizinga)가 1938년 그의 고전 작품 호모 루덴스(놀기 좋아하는 인간)에서 이미 지적했듯이 우리는 놀기 위해서 창조되었다.[35] 우리는 호모 사피엔스(지적인 인간), 호모 파베르(도구를 사용하는 존재), 혹은 호모 에렉투스(똑바로 서 있는 존재)일 뿐만 아니라, 우리는 또한 호모 루덴스, 즉 놀면서 놀기를 좋아하는 피조물이다. 하위징아에 따르면, 놀이는 모든 문화의 뿌리에 존재한다. 그러나 놀이와 삶이 같은 것이라고 단순히 말할 수는 없다. 이것은 근본적으로 다른 것이다. 사실, 놀이는 판에 박힌 일상의 삶을 파괴하고 그 정규적 일상에서 우리를 해방한다.

　놀이는 무궁무진한 상상력으로 자기 자신의 시간과 공간과 리듬을 창조한다. 그 안에서 세상의 보통 질서는 더 이상 적용되지 않는다. 이 놀이의 한 부분이 되기 위해서 우리는 거기에 참여해야만 한다. 일시적으로 우리의 관례와 폐쇄된 엄숙함을 제쳐 놓고서라도 놀이라는 대안적 세계로 들어가야만 한다. 이 세상에서 우리는 웃고 운다. 웃음과 울음 둘 다 경험의 한 부분이다. 이런 종류의 놀이에는 물질적인 이익은 없다. 물질적 이익이 있다면 그것은 더 이상 놀이가 아니다. 만약 이익이나 업적이 이 놀이를 침해한다면, 그것은 그 밖의 어떤 이상한 것이 된다. 그것은 다른 목적들을 위한 수단이 된다. 그것은 힘을 가진 사람들의 이익을 위해서 이용되고 오용된다. 하위징아는 "안 돼!"라고 말한다. 놀이는 다른 동기들과 의제들

35　Johan Huizinga, *Homo Ludens: A Study of the Play-Element in Culture* (Boston: Beacon, 1955).

을 위해서 즉 돈, 정치, 혹은 명예를 위해 도구화 되어서는 안 된다. 만약 이런 일이 일어난다면, 놀이의 쾌활함은 사라지고 엄숙함이 드러난다. 이기고 지는 것이 중요한 것이 아니다. 놀이의 즐거움과 유쾌함이 중요한 것이다.[36] 어린이들은 철의 신학으로 놀지 않고 장난감으로 논다.

시대의 전환점에 위치한 경계성의 공간에서 기독교인들은 풍성한 즐거움에 참여하도록 초청됐다. 구 시대의 한복판에 있는 새로운 시대의 여명이 비추기 때문에 존재하는 풍성한 즐거움이다. 이런 즐거움과 대조적으로, 교회들과 설교자들은 너무 자주 엄숙함에 심각하게 고착된다. 그들은 엄숙한 문제들의 무덤 속으로 떨어진다. 체스터톤(G. K. Chesterton)의 현명한 말들이 기억난다. "천사들은 날 수 있다. 왜냐하면 그들은 그들 자신을 가볍게 하기 때문이다. 악마는 엄숙한 무게 때문에 떨어진다."[37] 그러나 설교하는 바보들은 천사들처럼 쾌활하게 폐쇄된 엄숙함의 숨막히게 하는 감옥들을 훼파하고, 방해하고, 전복한다. 그들은 생명을 위해서 바보 노릇을 한다.

이런 바보 노릇을 통해서, 설교하는 바보들은 상상력의 나래를 펼친다. 실로, 설교하는 바보의 직무는 쾌활한 상상력의 직무로 묘사될 수도 있다. 상상력과 관련하여, 설교하는 바보들은 현대 설교학의 중요한 흐름 가운데 한 부분을 차지한다.[38] 오늘날의 설교학적

---

36 Huizinga, *Homo Ludens*, 32.

37 G. K. Chesterton, *Orthodoxy* (1908; repr., Grand Rapids: Regent College Publishers, 2004), 1:325.

38 설교에 있어서 상상력의 중요성을 탐구하는 수많은 책과 논문이 출판되었다. 예를 들어 다음을 보라. Fred Craddock, *As One Without Authority*, rev. ed. (St. Louis:

사조 가운데 상당 부분에서, 반드시 설득해야만 하는 고전적 방식으로서의 "설득의 수사학"(persuasive rhetoric)은 언어에 의한 창조 혹은 형성의 기술로서의 "포이에시스"(poiesis)에 밀려서 이차적인 것이 되어 버렸다. 포이에시스를 위해서 설교자는 상상력, 즉 놀이의 정신이 필요하다. 이런 의미에서 이해된 설교하기는 거룩한 놀이라고 불린다. 가능성들과 함께하는 놀이, 말씀들과 함께하는 놀이, 말씀이신 주님과 함께하는 놀이, 회중과 함께하는 놀이, 삶의 경험들과 함께하는 놀이, 예전과 상징들과 함께하는 놀이이다. 요약하면, 설교자라는 통로를 통과하는 모든 것들과 함께하는 놀이이다.[39]

설교하는 바보들은 전환기의 시대에 서 있다. 새로운 가능성들,

Chalice, 2001), 63–78; Henry Mitchell, *Black Preaching: The Recovery of a Powerful Art* (Nashville: Abingdon, 1990); Walter Brueggemann, *The Prophetic Imagination* (Philadelphia: Fortress, 1978); *The Bible and Postmodern Imagination: Texts Under Nogotiation* (London: SCM Press, 1993); and "Preaching as Reimagination," *Theology Today* 52 (1995): 313–29; Thomas H. Troeger, *Creating Fresh Images for Preaching* (Valley Forge: Judson, 1982); "Homiletic as Imaginative Theology," *Homiletic* 12, no. 2 (1987): 27–38; and *Imagining a Sermon* (Nashville: Abingdon, 1990); James A. Wallace, *Imaginal Preaching: An Archetypal Perspective* (New York: Paulist, 1995); Linda L. Clader, *Voicing the Vision: Imagination and Prophetic Preaching* (Harrisburg, Pa.:Morehouse, 2003); Anna Carter Florence, "The Preaching Imagination," in *Teaching Preaching as a Christian Practice: A New Approach to Homiletical Pedagogy*, eds. Thomas G. Long and Leonora Tubbs Tisdale (Louisville: Westminster John Knox, 2008), 116–33. 신학적 상상력에 대한 더욱 일반적인 작품에 대해서 다음을 보라. Garrett Green, *Imagining God: Theology and the Religious Imagination* (San Francisco: Harper & Row, 1989). 상상력이라는 용어는 풍성한 역사를 가지고 있고 실로 다양한 관점들과 과학적 분야들로 묘사될 수 있다. Lynn Ross Bryant, *Imagination and the Life of the Spirit: An Introduction to the Study of Religion and Literature* (Chico: Scholars Press, 1981), 22–27.

39 Rudolf Bohren, *Predigtlehre* (Munich: Kaiser, 1971), 372.

새로운 지평들, 새로운 세계들을 상상함으로, 궁극적으로 하나님의 새로운 창조를 상상함으로 전환기의 시대 가운데서 구 시대를 훼파하고 있다. 이런 설교는 최종 진술들 혹은 완성된 이미지들 혹은 엄격한 결론들로 끝내지 않는다. 심지어 성경 구절을 가져다 쓸지라도 이렇게 설교를 끝낼 수는 없다. 오히려, 미련한 설교는 (성경 본문들을 포함한) 형상들과 파편들과의 쾌활하고 상상력이 풍부한 상호대화를 요구한다. 이런 상호대화는 우리가 이미 완성된 완전체가 아니라 과정 가운데 있음을 인식함으로 시작되며, 또한 우리가 가진 모든 지식이 예비적임을 인식하는 겸손에서 시작된다. 그러므로 설교하는 바보들은 영향의 실현성보다 설득의 힘에 대해 관심을 덜 가진다.[40] 그들은 설득력 있는 논쟁점 혹은 이미 내려놓은 어떤 결론으로 회중들을 움직이려 하지 않고, 대신에 교회를 시대 사이에 존재하는 경계성의 공간으로 풍성한 상상력을 동원하여 초청한다. 그 경계성의 공간에서 성령은 그리스도의 몸을 형성하고 재형성하기 위해 일하신다.

설교하는 바보들은 다시 어린아이처럼 되어서 하나님의 다스림을 받으라고 우리를 초청한다(마 18:3). 많은 사람들은 아이들이 약하다

---

40 설득은 실제로 설교자들로부터 회중으로의 일방적 소통을 의미한다. 설교의 계급구조 모델은 설교하는 연약한 바보에 의해 체화된 모델과는 많이 다르다. 계급주의적 일방적 설교 모델들에 대한 비판을 위해서 다음을 보라. Christine M. Smith, *Weaving the Sermon: Preaching in a Feminist Perspective* (Louisville: Westminster John Knox, 1989); John S. McClure, *The Roundtable Pulpit: Where Leadership and Preaching Meet* (Nashville: Abingdon, 1995); and Lucy Atkinson Rose, *Sharing the Word: Preaching in the Roundtable Church* (Louisville: Westminster John Knox, 1997). 그러나 이 책들 가운에 어느 것도 설교자를 바보로 혹은 설교의 목적을 구 시대의 훼파로 묘사한 것은 없다.

고 생각하곤 한다. 그래서 우리 어른들이 "성숙"의 기준에 맞게 아이들을 "가르쳐야 한다"고 생각한다. 이 과정에서 우리는 종종 아이들의 상상의 세계를 잘라서 작게 만들어 버린다. 성공적인 것이 무엇이고 생산적인 것이 무엇인지 우리 어른들의 생각들로 그들의 상상력을 재단해 버린다.

그러나 아이가 되기 위해서는 놀아야 한다. 놀이는 생산성에 대한 것이 아니라 기쁨에 대한 것이다. 놀 수 있으려면 성숙이라는 압박감에 영향받지 않는 상상력이 필요하다. 상상력이 넘치는 놀이는 오직 생산성과 성공만을 선택함으로써 상상력의 기쁨을 희생시키는 사회에 대한 근본적인 비판을 내포하고 있다. 놀이는 찾지 않고 생각하지 않았던 가능성들을 열어젖힘으로 상상력을 확장시킨다. 상상력은 이렇게 묻는다. "만약에…라면 어떻게 될까?"

어린아이들이 놀이에서 맡은 역할에 얼마나 진지한지 알 사람은 다 안다. 그러나 그들은 그 진지함을 영원히 굳어진 사물의 상태로 바꾸어 놓지는 않는다. 놀이는 놀이로 유지된다. 어린아이들은 그들의 역할이 상호 교환될 수 있다는 것을 안다. 내일 나는 환자가 아니라 의사가 될 수 있다. 그 반대도 될 수 있다. 역할들이 본체화(ontologized)되지 않는다.[41] 오히려, 어린아이들은 놀이의 현 구조 조직을 바꾸는데 자유롭다. 어린아이들에게 매일의 새로운 날은 또한 새로운 시작을 의미한다. 즉 새로운 날은 놀이의 새로운 재조직을 의미하는 것이다.[42] 트릭스터들의 경우처럼, 모양들은 바뀌고 형식들은 유동적이다. 여기에 놀이의 짜릿한 전율이 있다. 상상력을 통해서

41　Alves, *Tomorrow's Child*, 89.
42　Alves, *Tomorrow's Child*, 89-90.

새로운 경험들이 계속해서 가능해진다. 놀이는 도전받지도 않고 변화도 없는 폐쇄된 엄숙함으로 변질하지 않는다.

놀이는 어리석게 보일 수 있다. 그것은 최소한 우리 대부분이 이해하는 대로 생산적이지도 않고 성공을 가져다주는 것도 아니다. 놀이는 바보스럽게 보인다. 왜냐하면 상상력의 힘으로 사는 사람들은 때때로 약한 사람들처럼 보이기 때문이다. 그러나 그 연약한 자들의 어리석은 상상력을 통해서, 강자들의 정신병적 상상력 부족이 드러난다.[43] 놀이는 힘센 자들에게 어리석게 보인다. 왜냐하면 그들은 놀이가 사실은 다른 능력이라는 사실을 이해하지 못하기 때문이다.

상상력이 풍부한 놀이를 통해서, 설교하는 바보들은 새로운 세계와 새로운 내일을 인지한다. 이런 새로운 시작은 현재 상태에서는 발견되지 않는다. 이것은 예수 그리스도 안에서 이 세상을 훼파하는 새로운 시대에 대한 재미있고 상상력이 풍부한 인식으로부터 생겨난다. 이는 구 시대의 결정론들은 새 창조의 역사에 의해서 부서진다는 것을 믿기 때문에 일어난다. 그러므로 상상력이 풍부하면서도 미련한 이와 같은 설교로서의 놀이는 재형성의 소망을 가지고 낡은 형태들을 훼파한다. 이것은 성령의 놀이이다.

설교하는 바보들은 시대의 전환점에 서서 논다. 그들은 침노하는 하나님의 새로운 창조가 실제이며 기억해야 하는 은혜의 선물임을 안다. 사실상, 놀이에 해당하는 다른 말은 은혜이다. 설교하는 바보는 은혜의 파수꾼이다. 은혜의 파수꾼은 사람들에게 철의 신학을 더 단단하게 하려는 망치질을 그만두라고 요구하며, 그들이 만들어

43　Alves, *Tomorrow's Child*, 94–95. 어린아이들과 바보들 사이의 관계에 대해서 Hyers, *Comic Vision*, 73–87.

놓은 수레들의 원형진 밖으로 한 걸음 걸어 나오라고 요청한다. 그 열린 바깥에서 그들은 위로부터의 축복의 소나기에 흠뻑 젖을 기회를 얻게 된다. 은혜는 비와 같다. 당신은 그것을 통제할 수 없다. 그것은 하늘로부터 모든 이에게 내린다. 주권적으로 대부분 예상치 못하게 멈출 수 없게 내린다. 누가 내리는 비를 멈출 수 있을까? 누가 비를 다시 하늘로 돌려보낼 수 있는가? 아무도 없다. 하나님은 비를 의로운 사람들에게 그리고 불의한 사람들에게 내리도록 허락한다.[44] 어린아이들이 빗속에서 소리치며 뛰노는 것은 이상한 일이 아니다.[45] 그들은 또 다른 세계를 감지한 것이다.

---

[44] 마 5:45. 토마스 머톤(Thomas Merton)은 바깥 숲 속에서 비 오는 동안 경험했던 것을 기록했다. 그에게 비는 생명의 상징이며 자연의 하사품이며 신비가 된다. 그는 이렇게 말한다. "내가 맞은 비는 도시의 비와는 달랐다. 그것은 거대하고 혼란한 소리로 숲을 가득 채운다. 그것은 통나무집의 지붕과 현관을 강렬하고 통제된 리듬으로 덮어버린다. 그리고 나는 공학도가 만든 것이 아닌 리듬을 듣는다. 왜냐하면 그 빗소리는 온 세상이 내가 아직 알지 못하는 리듬들에 의해서 굴러가고 있다는 사실을 반복적으로 상기시켜 주기 때문이다…어느 누구도 시작할 수도 없고 그것을 멈출 수도 없다. 비 그것은 원하는 동안 말한다. 비가 말하는 동안 나는 들을 것이다." Thomas Merton, *Raids on the Unspeakable* (New York: New Directions, 1966), 9-10.

[45] 미세먼지와 황사로 오염된 산성비가 내리는 대한민국의 현실에서, 비 맞으며 뛰어노는 아이들을 떠올리기는 힘들 것이다. 은혜와 같은 비를 피해야만 하는 우리의 환경과 우리의 영적 상태가 전혀 상관없어 보이지 않는 것은 왜일까? 그럼에도 불구하고 어린 시절 비를 맞으며 뛰어놀았던 그때를 상상력을 동원해서 떠올려 보라. 그렇지 않으면 남아프리카에 와서 비를 맞으며 뛰어노는 아이들을 볼 수 있는 기회를 만들라—역주.

3. 파편과 전체 사이의 인식

설교하는 바보들은 형성과 재형성 사이에 존재하는 성령 안에서 뿐 아니라, 파편과 완전체의 경계 선상에서도 활동한다.[46] 시대의 전환점에서 설교하는 바보들은 아직 "완전체"(whole)는 존재하지 않는다는 사실을 깨닫는다. 단지 흩어진 구 시대의 파편들 가운데를 뚫고 들어오는 새로운 창조의 파편들만 인식할 수 있을지도 모른다. 그러므로 설교하는 바보들은 하나님의 완전체를 기대하며 풍부한 상상력으로 파편들과 활동함으로써 허울뿐인 미숙한 완전체 구조들을 훼파한다.

파편과 완전체라는 틀 안에서, 설교하는 바보들은 광범위한 신학적 현장들의 다양성을 꿰뚫는다. 믿음이 침체된 정체성으로 바뀔 때는 언제든지, 사랑이 수레들의 원형진으로 교체될 때는 언제든지, 소망이 타자이신 하나님께 더 이상 집중되어 있지 않고 자기 자신에게 있을 때는 언제든지, 이런 자신이 죄로 불릴 수 있는 것 안으로 빠져들 때는 언제든지, 하나님의 이미지가 너무 강해져서 십자가와 모순될 때는 언제든지, 부활이 "우리를 위하는 힘"으로 오해될 때는 언제든지, 종말론이 토착화로 길들여지기 시작할 때는 언제든지 설교하는 바보가 등장한다. 요약하면, 설교하는 바보들은 하나님이 완전체 가운데 계시는 것이 아니라 파편들 속에 계시고, 호화로운 광명의 자리가 아니라 힘없고 연약한 자리에 계신다는 사실을 상기시킨다. 그리고 이러한 공간들 가운데 바보들은 고착된 정체성을 위해서가 아니라 종말론적 유동성의 대리자들로서 행동한다. 그들은 파

---

46 이에 대한 제3장의 토론을 다시 보라.

편들과 완전체 사이의 역동적 긴장감을 계속 유지한다.

파편의 개념은 미학적인 배경을 가지고 있다. 미학은 관찰에 대한 것, 즉 삶을 바라보는 방법에 대한 것이다. 우리가 이 책 전반에서 살폈던 것처럼, 바보들은 새로운 인식의 방법들을 요구한다. 그들은 이 세상과 현실들에 대한 새로운 관점을 불러일으킴으로 시각적인 변화를 일으키는 사람들이다. 그들의 익살스러운 행동들을 통해서 바보들은 길들고 인습적인 질서를 종종 어지럽히는 대안적 세계를 보고 붙들 수 있도록 우리를 초청한다.[47] 바보들은 파편들(불완전함)과 더불어 논다. 물질의 파편들로 만들어진 어릿광대의 얼룩덜룩한 옷처럼 바보들은 우리가 취한 것이 전혀 완전하고 안정적이지 않을 수 있다는 것을 시각적으로 보여준다. 그들은 세상의 견고함을 녹인다. 바로 우리의 눈앞에서 존재하는 것뿐 아니라 존재할 수 있는 것에 대한 새로운 시각들을 창조함으로 굳어져 버린 세상을 녹인다.

바보들의 관점은 삶을 바라보는 풍성하고도 깊이 있는 방법을 제공한다. 한편으로 그 관점은 우리로 하여금 현실을 더욱 객관적으로 볼 수 있도록 해준다. 다른 한편으로는 우리 자신을 포함한 이런 현실을 깊은 동정심으로 볼 수 있도록 우리를 자유롭게 한다. 바보의 관점은 삶을 어떻게 보느냐에 대한 방법을 제공한다. 이런 삶을 보는 방법은 현실로부터 (역설적이게도) 거리를 유지하는 것이다. 그러나 동시에 바보의 관점은 삶의 사소하게 보이는 작은 것들 속에서 초월

---

47 Harvery Cox, *The Feast of Fools: A Theological Essay on Festivity and Fantasy* (London: Harper Colophon, 1969), 150.

과 현현의 증거들을 식별하게 해준다.⁴⁸

개혁자 칼빈(John Calvin)은 종종 인식의 한 방법으로서의 믿음의 지식에 대해서 이야기했다. 그에게 있어서 지식은 단순히 사물들의 상태를 주목하는 것 이상의 무엇을 내포한다. 그것은 오히려 삶을 경청하는 주의 깊은 인식이다 (칼빈이 사용한 프랑스어 용어는 *l'entendement* 이다).⁴⁹ 이에 관해서 칼빈은, 앞에서 토론했던 바보들처럼, 거울의 비유를 좋아했다. 거울은 그에게 있어서 하나님에 대한 인식을 암시한다. 비록 간접적이고 모호하게 한편으로 모르는 상태로 남겨져 있을 수도 있고, 때로는 거울에 비친 직사광선처럼 주의집중과 매력창출을 요구하면서 충격을 줄 수도 있지만, 아무튼 거울은 하나님에 대한 자각을 암시한다.⁵⁰

칼빈에게 있어서 거울이란 비유는 어떤 장소, 사실, 경험 그리고 역사들과 연결되어 질 수 있다. 비록 간접적이고 불완전한 방법일지라도, 이러한 것들은 하나님의 거울들로 쓰이며 또한 하나님의 활동을 목도할 수 있도록 우리를 초청한다. 다른 말로 하면, 칼빈에게 그 거울은 수많은 방법을 의미한다. 즉 독특한 색채를 가진 이 땅의 매개체를 통해서 우리의 믿음을 탄생시키고 육성하기 위하여 하나

---

48 Brigit Weyel, "Predigt und Alltagskunst: Wilhelm Genazino und der poetische Blick auf das Leben," in *Religion-Ästhetik-Medien*, vol. 2 of *Ästhetik und Religion: Interdisziplinäre Beiträge zur Identität und Differenz von ästhetischer und religiöser Erfahrung*, ed. Wilhelm Gräb et al. (Frankfurt am Main: Peter Lang, 2007), 209-11; cf. also Berget, *Redeeming Laughter*, 205.

49 Gerrit W. Neven, "De Kwintessens van Calvijn," in *Het calvinistisch ongemak: Calvijn als erflater en provocator van het Nederlandse portestantisme*, eds. Rinse Reeling Brouwer, Bert de Leede, and Klaas Spronk (Kampen: Kok, 2009), 80.

50 Neven, "De Kwintessens van Calvijn," 80, 81.

님에 대한 다채로운 지식이 반영되는 거울이다.[51]

　설교학적 관점에서 보면, 이렇게 말할 수도 있다. 설교하는 바보들은 거울을 들고 있다. 비록 간접적이고 종종 충격적인 방법일지라도, 더럽게 변질되지 않았다면, 산산 조각난 거울의 파편들을 통해서 하나님이 실제로 이 세상에서도 인식되어 질 수 있다는 깨달음을 우리에게 주는 그런 거울을 들고 있다.[52] 하나님의 새로운 창조와 세상의 구 시대 사이의 문턱에서, 설교하는 바보들은 후자인 구 시대의 한복판에서 전자인 하나님의 창조를 인식하도록 우리를 돕는다. 한편으로 설교하는 바보는 구 시대를 위해 하나의 거울을 들고 정직하고도 가차 없이 어떤 활동을 폭로한다. 그 활동 때문에 설교하는 바보는 모든 이에게 사랑받지 못할 것이 분명하다. 그러나 설교하는 바보의 사명이 여기서 끝나는 것이 아니다. 그저 이것으로 끝난다면 삶에 대한 그들의 관점은 순전히 비극적인 것이 될 것이다. 그래서 다른 한편으로, 그 바보는 어떤 거울을 또한 들고 종종 우리의 "일반적"인 인식을 뒤집어 버리는 방식으로 하나님의 새로운 창조라는 다른 실체를 비춘다. 따라서 파편 조각이 되어 버린 거울을 들고 있는 설교하는 바보들은 우리의 이중 초점 비전을 예리하게 만들고, 구 시대의 흩어져버린 파편들 속으로 침노하는 새로운 창조의 파편들을 깨닫도록 우리를 돕는다.

　신학적으로 이야기하면, 설교의 사명은 오직 선취 적으로 예기된 (proleptic) 종말론적인 방법으로 이해될 수 있다. 설교하는 바보는 하

51　Cf. Cornelius Van der Kooi, *Als in een Spiegel: God kennen volgens Calvijn en Barth* (Kampen: Kok, 2002), 22, 23.
52　고전 13:12.

나님의 새로운 창조의 성취를 향한 세상의 궁극적 변화를 의도하며 기대한다. 그러나 경계성의 긴장, 시대의 전환점에 산다는 긴장, 세상에서 나그네로 거류민으로 존재한다는 긴장은 어떤 방법으로도 회피하거나 축소할 수 없다. 이 긴장은 항상 존재할 것이다.[53] 안전하게 정착하고 싶은, 확실한 정체성을 가지고 싶은 유혹이 생길 때마다, 설교하는 바보들은 산산이 조간이 나서 뿌옇게 되어버린 거울을 우리 눈앞에 가져다 놓는다. 그들은 우리가 항상 도상(途上)에 있는 존재임을 상기시킬 목적으로 파편이 된 그 거울을 비춰준다.[54]

파편들과 완전체 사이를 인식할 수 있게 하는 자들로서 설교하는 바보들은 아마도 증언 혹은 증인에 관한 어떤 급진적인 형태의 일에 종사하는 것으로 보일 수 있다. 증인처럼, 그들은 그들이 본 것을 공유한다. 그리고 그들은 다른 사람들을 새로운 인식의 세계로 초대한다. 그러나 그들의 증언은 항상 파편적이고 그들이 증언한 것을 위한 최종 증거를 제출하지 못한다. 결과적으로 그들의 증언은 항상 그것을 공유하는 사람들의 식별력을 필요로 한다. 그리고 그들은 늘

---

[53] 벧전 2:11. 피터 베르거(Peter Berger)는 다음과 같이 이 긴장을 설명한다. "이런 경우에 익살스러움에 대한 경험이 기적적으로 이 세상의 고통과 악을 제거하지는 않는다. 또한 그것이 하나님이 세상에서 활동하며 세상을 대속할 것이라는 명백한 증거를 스스로 제공하지도 않는다. 그러나 믿음 안에서 볼 때, 그 익살스러움은 장차 도래할 대속을 위한 엄청난 위로와 증거가 된다." *Redeeming Laughter*, 214-15.

[54] 흥미롭게도, 그 어느 누구도 설교의 경계성적 특성을 칼 바르트 보다 더 심오하게 묘사한 사람은 없다. 그가 지적하기로 설교는 항상 첫 번째 출현에서 두 번째로의 움직임 안에서 발생한다. 그리고 설교는 늘 설교자의 잠정적 시도(provisional attempt)이다. Karl Barth, Homiletics, trans. Geoffrey W. Bromiley and Donald E. Daniels (Louisville: Westminster John Knox, 1991), 47-55, 71-75. 데이빗 버트릭은 그의 방대한 작품 『설교학』에서 영화에서의 카메라와 구도 비유를 사용하여 인식과 관점이라는 구심점을 크게 부각시킨다. David Buttrick, *Homiletics: Moves and Structures* (Minneapolis: Augsburg Frotress, 1987).

바보로 취급받아 쫓겨날 가능성을 가지고 있다. 십자가에 달린 메시아에 대한 바울의 증언이 대부분의 사람들에 의해 어리석은 짓으로 취급당한 것처럼, 부활한 예수에 대한 마리아의 증언이 다른 사람들도 아닌 제자들에 의해 미련한 짓으로 취급당했던 것처럼 그들도 바보로 취급받아 해고당할 가능성을 가지고 있다.[55]

설교하는 바보들의 증언은 또한 재구성하기(reframing)로 묘사될 수 있을지도 모른다. 재구성하기는 어떤 상황을 경험하게 될 때 그 상황의 배경이 되었던 개념적인 그리고/혹은 감정적인 정황(setting)을 변화시키거나 혹은 관점을 변화시키는 것을 의미한다. 또한 그런 변화로 인해 온전한 의미가 드러나는 것을 말한다.[56] 설교학적 재구성하기는 삶에 대한 신학적 재배열을 의미한다. 오래된 것들을 배제하지 않는 가운데 어떤 분명한 새로움이 탄생하는 것과 같은 방법에 의해서 삶을 신학적으로 재배열하는 것이 설교학적 재구성이다. 그것은 새로운 것을 말하고 행하도록 오래된 것을 사용하는 기술이다. 우리가 앞에서 언급했던 것처럼, 그것은 관습적 언어를 관습에 얽매이지 않고 사용함으로 세상을 조롱하는 기술이다.

우리로 하여금 그것을 통해서 세상을 바라보게 하는 그 특별한

55　이런 종류의 근원적인 증거에 대한 발전된 연구를 위해서 다음을 보라. Anna Carter Florence, *Preaching as Testimony* (Louisville: Westminster John Knox, 2007). 급진적이고, 위험하며 기초가 없는 특성을 가진 증언에 대한 그녀의 이해와 더불어, 플로렌스는 설교의 미련한 차원을 강조하는 극히 드문 설교학자들 가운데 한 사람이다. 이에 대한 예를 위해 다음을 보라. "Preacher as One 'Our of Your Mind,'" in *Slow of Speech and Unclean Lips: Contemporary Images of Preaching Identity*, ed. Robert Stephen Reid (Eugene, Ore.: Cascade, 2010), 144-53.

56　Donald Capps, *Reframing: A New Method in Pastoral Care* (Minneapolis: Fortress, 1990), 12.

틀은 중요하다. 왜냐하면 우리가 가지고 있는 그 틀들이 의미를 중개하기 때문이다. 의미를 중개하는 그 틀은 교회 혹은 설교자의 인식을 형성하는 신학을(혹은 신학의 결핍을) 보여준다. 세상을 바라보는 그 틀은 틀 자체를 태어나게 하는 신학의 구조를 조작하거나 복제한다. 그리고 그 과정에서 그 틀을 뒷받침하는 기본적인 인간론을 또한 보여준다. 짧게 말하면, 그 틀을 통해서 그리고 그 틀 안에서 우리는 현실을 관찰하고, 그 틀은 하나님에 대한 우리의 이미지와 인간성을 보여주고 형성한다.[57] 설교하는 바보에게 이러한 틀들은 철처럼 단단하거나, 움직이지 않고, 고정된 것이 아니라, 지속적이고 창조적인 재구성하기를 위해서 필연적으로 열려있는 것이다.

정치 평론 만화가들은 재구성하기의 달인들이다. 우리의 일반적인 인식을 파괴하면서, 그들은 신나게 그리고 종종 충격적으로 우리 스스로 새로운 방법들로 세상을 볼 수 있게 하려고 사건들을 재구성한다. 자피로는 남아공 정부의 어떤 행동들을 피의 강 전투의 원형진을 이룬 수레들을 동원하여 재구성한다. 그리고 그는 세계 무역센터를 공격한 테러리스트에 대한 대항으로 코란을 태운 존스 목사의 위협을 재구성한다. 마이크 루코비치(Mike Luckovich)는 해변의 상어들에 대한 두려움이라는 렌즈들을 통해서 미국 내 이슬람사원들에 대한 반대를 재구성한다. 그리고 그는 버지니아텍대학교의 살상

---

[57] 이것은 다음과 같이 이야기 될 수 있다. 남아공 아파르트헤이트 정책이 그것을 통해 현실을 보았던 틀 혹은 패러다임은 분리와 불일치의 틀이었다. 사람의 서로 다른 집단들은 기본적으로 화해할 수 없는 것으로 보였다. 아파르트헤이트의 틀은 일치, 정의 그리고 화해를 뒤집어엎어 버리는 데 탁월했다. 다른 말로 하면, 아파르트헤이트의 사상은 구조적으로 근시안적인 것에 탁월했다. 제8장에 있는 토론을 보라.

사건을 통하여 이라크 전쟁을 재구성한다.[58] 이처럼 상상력이 풍부하고 때때로 재미있고 비유 같기도 한 재구성하기는 종종 외견상 앞뒤가 안 맞는 이미지들이 나란히 놓이고, 만화들에 대한 반응으로 웃음과 슬픔을 동시에 만든다.[59]

바울은 십자가의 미련함을 통해서 "메시아"를 재구성한다. 그리고 하나님과 세상 둘 다에 대한 급진적이며 새롭고도 파괴적인 관점을 불러일으킨다. 그리고 예수는 사마리아인들을 이웃들로(그리고 이웃들을 사마리아인들로) 재구성하고 이것으로 세상을 조롱한다. 이처럼 오늘날의 설교하는 바보들은 예수의 삶과 죽음 그리고 부활의 렌즈들을 통해서 세상을 재구성함으로 구 시대를 가로막는다. 그리고 그들은 파편과 완전체 사이에 경계성의 공간을 만든다. 그 안에서 성령은 새로운 방법들로 세상을 바라보며 살도록 사람들을 움직인다.

그러므로 재구성하기는 현실을 꿰뚫는 새로운 통찰력들을 제공한다. 그것은 우리의 개인적이고 사회적인 관점들의 현 상태를 훼방함으로 우리의 인습적인 관점들에 도전한다. 그것은 우리가 삶을 바라볼 때 사용하는 거울들이나 틀들의 정당성에 대해 질문을 던진다. 그리고 우리의 관점을 바꾸기 위해서 다시 살펴보라고 우리에게 호소한다.

이런 관점의 재구성은 하퍼 리(Harper Lee)의 고전, 『앵무새 죽이기』에서 심금을 울리는 방법으로 그려진다. 이 책에서 독자들은 작은 주인공 스카우트(Scout)의 아이같이 순수한 눈을 통해서 세상을 본다.

---

58 그림 3.2, 6.2 그리고 6.4의 만화들을 보라.
59 병렬구조를 통해 새로운 것을 말하기 위해서 오래된 것을 전례 규정에 준거한 방법으로 사용하는 것에 대해서 다음을 보라. Gordon W. Lathrop, *Holy Things: A Liturgical Theology* (Minneapolis: Fortress, 1993), 33.

마지막 장면에서 그녀는 그녀가 자라면서 보았던 친밀한 이웃들을 새로운 눈으로 본다. 그녀는 갑자기 영화의 장면들이나 이미지가 지나가듯이 그녀의 마음의 눈으로 봄, 여름, 가을, 겨울이라는 계절적인 섬광 속에서 그 도시를 "본다." 이 책의 핵심 문장 가운데 그녀는 이렇게 선포한다. "나는 집으로 가려고 돌아섰다. 거리의 불빛들은 도시로 내려가는 모든 거리에서 깜빡였다. 나는 이런 각도에서 우리의 이웃을 결코 본 적이 없었다."[60]

가능한 한 새로운 방식으로, 상식을 벗어난 각도에서 현실을 보는 것을 목적으로 하는 관점 재구성하기는 종종 영화 "죽은 시인의 사회"(Dead Poet's Society)에서 정통과는 거리가 먼 선생님으로 나오는 로빈 윌리엄스(Robin Williams)처럼 바보같이 행동하는 것을 포함한다. 테이블 꼭대기에 선 채 놀란 아이들을 앞에 두고 그는 묻는다. "내가 지금 뭘 하고 있지?" 아이들 가운데 한 아이가 "선생님은 지금보다 키가 더 커지려고 노력하는 중이지요"라고 대답할 때, 그는 그 대답을 고쳐주면서 이렇게 말한다. "나는 다른 관점에서 사물들을 보고 있어. 여기 꼭대기에서, 이 각도에서 보면 모든 것이 달라 보여." 그리고 그는 학교의 엄격하고 케케묵은 전통들과 폐쇄된 엄숙함 속에서 들어보지도 못한 일을 행한다. 그는 한 번에 두 명씩 아이들을 초청해서 수업 중에 떠나온 집을 생각나게 할 목적으로 테이블위에 올라가게 한다. 물론, 이런 행동들을 감시하는 입술을 꾹 다문 경직된 지위 높은 선생님들은 고개를 흔들며 생각한다. "정말 어리석은 짓을 하고 있네!"

이런 재구성하기는 설교보다 먼저 일어나는 일이다. 설교가 재구

---

60 Harper Lee, *To Kill a Mockingbird* (London: Heinemann Educational, 1960), 285.

성의 결과물이기를 바라는 것이다. 설교할 수 있기 위해서, 우리는 보는 법을 배워야만 한다. 십자가의 미련함과 연약함 가운데 하나님의 지혜와 능력을 식별하기 위해서 그리고 구 시대의 한복판을 뚫고 들어오는 새로운 창조를 분별하기 위해서 우리는 보는 법을 배워야 설교할 수 있다. 그렇지 않고는 우리는 다른 사람들이 보고 분별하도록 도울 수가 없다. 분별은 설교하는 바보들이 하는 일이다. 구 시대의 흩어진 파편들 가운데서 하나님의 새로운 창조라는 아이러니한 십자가형의 파편들을 분별하는 일을 위해 설교하는 바보들은 지원군으로 달려온다. 그리고 그 십자가의 파편들을 찾아낼 수 있도록 우리를 돕는다.

4. 타인의 얼굴 발견하기

우리가 방금 언급했던 것처럼 재구성하기는 분별력을 요구한다. 그 분별력을 갖는다는 것은 존재와 생성 사이의 경계성의 공간으로 들어가는 것이다. 즉 타인을 향해 열린 공간으로 들어가는 것을 의미한다. 분별의 영은 공동체 안에서 운행하며 활동하는 성령이다.[61] 성령의 능력 안에서 설교하는 바보들은 존재와 생성 사이의 우분투 같은 경계 선상에서 활동한다. 그들은 타인들에게 열려있지 않은 모든 폐쇄된 정체성을 방해한다. 그리고 그들은 타인들과 함께 그리고

---

61 제3장의 토론을 보라. 고전 12장에서 바울이 제시한 이미지, 즉 많은 지체를 가진 몸으로서 모두 성령에 의해서 생명을 유지하며 모든 것들이 서로 서로에게 의존하고 있는 교회의 이미지는 이 부분에서 탐구되고 있는 분별력의 역동적, 공동체적인 특성을 보여주고 있다.

타인들을 통해서 사람이 되어가는 그 계속되는 과정을 기뻐하며 강조한다. 설교하는 바보들은 타인들을 향해 원형진 수레들을 둘러치기보다는 새로운 가능성과 새로운 정체성을 기대하며 타인들을 향해 그들의 팔을 벌린다. 고착된 결론이 진리라고 규정하는 철의 신학들을 통해서 의미와 진리를 찾는 것이 아니라, 설교하는 바보들은 계속해서 타인들과 서로 얼굴을 맞대면서 의미와 진리를 탐구한다. 설교하는 바보들은 타인들을 향해서 그리고 절대타자이신 하나님을 향해서 열려있고 교통할 수 있는 살아있는 신학을 추구한다.

분별력은 타자들의 얼굴들과 절대타자이신 하나님의 얼굴을 보기 위해 가장 중요한 것이다. 분별력은 필수적이다. 왜냐하면 이런 얼굴들은 종종 진정한 상호직면은 거의 불가능할 것이라는 세상의 고정관념에 의해 가려져 있기 때문이다. 우리의 존재와 우리의 생성을 위해 상호직면이 요구된다. 그 상호직면을 위해서 그 얼굴들을 덮고 있는 고정관념들의 가면을 벗기고 드러내는 행동 속에서 설교하는 바보의 역할은 최고조가 된다.

설교하는 바보의 직무는 아마도 가면 벗기기의 행위로 묘사될 수 있을지도 모른다. 가면 쓰기 현상은 물론 인간 그 자체만큼이나 오래된 것이다. 여러 문화에서 다양한 (문자적이고 비유적인) 형태들을 취하면서 나타난다. 간단히 말하면, 가면은 베일로 가리는 일을 한다. 그러나 또한 아주 놀랍게도 베일을 벗기고 드러내는 일을 하기도 한다.[62] 카니발 같은 가면 쓰기의 많은 문화적 의식(儀式)들이 전환의

---

62 가면은 많은 문화들에서 사용되었고 여전히 사용되고 있다. 정체성을 숨기기 위해서만이 아니라 힘을 얻기 위해서 가면이 사용된다. 예를 들어, 카니발이라는 경계성의 공간에서, 가면은 참가자들의 정체성을 숨겨줄 뿐만 아니라 익명성을 제공함으로 계급구조와 압제적인 구조에 저항하도록 참가자들에게 힘을 부여하기도 한

시대에, 즉 통과 의식들 가운데 발생한다. 따라서 가면 쓰기는 경계성에 대한 경험에서 발생한다. 예를 들어 켈트 사람들은 그들의 몇몇 의식들에서 연말을 보내고 새해를 맞이하는 전환기 동안에 가면들을 썼다. 중세의 기사들은 그들의 정체를 숨기기 위해서 뿐만 아니라, 적에게 두려움을 주입하기 위해서 철가면들을 썼다. 많은 아프리카 종족들은 초자연적 정령들에게 접근하기 위해서 가면을 쓴다. 이와 같은 여러 가지 가면 쓰기 행동들의 기저에 흐르고 있는 원리는 힘에 대한 추구이다. 가면이 벗겨질 때, 힘은 사라지고 가면을 벗긴다는 것은 종종 능력을 빼앗는 것을 의미한다.[63]

힘을 위한 가면 쓰기는 고대인들 혹은 부족인들 에게만 국한되어 있는 것이 아니다. 그리고 그것이 필연적으로 문자적인 의미의 가면들이어야 할 필요도 없다. 식민정책, 아파르트헤이트, 가부장제도, 유물주의와 같은 힘의 형태들은 모두 그 시스템을 정당화하고 영구화하기 위한 가면들과 함께 나타난다. 그리고 타인들을 지배하거나 성공의 사다리를 오르기 위해서 개인들도 종종 힘의 가면을 쓴다. 불행하게도, 이런 힘의 가면들 가운에 어떤 것들은 가면으로 인식조차 안 되는 경우가 자주 있다. 예를 들어 하얀 피부색 같

다. 가면 쓰기와 능력 부여는 통합적으로 서로 관련되어 있다. 많은 문화권에서 가면 쓰기는 능력 부여와 분리되지 않는다. 가면과 더불어 신들의 힘이 온다. 혹은 자연(동물들), 조상들의 힘 혹은 문화적으로 어떤 것이든지 간에 가면은 그것의 힘을 가지고 온다. 이런 의미에서, 가면은 단지 숨기는 것일 뿐만 아니라, 또 다른 세계, 또 다른 차원을 드러내기도 한다. 더욱 높고 더욱 강한 신분이 가면을 통해서 추구되어진다. 이런 일들이 많은 문화적 의식들 안에서 일어난다. Cf. Claas J. Bleeker, "Het Masker: Verhulling of Openbaring?" in *Maskerspel: Zeven Essays* (Amsterdam: SJP Bakker, 1995), 29–35.

63 Bleeker, "Het Masker," 36–37.

은 가면이다. 우리들 가운데 많은 사람들이 우리가 쓴 가면 뒤에 사로잡혀있다. 그래서 우리는 우리가 가면을 쓰고 있다는 것조차 깨닫지 못한다. 우리는 그 가면(가면을 쓴 외적 인격)을 따라 우리의 역할을 수행한다. 우리는 힘을 추구하는 우리의 욕망에 최적화된 가면과 또한 최고조의 힘을 우리에게 공급하는 그런 가면을 쓴다. 우리에게 모든 계절에 따라 맞추어 쓸 수 있는 온갖 종류의 힘의 가면들이 있다.

그러나 오늘날의 가면들은 또한 수없이 많은 사람들을 무기력하게 만든다. 종종 사람들은 강요된 그들의 장소에 그들을 머물게 하며, 그들이 해야 할 비굴한 역할을 시인하게 하는 가면을 쓰도록 강요되어 진다. 예를 들어 아파르트헤이트 기간 동안, 남아공 흑인들은 자신들에 대한 자세한 정보를 포함하고 있는 통행증을 가지고 다녀야만 했다. 이 통행증은 흑인을 통제해야 할 사물 혹은 숫자로 바꾸어 버리는 일종의 가면과 같은 역할을 했다. 그리고 흑인들은 이 통행증의 기록에 쓰인 대로 예절 바르게 행동해야 했다. 사실 그 통행증은 인권의 현저한 강등을 의미한다. 통행증의 이름 돔파스(dompas)가 "바보 통과"를 의미하기 때문이다. 넬슨 만델라가 갇혀 있었던 로빈 아일랜드에서는 다른 가면이 사용되었다. 흑인 수감자들은 짧은 옷을 입도록 강요되었다. 즉 그들은 의도적으로 어린애들처럼 옷 입혀진 것이다. 그 감옥에서 만델라의 첫 번째 저항의 행동들 가운데 하나는 어린아이처럼 보이는 가면을 거부하는 것이었다. 만델라는 자기 자신과 동료 죄수들을 위해 긴 바지를 요구했다.[64] 이와 유

---

[64] Nelson Mandela, *Long Walk to Freedom: The Autobiography of Nelson Mandela* (London: Abacus, 1995), 455.

사하게, 아프리카계 미국 노예들에게는 인간 이하로 취급받게 하는 가면이 사용되었다. 역사 전반에 걸쳐서 여인들은 가부장적 사회에서 여러 종류의 비굴함의 가면을 쓰도록 강요되었다. 아파르트헤이트나 미국 노예제도를 포함해서 많은 가면들이 불행하게도 기독교 전통과 경건의 틀 속에서 주조되었다.

이런 식으로 이중 가면 쓰기가 종종 발생한다. 사람들은 가면을 씀으로 자신에게 힘을 부여하고자 할 때가 있고, 이와 동시에 그들은 종종 다른 가면을 타인들에게 씌움으로 그들을 무력화시켜야 할 때가 있다. 그 다른 가면이란 가면을 씌운 자들에게 힘을 허용하지 않고, 오히려 그들의 자존감과 확신을 질식시켜서 없애 버리는 그런 가면이다. 그 과정에서 힘 있는 자와 힘없는 자 모두의 진짜 얼굴들은 감추어진다. 따라서 참된 상호직면은 불가능해진다.

설교하는 바보들은 이런 깨지고 억압된 관계들 속에서 가면 벗기기를 시작함으로 그 잘못된 관계들을 중단시킨다. 그 가면 벗기기의 결과 기독교인들은 존재와 생성의 경계성 공간으로 들어가게 되고 거기서 활동함으로 타인들을 인식하고 타자이신 하나님을 알아보게 된다. 이 가면 벗기기는 최소한 세 단계로 이루어진다.

첫째, 세상의 관습적 감각에 관해서 설교하는 바보들은 가면 뒤에 숨겨져 있는 진짜 사람 혹은 사람들의 진짜 얼굴을 드러나게 한다. 이 관점에서 보면, 그 가면은 진짜가 아닌, 바깥의 표피이며, 진실 자체를 숨기는 것으로 보인다. 설교하는 바보가 육신을 가진 진짜 인간성을 볼 수 있는 한 거울을 들고 올 때, 설교자 자신의 것들을 포함한 가면은 벗겨지고 벌거벗은 진짜 인간성이 빛을 받게 된다. 힘의 가면을 쓰고 있는 사람들에게 있어서, 이런 가면 벗기기는 생소하고 곤란한 방법들로 그들을 취약하게 만들게 될 것이다. 무력하게 만드는 가면을 쓰고 있는 사람들에게 있어서, 이런 가면 벗기기는 인간성의 회복과 능력부여를 가져다 줄 것이다. 두 그룹 모두에게, 그 가면 벗기기는 해방되는 순간이 될 수도 있다. 가면 벗기기의 해방적 차원은 결정적으로 중요한 것이다. 그러나 가면 벗기기를 통한 인간성 회복의 행위는 여전히 더욱 중요한 문제로 남는다.

둘째, 설교하는 바보들이 이런 힘의 가면과 맞서 싸울 때, 그들은 단지 가면 뒤에 숨겨진 진짜 인물들을 드러낼 뿐만 아니라, 그 가면 속에 그리고 그 가면을 통해서 나타나는 힘 혹은 파괴적 사상을 폭로한다. 그들은 가면 자체의 진짜 정체성을 드러낸다. 십자가 위에서 예수가 세상의 죽음의 권세의 가면을 벗겼던 것처럼, 설교하는 바보들은 사람들을 사로잡고 있는 구 시대의 힘들을 벗기고 폭로한다. 그 구 시대의 힘들이 삶의 능력이 아니고 죽음의 권세들이라는 것을 드러내면서 구 시대의 가면을 벗기는 것이다.[65]

가면 벗기기는 여기서 끝나지 않고 우리를 가면 벗기기의 세 번째 차원으로 인도한다.

셋째, 우리를 근본적으로 십자가로 돌아가게 하고 더 깊은 신학적 해석을 요구한다. 단지 인간만이 가면을 쓰고 있는 것이 아니라 하나님도 쓰고 계시다는 점이다. 이런 관점에서, 설교하는 바보는 드러냄과 숨기기 둘 다를 행하는 일군으로 봉사한다. 미련한 설교의 핵심이라고 할 수 있는 가면을 쓰신 하나님을 선포하는 이런 행위는 무엇보다도 먼저 분별력을 요구한다.

---

[65] 골 2:13-15은 예수의 십자가는 이런 식으로 그 권세들을 폭로한다. 설교를 통한 권세들의 가면 벗기기 혹은 폭로하기에 관한 더 많은 토론을 위해서 다음을 보라. Campbell, *Word before the Powers*, 106-19.

여기서 개혁자 마틴 루터의 통찰들이 우리에게 도움이 된다.[66] 루터는 종종 역사 가운데 변장하거나 혹은 가면을 쓰시고 나타나는 하나님의 행위들과 임재를 이야기 했다.[67] 루터에 따르면, 하나님의 모든 창조의 역사는 그 창조의 한 부분으로서 하나님의 가장 무도회를 개최한다는 것이다.[68] 하나님은 항상 존재하고 항상 일하고 있다. 하나님은 절대 초월자로서 이 세상을 창조하셨다. 뿐만 아니라, 하나님이 창조하신 그 피조물은 또한 창조주 하나님을 덮고 있는 어떤

---

[66] 이와 관련된 루터의 생각들의 풍성함을 제대로 다루기는 불가능하다. 다음의 것들은 단지 우리의 주제와 관련된 몇 가닥의 생각들을 루터에게서 차용한 것에 불과하다. 루터는 멀리 있는 하나님에 대한 경험들을 심도 있게 다루었다. 루터에게 하나님의 은폐는 심각한 현실적인 문제였다. 어떻게 내가 나의 절망과 불확실함의 빛 아래서 하나님을 경험(발견)할 수 있을까? 하나님의 부재는 그의 절망의 원인이다. 그러나 루터에게 그것은 동시에 "통쾌한 절망"이었다. 실존적 투쟁가운데 그 "통쾌한 절망"을 경험함으로 우리는 오직 하나님 한 분 만을 의지하는 법을 배운다. (우리의 경험상 외적으로는 보이지 않는) 이 하나님에게로 피하는 것은 실로 하나님을 마주하고 하나님에게로 피하는 것이다. 이렇게 하나님에게로 피하면서 우리는 그리스도의 십자가에서 알게 된 하나님을 신뢰하게 된다. 루터의 신학에서, 우리는 "하나님의 계시의 행위"와 그 하나님의 계시 행위를 인간의 용어로 (예를 들어 설교를 통해서) "해석하고 표현해야 할 필요" 사이에 존재하는 끊임없는 긴장을 발견한다. 이런 의미에서 숨겨진 정체들과 힘의 오용들을 폭로하는 행위로서의 설교는 가면을 벗기고 어둠에 빛을 비추는 하나님의 행위들의 직접적인 결과물로 보일 수 있다. 가면 벗기기(계시)의 이런 행위들은 구원 역사 전체에 걸쳐서 발견된다. 그리스도 사건의 정점에 지성소를 드러내기 위해서 성막이 찢어지는 장면과 특별히 오순절 성령 강림에서 가면 벗기기의 행위들이 보인다. 궁극적으로 하나님의 임재를 식별하도록 우리를 열어주고 비춰주는 것은 성령이다. 또한 설교의 행위 가운데서도 성령의 역할은 동일하다. Cf. Alister E. McGrath, *Luther's Theology of the Cross: Martin Luther's Theological Breakthrough* (Oxford: Blackwell, 1985), 171-73. Cf. also Eph 1:15-21.

[67] 루터의 생각들은 칼빈의 거울 비유, 즉 계시하기도 하고 또한 숨기기도 하는 거울 비유를 생각나게 한다.

[68] "*Ideo universa creatura eius est larva dei*," Martin Luther, *Weimarer Ausgabe* (*WA*) (Weimar: Hermann Böhlau, 1883), 40:I:174; 17:II:192.

옷, 즉 하나님의 내재하심에 비유될 수 있다. 여기에 모순은 없다. 하나님의 완전한 초월성은 또한 하나님의 절대적인 내재성이다. 하나님은 모든 나무의 모든 잎사귀 가운데 우리가 먹는 모든 빵 조각 가운데 내재하고, 동시에 하나님은 이 모든 것들을 초월하여 존재한다. 전 역사는 하나님의 위대한 가장무도회이다. 하나님의 가면들(larvae dei)은 여러 가지 형태들을 취한다. 교회, 설교자, 또한 왕과 여왕, 평범한 일꾼, 긍정적이며 또한 파괴적인 권세들로 가장한다. 파괴적인 힘과 관련하여 심지어 마귀와 하나님에 의한 심판은 일종의 가면이 되어 하나님의 사랑의 행위들을 감출 수 있다. 그러나 세상의 부정적인 힘들은 그들의 행동이 하나님의 목적과 승리를 무효화하지 못한다는 사실을 이해하지 못한 채 행동한다. 그들은 단지 하나님의 손들에 붙들린 꼭두각시에 불과하다.[69]

루터는 마귀가 때때로 하나님을 흉내 내며 모방자로 행동할 수도 있으나, 오직 그리스도만이 하나님의 대역(God's Double)이란 것을 아주 잘 알았다.[70] 고전적인 용어들을 빌리면, 예수는 하나님의 가면,

---

[69] Luther, *WA* 19:207.
[70] 이 점에 관해서 다음을 주목하는 것이 중요하다. (특별히 어릿광대 형태의) 바보들은 때때로 마귀로 묘사되기도 한다. 어릿광대들은 무서울 수 있다. 스티븐 킹의 소설(그리고 영화) 『그것』(*It*)에서 젊은이들에 따라붙기 위해서 돌아온 최고의 악마는 한 어릿광대로 나타난다. 그의 웃음은 마귀적인 웃음이다. 그는 겁먹게 하고, 상처를 내고, 살인을 저지른다. 그에게는 이름 없는 존재로서의 아픔이 부여된다. 그래서 그는 실로 이름이 불릴 수조차 없는 악이다. 그저 공포 가운데서 "그것"이라고 속삭일 뿐이다. Stephen King, *It* (New York: Viking, 1986). 이와 같은 선과 악의 뒤섞임은 분별력을 요구한다. 모든 광대가 정결한 것이 아니듯이 모든 광대가 하나님인 것도 아니다. 루터의 또 다른 말이 떠오른다. 마귀는 하나님을 흉내 내는 뛰어난 모방자이다. 비록 하나님의 의도들이 (궁극적으로) 이 악한모방자에 의해서 훼방당하는 것은 아닐 지라도, 하나님과 이 모방자를 동일하게 볼 수는 없다.

즉 하나님의 외적 인격(*persona*)이다. 따라서 루터는 이렇게 말 할 수 있었다. 그리스도의 인성과 신성의 일치는 완전하다. 그래서 이 경우에 하나님은 그 가면이고, 그 가면 뒤에 하나님은 숨어있다.[71] 예수는 하나님이다. 즉 예수는 인격적인 면에서 하나님의 가면, 하나님의 표현, 하나님의 (수행된) 역할이다. 예수 안에서 하나님은 하나님 자신의 대역(Double)이 된다. 하나님은 둘이 된다. 그러나 하나님은 한 분이고 똑같은 하나님으로 남는다. 결과적으로 예수가 하나님의 하나 뿐인 대역이라면, 하나님의 계시로서의 이런 대역은 하나님을 숨겨주는 하나의 가면으로 남는다.[72]

그러므로 분별력의 행위는 그리스도의 인성은 하나님의 최고의 가면(*larva dei*)이라는 것에 대한 인식을 포함한다. 그리스도의 부서진 몸 뒤에는 영원한 하나님이 숨겨져 있다. 그리스도라는 바보는 우리의 죄와 속박의 가면을 쓰고 우리의 가면을 벗기기 위해서 십자가에 못 박힌다. 바울이 말한 미련한 지혜는 그리스도의 부서진 몸에서 연약한 하나님이라는 기묘한 존재와 그 연약한 하나님의 능력을 식별하는 것을 포함한다. 미련한 지혜는 여기서 재형성된 관점으로 십자가 앞에 서있는 것을 의미한다. 그 재형성된 관점은 이 파편화된 인물 안에서, 이런 타자의 얼굴 속에서, 십자가의 형태로 뚫고 들어오는 하나님의 새로운 창조를 분별하는 이중 초점 비전 혹은 시력을 의미한다.

오직 미련한 지혜를 통해서만 우리는 역사 가운데 수많은 가면

---

[71] Luther, *WA* 4:7.
[72] Cf. Marcel Barnard, *Wat het oog heeft gezien: Verbeelding als sleutel van het credo* (Zoetermeer: Uitgeverij Meinema, 1997), 53-55.

뒤에 있는 하나님을 인식할 수 있다. 특별히, 이런 지각력으로 우리는 하나님의 대역-십자가에서 풍자된 당나귀-가운데서 하나님을 분별할 수 있다. 권세 있는 사람들은 더욱 힘 있는 대역-의심할 여지 없이 강한 하나님-을 오히려 선택하곤 한다. 그들은 분별력의 기술을 이해하지 못한다. 오히려 그들은 가면 쓰기로 자신을 강하게 만들기 위해서 그들 자신에게 경건의 가면을 씌우려고 노력한다.[73] 여기서 설교하는 바보들의 역할이 절대적으로 필요하게 된다. 그들은 단지 우리의 가면 뒤에 숨겨진 우리의 연약한 진짜 모습들을 드러내는 말씀만을 전하는 것은 아니다. 그들은 단지 우리를 사로잡고 있는 권세들을 폭로하는 해방의 복음만을 전하는 것이 아니다. 그들은 또한 우리들 가운데 있는 하나님의 가면 쓴 모습을 분별하라는 말씀을 전하기도 한다. 즉 설교하는 바보들은 우리의 삶 속에서 하나님이 하나님 될 수 있도록 우리를 돕는 것이다. 하나님은 계시되었을(*deus revelatus*) 뿐 아니라 또한 숨겨지기도 했기(*deus absconditus*) 때문에 하나님의 모습을 분별하여 하나님을 하나님의 자리로 모시는 것이 필요한 것이다. 설교하는 바보들은 하나님은 결코 사람들에 의해 통제될 수 없다는 사실을 상기시킨다. 심지어 하나님의 대역인 그리스도가 우리의 손에 넘겨져서 십자가에 못 박혔다 할지라도 하나님이 사람에게 통제되는 것은 결코 아니다.

    이런 의미에서, "가면 벗기기"로서의 설교를 행하는 바보들의 행동은 항상 모호하다. 따라서 회중의 분별력이 요구된다. 이런 설교는 가면 뒤에 있는 하나님이 계시다는 사실을 드러낼 뿐만 아니라,

---

73 루터에 따르면, 인간들은 하나님의 한 부분이 되기 원하거나 심지어 하나님처럼 되기를 원하는 이런 불치의 병으로 고통당한다. *WA* 19:207.

동시에 가면 그 이상이신 하나님이 가면 뒤에 여전히 계시다는 사실을 우리에게 상기시킴으로 하나님을 숨기기도 한다. 하나님을 대면해서 볼 수 있는 사람이 없다는 사실을 기억할 때, 이것이 하나님이 우리에게 접근할 수 있고 우리가 하나님께 접근할 수 있는 유일한 방법이기 때문이다. 하나님을 설교하는 바보들은 가면을 벗기고 또한 다시 가면을 씌운다. 이 과정에서 하나님의 계시는 동시에 숨김이 되고 하나님의 숨김은 동시에 계시가 된다는 사실을 우리에게 상기시킨다. 다시 한 번 우리는 미련한 설교의 기초가 되는 신학적 역설에 이른다. 즉 하나님은 반대의 외형(doxa)에 상반되게(para) 존재하시는 역설(paradox)이다. 이 심오한 역설로 만들어진 공간 안에서, 설교하는 바보는 가면 쓰기(벗기기)의 기술을 실행한다.[74]

---

74 이런 가면 쓰기(벗기기)는 심각한 사건으로 들림이 분명하다. 그러나 이 가면 쓰기(벗기기)의 기술은 불건전하게 악화되어서는 안 된다. 하나님의 계시라는 가장무도회와 관련하여, 루터는 종종 하나님의 쾌활한 놀이의 특성(deus ludens)에 대해서 이야기했다. 가면과 놀이는 함께 관련되어 있다. 하나님이 놀이처럼 재미있게 숨겨지는 것처럼, 재미있게 계시된다. 하나님은 우리가 시간 안에 하나님을 잡아놓거나, 위험성 없고 안전한 교리 혹은 고착된 신화들안에 하나님을 가두어 놓는 것을 허락하지 않는다. 하나님은 살아계셔서 놀이하는 하나님이다. 하나님의 현존을 인식하기 위해서 카이로스의 은혜가 필요하다. 때때로 하나님의 얼굴은 비록 가면 뒤에서도 여전히 더욱 분명하게 보인다. 하나님은 우리를 사랑하기 때문에 이것을 행한다. 하나님은 우리도 하나님처럼 놀이를 즐기기를 원하신다. 하나님의 가장무도회는 사실 놀이를 사랑하는 것을 의미한다. 루터는 자주 어린 시절 그의 경험을 이야기했다. 호통을 쳐서 그를 쫓아 버리는 것처럼 보였던 어떤 농부가 이 행동의 참된 본질을 드러냈을 때에 대한 어린 소년 시절의 경험을 이야기했다. 그에게 호통을 친 후에 루터를 가까이로 불러서 그 농부는 그의 등 뒤에 항상 숨겨 놓았던 소시지를 그에게 주었다. 루터에게 이것은 "놀이를 좋아하는 인간들"을 찾는 "놀이를 좋아하는 하나님"에 대한 인상적인 이미지였다. 그것은 또한 설교하는 바보의 놀이에 대한 인상적인 이미지이기도 하다. 이런 놀이는 가면 쓰기(벗기기)의 행동과 관련되어 있기도 하다. WA 4:656.

이런 분별의 행위는 교회를 존재와 생성 사이의 경계성 공간으로 이동시킨다. 이미 살펴보았듯이, 가면 쓰기와 벗기기는 얼굴들을 전제로 한다. 가면들이 벗겨질 때, 얼굴들은 드러난다. 설교하는 바보들은 가면 벗기기의 기술을 이해할 뿐만 아니라, 또한 그 가면들 뒤에 숨겨져 있었던 얼굴들과 직면하는 기술도 알고 있다. 설교하는 바보들은 직면하기와 그 상호직면을 위한 경계성의 공간을 찾아내거나 만들어낸다.[75] 그들은 서로가 없이는 할 수 없다는 우분투의 주장을 치켜세운다. 따라서 진실과 의미는 보석의 면이 여러 가지이듯 여러 가지 면을 가진다. 문자적으로 그것은 많은 얼굴들을 가진다. 그 얼굴들은 관념이나 허구가 아니고 진짜 살아있는 사람들의 얼굴들이다. 진실은 사람들이 서로의 얼굴을 마주할 때 발생한다. 그렇지 않으면 그것은 얼굴 없이 남겨지고 따라서 의미도 없게 된다.

타자를 직면하는 것은 가장 중요한 것이다. 그러나 우리는 힘이 여전히 무엇인가를 수행할 수 있기에 그 힘의 역할을 과소평가해서는 안 된다. 상호직면하기는 다시 힘의 놀이가 될 수 있다. 사람들은 여전히 숨어있는 안전에 집착할 수 있다. 여전히 자기 자신들의 안전을 위한 가면을 쓰고 이익을 챙기고 있다. 사람들은 자신의 참된 얼굴을 드러내지 않고 타인들과 직면할 수도 있다. 그러나 진정한 상호직면하기는 상호형성과 개방을 위한 자발적인 참여와 더불어 일어난다. 이런 상호형성과 개방은 그 과정 속에서 근본적으로 변화 되어지는 것을 추구한다. 상호직면은 타인을 교묘히 다루어서 자신의 이미지를 심는 데 있는 것이 아니다. 그것은 단지 자신의 얼

---

[75] Cf. Cilliers, "In Search of Meaning," 77-88.

굴을 반영시키는 것도 아니다. 오히려 상호직면은 타인들과의 조우로 인한 변화에 개방되어 있는 상태를 의미한다. 이것은 유전공학의 복제 기술 같은 클로닝에 대한 것이 아니라 성육신의 자기 비하(kenosis)같은 것이다. 자기 비하란 타인들을 위해서 자신을 주고 잊어버리는 것이다. 또한 그 과정에서 자신을 찾고 발견하는 것이다. 이런 의미에서 진실한 직면은 타인들을 위해서 자신을 주고 희생한 그리스도의 어리석음을 적용하는 행동이다.

설교하는 바보들은 강단 위에서 또한 강단 밖에서의 상호직면과 상호형성을 환영한다.[76] 그들은 "타인을 향하는 설교"의 형태를 채택한다.[77] 그들의 설교는 늘 타인들의 개입들―타인의 얼굴들, 타인의

76　타인들과의 관계에서 상호직면과 상호형성이 존재하는 것처럼, 분별은 설교하는 바보들의 지속적인 활동이다.

77　"타인을 향한 설교"(other-wise preaching)라는 용어는 다음의 책에서 왔다. John McClure, *Other-Wise Preaching: A Postmodern Ethic for Homiletics* (St. Louis: Chalice, 2001). 타인 직면하기에 대한 남아공 사람들의 이해와 맥클루의 뛰어난 설교학 서적 『원형 탁자 강단』(the round-table pulpit), 과 『타인을 향한 설교』(other-wise preaching) 사이에 큰 유사점이 있다. 우리가 여기서 제안하는 것과 맥클루가 주장하는 것 사이에 연결점들이 있다. 전문가 개인에 의해 명제적이고 논리적으로 명백한 방법으로 선포되어진 진리는 최대한의 의심을 품고 따져봐야만 한다. 이런 설교는 쉽게 어떤 해석학적이고, 교회론적이며 심지어 파괴적인 사상의 목적들을 위해 봉사할 수 있기 때문이다. 따라서 설교는 더 이상 "고독한 수색대원"을 필요로 하지 않는다. 오히려 설교는 복음을 위한 기본적인 해석학적 공동체 혹은 대행자로서의 공동체를 필요로 한다. McClure, *Roundtable Pulpit*을 또한 보라. 미하일 바흐친(Mikhail Bakhtin)은 이런 열린 대화로서의 말하기는 카니발의 특성이라고 주장한다. 덴마크 설교학자 로렌슨(Marlene Ringgard Lorensen)은 최근에 바흐친의 카니발의 대화에 대한 이해를 맥클루의 『타인을 향한 설교』의 이해를 포함하여 설교와 관련시켜 발전시켰다. Marlene Ringgard Lorensen, "Carnivalized Preaching-In Dialogue with Bakhtin and Other-Wise Homiletics," *Homiletic* 36, no. 1 (2011): 26-44, accessed August 24, 2011, http://www.homiletic.net/viewarticle.php/id=156&layout=abstract.

목소리들, 타인의 각도와 관점들-을 허용한다. 설교하는 바보들은 스스로 조롱당하는 데 열려있다는 것이다. 그들은 신학적인 통찰과 하나님의 미련한 지혜가 존재와 생성 사이의 우분트를 닮은 경계성의 공간에서 성령이 역사할 때 발생한다는 사실을 안다.

이런 상호직면과 상호형성은 모험적이고 위험한 사건이 될 수 있다. 특권을 받은 우리들 가운데 어떤 사람들이 우리와는 다른 타인들과의 조우를 진심으로 원할 때, 우리는 "인간 취급 받지 못하며 희생당한 타인들"의 세계와 공간에 들어가야만 한다. 그들의 어려운 상황을 변화시키기 위해서일 뿐만 아니라, 우리 스스로가 변화되기 위해서 그 세계와 공간으로 들어가야만 한다. 이 과정에서 우리는 또한 타인으로서의 하나님과 조우할 수도 있다. 십자가의 미련함이 드러날 때, 하나님은 구 시대가 "변경"이라고 부르는 곳에 나타나기 때문이다. 구 시대의 관점에서 볼 때 변경은 문이 있어서 보호가 되는 안전한 "중심" 세상의 바깥에 있는 세상을 의미한다. 히브리서의 설교자가 수레들로 이루어진 안전한 원형진 안에 있는 자들에 대해 도전하면서 지적한 것과 같다. 또한 히브리서의 설교자는 자신이 경계성의 순례여행으로 부름 받았다는 사실을 지적하며 그 변경으로 함께 나아가자고 외친다.

> 그러므로 예수도 자기 피로써 백성을 거룩하게 하려고 성문 밖에서 고난을 받으셨느니라 그런즉 우리도 그의 치욕을 짊어지고 영문 밖으로 그에게 나아가자 우리가 여기에는 영구한 도성이 없으므로 장차 올 것을 찾나니(히 13:12-14).

사실, 히브리서의 설교자가 제안한 것처럼, 십자가의 미련함을 통해서 복음은 실제로 "중심"과 "변경"에 대한 구 시대의 이해를 재형성한다. 광대가 변경 사람들의 목소리를 권세의 중심 안으로 가지고 들어온다고 한다면, 십자가의 미련함은 실제로 이러한 범주들을 전복시킨다고 할 수 있다. 십자가 때문에 "영문 밖"의 장소는 이제 하나님의 미련한 지혜와 능력이 드러나는 중심 장소가 되었다. 더 나아가, 뚫고 들어오는 새로운 시대에서 중심과 변경 사이의 뚜렷한 차이점들은 다 함께 무너져 버린다. 더 이상 이런 관습적 범주들은 적용되지 않는다. 오히려 우리 모두는 이제 시대의 전환점에 있는 경계성의 공간에서 산다. 그 공간은 우리가 타인들과 상호직면하고 상호형성을 만들어내는 존재(being)와 생성(becoming)의 공간이다.

설교하는 바보들은 이 새로운 진실을 안다. 그들은 그리스도를 찾기 위해 영문 밖으로 사람들을 데리고 나가는 특별한 지혜를 가지고 있다. 다른 바보들처럼 설교하는 바보들도 구 시대의 질서를 따라 힘을 가지고 있는 사람들의 편에 서지 않는다. 오히려 그들은 세상 사람들이 무능력하다고 간주하는 약한 사람들 부근에서 자주 나타난다. 설교하는 바보들은 구 시대의 가장자리를 좋아한다. 그들은 다른 사람들이 외면하곤 했던 가장자리에 있는 사람들의 얼굴들을 마주한다.[78] 설교하는 바보들은 십자가에 달린 그 타자를 직면하는 것은 항상 문 밖에 있는 타자들을 직면하는 것을 포함하고 있다는

---

[78] 개혁주의 전통에서 내부인이나 외부인이나 모두 안수 받은 설교자의 자리는 교회행정 조직에 깊이 뿌리를 내리고 있다. 설교자들은 회중들에게 속하지 않고 예를 들어 장로교단과 같은 더 큰 행정 조직에 속해있다. 이런 점에서, 광대같이 설교자들도 내부인이자 또한 외부인이다. 지역 회중의 교구 중심의 좁은 시야 밖으로부터 말씀을 가져올 것을 설교자들에게 기대하는 것이 사실이다.

사실을 깨달았다. 왜냐하면 그 절대타자는 다른 타자들 없이는 결코 임하지 않기 때문이다.⁷⁹

고통 받는 자들과 함께하는 하나님의 정체성은 에이즈로 고통당하는 미국인 맥스웰 로턴(Maxwell Lawton)의 예술 작품에 현저하게 잘 묘사되어 있다. 쟁점이 되고 있는 이 작품의 제목은 "슬픔의 사람: 에이즈와 함께하는 그리스도"(Man of Sorrows: Christ with AIDS)이다(그림 7.1을 보라).⁸⁰ 이 그림이 1994년 흑인들이 모두 참여하는 민주적 선거가 있은 지 정확히 육 개월 후에 케이프타운 성 조지 성공회 대성당에서 첫 번째로 전시되었을 때, 남아공 내에 여러 가지 물의를 일으키게 되었다. 이 그림에는 평온한 표정의 그리스도는 없다. 흑

---

79 많이 토론되고 있는 남부아프리카연합개혁교회의 벨하 신앙고백(Belhar Confession)의 네 번째 조항은 하나님의 공의라는 주제에 역점을 두고 있다. 특별히 다음과 같은 부분이다. "하나님은 불의와 반목이 가득한 세상에서 특별한 방법으로 궁핍하고 가난하고 억압받는 자들의 하나님이 되신다." 벨하 신앙고백의 기본 논의는 세 가지의 중요한 개념에 의해서 결정된다. 즉 연합, 화해, 그리고 공의이다. 고백서라는 위치에서 벨하 신앙고백은 교회가 억압받는 자들을 지지해야 하는 것에 대한 중요성과 "불의를 정당화하는 어떠한 사상이나 그러한 사상에 복음의 이름으로 저항하기를 주저하는 모든 교리를 거부"하는 것의 중요성을 강조한다. 벨하 신앙고백서를 입안한 교회는 남아공화란개혁선교교회(Dutsch Reformed Mission Church in South Africa)로 알려졌다. 1994년에 남아공화란개혁선교교회와 아프리카화란개혁교회(Dutsch Reformed Church in Africa)는 남부아프리카연합개혁교회(The Uniting Reformed Church in Southern Africa, URCSA)로 연합되었다. Cf. Dirkie Smit, "Wat Beteken status confessionis?"in *'n Oomblik van waarheid: Opstelle rondom die NG Sendingkerk se afkondiging van 'n status confessionis en die opstel van'n konsepbelydenis*, eds. Daan Cloete and Dirkie Smit (Kaapstad: Tafelberg Uitgewers, 1984), 14-38. 또한 다음에 나오는 역사적 유사점들을 참조하라. Barmen Declaration (1934), the Declaration of the Lutheran World Alliance in Dar es Salaam on apartheid and racism (1977), the Declaration of the Reformierter Bund on nuclear weapons (1982).

80 Cf. Johan Cilliers, *Dancing with Deity: Re-imagining the Beauty of Worship* (Wellington, South Africa: Bybel-Media, 2012), 169.

은 하늘의 빛 혹은 영광스러운 후광으로 부드러워진 그리스도는 없다. 여기서 우리는 현재의 골고다라는 노골적으로 구체화된 현실을 본다.[81] 이것은 당시의 상황에서 메시아가 십자가에 달렸다는 바울의 미련한 선포만큼이나 파괴적인 이미지이다. 이것은 분별력을 큰 소리로 요구하는 이미지이다. 예술가로서 로턴은 자신의 그림을 희망의 아이콘으로 이해했다. 이중 초점 비전과 같은 종류의 시각으로 그는 이 끔찍한 그림에서 정확히 "희망"이라는 아름다움을 보았다.[82]

로턴은 남아공을 방문하는 동안 이 파괴적인 그림을 그렸다. 그가 어느 날 밤 병원 침대에 앉아 있을 때 그림의 그리스도와 정확하게 똑같은 위치에 앉아있는 그리스도의 환상을 보았다. 그 그림에서 우리는 에이즈가 걸린 사람들의 전형적인 모습인 보라색 외상들을 가지고 산소호흡기와 정맥주사기의 튜브들에 연결된 그리스도의 몸을 본다. 거룩한 능력과 지혜와는 양립할 수 없는 어리석음과 연약함으로 십자가에 못 박힌 그리스도를 선포하는 사도 바울을 보면서 많은 청중들이 신성 모독을 느꼈던 것처럼, 오늘날 많은 사람들도 로턴의 그리스도 초상화가 신성 모독적이었다고 느꼈음이 분명하다. 로턴의 초상화가 신성 모독적이라고 느꼈던 사람들은 신약성경의 예수 이미지와 예수의 십자가에 대한 이런 현대적 해석 사이의 관계를 식별하지 못했던 것이다.

---

81 어떤 현대 미술은 아프리카의 에이즈라는 천벌을 반영하기 위해서 그리스도를 흑인으로 묘사하기도 한다.

82 Cf. "In Memoriam: Maxwell Lawton, Painter and Activist, April 27, 1956-September 16, 2006," *The Body*, November 1, 2006, accessed August 4, 2011, http://www.thebody.com/content/art38646.html.

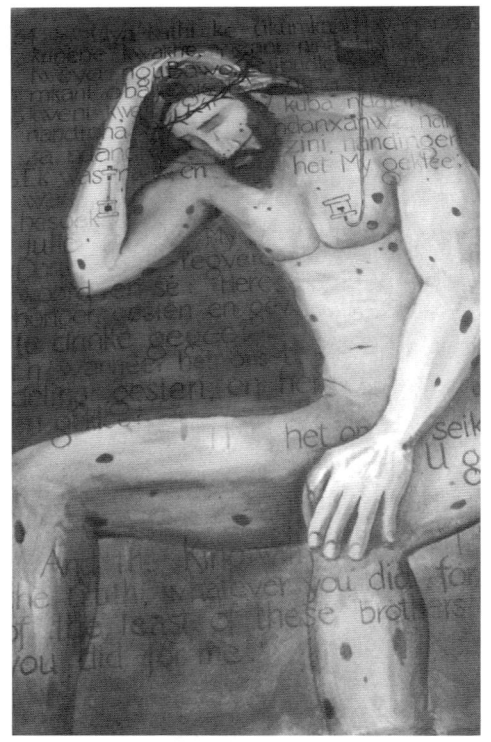

그림 7.1 슬픔의 사람: 에이즈와 함께하는 그리스도, 맥스웰 로턴
(남아공 케이프타운 빈민 거주 지역에 위치한 비영리 단체 올라 나니 소장)

그러나 데스몬드 투투는 그 예술가를 옹호했고 그 그림이 믿음과 하나님에 대한 우리의 인식들에 대해 다시 생각하도록 도전하고 있다고 선언했다. 그의 우분투 신학의 렌즈를 통해서 투투는 그 그림이 모든 사람은 하나님의 사랑 안에 포함되어 있고 어느 누구도 교회 혹은 사회로부터 배제되지 않을 것이라는 사실에 대해 말하고 있다고 믿었다. 투투는 하나님이 고통의 가면 뒤에 숨어 계시고 또한

고통의 가면을 통해 자신을 계시하신다는 사실이 그 그림에 구체적으로 표현되었다는 것을 깨달았다. 모든 설교하는 바보들처럼, 투투도 이 타인의 얼굴을 조사하려는 것을 거부했다. 그리고 "가라 다시는 돌아오지 마라…. 결코, 결코 오지 마라!"라고 말한다.[83] 이 타자의 얼굴 안에서 그는 하나님의 얼굴을 발견했기 때문이다.

---

83 Dostoevsky, *Brothers Karamazov*, 262를 보라. 7장의 도입 부분을 다시 보라-역주.

PREACHING FOOLS

The Gospel as a Rhetoric of Folly

제8장

어리석음의 수사학

　복음은 어리석다. 설교는 미련함이다. 설교자들은 바보들이다. 이런 어리석음에 대한 통찰은 결국은 설교의 수사학에 이르기까지 나아간다. 설교하는 바보들과 마찬가지로 이 어리석음의 수사학은 구시대의 관습들과 이론들을 중단시키고 시대의 전환점 가운데 경계성의 공간을 창조한다. 이 수사학은 우리의 관점들을 새롭게 구성하고 새로운 창조의 갑작스러운 등장을 자각 할 수 있도록 인도한다.
　중요한 것은, 어리석음의 수사학은 인공적으로 생산될 수 없다는 것이다. 어리석음의 수사학은 일련의 수사학적 형태나 일련의 비유적 표현들로 단순화될 수 없다. 대신에 이 수사학은 복음에 의해 바보가 된 설교자들의 입을 통해 생산된다. 이 수사학은 설교자 그 자신의 삶이 부서졌을 때 등장하여, 시대들 사이의 경계성의 공간으로 우리를 인도한다. 그리고 그 공간에서 우리로 하여금 새로운 피조물의 이중 초점의 시야를 가지고 세상 보는 법을 배우게 한다. 아이러니하게도, 믿음의 분별력은 설교자의 수사학을 어리석게 만든다. 왜냐하면 믿음으로 분별되는 복음 그 자체가 숨겨져 있는 동시에 드러나는 것이기 때문이다. 따라서 어리석음의 수사학은 복음이며 동시에 스캔들이다. 그것은 설교자를 혼동시킴과 동시에 사로잡는다. 어리석음의 수사학 자체는 경계성의 상태에서 활동하고, 미완성이며, 끊임없이 움직이는 존재로 남는다. 성령은 설교자의 수사학과 파편적인 표현을 끊임없이 형성하고 재형성한다. 그리고 설교자가 결코 어떤 굳어져버린 형상이나 형태 안에 복음을 가두어두고 통제하지 못하도록 막는다.

어리석음의 수사학은 결과적으로 설교자들의 연약함과 겸손함에 뿌리를 내리고 있다. 설교자들은 복음에 의해 바보가 되고, 또한 바보가 되어야 어리석음의 수사학을 깨닫기 때문이다. 이러한 수사학은 설교자가 자신을 비웃는 것으로부터 시작된다. 이 웃음은 굳게 닫힌 설교학적 엄숙함을 열린 진지함으로 변화시키는 웃음이다. 어리석음의 수사학은 설교자들이 거울을 들여다보고 자신들이 하고자 하는 일이 터무니없음을 깨달을 때 태동한다.

표도르 도스토예프스키의 단편 『우스운 자의 꿈』(*The Dream of a Ridiculous Man*)은 이러한 거울의 예를 제공한다. 이 이야기는 설교자들을 위한 일종의 설교학적 어릿광대 이야기로 생각할 수 있다.

이야기는 일인칭 서술자의 말로 시작한다. "나는 우스꽝스러운 자이다. 이제 그들은 나를 미친놈이라고 부른다."[1] 이렇게 해서 우리는 이야기의 서술자가 미친 사내라는 사실을 처음부터 알게 된다. 그러나 우리는 이것이 어떤 종류의 광기인지는 알지 못한다. 이제

---

1   Fyodor Dostoevsky, "The Dream of a Ridiculous Man: A Fantastic Story," in *The Best Short Stories of Fyodor Dostoevsky*, trans. David Magarshack (New York: Modern Library, 2001), 263.

서술자는 자신의 이야기를 들려준다.

단 한 번도 이름으로 불리지 않아 그의 이름도 알 수 없는 이 우스운 자는 세상에 절망하고 자신을 포기한다. 그의 냉소와 절망 한가운데, 자살을 택하려 하는 그 절체절명의 순간에, 그는 잠이 들어 이상한 꿈을 꾸게 된다. 이 꿈 안에서 그는 구원의 비전, 평화와 안녕, 샬롬의 우주적인 하모니에 대한 환상을 본다. 그러나 이 꿈에서, 구원은 타락해버리고 만다. 그리고 이 타락은 극복될 수가 없다. 그리스도가 없기 때문이다. 십자가도, 부활도 없다. 결론적으로, 희망이란 존재하지 않는다. 그가 보았던 구원의 비전은 그의 꿈 안에서 실현될 수 없었던 것이다.

그러나 그 우스꽝스러운 자가 꿈에서 깨어났을 때, 그는 그가 보았던 구원의 비전이 그가 살고 있는 땅 위에서 실제로 성취될 수 있다는 사실을 깨닫는다. 그리스도가 이 땅에 오셨기 때문이다. 이중 초점의 시야와 함께, 이 우스운 자는 인간의 모든 번민과 고난과 타락의 역사가 존재하는 이 지구가 역설적이게도 꿈의 공간보다 더욱 희망적인 공간이라는 사실을 분별해낸다.[2] 우스운 자가 그 깨달음에 다다랐을 때, 그는 삶을 열망하게 된다. 그러나 그는 그 이상의 무언가를 더 갈망한다. 도스토예프스키의 전형적인 연극 형식을 통해, 우스꽝스러운 자는 외친다.

---

2 이러한 해석은 다음의 책에서 온다. Diane Oenning Thompson, "Problems of the Biblical Word in Dostoevsky's Poetics," in *Dostoevsky and the Christian Tradition*, eds. George Pattison and Diane Oenning Thompson, Cambridge Studies in Russian Literature (Cambridge: Cambridge University Press, 2001), 86.

> 오, 내가 어찌나 삶을 갈망하는지! 내 손을 높이 들고 영원한 진리를 부른다. 아니, 부르는 것이 아니라 흐느낀다. 환희, 무한하고 끝없는 환희가 나를 취하게 하는구나. 그래, 삶 그리고 (여기에 바로 그 "그 이상의 무언가?"가 등장한다) 설교. 지금 이 순간부터 나는 설교하기로 마음먹는다. 물론, 내 평생을 다해서 그렇게 할 것이다. 나는 설교할 것이다. 설교하고 싶다. 뭐? 왜냐고? 그건 바로 진리. 내가 내 두 눈으로 진리를 보았기 때문이다. 그 모든 영광중의 진리를 보았기 때문이다!³

우스운 자의 삶은 부서졌다. 그는 보는 법을 배웠고, 복음의 진리를 분별하였다. 이제 그는 설교"해야만" 한다.

그러나 한 가지 문제가 더 남아있다. 그는 할 말을 찾지 못한다. 그는 그가 본 것을 분류하지도, 마음대로 종합하지도 못한다. 그리고 모든 이들은 그를 우습게보고 비웃는다. 그가 이야기의 시작에 말했던 것처럼, 그가 "설교"를 하자 "이제 그들은 나를 미친놈이라고 부른다." 우스운 자는 이렇게 말한다. "내가 말하고자 하는 것을 어떻게 말로 표현할지 모르겠다." 그는 계속한다. "꿈을 꾼 이후에 나는 말로 무언가를 표현하는 요령을 잊어버렸다. 최소한의 가장 필요하고 가장 중요한 말로 표현하는 방법을 모두 잊은 것이 틀림없다. 그러나 괜찮다. 나는 끊임없이 말하고 또 말할 것이다. 비록 내가 무엇을 보았는지 묘사하지는 못하지만, 나는 실로 그 무언가를 내

---

3 Dostoevsky, "Ridiculous Man," 283-84. 굵은 글씨체로 강조 된 단어는 이 책의 저자에 의해 추가되었다.

두 눈으로 똑똑히 보았기 때문이다."[4] 우스운 자는 뿌리 깊은 경계성의 공간에 놓이게 된다. 이 경계성의 공간에서는 설교를 위한 잠정적인 시도만이 가능하다. 그의 모든 말들은 전체에 다다를 수 없는 파편일 뿐이고, 그가 입 밖에 내는 한마디 한마디는 성령의 재형성을 필요로 한다.

우스운 자는 모든 설교자들을 비추는 거울이다. 우스운 자 안에서 우리는 우리의 모습을 본다. 우리는 여태 쓰고 있던 지배와 힘의 가면을 벗어 던져야 한다. 우리는 세상의 언어로 표현할 수 없는 말씀을 감히, 또한 간절히 전하고자 애쓰는 우스꽝스러운 사람들이다. 세상 사람들이 미련하다고 손가락질하는, 통제할 수 없는 복음에 의해서 깨지고 다시 감싸지는 설교하는 바보들이다. 미련함은 지혜이고, 지혜는 미련함이며, 약함은 강함이고, 강함은 약함이라는 진리를 우리의 말로 선포하고자 할 때, 우리는 바보들처럼 더듬거리고 만다. 믿음의 통찰력과 말하기 사이의 경계성적 공간에서, 우리는 수사학의 어리석음을 발견한다. 이 수사학의 어리석음(the folly of rhetoric)은 어리석음의 수사학(the rhetoric of folly)으로 우리를 이끈다.

이러한 상황은 설교자들이 수사학적 형식들을 전혀 사용하지 않는다는 뜻은 아니다. 예수가 그러하셨고 많은 종류의 바보들이 그러했듯이 바울도 수사학을 사용했다. 그러나 예수의 수사학과 바울의 수사학과 바보들의 수사학이 그러하였듯, 설교자의 수사학 또한 어리석음의 수사학이 될 수밖에 없다. 도스토예프스키의 우스운 자를

---

4 Dostoevsky, "Ridiculous Man," 283-85. 격양된 그는 마침내 이렇게 외친다. "중요한 것은 네 이웃을 네 몸처럼 사랑하는 것이다. 그것이야 말로 핵심이고 그것이야 말로 모든 것이다. 이 밖의 어떤 것도 상관없다"(285). 그러나 심지어 이 외침조차 이야기 속에서는 우스워 보인다. 어찌되었든, 이것은 "미친 놈"의 말이기 때문이다.

거울삼아 들여다볼 때에, 설교자들은 자신들의 말을 통하여서는 복음을 완벽히 이해할 방법이 없다는 사실을 깨닫는다. 그리고 시대의 전환점에 서서, 설교자들은 복음 그 자체가 경계성의 공간을 창조하고 믿는 자들을 끊임없이 움직이게 한다는 사실을 인지한다. 그러므로 설교자들의 수사학은 긴장감 있고 유동적이며, 결코 안정을 추구하거나 고착되거나 굳어지지 않는다. 세상의 견고함을 녹이는 데 있어, 어리석음의 수사학은 역설적이고 은유적이며, 모순되고 비유적이기 때문에 듣는 이들에게 통찰력을 요구한다. 이러한 수사학은 마찬가지로 대화에 열려있고 다른 이들의 기여와 수정에 열려있다. 여기에서 다른 이들은 설교자와 함께 시대들 사이의 문턱에 서서 낡은 것들 한가운데의 새로운 창조를 인지하기 위해 애쓰는 이들을 말한다. 짧게 말해서 어리석음의 수사학은 위험의 수사학이다. 위험의 수사학은 결과를 통제하려 애쓰지 않는다. 그 대신에 사람들이 새로운 세계에 더 깊숙이 들어가 충만한 삶을 살 수 있도록 복음에 의해 태어난 경계성의 공간을 살려내고 유지하기를 소망한다. 그리스도인들은 시대의 문턱에서 진리의 "그 길"을 쉬지 않고 걷고 있는 자들이다. 그러므로 어리석음의 수사학이야말로 시대와 시대 사이의 문턱에 적절한 수사학이다.

그러나 이러한 경계성의 설교학적 공간은, 모든 경계성의 공간들과 마찬가지로, 어리석음의 수사학의 열린 진지함에만 영감을 주는 것은 아니다. 그것은 또한 철의 신학과 수레에 의한 원형진과 똑같은 유형의 수사학을 이끌어낼 수도 있다. 자신을 비웃을 수 없는 설교자들에게는, 시대의 전환점에 위치한 경계성의 공간은 매력적이기보다는 위협적이다. 설교자들은 변화에 반대하는 "지배의 수사학" 혹은 "철의 수사학"의 힘을 빌리고 말지도 모른다.

철의 수사학과 어리석음의 수사학은 세상을 보는 극단적으로 다른 시선들을 이끌어내는 두 가지 수사학적 구조들을 대표한다.[5] 철의 신학은 지배와 공포의 닫힌 세계를 형성한다. 어리석음의 수사학은 두려움 없이 우리가 세상을 보는 시각들을 재구성하고 자유롭게 하는 새로운 가능성을 만들어낸다. 철의 수사학은 권위적이고 완고한 확신을 가지고 일을 한다. 어리석음의 수사학은 창의적이고 열린 상상력을 가지고 놀이를 한다. 철의 수사학은 닫힌 엄숙함 안에서 골라진 단어들을 사용한다. 어리석음의 수사학은 지배적인 완고함을 중지시키고 새로운 지각이 태동할 수 있는 경계성의 공간 안에서 움직인다.[6]

이 책의 전반에 걸쳐 우리는 어리석음의 수사학과 철의 수사학을 대변하는 목소리들을 들어보았다. 이번 장에서, 우리는 성경적, 역사적, 그리고 현대적 예시들에 바탕을 둔 어리석음의 생생한 음성을 더 가깝고 더 유심하게 들어 볼 것이다. 어리석음의 수사학은 대강 다음과 같이 특징지어질 수 있다. 어리석음의 수사학은 (1) 이중의 음성을 가지고 있고(bivocal), (2) 와해적이며(disruptive), (3) 초월적이

---

5 표현을 일차적 방식과 이차적 방식으로 나누는 모리스 메를로퐁티에 의해 성립된 고전적인 분류가 떠오른다. 그는 말해지는 언어와 말하는 언어에 대해 이야기 한다. 말해지는 언어란 언어학적 인습과 문화적 유산에 갇혀 고정된 언어를 뜻한다. 반면 말하는 언어는 생각이 도래하는 순간에 존재하는 언어, 언어가 곧 감각의 출현이 되는 순간에 존재하는 언어를 뜻한다. Maurice Merleau-Ponty, *The Prose of the World*, trans. John O'Neil (Evanston, Ill.: Northwestern University Press, 1973), 10.

6 로드니 케네디는 어리석음의 수사학에 대한 그의 유용한 논의에서 이러한 수사학의 네 가지 특성을 다룬다. 청중과의 공감대 형성, 대화체 언어 사용, 명확한 의사전달, 변증법적 풍자가 그 특성들이다. Rodney Kennedy, *The Creative Power of Metaphor: A Rhetorical Homiletis* (Lanham, Md.: University Press of America, 1993), 45-49.

고, ⑷ 다의적이며 우회적이다. 어리석음의 수사학의 이러한 특성들을 탐구하는 동안, 우리는 철의 신학이 내는 쨍그렁거리는 무거운 소리를 식별하는 방법을 또한 배울 수 있을 것이다.

1. 이중 음성의 수사학(Bivocal Rhetoric)

시대의 전환점에 존재하는 삶은 이중 초점의 시야를 요구한다. 이중 초점 시야란 서로 긴장 상태에 있는 두 개의 현실들을 동시에 인지하는 관점을 말한다. 설교하는 바보는 시대들 사이의 경계성적 공간에 서서 이중 초점의 시야로 구 시대와 새 시대 사이의 긴장감 넘치는 부조화를 분별해낸다. 설교하는 바보는 세상에서 작동하고 있는 구 시대의 사망 권세를 위축되지 않고 정직하게 바라봄과 동시에, 종종 숨겨진 방식으로 생명을 공급하고 있는 새 시대의 진실을 분별한다. 시대의 전환점에서 긴장상태에 있는 부조화들을 하나로 붙들어 매기 위해서, 미련한 설교는 이중 음성의 수사학을 통하여 이중 초점의 시야를 언어로 표현한다. 어리석음의 수사학은 본질적으로 이중 음성의 수사학이다. 어리석음의 수사학은 시대와 시대, 파편과 완전체(fragment and wholeness), 형성과 재형성(form and re-form), 존재와 생성(being and becoming) 사이에서 움직인다. 이러한 이중 음성의 언어는 미련한 설교를 가장 근본적인 차원에서 특징짓는다. 이중 음성의 수사학은 긴장감 있고, 동적이며, 미완성적인 성격을 설교에 부여하여 설교 전체 윤곽을 형성할 뿐만 아니라, 설교를 세부적으로 완성하는 비유들과 "보이는 것들"을 구체화한다.[7] 이번 장에 등장하는 이중 음성의 수사학에 관한 모든 예시는 이중 음성적 성격을 띠는 동시에, 가장 근본적인 차원에서 역설적이고 비유적이다.

1) 어리석음의 역설적인 발성법(Phonetics)

어리석음의 수사학은 본질적으로 역설을 조건으로 한다. 어리석음의 수사학의 의도는 "관습에 의하지 않고 요동케 하는 서로 반대되는 쌍들"을 하나로 묶음으로써 역설을 만들어내고 유지하는 것이다.[8] 이 책의 전반에 걸쳐, 우리는 이미 역설의 발성법을 들었다. 궁

---

[7] 이러한 종류의 수사학을 다루는 유용한 소논문으로는 다음이 있다. James F. Kay, "The Word of the Cross at the Turn of the Ages," *Interpretation* 53 (1999); 44-56. 여기에서 우리는 "예화들"이라는 단어보다는 "보이는 것들"(Showings)이라는 말을 사용한다. 예화는 연역적 설교 방식이다. 논지가 등장하고, 그에 맞는 예시가 등장한다. "보이는 것들"은 그보다 훨씬 광범위하고 융통성 있다. "보이는 것들"은 연역적 설교 방식을 암시하지 않는다. 이들은 전통적인 예화로 작용할 수도 있지만 또한 설교의 중심이 될 수도 있다. 이들은 단순히 하나의 논지를 보충 설명하는 것이 아니라, 우리에게는 더 적합하게도, 새로운 지각과 분별을 위한 경계성적 공간을 연다.

[8] Brown, *Cross and Human Transformation*, 30. 앞으로 더욱 분명해질 것처럼, 우리가 논의하는 다른 많은 수사학적 형식들(예를 들어 패러디, 은유, 그리고 풍자)에는 역설적인 차원이 존재한다. 이 모든 비유적 표현들은 (종종 서로 전혀 공통점이 없는) 두 가지의 현실들을 결합시킴으로 인해 부동의 질서를 깨트리고 이중 초점의 시야와 통찰력을 요구한다. 이 모든 표현들은 역설의 몇 가지 특성들을 가지고 있다. 이들은 단지 청중들의 주의를 끄는 것이 아니라, 그들로부터의 "추가적인 질문들, 고찰, 수정 그리고 심지어 반대"를 불러일으킨다. 역설은 "설교의 한계선상"에서 경계성의 공간을 창조하고 유지한다. Colie, "Problems of Paradox," 96-97를 보라. 역설과 웃음 사이의 관계에 관한 신학적 연구를 위해서는 다음을 보라. Bussie, *Laughter of the Oppressed*. 우리가 다루는 다양한 비유적 표현들 사이의 경계는 흐릿해서 쉽게 구분될 수 없다. 그들 모두에게 역설적인 면이 있기 때문이다.

극의 역설은 바로 십자가이기 때문이다. 실제로 십자가의 와해적인 역설은 시대들 사이의 문턱에 경계성의 공간을 창조한다. 그리고 하나님이 이 세상에 존재하시고 "모순 안에서"(sub contrario) 나타나신다는 사실은 복음의 미련함의 핵심이다. 실제로 역설은 "경계성을 창조하고 유지하기 위하여, 양립할 수 없는 반대의 것들을 결합하는 것"으로 묘사될 수 있다. 우리가 주목했듯이, 이것이야말로 바보의 가장 중요한 역할이다.

역설적인 수사학적 구조들은 우리가 보았듯이 믿음의 어휘에 있어서 낯선 존재가 아니다. 역설의 수사학적 구조들은 성경 전반에 걸쳐 등장한다. 성경 전체에서 하나님의 이야기의 궁극적인 역설이 우리의 이야기와 본질적으로 얽혀있다.[9] 성경 전체에 나타나는 많은 본문들 가운데 우리의 마음을 움직이는 역설적인 비틂들, 우리로 하여금 다시 생각하게 만드는 예기치 못한 것들을 나란히 놓는 병치(竝置), 인습을 타파하고 반-이데올로기적인 작용을 하는 기묘한 반대 증언들이 나타나는 것은 결코 우연이 아니다.[10] 십자가에 못 박힌 메시아, 복 있는 가난한 자, 착한 사마리아인, 사랑해야 할 원수, 힘 있는 연약함, 미련한 지혜, 다시 또 거듭해서 우리는 이러한 서로 반대되는 것들로 이루어져서 우리를 흔들어 대는 모순적인 쌍들과 마주친다. 그들은 관습적인 언어를 관습적이지 않게 사용함으로써 구 시대를 중지시키고, 우리가 새로운 창조를 인식할 수 있는 경계성의 공간을 창조한다. 이중 초점의 시야에서 시작하고, 동시에

9　John Cilliers, "Skrifbeskouing en Skrifhantering: perspektiewe op'n hermeneutiek van verwagting," *Verbum et Ecclesia* 29, no. 1 (2008): 62-76.

10　Walter Brueggemann의 반대 증언에 대한 논의를 참고하라. *Theology of the Old Testament, Dispute, Advocasy* (Minneapolis: Fortress, 1997), 317-403.

이중 초점의 시야를 요구하는 이러한 이중 음성의 말하기는 복음에 기반을 둔 어리석음의 수사학을 특징짓는다.

전적으로 이중 음성적인 제목을 가진 널리 알려진 설교 "무덤에서의 탄생"에서, 폴 틸리히(Paul Tillich)는 역설적인 수사학의 힘을 우리가 잠깐이나마 실감할 수 있게 해준다.

> 때는 뉘렌베르크 전범 재판 중이다. 폴란드 윌나에 위치한 유대인 묘지의 무덤 안에서 살아야했던 한 증인이 등장한다. 무덤은 그를 비롯한 많은 이들이 가스실을 탈출한 후에 살아남을 수 있었던 유일한 공간이었다. 무덤에서 사는 그 시간 동안, 그는 시를 썼다. 그의 시들 중 하나는 아기의 탄생을 묘사하는 시였다. 근처 무덤에서 한 젊은 여인이 남자아이를 낳았다. 세마포 수의를 덮어쓴 80세의 무덤지기가 출산을 도왔다. 갓난아이가 첫울음을 토해내는 순간, 그 노인은 이렇게 기도했다. "위대하신 하나님, 드디어 저희에게 메시아를 보내주신 것입니까? 메시아를 제외한 그 누가 무덤에서 태어날 수 있단 말입니까?" 그러나 삼일 후, 시인은 그 갓난아기가 말라버려 아무것도 나오지 않는 엄마의 젖 대신 그 어미의 눈물을 빨고 있는 광경을 목격한다.[11]

복음의 핵심에 존재하는 "무한한 긴장"을 암시하면서,[12] 이 유대

---

11 Paul Tillich, "Born in the Grave," in *The Shaking of the Foundations* (New York: Scribner, 1948), 165.
12 Tillich, "Born in the Grave," 165.

인 이야기는 억압하는 구 시대 한가운데에 나타나는 깊이 있는 역설적인 공간으로 그리스도인들을 불러들인다. 이 공간은 새로운 창조를 자각하는 이중 초점의 통찰력이 요구되는 그런 자리이다. 우리는 구 시대의 공포를 따라 함께 나타나는 새 시대의 숨겨진 진실들과 동행해야 한다. 두 가지 모두 서로가 없이는 분별될 수 없다. 이것이 바로 어리석음의 수사학의 중심이라고 할 수 있는 역설의 힘과 역설의 역할이다.

역설적인 수사학은 보기에는 공존할 수 없을 듯한 이미지들이나 실체들의 병치를 수반할 때도 있다. 이것은 경계성의 공간을 만들어내고 구 시대의 한가운데서 새로운 창조를 발견할 수 있는 지각력을 불러일으킨다. 이런 유의 병치는 미국의 설교가이자 설교학자인 바바라 룬드블라드(Barbara Lundblad)의 설교에서 나타난다. 그녀가 뉴욕 남부 브롱크스의 한 지역을 방문한다. 이 지역은 길에서 총에 맞아 죽은 젊은이들을 기리는 수많은 "사당들"이 건물들의 벽면에 그려진, 가난과 범죄로 대표되는 곳이다. 룬드블라드는 이러한 사당들의 그림을 담은 슬라이드 쇼를 본 후 이렇게 말했다. "그림 다음에 다른 그림, 다음에 또 다른 그림이 우리가 더 이상 견딜 수 없을 때까지 계속된다." 그러나 그림이 계속되는 이 지역의 한가운데서, 룬드블라드는 밝게 색칠된 교회의 문을 보게 된다.

> 한때 낙서로 가득했던 문은 한 젊은 신자로 인해 복음의 문들로 변화되었다. 거의 매주, 십 대 예술가들은 새로운 장면을 그린다. 그 공동체를 위한 하나님의 기쁜 소식에 대한 자신들의 해석을 그려내는 것이다. 그 문에 그려진 그림을 모두가 보아야 한다. 왼쪽 문짝에는, 한 어린 소년이 소화

전을 열고 있다. 숨 막히듯 더운 뉴욕의 여름철 관행이다. 물은 시원한 물줄기로 뻗어 나와 왼쪽 문짝에서부터 오른쪽으로 커다란 호를 그리며 흘러간다. 물줄기가 오른쪽 문짝에 다다르자 물은 세례기 안으로 튀어 들어간다. "세례기"에서 길거리로, 길거리에서 다시 세례기로 이어지는 하나의 물줄기가 만들어진다. 흐르는 물 아래에는, 식탁이 하나 놓여 있다. 식탁 위에는 빵 한 덩어리와 한 컵의 와인이 닭고기와 우유 한 통과 함께 올라 있다. 그 도시 한가운데에서 세례와 성찬이 이루어지는 것이다. 나는 우리가 남 브롱크스에 있다는 사실을 알고 있었다. 길모퉁이에는 프로스펙트 애비뉴와 156번지라는 글씨가 선명히 쓰여 있었지만, 우리는 그 순간 갈릴리에 있었다. 살아계신 예수님이 그 문간에 계셨다. 이번에도 역시, 예수님은 우리를 앞서 가신 것이다.[13]

역설적인 병치를 통해서, 룬드블라드는 이중 초점의 시야를 필요로 하는 어리석은 복음을 선포한다. 룬드블라드는 사망에 이르게 하는 구 시대의 실체들을 거침없이 호명하고, 동시에 세상을 흔들며 등장하는 새로운 시대를 인식하도록 우리를 부른다. 구 시대와 새 시대 사이의 긴장상태를 결코 해결하지 않은 채로 말이다. 룬드블라드는 곧 우리를 시대의 전환점에 놓인 경계성의 공간으로 데려가는 것이다. 그 과정에서 그녀는 세상을 재구성하고 세상에 대한 새로운

---

13 Barbara K. Lundblad, *Transforming the Stone: Preaching Through Resistance to Change* (Nashville: Abingdon, 2001), 27.

지각을 장려한다. 그러나 많은 이들은 이렇게 주장할 것이다. "미련한 짓이다! 고작 하나의 색칠된 문이 그를 둘러싼 죽음의 권세에 맞서 할 수 있는 일은 아무것도 없다." 이런 미련한 짓이 바로 어리석음의 이중 음성 수사학이 할 수 있는 최선의 방책이다.

2) 은유(Metaphor) 가운데 있는 경계성의 세계

역설과 밀접하게 관련된 은유는 설교하는 바보들에 의해 사용되는 이중 음성의 수사학의 주된 형태이다.[14] 보기에 전혀 다른 두 개의 현실, 역설처럼 보이는 이 살아있는 은유들은 경계성적이고 열린 특성을 소유하고 있다.[15] 그들은 절대적인 교리 혹은 분명한 증거

---

14 Kennedy, *Creative Power of Metaphor*. 헬라 어원에 따르면, 은유(metaphor)는 (의미를) 전달한다는 뜻을 가진다(metaphor의 "*meta*" 그리고 "*phora*"는 각각 "넘어"와 "옮기다"를 뜻한다).

15 어리석음의 수사학은 "살아있는 은유"를 사용한다. "죽은 은유"가 아닌, 충격적이고 역설적인 긴장감을 지닌 은유들을 말이다. 자넷 마르틴 소스키스(Janet Martin Soskice)는 살아있는 은유를 죽은 은유로부터 구별할 수 있는 세 가지 대략적인 지침들을 제안한다. (1) 살아있는 은유는 그 안에 "불협화음 혹은 긴장"을 가지고 있다. "말에 사용되는 단어들이 주어진 주제에 반드시 적절하지는 않다"는 것이다. 죽은 은유는 어떠한 긴장도 만들어내지 못한다. 우리가 이미 죽은 은유에 사용되는 단어들에 익숙해져 있기 때문이다(예를 들어, "책상다리"). (2) 죽은 은유는 손쉽게 바꿔 쓸 수 있는 반면에 살아있는 은유는 바꿔 쓸 수 없다. (3) 살아있는 은유는 직접적으로 혹은 간접적으로, 암시의 그물망을 포함하고 있는 "보기" 혹은 "보기들"을 생각나게 한다. 예를 들어, "누군가 '바람이 처마 주위에서 짖어댔다'라고 말할 때, 그것은 바람이 개 혹은 미친 사람처럼 울부짖었음을 암시하는 것이다." 진부한 은유 안에서, 이러한 암시의 그물망은 점점 더 일차원적이 되어가면서, 생각해내기 힘들어지거나 완전히 사라진다. *Metaphor and Religious Language* (Oxford: Oxford University Press, 1985), 73. 소스키스의 책은 은유의 차원들에 대한 면밀한 논의를 제공한다. 그녀는 은유를 "한 존재에 대해 이야기 할 때, 그 존재를 암시한다고

를 확립하는 대신, 새로운 진실과 삶의 방식을 희미하게 암시한다.[16] 그들은 명백한 정의 혹은 분명한 경계에 종속되지 않는다. 관습적인 언어를 관습적이지 않게 사용하면서, 살아있는 은유는 분별력과 새로운 지각을 위해 소리친다. 그들은 "우리의 평범한 세상을 비범한 방식으로 바라볼 수 있도록" 우리를 움직인다.[17]

어떤 의미에서 우리는 은유적 언어를 제외한 어떤 방식으로도 하나님 혹은 진리에 대해 이야기할 수 없다. 은유 없이는 우리는 결코 보이지 않는 하나님에 대하여 이야기할 수 없고, 혹은 하나님과 함께 이야기할 수도 없다. 은유는 우리가 알 수 없는 존재를 우리가 이미 알고 있는 용어를 통해 이해할 수 있도록 도움으로써 소통의 역할을 완수한다. 이런 의미에서 은유는 다리 건축가이다. 은유에 의해 건축된 다리 양 끝에 있는 각각의 세상들은 의미 있고 창의적인 긴장감 안에 서로서로 존재하게 된다. 은유는 단순히 무언가를 묘사하는 것에 그치지 않고 다리 위의 양방향 통행을 만들어낸다. 그러나 이러한 상호 간의 이동이 반드시 고정적이고 최종적인 진리의 묘사에 이르게 하는 것은 아니다. 대신 이러한 상호 간의 이동은

여겨지는 용어를 사용해서 이야기하는, 비유의 한 종류"(15)라고 정의한다. 은유에 관한 다양한 이론에 대한 논의를 위해서는 다음을 보라. H. J. Brits, "Metaforiese prediking ann die gevarieerde gehoor van die postmoderne eeu," *Ned Geref Teologiese Tydskrif* 46, no. 1-2 (2005): 69-77.

16 Kennedy, *Creative Power of Metaphor*, 32, 36.
17 Salie McFague, *Speaking in Parables* (Philadelphia: Fortress, 1978), 4. 맥파그는 은유를 "우리에게 새로운 통찰력을 주기 위하여 익숙지 않은 문맥에서 사용된 단어"라고 정의한다(4). McFague, *Metaphorical Theology*. 시각을 재구성하는 데에 있어서의 은유의 역할을 강조하면서, 소스키스는 강력한 은유란 "시각의 새로운 가능성을 강제한다"고 말한다. *Metaphor and Religious Language*, 57-58. 예수의 구속의 다양한 은유들에 대한 신학적 그리고 설교학적 논의를 위해서는 Brown, *Cross Talk*를 보라.

놀라운 발견과 통찰이 가능한 개방성과 자유라는 공간으로 우리를 이끈다. 은유에는 고정된 의미가 없다. 그리고 은유의 효과는 정확하게 예측되거나 통제될 수 없다.[18]

우리가 앞서 주목했듯이, 은유는 예를 들자면 신과 인간 사이같이 전혀 다른 것들 사이의 경계를 뛰어넘어 연결고리가 되는 트릭스터와 밀접한 관계를 맺고 있다. 이와 비슷한 방식으로, 은유는 분류상의 경계를 넘어서 보기에 완전히 반대되는 대상들 혹은 이미지들 사이에 놀라운 연결고리를 만든다. 은유는 새로운 질서를 창조하기 위해서 현존하는 질서를 파괴한다.[19] 마치 트릭스터처럼, 은유는 "세상을 재배열한다."

은유가 제대로 기능하기 위해서는 "상상"을 필요로 하고 또한 상상을 만들어내기도 한다. 이 상상은 트릭스터에 의해 발생한 설교학적 상상이다. 상상력은 결코 현실에서의 도피가 될 수도 있는 공상과 혼동되어서는 안 된다. 상상은 현실을 더 넓고 풍족하게 하려는 것이다. 은유는 상상의 여지를 남겨둔다. 이 공간에서 우리는 하나님과 우리가 사는 매일의 현실 속에 숨겨진 하나님의 존재에 대해 새롭게 생각하고 이야기할 수 있을 뿐만 아니라, 다른 사람들과 사회에 대해 우리가 가지고 있는 이미지 혹은 그들을 향한 우리의 행

---

18 Paul Ricoeur, "Parole er symbol," *Revue des Science Religieuses* 49, no. 1–2 (1975): 152–54.

19 Paul Ricoeur, "Between Rhetoric and Poetics," in *Essays on Aristotle's Rhetoric*, ed. Amelie O. Rorty (Berkeley: University of California Press, 1966), 333–34는 다음의 책에서 인용되었다. Susan Eastman, *Paul's Mother Tongue: Language and Theology in Galatians* (Grand Rapids: Eerdmanns, 2007), 90–91. 이스트만은 다른 것들과 함께 바울의 종종 급진적이고 파괴적인 모성(母性)에 관련한 은유의 사용을 고찰한다. Beverly Gaventa, *Our Mother Saint Paul* (Louisville: Westminster John Knox, 2007).

동에 대해 새롭게 생각하고 이야기할 수 있다.

은유는 다른 그리고 더 나은 대안들을 내다보는 데에 특히 유용하다. 철처럼 굳어 버리지 않은 신학은 언제나 은유적인 언어로 표현되는 하나님과 진리에 대한 일시적이고도 임시적인 이해를 가지고 일한다.[20] 은유의 독특함은 은유가 무엇인가가 존재하는 동시에 존재하지 않을 수도 있다는 역설적인 가정을 전제하고 작동한다는 사실에 있다.[21] 은유의 이러한 특성은 종말론적 사고의 "이미 된 것"(already)과 "아직 되지 않은 것"(not yet)이라고 불리는, 가장 심오한 신학적 역설 중 하나와 부합한다.[22]

궁극적으로 은유는 이미 된 것과 아직 되지 않은 것 사이의 긴장 속에서, 이러한 양극 모두가 중대하게 받아들여지는 긴장 속에서, 희망으로부터 생명을 얻는다. 우리에게 알려진 서로 다른 두 가지 현실들을 합쳐서 무언가 새롭고 역동적인 것을 만들기 위해 살아 있는 은유는 일종의 종말론적 이중 초점의 시야를 요구한다. 이 종말론적 이중 초점의 시야를 통해 새것이 옛것 한가운데에서 드러난다. 그렇게 해서 은유는 시대의 전환점에서 이미 된 것과 아직 되지 않은 것 사이의 긴장을 표현한다. 이 긴장 속에서, 우리는 하나님이 이미 구 시대 안에 드러내신 새로운 창조를 인식하며, 동시에 드러날 준비가 된 새로운 창조도 인식할 수 있다(벧전 1:3-9). 바울은 이

---

20 Anton van Niekerk, "Om oor God re praat: Analogiese spreke as skepping en onthulling," *Ned Geref Teologiese Tydskrif* 35, no. 2 (1994): 286.
21 Paul Ricoeur, "Naming God," *Union Seminary Quarterly Review* 34, no. 4 (1979): 27.
22 종말론적 언어로서 은유는 과거와 현재와 미래를 통합한다. 과거로부터의 은유(예를 들어, 성경에 등장하는 하나님의 이미지들의 묘사)는 현재의 방식으로 미래를 보는 새로운 시야를 여는 존재로 새롭게 상상될 수 있는 놀라운 잠재력을 가지고 있다.

렇게 쓴다. "이전 것은 지나갔으니 보라, 새것이 되었도다"(고전 5:17). 그러나 여전히 그것은 "되어야" 한다. 본질적으로 은유는 경계성적인 비유, 즉 문턱에 놓인 비유이다. 신학적으로 말할 때 은유는 하나님의 종말론적인 역사를 약자로 표현한 생략형 약어(abbreviation)이다. 이 약어들은 시대들 사이에서의 하나님의 활동하심의 리듬과 동시에 우리의 삶의 리듬을 반영한다.[23]

출애굽기 2:1-10, 바로의 딸이 아기 모세를 강에서 건져 구한 (또한 아기 모세가 이집트 공주를 당시 이집트의 통념들에 의한 속박으로부터 자유롭게 한) 장면에 대한 주목할 만한 설교에서, 안나 카터 플로렌스는 하나님의 어리석음과 파괴적인 역사하심으로 창조된 경계성의 공간에 대한 은유를 제시한다. 그것은 바로 "강의 가장자리"이다.[24] 강의 가장자리, 곧 강가에서 통념들이 중지되며, 경계선이 위반되고, 경계성의 공간이 창조되며, 새로운 지각과 삶이 가능해진다고 플로렌스는 시적으로 주장한다.

목욕을 하기 위해 강가로 갔던 바로의 딸, 이집트의 공주는 갈대 사이에서 상자 하나를 발견한다. 그녀는 시녀들이 대령한 상자 안에서 울고 있는 아기를 발견하고 불쌍히 여긴다. 그때 그녀는 깨닫는다. "이는 히브리 사람의 아기로다." 그 순간 그녀의 삶은 방해받고,

---

23 Joachim Ringleben, "Metaphor und Eschatologie bei Luther," *Zeitschrift fur Theologie und Kirche* 100, no. 2 (2003): 229-30.
24 Anna Carter Florence, "At the River's Edge," in *A Chorus of Witnesses: Model Sermons for Today's Preacher*, eds. Thomas G. Long and Cornelius Plantinga Jr. (Grand Rapids: Eerdmans, 1994), 172-78. 앞으로 분명해질 것처럼, 설교 안의 은유와 그 은유가 만들어내는 경계성의 공간 또한 위반적인 수사학의 일종을 수반한다. 이 수사학은 서로 다른 사람들 사이의 경계를 넘나들고, 우리 자신을 다른 이들에게 터놓을 수 있게 한다.

플로렌스가 묘사하듯이 그 강가에는 불편하게 하는 경계성의 공간이 창조된다.

> 오만가지 생각이 그녀의 머리를 스쳐 지나갔을 것이다. "그들 중 하나겠지," 그녀는 생각한다. "진짜 히브리 아기, 내 아버지의 말씀에 따르면 거대하고 흉측하게 자라나서 내 목숨을 위협할 아기 인거야! 어떻게 해야 하지? 죽여야 하는 게 맞지만, 그렇게는 할 수 없어. 그냥 여기에 두고 가면 될까? 아냐, 그럼 어차피 죽게 될 거야. 어미의 젖 없이 아기가 얼마나 살 수 있단 말이야?" 그리고 그녀가 어떻게 할지 결정을 내리기도 전에, 어린 소녀가 수풀 사이에서 뛰어 나와 말한다. "내가 가서 당신을 위하여 히브리 여인 중에서 유모를 불러다가 이 아기에게 젖을 먹이게 하리이까?" 공주의 눈에도 이것은 우연이 아니었다. 소녀가 이야기하는 "히브리 여인"은 아기의 친어머니이고 소녀는 아마도 아기의 누이일 것이다. 그리고 이 소녀는 마치 아기가 바로의 딸에게 속한 듯이 말하고 있다. 아기의 어머니나 누이가 아닌 공주가 아기를 책임져야 한다는 듯이 말이다! 그 소녀는 아기, 아기의 누이, 공주와 공주의 시녀들 모두가 우연히 강가에서 만나게 된 것 이상의 관계가 그들 사이에 있는 듯이 이야기하고 있다. 그리고 모두는 공주가 결정 내리기만을 기다리고 있다.[25]

---

25 Florence, "River's Edge," 175–76.

우리 모두 알듯이, 공주는 결정을 내린다. 그곳에서, 강가에 자리한 경계성의 공간에서 하나님은 어리석고, 선을 넘어선 파괴적인 하나님 당신의 일을 하신다. 하나님은 죽는 것이 당연한 "연약하고 무력한 아기"와 그 아기를 죽이고자 하는 "원수" 사이의 경계를 넘어 하나님의 어리석음과 함께하는 세 명의 의외의 여인들을 통해 당신의 언약을 확증한다. 그 여인들은 하나님의 어리석음과 더불어 기묘한 공모자들이 된 것이다.

그러나 강가의 은유는 점점 더 복합적이 되어서 결코 끊어지지 않는 해산의 고통이라는 경계성을 암시한다. 교회들 사이에서 바울 자신도 느꼈던 진통이고, 우리 또한 시대들 사이의 접점에서 살아가며 느끼는 고통이다.

> 그 누구도 아닌 바로의 딸이 나일 강으로 내려와 사실상 처음으로 히브리 가족을 본다. 그녀는 그들이 살고 있는 슬픈 딜레마를 인생 처음으로 목격했고 그녀가 할 수 있는 일을 했다. 그녀는 "더 이상은 안 된다"고 말한 것이다. 더 이상의 공포, 더 이상의 증오, 더 이상의 무지함은 안 된다고. 이 아기는 누군가로 자라나기 위해 고통을 겪고 있고, 나 또한 그를 위해 산고를 겪어야 한다. 나는 양수가 이미 터졌고 이제 그 무엇도 이 아기가 태어나는 것을 막지 못한다는 사실을 실감해야만 한다. 법도, 바로도, 그 무엇도 말이다. 우리 둘 모두가 이 강가에 있기에 나는 이 아기와 관계가 있고, 나는 이 아기를 도울 수 있다. 그리고 나면 나는 히브리 사람을 볼 때마다 내 아들의 얼굴을 보게 될

것이다.

> 우리는 이 강가에서 무엇을 위해 산고를 겪고 있는가? 우리는 이 수풀 사이에서 어떠한 오래된 공포와 고정관념과 낡은 방식에 매달려 있는 것인가? 이제 주위를 잘 살피어라. 하나님이 우리 주위에 양수를 터뜨리셨고, 산고는 극심하며, 갈대 상자에 담긴 아기가 나오고 있구나.[26]

시대의 전환점에서, 미련한 복음은 우리를 강가로 데려가 해산을 시작하게 하고 성령은 새로운 것이 태어날 수 있도록 우리 사이에서 역사한다. 이러한 복음은 산통이 통제될 수 없듯이 결코 정복될 수 없다. 대신 이러한 복음은 우리를 긴장감 있고, 이중 음성적이며, 경계성적인 역설과 은유의 공간으로 불러들인다.

2. 철의 수사학: 동어 반복과 영구화

역설적이고 은유적인 어리석음의 수사학과는 다르게, 철의 수사학은 이중 초점의 시야 혹은 이중 음성으로서의 말하기를 다루지 않는다. 철의 수사학은 역설의 긴장감이나 은유의 유동성을 견디지 못한다. 철의 수사학은 모든 형태의 긴장을 제거하고 역설의 그 어떠한 흔적이라고 남겨두지 않으려 애쓴다. 모든 것은 평탄해야만 하며 질서는 안정되어야만 한다. 철의 수사학은 이중적 음성이 아니고 단

---

[26] Florence, "River's Edge," 177. 바울이 사용한 해산의 은유, 곧 분명한 경계성의 경험에 대해서는 갈 4:19을 보라.

일 음성이다.

어리석음의 수사학이 시각의 재구성을 통해서 새롭고, 대안적이며, 종종 파괴적인 시각을 만들어내는 데 비해, 철의 수사학은 근시안적인 틀 안에서 번성한다. 철의 수사학은 영원한 질서 안에 존재하는 틀을 고정시키고, 이중 초점의 시야가 아닌 현실을 한쪽으로 보는데 치우쳐서 매우 제한된 시야를 만들어낸다. 철의 수사학자들은 근시안의 대가들이다. 그들은 결코 역설 혹은 은유를 다루지 않는다.

원하는 근시안의 상태에 도달하기 위해서, 철의 수사학은 다양한 기술들을 사용하기도 한다. 기술 중 하나는 동어 반복을 능숙하게 사용하는 것이다. 역설과 은유에 반대되는 수사학적 도구인 동어 반복은 "그래서 그런 거지"("진리는 진리이기 때문에 진리인거야. 더 이상 논쟁하려 들지 마!"와 같은 태도)로 정의된다. 지금 (그 무엇인가가) 이러한 것은 언제나 이래 왔기 때문이고 앞으로도 (영구적으로) 이럴 것이기 때문이라고 철의 신학은 말한다. 그 이상의 문답은 허락되지 않는다. 동어 반복과 짝을 이루는 기술은 사실들을 단언하는 기술이다. 철의 수사학은 사실관계를 나열하는 문장들과 세상의 불변하는 규칙에 대한 믿음으로 살아가면서 그 어떠한 설명도 거부한다. 철의 수사학은 영구적이고 논쟁의 여지가 없는 격언들 안에서 번창한다. 역설과 은유에게 내 줄 자리는 없다.

역설과 은유를 통해서 풍부한 상상력으로 시야의 틀을 바꾸지 않고 대신 같은 말을 반복하고 영원불변한 사실을 단언하는 철의 수사학의 대표적인 예시는 남아공 아파르트헤이트(흑백분리정책) 시절 선

포되었던 에스더 4:14에 대한 설교에서 발견된다.[27]

> 시대의 징후를 올바르게 분별할 줄 아는 사람이라면 동의할 것입니다. 우리, 곧 아프리카너 국가 그리고 남아공의 기독교인들은 전에 없었던 위기의 시대를 경험하고 있습니다. 이것에 대하여, 우리 시대의 전문가들은 동의하고…
>
> 우리가 마주한 가장 큰 위험은 공산주의 군대나 다른 나라들의 군사력이 아닙니다. 우리에게 있어 가장 큰 위협은 육체와 피에 대항하는 싸움이 아니라 눈에 띄지 않게 천천히, 그러나 분명히 우리의 국가와 우리 기독교인들의 영적 기준과 우리의 도덕적 그리고 영적 가치관들을 무너뜨리고 있는 어둠의 교활한 힘입니다. 현대인들은 우리의 미래를 위협하고 있습니다. 곳곳에서 또다시 프랑스 혁명의 외침들이 들려오고 있습니다. 평등, 자유, 박애 그리고 또다시 우리는 개신교와 로마 가톨릭교 사이, 곧 진실과 거짓 사이에서 소위 "대화"의 징후를 발견하게 됩니다. 오늘날의 표어는 이것입니다. "다름은 사라져야 한다. 하나 된 교회, 하나 된 세상, 그리고 하나 된 국가!" 그리고 이 표어의 배후에는 어둠의 군주가 있습니다. 그는 적그리스도의 등장을 위하여

---

[27] Cilliers, *God for Us?*, 67. 이 설교는 특히나 충격적이다. 에스더는 현존하는 힘들을 전복하고 그 힘들에 대한 저항을 독려하기 위해 패러디, 역설, 과장과 풍자를 사용하는, 진정으로 희극적인 성경 가운데 한 권이기 때문이다. 실로 에스더는 광대에 의해 기록되었을지도 모를 일이다. Kathleen O'Connor, "Humor, Trunabouts, and Survival in the Book of Esther," in *Are We Amused?: Humor about Women in the Biblical Worlds*, ed. Athalya Brenner (London: T&T Clark, 2003), 52-64.

세상을 준비시키고 있는 것입니다. 너무 늦기 전에 하나님
이 우리의 눈을 열어 주시기를 소망합니다. 우리는 위기에
처해 있습니다!

이 설교에서, 설교자가 "아프리카너 국가 그리고 남아공의 기독교인들"이 서로 같은 하나라는 사실을 논쟁의 여지가 없는 논리의 출발점으로 삼는 순간, 역사는 설교자가 만든 그 영구화의 희생물로 소실된다. 여기에서 국가와 기독교인들의 맹종적인 동일화는 동어 반복의 일종이다. 아프리카너 국가는 기독교이고 이는 언제나 세상이 그래 왔고 앞으로도 그리할 것이기 때문이다. 이 동어 반복은 설교자가 가지고 있는 철의 신학의 핵심이다. 그것은 논쟁의 여지가 없는 사실을 이야기하는 문장이기 때문이다. 이 진실은 원 안에 거하는 자들을 굳건하게 해야만 한다. 이런 설교는 원형진 방어막 안에 있는 자들을 만족시키고, 그 결과 그들의 시각을 고착시킨다.

이 철의 수사학을 통해, 아프리카너 국가는 안정되고 사실적인 신화로서 영구화된다. 이 신화의 본질은 영원함에 대한 사랑과 끝없는 갈망에서 비롯된다.[28] 신화가 역사를 당연한 자연 현상으로 바꾸

---

28 철의 수사학은 신화의 영역에서 작용한다. 우리가 이제껏 논의해 왔듯이, 바보들은 신화를 중지시킨다. 트릭스터들의 반어적 성격 중 한 가지는 그들이 종종 신화들 안에서 그 신화들을 중지시키는 신화적 인물들이라는 것이다. 실제로 깊은 의미에서 트릭스터는 신화 자체를 안에서부터 파괴한다. "신화의 현상"은 본질적으로 복합적이다. 또한 예를 들어, 철학적이고, 철학적 기호학이면서, 사회학적이고 종교과학적인 용어들로 묘사될 수 있다. 공식적인 용어로 말하자면 신화는 내러티브이다. 그러나 신화는 우화나 동화 혹은 전설과는 구분되어야 한다. 우화, 동화 그리고 전설은 그들의 세상에서 역할을 하고 그들 자신의 방식으로 ("그래서 그들은 오래오래 행복하게 살았답니다"와 같은) 결말을 맞는, 그리고 그들 자신만의 시간적 개념("옛날 옛적 호랑이가 담배 피우던 시절에")과 함께 기능한다. 실제로 신화들 또

어 버리기에, 역사는 부정되고 지워진다.²⁹ 역사가 경계성(시간의 흐름)적인 반면에, 철의 수사학적 시각으로 볼 때 자연은 부동성(시간의 고착)을 대표한다.³⁰ 설교하는 바보들이 (종종 역설적이고 비유적인 어리석음의

> 한 그들 자신의 시간을 가지고 있다. 이 시간은 역사의 한계를 초월한다. 예를 들어, 세상의 고대 역사가 이야기되는 소위 "인류 발생"의 신화들이나 선사 시대가 논해지는 "우주 진화론적" 신화들, 또한 역사적이거나 역사적이지 않은 인물들이 이야기 안에서 행동하며 역사에 기록되지 않은, 초시간적인 특색들을 나타내는 특정한 "개인적" 신화들 안에서 신화들은 자체적인 시간개념을 갖는다. 그러나 신화는 종종 "진짜" 시간과 관계를 맺는다. 예를 들어, 신화를 숭배하는 컬트 안에서 신화는 "계속"되기 위하여 다른 방식으로 전해지고 찬양된다. 신화 숭배의 반복 안에서, 신화는 "영원한 것"의 가치를 얻는다. 그리고 이런 의미에서 신화는 "영원한 것"을 인간의 언어로 표현하는 비유 혹은 이미지이다. 그렇게 해서 신화는 또다시 "영원"이 되기 위하여 "영원"에서 시간으로 이동한다. 신화들은 시간(신화를 숭배하는 컬트)을 이용해 살아남는다. Cilliers, *God for Us?*, 31-32를 참조하라.

29 Roland Barthes, *Mythologies*, trans. Annette Lavers (Thetford, Norfolk: Lowe & Brydone, 1974), 129. 롤랑 바르트는 보편적 신화의 형성과 발전을 언어학적으로 연구했다. 그가 내린 결론은 이러한 유의 신화가 역사를 해석하고 적용하는 방식은 역사학의 그것과는 본질적으로 다르다는 것이다. 역사학의 이상은 역사를 모든 각도에서 이해하는 것인데 반해, 신화는 역사를 자연 현상으로 바꾼다. 역사적 사건들의 독특한 상호관계에서부터 몇몇 시각들이 발췌되어서 반복적인 패턴으로 바뀐다. 이러한 패턴 혹은 원칙은 특정한 목표를 가지고 적용된다. 예를 들자면 사회적 정치적 혹은 이데올로기적 구조들의 정당화와 같은 목표. 실제로 신화는 변화무쌍해서 모든 보편적인 인간의 욕구나 행위들을 충족시킬 수 있다. 모든 사회에서 신화들은 중요한 역할을 한다. 엄밀히 말해 신화 없이 사는 것은 불가능하다. 신화들은 삶을 조금 더 견딜 만하게 만들어준다. 사회학적 의미에서 신화는 인간관계를 위한 합법적인 시스템, 부정적이지만은 않은 시스템이다. 이러한 시스템들은 사람들이 삶을 어떻게 바라보고, 계획하고, 이해하는지를 결정하는 집단적 경험을 위한 매체를 형성한다. 그들은 개인적 선택들의 긴장과 위험부담을 제거한다. 한편으로 이 시스템들은 동일화를 위한 가능성을 제공하지만 다른 한편으로는 닫힌 시스템이 되기 위하여 자유로운 놀이터를 축소시킨다. H. Cancik, *Mythische und historische Wahrheit: Interpretationen zu Texen der hethitischen, biblischen und griechischen Historiographie* (Stuttgart: Katolisches Bibelwerk, 1970), 19.

30 신화들은 집단적인 현실 세상으로서의 "상징적 우주"(symbolic universum)를 묘사

수사학을 통해서) 시간의 흐름에 따라 경계성을 창조하고 유지하는 반면에, 철의 수사학은 자연의 법칙을 주장하며 시간을 고정시킨다. 이 법칙은 어떠한 일이 있어도 지켜지고 안정되어야 한다.[31] 어리석음의

하는데 있어서는 서술적으로 작용하고, 동시에 신화들은 그 신화자체를 유지하고자 하는 목적으로 명확한 행동과 태도에 호소하는데 있어서는 규범적으로 작용한다. 이러한 과정 안에는 몇 가지 "고정 항목"들이 존재한다. 그 예로는 신화가 "객관적인 안전"을 제공할 수 있도록 하는 계시적인 전통과 영웅들이 있다. 여기에서 객관적인 안전이란 집단의 일원들이 번영할 수 있는 안전하고 익숙한 세상을 말한다. Cancik, *Mythische ud historische Wahrheit*, 18. 그러나 신화는 이데올로기와 마찬가지로 파괴적이 될 수 있는 잠재력을 가지고 있다. 신화는 특정한 것들(진실, 반쪽 진실, 그리고 거짓들)에게 본체론적 권위를 부여하고 그들을 신성시하며 그들을 난공불락으로 만든다. 신화들은 사회를 더 견딜만하게 하는 대신 비인간적이게 만들 수도 있다. 그들은 심지어 사회를 파괴할 수도 있다. 신화는 사회적 불의를 전형적인 불멸의 법칙으로서 영속케 한다. J. Severino Croatto, "The Gods of Oppression," in Pablo Richard et al., *The Idols of Death and the God of Life: A Theology*, trans. Barbara E. Campbell and Bonnie Shepherd (Maryknoll, N.Y.: Orbis, 1983), 41. 이러한 현상은 역사 속에서 특히 신화가 점진적으로 하나님의 말씀과 복음 그 자체의 역할과 작용(혹은 그에 대한 특정한 이해)을 차지하기 시작함으로 종교적 신화들로서 나타난다. 그렇게 해서 이 신화는 일방적인 방식으로 권위주의와 함께, 가장된 경건한 요소들과 함께 작용한다. 신화와 진리를 애초부터 "대비"해내는 것은 매우 간단한 일이지만, 이데올로기들이 신화들과 뒤섞여있다는 것 또한 사실이다. 그들은 면밀한 감시와 이데올로기적 비평을 요구한다. 그 안에서 선택은 신화와 신화가 아닌 것 사이의 선택이 아니라 교화적이거나 파괴적인 다양한 신화의 "종류들" 사이의 선택이다. 이러한 의미에서 안톤 그래브너-하이더는 신화들의 부적절하고 파괴적인 요소들, 즉 신화들의 이데올로기적 특징들을 경계함으로써 신화들과 종교에 "인간성을 부여"해야 한다고 주장한다. Anton Grbner-Haider, *Strukturen des Myths: Theorie einer Lebenswelt* (Frankfurt: Peter Lang, 1989), 290.

31 이러한 수사학적 장치는 "역사의 사유화"라고도 불린다. 신화들 속에서 모든 역사는 소실되어서 영원한 부동성으로 변한다. 이것은 명백히 인간의 무책임함을 조장한다. 실제적으로 이러한 역사의 소실은 우리에게 일어나는 일이 역사적 행위 혹은 인간의 행위 때문이 아닌 "불멸의 운명"에 의한 결과라는 믿음을 초래한다. Barthes, *Mythologies*, 150-55.

수사학과는 달리, 철의 신학은 동어 반복을 차용하고 현존하는 규율을 영구적인 신화로 확립한다. 이러한 수사학은 이중 음성이 아닌 단일 음성의 수사학이며, 시간의 흐름 속에서 인지되는 복음의 경계성을 부추기고 유지하는 역설과 비유의 반대 선상에 서 있다.

3. 와해적인 수사학(Disruptive Rhetoric)

예수가 십자가에 못 박히실 때, 그의 머리 위에는 "유대인의 왕"이라는 팻말이 달린다. 그것은 제국에 의한 "아이러니한" 선언이다. 이 팻말은 그 위에 쓰인 문자의 정반대를 의미한다. "이 사람은 분명 유대인의 왕이 아니다." 더욱이 이러한 반어적인 표식은 예수의 십자가라는 더 거대한 패러디의 일부분이다. 우리가 2장에서 논의했듯이, 십자가는 왕의 즉위식을 모방하는 패러디적인 높임이다. 자신들의 분수를 넘은 "천한 것들과 멸시받는 것들"은 십자가에 "올리어"진다. 권력자들은 이 십자가형을 통해 그들을 죽임과 동시에 조롱하는 것이다. 이 패러디의 과정에 있어 마지막으로 군인들은 예수를 조롱하고 행인들은 그를 비웃는다. 이것은 십자가에 날카롭게 비꼬는 풍자적 요소를 더하는 것이다. 즉 제국의 권세들은 자신들의 질서와 통제를 강화하기 위한 노력으로 예수의 십자가 위에다 아이러니와 패러디와 풍자를 더했다.[32]

그러나 복음서의 저자들에 의하면, 예수의 십자가상은 권위를 뒤

---

32 사탄이 성경과 기독교 신학을 자신의 목적을 위해 이용할 수 있듯이, 공국과 권세들도 자신들의 목적을 위하여 어리석음의 수사학을 이용할 수 있다.

엎고 현존하는 힘들을 다스리는 이중 아이러니와 패러디를 포함한다. 아이러니하게도, 예수는 그 아이러니한 팻말이 이야기하는 바로 "그"가, 곧 왕 되신 분이시다. 제국의 아이러니는 아이러니하게 뒤집힌다. 그리고 아이러니하게도 그 과정에서 풍자하는 자들이 풍자된다. 그렇게 해서 예수 자신의 아이러니와 역설을 통해 예수는 제국의 억압하는 방식들을 파괴하고, 죽음의 권세들을 드러내며, 십자가 위의 새로운 창조의 도래를 분별하기 위한 이중 초점의 시야를 요구하는 경계성의 공간을 창조한다. 아이러니와 역설은 그들의 경계성적 부조화와 함께 복음의 중심에 존재한다. 아이러니와 역설은 날카로움과 비꼼에 있어서 한 차원 더 높은 그들의 사촌 격인 비아냥거림(lampoon)이라는 수사학적 요소와 함께, 현존하는 권세의 안정적이고 견고한 질서를 파괴한다. 이 세 가지 수사학적 형식들(아이러니, 역설, 비아냥거림) 모두 복음이 가지고 있는 어리석음의 수사학의 결정적인 요소들이다.

1) 아이러니(Irony)

아이러니는 다양한 방식으로 묘사될 수 있다. 헬라어 어원(*eirōneia*)은 "가장된 무지" 정도의 뜻을 지니고 있다. 수사학적 도구로서의 아이러니는 문자 그대로의 뜻과는 정반대의 것을 이야기함으로 의미를 전달한다. 십자가 위의 예수의 상황과 같은 아이러니한 상황(상황적 아이러니)에서, 행동들은 기대되는 것과 정반대의 효과를 불러낸다. 아이러니 안에 내재된 부조화 때문에, 아이러니는 허식을 폭로하고 그 가면을 벗기기 위하여 종종 유머러스하게 사용된다.[33] 우리가 보았듯이 십자가 위에서 예수는 아이러니하게 권력과 힘을 향한 제국의 허식을 폭로하고 드러낸다. 역설과 비유를 포함한 멍텅구리 수사학의 모든 형태와 마찬가지로, 아이러니는 두 개의 현실을 동시에 이야기한다. 그것은 보이는 것 이상의 것들을 상상할 수 있는 이중 초점의 시야를 요구하는 이중 음성의 수사학이다.[34] 짧게 말해 아이러니한 수사학은 철의 수사학의 정반대이다.

다양한 종류의 아이러니가 존재하지만 그중 하나는 특히 대대로 바보들, 특별히 어릿광대들의 파괴적인 도구로 사용되어 왔다. 반어적인 직역주의 안에서, 말하는 이는 언어의 문자 하나하나에 집착하고 그 언어에 담긴 속뜻은 무시함으로써, 고의적으로 다른 이들이 의도한 것과 매우 다른, 심지어 그 반대의 의미로 단어들을 사용한다. 독일의 트릭스터 틸 오이렌슈피겔(Till Eulenspiegel)은 이러한 수사학의 장인이었다. 한 여인숙에서 그는 주인장에게 한 끼 식사가 얼마나 하는지를 물었다. 그녀는 식사는 24페니라고 대답했다. 식사를 마친 후에, 놀랍게도 그는 주인장으로부터 돈을 요구했다. 손님이 주인에게 돈을 내야 한다고 주인장이 말하자, 오이렌슈피겔은 이렇게 대답했다.

> 그게 아니지…당신이 나에게 24페니를 주어야 한다고 당신 입으로 아까 말했잖소. 당신이 나에게 이곳의 식사는 24페니라고 말하지 않았소. 나는 그게 내가 밥을 먹고 나면 24

---

33 Berger, *Redeeming Laughter*, 150.
34 Kennedy, *Creative Power of Metaphor*, 48.

페니를 버는 거로 생각했지 뭐요.[35]

또 다른 상황에서, 왕이 오이렌슈피겔의 재주를 치하하면서 상으로 그의 말에게 "제일 좋은 편자"를 박으라고 명했다. 그래서 오이렌슈피겔은 그의 말의 발굽에 금 편자를 은으로 된 못으로 박았다. 왕이 터무니없는 가격에 이의를 제기하자 오이렌슈피겔은 그저 이렇게 대답했다. "관대하신 왕이시여, 제일 좋은 편자를 박으라고 말씀하시지 않으셨습니까. 왕의 명을 곧이곧대로 듣는 것 외에 제가 무엇을 할 수 있단 말입니까."[36]

표면적으로, 반어적 직역주의의 이러한 사용은 단순히 속임수를 쓰기 위한 어릿광대의 기발한 방법처럼 보인다. 그러나 더 깊은 차원에서 볼 때, 어릿광대는 이 반어적 직역주의를 통해 언어 그 자체를 가지고 논다. 반어적 직역주의를 통해 어릿광대는 실제로 언어의 모든 사용 이면에 암암리에 존재하는 통념들과 전제조건들을 파괴하고 폭로한다. 그는 자기의 이름 오이렌(부엉이) 슈피겔(거울)이 암시하듯이, 언어를 사용하는 모든 이들, 특히 설교자들에게 지혜의 거울을 들어 비춘다. 그는 우리가 사용하는 말이 우리가 생각하는 것보다 더 믿을 수 없고 통제하기 어렵다는 사실을 우리에게 상기시킨다.

언어의 유동성을 유희의 대상으로 삼으면서, 반어적 직역주의는 속임수만을 위한 도구가 아니라 구 시대의 관습과 논리를 파괴하는

---

35 Paul Oppenheimer, ed. and trans., *Till Eulenspiegel: His Adventures* (New York: Routledge, 2001), 65–66.
36 Oppenheimer, *Till Eulenspiegel*, 43–45.

도구가 된다. 이러한 수사학을 통해서, 설교하는 바보들은 한 아이디어의 결과물을 인지하게 하려고 그 아이디어를 극한으로 몰고 간다. 그 과정에서 문자적 의미(또한 종종 문자적 의미 뒤에 숨어 있는 거짓 혹은 부조리)는 터무니없는 어리석음으로 격하된다.[37]

데스몬드 투투는 이러한 방식으로 아파르트헤이트의 거짓을 폭로하는 것에 탁월했다. 피에트 코른호프(Piet Koornhof) 박사[38]가 그의 해외 방문 중 "아파르트헤이트는 죽었다"라고 뻔뻔하게 선언했을 때, 투투는 이렇게 응수했다.

> 코른호프 박사가 우리에게 말해준 것처럼, 아파르트헤이트는 죽었습니다. 그러나 슬프기 그지없게도 우리는 아직 장례식에 초청받지도 못했고 그 시신을 보지도 못했습니다.[39]

남부 기독교 어릿광대로 생각될 수 있는 윌 캠벨(Will Campbell) 또한 관습적인 가정들을 폭로하고 더욱 급진적인 믿음으로 사람들을 불러들이기 위해서 반어적 직역주의를 사용했다. 심지어 그는 반어적 직역주의를 통해 성경적 직역주의와 논쟁하기도 했다.

> 몇 년 전 누군가 우리 집을 찾아왔을 때 나는 그에게 이렇게 물었다. "당신은 성경을 문자 그대로 믿습니까?" 그는 대답했다. "물론이죠. 단어 하나하나 그대로 믿고말고요."

---

37 Cf. Otto, *Fools Are Everywhere*, 70, 127, 130.
38 아파르트헤이트 시절의 집권당이었던 내셔널파티의 주요 인사.
39 Desmond Tutu, *Hope and Suffering: Sermons and Speeches* (Johannesburg: Scotaville, 1983), 81.

나는 말했다. "그래요? 굉장하군요." 나는 자리에서 일어나 정중하게 인사하고, 격식을 차려 내 모자와 지팡이를 가지고 나와 그에게 손을 내밀고 이렇게 말했다. "이 세상에 제가 믿는 것과 같은 방식으로 믿는 사람이 또 있다는 사실을 전혀 몰랐습니다. 성경은 감옥 문을 열고 갇힌 자들을 자유롭게 할 날이 왔다고 선포하지요. 저는 몇 년간 이 본문을 문자 그대로 해석해서 믿는 사람을 찾아 헤맸습니다. 왜냐하면 저 나쉬빌 서쪽에 감옥이 하나 있는데 저 혼자서는 그 감옥을 무너뜨릴 수 없거든요. 하지만 세상에 성경을 문자 그대로 믿는 천오백만 명의 사람들이 있다면, 우리는 함께 모여서 그 감옥을 산산이 부술 수 있을 겁니다." 그는 어리둥절한 모습으로 나를 쳐다보면서 이렇게 말했다. "아니 저기, 예수님이 그 본문을 통해서 하시고자 했던 말씀은…" 나는 소리쳤다. "이제 와서 성경주석을 시작할 생각은 꿈도 꾸지 마시오!" 그는 사람들이 성경을 문자 그대로 믿는다고 주장하지만, 감옥은 여전히 굳건하다고 말했다.[40]

캠벨은 단순히 성경적 직역주의의 거짓을 폭로할 뿐만 아니라, 심지어 가장 신실하다고 주장하는 자들에 의해서 사용되는 성경 본문 읽는 방식 자체의 문제점을 지적한다. 성경 본문을 읽어내는 구시대의 우선순위들의 인위적인 방법을 폭로함으로 성경 읽기의 문제점을 지적하는 것이다.

---

[40] Will D. Campbell, *Writings on Reconciliation and Resistance*, ed. Richard Goode (Eugene, Orc.: Cascade, 2010), 74.

아이러니는 세상의 견고함을 녹인다. 돌에 새겨져 있다고 소문난 관습들과 전제들을 녹이는 것이다. 그리고 아이러니는 그 이상의 혼란을 야기하기 위해서 패러디 그리고 풍자와 자주 함께 일한다.

2) 패러디(Parody)

패러디 또한 두 개의 현실을 동시에 이야기한다. 패러디 또한 경계성의 공간을 창조하고 이중 초점의 시야를 요구한다. 패러디의 힘은 부분적으로 그것의 "모방하는 능력"에서 나온다. 그러나 패러디는 단순한 모방에서 그치지 않는다. 다른 형태들의 어리석음의 수사학들과 마찬가지로, 패러디는 부조화의 요소를 가지고 있다. 이러한 요소는 패러디가 모방하고 있는 대상을 종종 풍자적으로 폭로하며 그 가면을 벗긴다.[41]

설교하는 바보들은 철의 수사학, 원형진을 이룬 수레들 그리고 폐쇄된 엄숙함의 실체를 대면하고 폭로하기 위해서 패러디를 사용

---

[41] 데이비드 베넷은 패러디를 다음과 같이 묘사한다. "현대 용법에서 패러디라는 용어는 문예적 모방 형식이 모사하는 방식에 따라 다른 종류의 모방과 구별 가능하다고 지적한다. 실행으로서 내면적 담론인 패러디는 문학으로부터 문학 비평을 수행하며, 패러디 모델의 실재 묘사의 계책 혹은 인위성을 중시하고, 모방 혹은 진실 주장이 의존하는 패러디된 담론의 '형식적 자가 실행'을 반대한다." David Bennet, "Parody, Postmodernism, and the Politics of Reading," *Critical Quarterly* 27 (1985): 29. 나아가 마가렛 로즈(Margaret A. Rose)는 이렇게 쓴다. "그러나 패러디의 역사는 패러디가 모방의 개념 자체에 이의를 제기했음을 보여줄 것이다. 또한 모방이 패러디의 기술 중 하나로 사용될 수는 있는 반면, 패러디를 다른 형태의 인용이나 문학적 모방과 구분하는 요소는 모방이 아닌 '부조화의 사용'이며 패러디는 단순한 모방 이상의 역할을 한다는 사실을 보여줄 것이다." *Parody/Meta-function* (London: Croom Helm, 1979), 22.

한다. 예를 들어 스스로 종종 바보 역할을 자처했던 이사야 선지자는 우상숭배를 패러디한다. 이사야는 그들의 가장 중요한 소명은 모든 형태의 우상 숭배에 도전하는 것이라고 주장하는 설교하는 바보들을 생각나게 한다. 하나님의 음성으로 전해지는 이사야의 패러디는 그 공동체의 예전과 그들의 (이 경우에 있어서는 철의 신학이라기보다는) 황금의 신학 모두를 파괴한다.

> 너희가 나를 누구에게 비기며 누구와 짝하며 누구와 비교하여 서로 같다 하겠느냐 사람들이 주머니에서 금을 쏟아 내며 은을 저울에 달아 도금장이에게 주고 그것으로 신을 만들게 하고 그것에게 엎드려 경배하며 그것을 들어 어깨에 메어다가 그의 처소에 두면 그것이 서 있고 거기에서 능히 움직이지 못하며 그에게 부르짖어도 능히 응답하지 못하며 고난에서 구하여 내지도 못하느니라(사 46:5-7).

하나님의 파괴적인 심판의 말씀은 여기에서 유머러스한 패러디의 형태를 띤다. 이것은 우상숭배를 폭로하고 새로운 지각과 삶에 대한 가능성을 제공한다. 이 유머에는 금을 하나님으로 사용하는 것(혹은 금으로서의 하나님)은 전적으로 헛되다는 신랄함의 칼날이 존재한다. 하나님은 비교될 수 없고 통제될 수 없는 단 한 분이어야만 하기 때문이다.

이러한 생동감 있는 예언적 패러디는 오늘날까지도 살아있다. 2007년 5월 26일, 테네시 주의 녹스빌에서 한 무리의 사람들이 KKK 단원들의 행진을 패러디했다. 철의 신학과 인종차별주의의 원형진을 이룬 수레들을 폭로하는 행동이었다. KKK 단원들이 그들의 흰 두건을 쓰고 행진하며 길을 따라 내려오고 있을 때, 광대로 분장한 또 다른 무리의 사람들이 자신들과 비슷한 옷을 입은 형제자매들을 열광적으로 환영했다. KKK 단원들이 "백인의 힘!"(White Power!)을 외칠 때, 그 광대들은 계속해서 구호를 잘못 이해한 듯이 행동했다. 어릿광대들이 자주 그리하듯이 말장난을 하면서 광대들은 먼저 이렇게 반응했다. 그들은 "흰 밀가루!"(White Flour!)를 외치면서 모든 사람에게 밀가루를 뿌렸다. 그 후 그들은 마치 자신들의 실수를 그제야 깨달은 듯이 "흰 꽃들!"(White Flowers!)을 외치면서 모두에게 꽃잎을 흩뿌렸다. 다음으로는 "아내의 힘!"(Wife Power!)이 외쳐졌고, 광대들은 그들의 아내들을 어깨에 태우고 환호했다. 이러한 말장난은 KKK 단원들이 그들의 축제에 참여하기를 거부하고 화를 내며 자리를 뜰 때까지 계속되었다. 그러자 수많은 군중이 광대들과 합류했고 그들 모두는 흑인 경찰관의 통솔 아래 시내로 나가 축제를 벌였다. 크리스천 가수이자 작곡가인 데이빗 라모트(David Lamotte)는 이 사건에 대한 그의 시를 어리석음과 패러디의 힘을 표현하는 다음의 문장들로 끝맺는다.

> 남부의 그 햇빛 찬란한 한날이 주는 교훈은 무엇일까?
> 우리는 그 광대들이 전하고자 했던 메시지를 이해할 수 있는가?
> 당신이 증오에 맞서 싸울 때, 당신의 무기가 증오가 되어서는 안 되는 것.
> 그러니 어릿광대의 커다랗고 빨간 신발을 신고 행진한 이들

에게 찬사를!⁴²

이러한 와해적인 반어법과 패러디들을 통해 흐르고 있는 것, 실제로 어리석음의 수사학을 관통하며 흐르고 있는 것은 "재구성하고자 하는 의도"이다. 이 재구성의 의도는 사람들을 새로운 관점을 향해 나아갈 수 있도록 돕고자(혹은 사람들에게 충격을 주는) 하는 의도이다. 반어적 직역주의는 언어적 가정들, 즉 종종 사람들을 포로로 잡는 가정들을 재구성하고자 한다. 패러디는 모방하지만 또한 동시에 대안을 제공하기 위해서 재구성을 시도한다. 재구성은 이중 초점의 시야를 암시한다. 우리가 앞서 주목했듯이 하나의 현실은 또 다른 현실과 관계해서 재구성되어야 하기 때문이다. 이러한 의미에서 패러디와 아이러니의 수사학적 형식들은 역설과 은유와 함께 설교하는 바보들을 돕는다. 그리고 그들은 어리석음의 수사학의 또 다른 와해적인 도구로 이어진다. 그 도구란 바로 비아냥거림이다.

3) 비아냥거림(Lampoon)

비아냥거림은 패러디와 반어법보다 더욱 풍자적이고 날카롭다. 설교하는 바보들에 의해 사용되는 비아냥거림은 구 시대의 관습들과 논리들을 공개적으로 조롱하고 비웃는 것을 포함한다.⁴³ 우리가

---

42 David Lamotte, "White Flour," accessed July 26, 2011; 시 전문을 위해서는 http://lowerdryad.wordpress.com/white-flour-poem/을 보라.
43 공국과 권세들을 대항하는 데에 있어서의 비아냥거림의 역할에 대한 또 다른 논의를 위해서는 Campbell, *Word before the Powers*, 116-19를 보라. 아이러니와 패러디 그리고 비아냥거림이 개인들을 향한 것이 아니라 공국과 권세들과 그들의 포로가

앞서 주목했듯이, 산상수훈에서 예수는 특별히 남에게 보이기 위한 독실함에 대해 비아냥거림으로 풍자한다. 또한 예수의 비유들도, 문화적 현실과 정치적 현실들을 간접적으로 비아냥거리면서, 보편적인 사고를 완전히 뒤엎고 삶에 대한 새로운 평가와 해석을 제공한다.[44] 예를 들어, 착한 사마리아인 비유에서 예수가 종교 지도자들을 취급하는 방식에는 이러한 비아냥거림의 요소가 존재한다. 종교 지도자들은 강도 맞은 자를 돕는 대신 "피하여 지나가고" 다른 어떤 이도 아닌 사마리아인에 의해서 부끄럽게 된다. 또한 천국에 대한 예수의 비유는 천국과는 매우 다른 가치들로 운영되는 이 땅의 제국을 간접적으로 풍자한다. 최후의 승리는 땅의 권세들이 아닌 하나님의 통치의 것이다.[45] 심지어 예수의 치유와 기적들도 수사학적 비아냥거림의 예가 될 수 있다. 그들은 공개적으로 죽음과 사탄과 질병을 조롱하고 사람들을 생명으로 되돌린다.[46]

자신을 카드에 등장하는 "조커"라고 불렀던 개혁가 마틴 루터[47]는 사탄과 죽음과 같은 구 시대의 힘들을 풍자하는 법을 알았다. 그는 예수가 우리를 위하여 이미 얻으신 승리를 무기로 종종 사탄을 비웃고 조롱했다. 1533년 토르가우(Torgau)에서 선포된 그의 유명한 설교에서 루터는 전쟁 깃발과 함께 지옥으로 내려가 지옥문을 부수고 파괴하는 예수를 묘사한 당시의 그림에 집중한다. 루터는 극적으로 이

된 우리의 상태를 향한 것이라는 사실을 깨닫는 것은 매우 중요하다.

44 Jacob Jonsson, *Humor and Irony in the New Testament: Illuminated by Parallels in Talmud and Midrash* (Leiden: Brill, 1985), 17.
45 Martin Ebner, "Jesus—manchmal ein Shalk," *Katechetische Blatter* 4, no. 20 (2008): 246.
46 Stefan Herok, "Frohe Botschaft, Ernst genommen," *Katechetische Blatter* 4, no. 20 (2008): 246.
47 Luther, *WA*, TR 6, #6545.

렇게 선포한다.

> 그러나 나는 그것에 대해서 대략적인 스케치를 하려 합니다. 숨겨진 문제들에 대해 분명하게 이야기하기 위해서 한 그림을 소개하고자 합니다. 예수님은 거기로 내려갔습니다. 승리한 영웅으로 전쟁의 깃발을 휘날리며 내려갔습니다. 그 깃발을 휘두르며 지옥문을 부수면서 마귀들 속을 헤집고 다녔습니다. 그래서 한 놈은 여기 창문 밖으로 떨어졌고 다른 한 놈은 거기 구덩이 밖으로 떨어졌습니다! 나는 그리스도께서 지옥을 파괴하고 마귀를 결박했다는 것을 믿습니다.[48]

그리스도의 영광의 빛 가운데서, 루터는 분명히 마귀에 대한 두려움을 떨쳐 버렸다. 1521년 루터가 이단으로 몰려 재판받기 위해서 보름스(Worms)의 정치권력들에 의해서 소환되었을 때, 몇몇 친구들은 그의 생명을 걱정하며 가는 것을 막으려고 했다. 그러나 루터는 이렇게 말하면서 응수한다.

> 나는 갈 것이다. 설사 거기에 지붕들 위의 기왓장들처럼 수많은 마귀가 있다 할지라도 나는 거기에 갈 것이다.[49]

1537년 루터는 놀라운 "가정 설교"(house sermon)를 했다. 거기에는

48　Martin Luther, *Concordia-Die Bekenntnisschriften der evangelisch-lutherischen Kirche* (Belin: Verlag vom Evangelischen Bücher-Verein, 1862), 551-52.
49　Otto Milk, *Martin Luther: Sy lewe en werk* (Genadendal, South Africa: Genadendalse Drukkery, 1975), 26.

몇몇 어린이들도 참석한 것으로 추정된다. 거기서 그는 공개적으로 죽음 자체를 비아냥거림으로 풍자한다.

> 우리가 죽음의 한복판에 있을지라도 우리는 여전히 죽음을 향해 다음과 같이 명령하며 말할 수 있을 것입니다. "삼켜라 죽음아 삼켜라! 너는 다시 나를 토해 낼 것이다. 하나님은 나로 하여금 너의 뱃속을 뒤집어 버리게 하실 것이다. 그래서 너는 어디에 있어야 할지 알 수 없게 될 것이다."[50]

죽음의 뱃속을 뒤집어 버리는 대참사를 일으키는 루터, 그래서 더 이상 어디로 가며 어디로 올지를 알지 못하는 죽음을 상상해 보라.

반어적 직역주의처럼, 비아냥거림도 언어들의 극단적인 문자적 의미를 취하는 것을 내포한다. 때때로 말들의 어리석음과 그 뒤에 숨겨진 것들을 폭로하기 위해서 과장된 수준들로 문자의 극단적 의미를 취하곤 한다.[51] 몇 년 전 애틀랜타 조지아에서 시의회가 집 없이 사는 노숙자를 불법적인 것으로 규정짓는 조례를 통과시켰다. 사실상, 집 없는 사람들이 길거리에서 생존하기 위해서 필요한 모든 행위가-공공장소에서 자는 것에서부터 방뇨, 돈을 구걸에 이르기까지-법을 어기는 것이 되었다. 그 조례는 "도심 캠핑에 관한 조례"로

---

50   WA 45: XX:19-20에서 번역.
51   과장법(Hyperbole)-고의적이고 극단적으로 과하게 하는 표현-은 어리석음의 수사학의 또 다른 양상이다. 우리는 이것에 대해 여기서 따로 토론하지 않을 것이다. 과장법은 종종 많은 다른 형태로 나타난다. 특별히 비아냥거림의 형태로 나타난다. 예를 들어 누군가에게 베풀 때 나팔을 분다는 과장법을 사용함으로써 경건한 구제라는 것에 대한 실체를 비아냥거림으로 풍자한다(마 6:2).

알려졌다. 왜냐하면 그 법률은 노숙자들에게 "도심의 캠핑족"이라는 "가면"을 씌웠기 때문이다. 이 법에 반발하여, 한 노숙자 옹호 집단은 도심 캠핑이라는 개념을 비아냥거리는 다음과 같은 광고지를 만들어 배포했다.

> 당신은 북 조지아 산맥들 가운데서 캠핑해 보았다!
> 당신은 요세미티 국립공원에서 캠핑해 보았다!
> 아마 당신은 심지어 알래스카의 광야에서도 캠핑해 보았을지도 모른다!
> 그러나 당신은 필시 최근에 애틀랜타에서 선풍적인 인기를 끌고 있는 도심 캠핑에 도전해 보지는 않았을 것이다.

따라서 이 도시로 와서 독특하고 놀라운 휴가를 경험하며 즐기라는 다음과 같은 초청 문구가 등장한다.

> 무료 음식들을 몇 시간 동안 기다리면서 새로운 사람들과 만나보라.
> 화장실 편의시설들을 찾는 끝없는 보물찾기를 즐겨보라.
> 세계에서 가장 단단한 매트리스인 우리의 콘크리트 보도 위에서 여름 하늘을 덮고 잠을 청해보라.
> 새벽에 일어나 스위밍 풀이 아니라 노동력 풀로 급하게 달려가며 아름다운 일출을 경험하라.
> 경찰들을 골탕먹이며 체포를 피해 달아났던 놀라운 모험담을 나누라!

마지막으로, 그 광고 전단지는 다음과 같은 결론을 냈다. "애틀랜타 아니 핫틀랜타는 여전히 여름 휴양지로 적격입니다. 무료 안내지를 받고 싶으신 분은…" 그리고 연이어 "도심 캠핑 조례"를 지지하는 조직들의 이름들과 전화번호들이 따라 나온다.

풍자와 패러디와 더불어 이와 같은 비아냥거림들도 사회적이며 구조적인 논쟁들 가운데 동요를 일으키는 요인들이 된다. 비아냥거림(lampoon)은 그런 논쟁점들 뒤에 존재하면서 일하고 있는 권세들의 가면을 벗겨서 폭로시킴으로 사회적 물의를 일으킨다.[52] 그들은 불의의 부조화에 정면으로 도전장을 낸다. 예를 들어, 오순절에 선포된 사도행전 2:1-4의 본문에 관한 설교에서, 아파르트헤이트에 반대했던 또 다른 유명한 설교가, 알란 보삭(Allan Boesak)은 사회에 대한 비평적 칼날을 상실한 교회를 다음과 같이 비아냥거린다.

> 그래서 교회의 예언자적 증언, 즉 주님의 신부인 교회의 목소리는 어디에서도 들리지 않는 알아들을 수 없는 중얼거림으로 바뀌어 버렸다. 그리고 교회의 설교에도 (아모스의) 공의를 위한 사자의 포효하는 소리는 사라져 버리고 놀란 쥐의 찍찍거리는 소리만이 남고 말았다.[53]

마치 어리석음의 수사학이라는 병원을 개업한 의사들처럼, 설교하는 바보들은 세상의 견고함을 녹이고, 구 시대의 권세들을 파괴하며, 사람들에게 새로운 창조의 세계를 소개하기 위해서 아이러니,

---

52 Mertin, "Karikaturen," 276-77.
53 Boesak, *Die Vinger van God*, 37. Translated from the Afrikaans by Johan Cilliers.

패러디, 그리고 비아냥거림(lampoon)이라는 수사학의 직원들을 채용한다.

4. 철의 수사학: 정당화(Legitimation)와 물신화(Reification)

설교하는 바보들이 아이러니, 패러디 그리고 비아냥거림으로 현상태의 견고함을 녹이려하는 반면, 우리가 살펴보았듯이 철의 수사학자들은 그들이 옳다고 인정하는 것을 견고하게 만들려고 애를 쓴다. 안정화, 현상유지 그리고 영속화가 철의 수사학자들이 하는 게임의 이름이다. 이 과정에서 철의 수사학자들은 현재 존재하거나, 또는 앞으로 존재해야만 하거나, 영원히 있어야만 할 것이라고 믿고 있는 것을 합법화하고 실체화하려고 한다. 이러한 행동은 어리석음의 수사학이 추구하는 무너트림 그리고 경계성이라는 특징과는 정반대의 대조를 이룬다.

철의 수사학에서는, 이데올로기와 권세 그리고 언어가 손에 손을 잡고 간다.[54] 우세한 이데올로기와 권위들에 편승하여, 철의 수사학은 스스로 압도적으로 우세한 권력의 도구가 된다.[55] 현존하는 질서

---

54 이데올로기 자체는 중립적(*adiaphoron*)이다. 그러나 그것은 건설적이거나 파괴적인 방법으로 이해되거나 그런 도구로 사용될 수 있다.

55 John B. Thomson, *Studies in the Theory of Ideology* (Cambridge: Polity, 1984), 131-32. 그러므로 이데올로기에 대한 연구는 언어가 현존하는 지배의 관계들을 인정해 주기 위해서 어떻게 이용되는 가에 대한 방법들에 대한 연구와 동의어이다. 그리고 이런 연구는 언어의 다른 가능성들을 밝히기 위한 이데올로기적 비평의 목적이기도 하다. 즉 권세의 도구로 사용되고 있는 현존하는 언어를 뚫고 들어가는 것이고, 현존하는 권력 구도들을 상대화시키고, 풍부한 상상력으로 새로운 현실을 제안하는 것

를 방해하는 모든 것들에 저항하라는 요구와 관련하여, 철의 수사학은 말하는 이들이 기생하고 있는 권세의 구조들을 정당화시키려 한다. 더 깊이 들어가면, 철의 수사학은 이런 질서들을 실체화하려고 노력한다. 이런 시도는 일시적인 역사적 상황을 처음부터 불변하고 영구한 것으로 변화시키려고 하는 시도로서 물신화(物神化)라고 말할 수도 있다.[56] 이데올로기의 가장 극명한 특징은 이렇게 분별될 수 있을 것이다. 그것의 가장 강력한 도구인 언어를 사용함으로써 이데올로기는 규칙적으로 역사 세계의 중심에서 어떤 역사성도 없이 특별한 한 공동체의 사상을 재확인한다는 점이 그 분명한 특징이다.[57] 안정적 영원한 질서를 방해하는 모든 것들을 응징하는 권세의 이데올로기에 대한 수사학적 표현의 예로서, 아파르트헤이트 시절 남아공의 일부 백인 교회들의 판에 박힌 설교보다 더 적절한 것은 어디에도 없을 것이다. 다니엘과 세 친구에 관한 설교 문에서 발췌한 현상태를 정당화하고 실체화하는 수사학적 방법의 한 예에 대해서 생각해 보자.

> 이제 우리는 다른 민족들의 길을 가로막는 어떤 민족들이 항상 존재했었다는 사실을 역사를 통해서 또한 알고 있습

이다. 사실, 이데올로기적 비평은 이런 가능성을 보여줄 뿐만 아니라 이미 그러한 것들을 표현하고 구체화하고 있다. Thompson, *Theory of Ideology*, 131.

56 이데올로기 형성의 이러한 언어적 작업 방식들(*modi operandi*)이 반드시 주어진 상황 안에서 형성된 어떤 사람들만을 가리키는 것은 아니다. 또한 이 두 가지가 상호 배타적인 것도 아니다. 권력의 이데올로기를 섬기는 철의 수사학은, 예를 들어, 어떤 사건들을 정당화하고 영구적인 것으로 만들기 위해서 광범위한 다양한 언어적 방식들을 만들어낸다. Thompson, *Theory of Ideology*, 131-32.

57 Thompson, *Theory of Ideology*, 131.

니다. 그래서 이스라엘도 바벨론에게 하나의 장애물이었습니다. 그러므로 이스라엘은 제거 되어야만 했었습니다. 이것은 또한 우리나라의 경우에도 마찬가지입니다. 우리와 함께하는 하나님의 뜻과 길과 우리를 향한 하나님의 섭리에 대해서 특별한 관점을 가지고 있는 사람들을 향한 공격이 오늘날도 존재합니다. 우리가 존재하고자 하는 방법, 그리고 또한 앞으로 존재하기 위한 방법은 단순한 문제가 아닙니다. 그 이유는 우리가 처한 인종 관계들과 문제의 복잡한 상황과 똑같은 문제를 가지고 있는 나라는 지구 상 어디에도 없기 때문입니다. 사실 그것은 국제무대에서 여러 나라의 분노를 자아내게 하고 있습니다. 그들은 하나님이 창조한 모습 그대로 그들 자신의 민족의 일원으로 남기를 원하는 완고한 사람들이 남아공에 있는 한 세계 시민 정신은 발전될 수 없다고 느끼고 있습니다. 따라서 "저들을 제거하라!"가 그들의 슬로건입니다. 남아공에 있는 그 완고한 자들을 다른 모든 사람과 똑같이 만들어서 제거해 버리라는 것입니다. 다른 모든 사람의 언어를 사용하도록 그들을 가르치라…

우리 시대에, 하나님은 이렇게 말할 수 있는 사람을 찾으십니다. "내 이름은 크리스천입니다. 나의 양식은 하나님의 뜻입니다. 나의 언어는 나의 민족의 언어입니다." 이 작은 믿음의 백성들이 다니엘과 그의 친구들이 경험한 것을 경험할 것입니다. 인간의 숫자가 아니라 하나님의 놀라운 능력

이 결정적인 것이 될 것입니다.[58]

여기서 이 설교자는 민족을 우리를 위한 하나님의 예정 안에 단단히 고정함으로 정당화하고 있다. 이것은 가장 극단적인 신학적 정당화일 수 있다. 설교자는 선포한다. "그래서 이스라엘도 바벨론에게 하나의 장애물…이것은 또한 우리나라의 경우에도 마찬가지입니다. 우리와 함께하는 하나님의 뜻과 길과 우리를 향한 하나님의 섭리에 대해서 특별한 관점을 가지고 있는 사람들을 향한 공격이 오늘날도 존재합니다." 이 설교자는 "그래서 이스라엘도…이었습니다"와 "이것은 우리에게도…입니다"라고 말함으로 성경과 당면한 현재의 문제 사이를 직접적으로 연결한다. 이것은 오늘날의 그 민족을 하나님에 의해서 찾은 바 되고 선택된 백성이었던 이스라엘과 동일시함을 암시한다. 그 민족은 하나님이 세우신 질서에 대항하는 어떤 방해에도 불구하고 안정화된다. 그 민족은 세상의 나머지 사람들에 대항하여, "국제무대"에 대항하여 진리를 사수하는 "이 작은 믿음의 백성들"로 묘사된다. 그 사상은 분명하다. 모든 변화에 저항하라는 것이다. 왜냐하면 그것이 하나님의 질서를 주무르고 방해하고 있는 것으로 보이기 때문이다. 모든 다른 비전들에 저항하라는 것이다. 왜냐하면 이 비전들은 안정적인 질서를 무너트릴 수 있기 때문이다. 아이러니, 패러디, 그리고 비아냥거림이라는 무너뜨림의 수사학은 철의 수사학의 정반대, 즉 적이 되는 것이다.

더욱 깊이 들여다보면, 이 설교자는 실제로 역사를 배제한 채 한 공동체로서의 아프리카너 민족을 실체화하고 있다. 역설적이게도,

---

[58] 단 1-3장을 참조하라. 다음의 책에서 인용된 설교 Cilliers, *God for Us?*, 68-69.

이 설교자는 역사에 대해서 그리고 역사의 진보에 대해서 말하고 있다. 이에 대해 그는 이렇게 언급한다. "이제 우리는 땅 위에 다른 민족들의 길을 가로막는 장애물 노릇을 했던 어떤 민족들이 항상 존재했었다는 사실을 역사를 통해서 또한 알고 있습니다." "역사를 통해서"라는 움직임이 시간의 경계성적 흐름을 암시할 수도 있다. 그러나 아프리카너 민족과 관련된 핵심어는 "항상"이다. 시간의 흐름 안에서, 사람들은 아프리카너 민족이 "항상" 안정화되는 것을 찾는다. 남아공에 사는 "하나님이 창조한 모습 그대로 그들 자기 민족의 일원으로 남기를 원하는 완고한 사람들"로서 시간 속에 영원히 안착하기를 원하는 것이다. 여기에는 흐름이 없다. 어떤 새로운 가능성이나 유동성도 없다. 단지 거기에는 불변성과 강력한 설득만이 있을 뿐이다. 어리석음의 수사학이 무너트림과 경계성을 선동하며 지지하는 것과 관련되어 있는 반면에, 철의 수사학은 현재의 질서의 정당화와 물신화를 통한 안정을 추구한다.

5. 초월적 수사학: 경계선을 넘어 타인들과 직면하기

우리가 언급한 것처럼, 바보의 익살맞은 행동들과 수사학은 초월적이다. 그 초월적 행동들과 수사학은 장애물을 뛰어넘고 문화와 신화에 고착되어 그 안에서 작동하고 있는 금기들을 부순다. 우리가 이미 살폈듯이, 어리석음의 수사학도 범주와 경계선들을 뛰어넘으며 질서를 훼방함으로 초월적이라 할 수 있다. 그러나 여기서 우리는 특별한 방식으로 초월적 수사학에 대해 언급하고자 한다. 그것은 타인들을 향하여 열려있는 수사학이라는 것이다. 즉 언어의 형태들을 포함하여 사람들을 나누고 분리하는 모든 장애물을 무너뜨리는 수사학이며, 새로운 관계들을 위한 공간을 창조하는 수사학이라는 것이다. 타인들을 향한 이 개방성은 강의하거나 논쟁하거나 혹은 교묘히 설득하는 것을 함의하지 않는다. 반대로 타인들에 대한 새로운 인식들을 수사학적으로 만들어내는 것을 내포한다.[59] 고린도전서에서 십자가에 대한 웅변술을 불안정한 것으로 만들었던 바울의 미련함이 했던 기능이 바로 그런 것이었다. 바울의 수사학적 목적은 고린도의 경쟁적 당파들 사이에 존재하는 담들을 무너뜨리고, 그들을 그리스도 안에서 성취된 화해를 인식하고 그 안에 살도록 하는 것이다.

이 초월적 수사학의 기술은, 어떤 면에서는, 카니발의 수사학이기도 하다. 예를 들어 중세 카니발 축제에 참여했던 사람들은 백성들과 전복된 계급주의 사이의 장애물들을 뛰어넘는 대화적 수사학에 몰입했다. 이런 수사학은 종종 모든 백성의 것이었고 "모든 사람을 품고 사로잡는" 카니발의 웃음소리 안에서 표현된다.[60]

미하일 바흐친에 따르면, 소통 자체는 본질적으로 카니발과 같은 일종의 대화이다. 대화는 단지 소통하거나 혹은 이해시키기 위한 교육적 이거나 수사학적인 도구일 뿐만 아니라, 실로 인간의 삶 그 자체를 이해하고 해석하는 데 있어서 필수적이며 진리를 위해서도 없어서는 안 되는 것이다. 우리는 존재하기 위해서 대화가 필요하다. 우리는 타인들의 눈을 들여다보는 것과 타인들의 그 눈을 통해서 보는 것이 필요하다. 우리는 실제로 타인들이 없이는 우리 자

---

59 Kennedy, *The Creative Power of Metaphor*, 46.
60 Bakhtin, *Rabelais*, 82.

신이 될 수 없다.[61] 이 점에서 바흐친과 우분투(타인들의 인간성을 통해서 인간이 존재하고 생성된다는 아프리카의 개념)는 서로 대화할 수도 있다. 바흐친과 우분투 모두는 어리석음의 수사학이 우분투를 닮은 이 같은 대화적 특성을 가지게 될 것임을 일깨운다. 단지 형식적 대화에만 늘 머물러 있는 것이 아니라, 이런 수사학은 사람들을 가르는 장벽들을 초월한다. 그리고 타인들과 직면하며 대화하는 일들이 일어날 수 있는 경계성의 공간을 열어젖히고자 한다.[62] 이런 수사학은 타인들의 인간성이 쓴 가면을 벗겨서 상호직면과 상호형성을 가능하게 만든다.

여러 가지 측면에서 볼 때 뛰어난 성경 문학적인 설교자라고 할 수 있는, 미국의 로마 가톨릭 단편 작가 플렌너리 오코너(Flannery O'Connor)는 반복적으로 그 어리석음, 즉 무너뜨리는 복음의 특징을 묘사한다.[63] 그녀의 가장 잘 알려진 이야기들 가운데 하나인 "계시"에서, 그녀는 이중 초점 비전으로 세상을 보고 새로운 빛으로 타인들을 볼 수 있도록 우리를 초청함으로써 세상을 뒤집어 버리는 초월적인 카니발적인 장면으로 결론을 맺는다. 그 이야기의 주인공 터핀(Turpin) 부인은 그녀 스스로 자신이 좋은 기독교인이라고 생각하고

---

61 Mikhail Bakhitn, "Toward a Reworking of the Dostoyevsky Book (1961)," in *Dostoyevsky's Poetics*, 287–88.
62 바흐친의 작품에 적합한 설교의 더욱 공식적인 대화적 이해를 위해 다음의 책을 보라. Lorensen, "Carnival Preaching", 또한 James Henry Harris, *The Word Made Plain: The Power and Promise of Preaching* (Minneapolis: Fortress, 2004). 이런 설교는 로렌선과 해리스가 제안한 것처럼 실제로 대화적 형식을 취할 수도 있다. 설교를 위한 또 다른 대화적 접근에 관해서는 다음을 보라. McClure, *Roundtable Pulpit*.
63 루이스 마틴(J. Louis Martyn)은 실제로 바울의 종말론적 복음을 이중 초점 시야라는 관점에서 오코너의 괴기스러운 남부 소설과 비교했다. Cf. "From Paul to Flannery O'Connor," 279–97.

있다. 그녀는 비길 데 없이 뛰어나고 자신의 이웃들에게 공의로운 부인이다. 그런 그녀가 그 이야기의 말미에 돼지우리 옆에 서서 다음과 같은 경험을 한다.

하늘에는 고속도로의 연장선처럼 어두움으로 뻗어있는 보랏빛 광선만이 있어 검붉은 들을 가르고 있었다. 그녀는 성스럽고 의미심장한 몸짓으로 우리 옆에서 양손을 들었다. 어떤 환상의 빛이 그녀의 눈에 머물렀다. 그 광선은 그녀에게 그네처럼 흔들리는 거대한 다리로 보였다. 그 그네는 땅으로부터 불타오르는 들을 통과하여 하늘 위를 향해 뻗어 있었다. 그 다리 위에 거대한 영혼의 무리가 천국을 향해서 우르르 몰려가고 있었다. 거기에 생에 처음으로 깨끗해진 인간쓰레기 집단들이 있었다. 그리고 흰 옷 입은 검둥이 악단들과 개구리들처럼 뛰면서 소리 지르며 손뼉 치는 흥분한 자들과 미치광이들의 큰 무리가 있었다. 그 행렬의 끝에 어떤 부류의 사람들이 붙어 있었다. 그녀는 끝에 붙어 있는 그 사람들을 그녀 자신과 클라우드(Claud)를 알아보듯이 단번에 알아보았다. 그 사람들은 항상 모든 것 가운데 작은 부분을 가졌고 그 작은 부분을 올바로 사용할 수 있도록 하나님이 주신 지식을 가지고 있었다. 그녀는 그들을 더 가까이서 관찰하려고 앞으로 몸을 기울였다. 그들은 위엄을 부리며 다른 사람들 뒤에서 행진하고 있었다. 그들은 항상 좋은 신분과 상식과 존경받을 만한 행동들을 했던 것처럼 보일 만한 이유가 있어 보였다. 그들만이 음정에 맞는 노래를 불렀다. 그러나 불타오르는 들을 통과할 때 그들의 이런 덕목들이 불에 타 사라져 버렸고 그때 충격을 받아 그들의 얼굴들은 일그러져 버렸다. 이런 일그러진 얼굴들을 보며 그녀는 그의 양손을 내렸고 돼지우리의 난간을 붙들었다. 그녀의 두 눈은 작았지만 앞으로 일어날 것을 보기 위해 깜빡이지도 않고 눈을 고정했다. 잠시 후에 환상은 사라지고 그녀만이 있던 그 자리에 움직이지 못하고 남게 되었다.

한참 후에, 그녀는 내려와서 수도꼭지를 잠갔다. 그리고 집으로 향하는 어두운 길로 천천히 움직였다. 그녀의 주변에 있는 나무에서 보이지 않는 귀뚜라미 합창단이 노래를 부르기 시작했다. 그러나 그녀가 들었던 것은 할렐루야를 외치며 별들이 반짝이는 그 높은 곳을 향해 오르는 영혼들의 목소리들이었다.[64]

이 환상에서, 터핀 부인이 가지고 있었던 안전하고, 질서정연하며, 사람들 사이를 엄격한 경계선들로 갈라놓는 "편리한 도덕" 세계는 하나님의 은혜로 파괴되고 재창조되었다.[65] 비록 구 시대가 터핀 부인이 사람들의 신분을 규정할 때 사용했던 배타적인 범주들 안에 계속 머물러 있을지라도, 하나님의 새로운 창조의 역사는 구 시대를 뚫고 들어가 배타적인 범주들을 부수고 새로운 인식의 기회를 제공한다.

---

64 Flannery O'Connor, "Revelation," in *The Complete Short Stories of Flannery O'Connor* (New York: Farrar, Straus & Giroux, 1971), 508-9.
65 J. Louis Martyn, "The Apocalyptic Gospel in Galatians," *Interpretation* 54 (2000): 264.

설교에서 이 초월적 수사학을 사용하는 사람들 가운데 데스몬드 투투를 능가할 사람이 별로 없다는 것은 그리 놀랄 일이 아니다. 최악의 아파르트헤이트 동안 선포되었던 여러 가지 주목할 만한 설교들 가운데서, 그는 권세 있는 철의 수사학을 훼방하고 화해의 공간을 만들어내기 위해 그의 은사를 유감없이 발휘했다. 그 과정에서 그는 지금 구 시대를 훼방하고 있는 새로운 창조의 역사를 분별해 내는 이중 초점 시야의 필요를 역설한다.

예를 들어 스티브 비코(Steve Biko)의 장례식에서 했던 감동적인 설교에서 투투는 흑인과 백인 사이의 장벽들을 초월해서 담대히 다음과 같이 선포했다.[66]

> 누가 뭐라고 하든지 간에 의심할 여지없이 자유는 오고 있습니다. (그렇습니다. 그것은 아마도 여전히 많은 희생을 요구하는 투쟁일 것입니다. 그러나 오늘날 우리는 남아공에서 자유가 태어나려 하는 해산의 고통을 경험하고 있습니다.) 사람들은 새벽이 오기 전이 가장 어두운 시간이라고 말합니다. 우리는 새로운 남아공이 탄생하기 위한 해산의 고통을 경험하고 있습니다. 자유로운 남아공, 우리 모두 흑인과 백인이 함께 가슴을 펴고 걷게 될 남아공, 우리는 새로운 남아공으로 선도하는 자유의 행진 가운데 활보함으로써 우리 모두 흑인과 백인이 함께 손을 잡게 될 것입니다. 그곳에서는 사람들이 중요하

---

66 1977년 9월 킹 윌리엄스 타운에서 행한 설교. 스티브 비코는 아파르트헤이트 동안 가장 영향력 있고 유능한 흑인 지도자들 가운데 한 사람이었다. 그는 경찰에 의해 수감되어 있는 동안 살해당했다. Cf. Tutu, *Hope and Suffering*, 12-16.

게 될 것입니다. 모든 이들은 하나님의 형상을 따라 지음받은 인간이기 때문입니다. 하나님 당신의 목적을 위해서 또한 우리 자신들을 위해서 스티브 비코를 통해 우리에게 주신 이런 놀라운 선물로 인해 하나님께 감사하며 찬양을 올립니다. 흑인과 백인이 함께 우리의 자손들을 위하여, 흑인과 백인이 함께 우리가 사랑하는 땅 남아공의 자유를 위한 투쟁을 위해 다시 새롭게 헌신합시다. 흑인과 백인 우리 모두 낙심과 절망에 빠져 있지 맙시다. 우리 흑인들은 증오와 슬픔에 빠져 있지 맙시다. 흑인과 백인 우리 모두 함께 이겨낼 것이기 때문입니다. 아니 이미 이겨냈습니다.[67]

비코를 끔찍하게 살해한 아파르트헤이트의 한복판에서 충격적으로 들려지는 "흑인과 백인이 함께"라는 수사학적 반복으로, 투투는 흑인들과 백인들 사이에 있는 단단하게 굳어버린 적대적 경계선들을 초월하는 수사학을 사용하기 시작한다. 실로, 흑인과 백인이 함께 "이미 이겨냈습니다"라는 결론에서, 투투는 그의 청중들을 이미 세상을 뚫고 들어온 새로운 창조의 세계로 초대한다. 그리고 그는 구 시대의 공포에 대한 의심 없이 새로운 창조를 볼 수 있는 이중 초점 시야의 필요를 제안한다. 많은 사람, 특히 힘 있는 사람들은 "타인"과 "함께" 존재한다는 투투의 비전은 터무니없고 어리석은 것이라고 생각했다. 그러나 투투의 초월적인 언어들은 세상에 대한 새로운 인식과 새롭게 탄생하는 해산의 고통을 위한 가능성을 열어 놓았다.

---

67 Tutu, *Hope and Suffering*, 15.

하나의 유명한 비유에서, 투투는 이전에 흑인과 백인 지역으로 찢어져 있던 남아공 사회를 "하나님의 무지개 나라"라고 담대히 선포한다. 이 놀랍고도 초월적인 비유는 하나님의 약속과 언약이라는 성경적 이미지에 기초한다. 이 비유를 통해서 투투는 철의 신학들을 무너뜨리고, 원형진을 이룬 수레들을 해산하고, 타인들의 인간성을 드러낸다. 그는 구 시대의 한가운데로 뚫고 들어오는 새로운 창조를 선포한다. 그리고 삶의 새로운 인식과 새로운 방식을 요구한다.[68] 그는 사람들을 바로의 딸과 함께 강가로 내려가게 해서, 예상치 못했던 타인들과 함께 새롭게 태어나고 있는 창조를 위해 일하도록 초청한다.

6. 철의 수사학: 두려움, 가면 쓰기, 얼굴 지우기

남아공 아파르트헤이트가 보았던 현실의 구조는 분리라는 틀이었다. 그들의 관점은 사람의 각 집단이 기본적으로 서로 대립해 있다는 이데올로기의 렌즈들을 사용하면서 각 집단들을 분리된 것으로 보는 구조이다. 아파르트헤이트의 이데올로기는 구조화된 근시안적

---

[68] 투투의 비유는 살아있는 비유들이란 직접적이거나 간접적이거나, 하나의 모델이거나 복합적인 의미들을 함의하고 있는 모델이거나, 그 비유들을 쉽게 바꿔 쓰지 못하게 방어한다는 소스키스(Soskice)의 통찰에 대한 좋은 예이다. 무지개 비유는 단지 색깔과 아름다움과 자연의 모델들(햇빛과 비를 머금은 먹구름의 역설적 조화, 이 조화를 통해서 다양한 색깔들이 서로 안으로 조화롭게 번진다)로 기능할 뿐만 아니라, 실로. 엄격한 심판 이후의 언약과 약속에 대한 성경적 모델 안에서 활동한다. 지금의 "무지개 나라"로서 남아공을 이야기함에 있어서, 투투는 실로 구 시대의 한가운데서 새로운 창조의 비유를 만들어 낸 것이다.

관점에 의해서 가속화된다. 우리는 (비유적으로) 인간을 보는데 사용되었던 그 틀이 다름 아닌 원형진을 이룬 수레들이었다고 말할 수 있다. 그 과정에서, 많은 사람은 그들 자신의 국가적, 문화적, 종교적, 그리고 특별히 인종적 지평을 넘어서지 못하도록 하는 사상적 교육을 받게 된다. 원형진을 이룬 수레들에 의해서 형성된 준거 틀은 대안적 길을 볼 수 있게 하는 모든 관점에 방해 거리가 된다. "우리"가 "그들"에 대해서 가질 수 있는 유일한 관점은 "그들"에게 대항하는 "우리"라는, 즉 적이라는 관점이다. ("우리"라는) 정체성은 엄격한 인종적 카테고리에 기초하여 형성되었다.[69]

이런 정황 가운데, 초월적 수사학과 극명하게 대조되는 철의 수사학을 발견하게 되는 것은 놀랄 일이 아니다. 원형진을 이룬 수레들에 의해 폐쇄된 공간에서는 외부인들과 맞서는 내부인들의 주장을 대변해 주는 안전이라는 언어가 울려 퍼진다. 그 안전이라는 언어는, "밖에" 있는 "그들"에게 대항함으로, "우리"라는 블랙홀 같은 구심점 안으로 계속해서 빨려 들어가게 한다. 이것은 힘과 안전의 중심을 찾는 수사학적 노력이다. 때때로 이것은 알지 못하는 것들에 대한 두려움 때문에 생기기도 한다. 이것은 모든 종류의 위험을 피하고자 하는 수사학이다. 그러나 피한다는 말보다는 오히려 지배 상태를 유지하려고 한다는 말이 맞을 것이다.

두려움, 특별히 타인들에 대한 두려움이 철의 수사학의 근본적 목표이다.[70] 일찍이 언급한 에스더 4:14의 설교는 이런 두려움 증후

---

69 Cf. Cilliers, *God for Us?*, 63–76.
70 이 예는 아파르트헤이트 치하의 남아공에서 기인하지만, 이러한 두려움을 만들어내는 철의 수사학은 미국에서도 찾아볼 수 있다. 실로 타인들에 대한 두려움은, 그것이 이민자들, 무슬림들, 동성애자들, 혹은 다른 집단들에 대한 두려움이든지에 상

군이 수레들로 이루어진 원형진을 향하는 모든 입구를 어떻게 막아 버리게 되는지에 대해 분명하게 설명해준다. 이 설교의 출발점은 에스더의 시대와 오늘날의 "이와 같은 시대" 사이에 유사성이 있다는 것이다. 설교의 첫 문장은 다음에 무엇이 따라 나올 것인지에 대한 논조를 설정한다.

> 시대의 징조를 분별할 수 있는 분들은 분명히 동의 하실겁니다. 남부 아프리카의 아프리카너 국가와 기독교는 이전에는 존재하지 않았던 위기의 시대를 경험하고 있습니다. 이에 대해 우리 시대의 전문가들은 동의하고 있습니다.

설교 전체를 통해서 "이전에는 존재하지 않았던" 것에 대한 두려움의 분위기가 만들어지고, 청중들을 어떤 형태의 행동 쪽으로 몰아가는 강력한 수사학적 기교가 사용된다. 그리고 설교가 시작한 것처럼, 또한 끝도 그렇게 맺는다. 감탄 부호에 의해서 강조된 그 마지막 문장은 "우리는 위기 상황 가운데 있습니다!"라고 외치며 결론을 낸다. 안정된 질서를 유지하기 위한 이와 같은 두려움의 조장은 밖으로 나가보려는 내부인들의 시도를 차단하는 전통적인 철의 수사학이다.[71]

관없이, 미국에서 많은 정치적이고 설교적인 수사학을 만들어낸다. 최근에, 심지어 9·11 테러 이전에도, 미국은 "두려움의 문화"라는 꼬리표를 달고 있었다. 다음의 책을 보라. Barry Glassner, *The Culture of Fear: Why Americans Are Afraid of the Wrong Things* (New York: Basic Books, 1999).

71 중요한 것은, 설교자가 위기에 관한 그의 통찰들을 전문가가 누구인지에 대한 언급도 없이 "우리 시대의 전문가"들에게 돌리고 있다는 것이다. 청중은 모호하지만 권위적으로 울려 퍼지는 "현실"에 직면한다. 이것이 모든 대안을 배제한 채 "사실"을

이런 두렵고, 폐쇄된 정신 상태가 설교 가운데 명백하게 표현될 뿐만 아니라, 이와 같은 설교들 속에서 만들어지기도 한다. 또 다른 예로 예레미야 3:23의 설교에서 찾을 수 있다. 수동적으로 고난당하는 자들(원 안에 있는 사람들)과 공격적인 대적들(그 원 밖에서 위협을 가하는 사람들) 사이의 대조를 통해서 두려움을 만들어 냄으로 그 사태를 애처롭게 강조하고 있다.

> 아프리카너 나라는 실로, 부끄럽지 않은 자리에 있는 자신을 찾았습니다. 우리는 문자 그대로 전 세계의 모든 나라가 선전해 대는 증오의 대상입니다. 많은 연합체 혹은 그 공모자들은 증오를 부추기는데 바쁘고 우리를 향한 인내심에 바닥을 보이고 있습니다. 이러한 일들을 위해 엄청난 재정적 자원들이 지원되고 있습니다. 글에서, 신문에서, 라디오를 통해서, 텔레비전으로, 우리나라를 악인들의 나라로 소개하는 노골적인 거짓말들이 무성하게 떠벌려지고 있습니다.
>
> 계획은 분명합니다. 우리는 분명히 고립될 것이고 마침내 숙청될 것입니다…무기와 관련하여, 우리는 우리 자신의 나라와 생활을 보호하기 위한 가장 기본적인 것들도 받지 못하게 될지도 모릅니다. 우리는 궁극적으로 무장해제 되고 도살장으로 끌려가는 양처럼 될 것입니다.
>
> 어둠의 물결이 지옥의 권세를 힘입어 우리를 무너뜨리도

언급하는 수사학적 기교이다. 처음부터 이러한 언급에는 믿을 만한 증거가 뒷받침되었기 때문에, 어떤 형태의 왜곡된 주입도 없다고 생각하게 함으로써, 사람들로 하여금 그에 대한 어떤 질문도 던지지 못하게 한다.

록 허락되는 그 날에 일어날 상황은 무엇입니까? 우리에게 일어날 일, 즉 우리의 아내들, 딸들, 작은 아기들에게 일어날 일들은 무엇입니까? 이러한 광경을 조금만 엿보아도 우리의 마음에 동요가 일어날 것입니다. 그것은 진실로 죽음입니다. 빨리 죽는 것이 차라리 더 나은 은혜가 될지도 모릅니다![72]

이 설교에서 "타인들"의 활동이 극적인 수사학적 양식으로 묘사된다. 불타오르는 증오와 같은 감정을 자극하는 개념들을 통해서, 즉 조직, 공모자들, 바닥난 인내, 노골적인 거짓말, 고립, 숙청과 같은 언어들을 통해서 묘사된다. 이런 묘사는 지옥의 힘에서 터져 나와 우리를 압도하는 불길한 파동을 만들어낸다. 대조적으로, "우리"는 표적이다. 가장 기본적인 것들을 박탈당하고 죄없이 도살자에게 제물로 끌려가는 양이 바로 우리이다. "아프리카너 나라는 실로, 부끄럽지 않은 자리를 찾았습니다." 라는 설교의 첫 문장은 실수가 아니다. "자신을 찾았습니다!"라는 말은 이 "부끄럽지 않은 자리에서"라는 말과 더불어 아프리카너의 국가가 행한 어떠한 행위 혹은 악행도 배제해 버린다. 이 상황은 타인들에 의해서 초래된 것이다. 그 나라는 이 자리로 걸어 들어간 것이 아니다. 수동태의 동사들이 보여주듯이, 단지 거기에서 수동적으로 순교의 자리를 스스로 발견했을 뿐이다.

철의 수사학이 타인들에 대한 두려움을 생성하는 것처럼, 또한 그것은 필연적으로 "우리"와 "그들" 모두에게 가면 씌우는 일을 행

---

[72] Cilliers, *God for Us?*, 64.

한다. 여러 가지 전략들을 통해서 내부에 있는 사람들과 외부인들 모두의 얼굴들에 가면이 씌워진다. 그 가면은 사람들을 사로잡고 있는 시스템의 얼굴 자체이다. 근시안과 가면 씌우기를 통해서 상호직면과 상호형성은 불가능해진다.

이 가면 씌우기를 가능케 하곤 했던 기술들 가운데 하나는 감정 은폐의 수사학적 기교이다.[73] 타인들에게 피해를 입히는 주종 관계 혹은 지배 관계들을 숨기거나, 부인하거나, 여러 가지 방법들로 막아 버리는 것이다.[74] 위에서 언급한 것처럼, 수동태의 동사들이 언어적 가면 씌우기의 수사학적 방법론들 가운데 한 부분을 구성하고 있다.[75] 가면 씌우기의 이러한 형태들을 통해서, 행동들을 일으킨 주요

---

73 Thomson, *Theory of Ideology*, 131-32.
74 이런 기술은 신화의 본성과 일치한다. 영원한 것이 되기 위해서, 신화는 역사를 사용하고 결코 역사로부터 떨어져서 생성되지 않는다. 신화는 역사의 토대 위에 존재한다. 신화는 그 뿌리들을 역사에 두고 있다. 그리고 특별히 그 자신을 역사에 숨기고 있다. 바르트에 의하면, 이런 신비주의의 숨바꼭질 놀이, 즉 가면 쓰기가 신화를 규정해 준다. Barthes, *Mythologies*, 118.
75 군터 크레스(Gunther Kress)와 로버트 하지(Robert Hodge)는 수동태화(passivation), 명사화, 그리고 이와 유사한 변형화가 어떻게 이데올로기적 기능을 가지게 되는지에 대해서 설득력 있게 설명한다. 크레스와 하지에 의하면 변형은 과정이다. 그 과정을 통해서 기본요소들이 표면적 구조들 속에서는 제거된 더 깊은 구조들 가운데서 결합과 재배열을 통해 드러난다. 따라서 표면적 구조는 더 깊은 이면적 구조들에 의해서만 해석될 수 있다. 명사화는 문장이나 문장의 부분이 묘사나 행동 그리고 관계사들을 명사로 바꾸어 버리는 것이다. 명사화는 활동에 대한 느낌을 둔감하게 하고, 연루된 행동들을 제거하게 하며, 과정을 목적으로 바꾸어 버리도록 하는 효과가 있다. 수동태—동사를 수동 형태로 사용하는 것—는 또한 주요 동인들을 생략하고 변장시키는 것을 포함하고 청중과 독자의 관심의 초점을 어떤 주제, 즉 타인들이 입힌 손상으로 돌려 버리는 것을 말한다. *Language as Ideology* (London: Routledge & Kegan Paul, 1979), 72-73.

동인(動因)들과 그들의 공모자들은 감추어진다.[76]

그러나 철의 수사학이 사용하는 전략적 은폐라는 수사학적 기교는 서로 서로의 얼굴들을 단순히 숨기는 것을 훨씬 넘어선다. 그것은 단순히 타인을 직면하지 않는 것에 대한 질문이 아니다. 그것은 타인의 얼굴을 없애버리는 것에 대한 문제이다. 에스더 4:14의 설교를 다시 생각해 보자.[77] 여기서 우리는 최고에 버금가는 수사학적 은폐의 이데올로기적 사용을 본다. 아프리카너 국가의 책임은 (죄악도 마찬가지로) 감추어진다. 그 국가는 수동적이다. 제거돼야만 하는 희생자이다. 반면에 세상의 나머지 국가들은 악한 행동들을 하고 있다. 아프리카너 국가의 죄악은 희미해진다. 그 국가는 사실 죄가 없다. 그 설교자에 의하면, "옳지 못하게도 '화합'이 강조되고 있고. 이 화합은 다른 인종들과 민족들과 교회들 사이에 하나님의 뜻에 따라 존재하는 자연스러운 차이를 손상시킬 것이다. 그리고 그런 다양성을 손상시킬 거짓 보편성이 성장해가고" 있기 때문에 아프리카너 국가는 죄가 없는 것이다. 이런 은폐는 수사학적 가면 쓰기의 최고 (아니 최악의) 수준의 것이다. 이런 신학적 틀에서, 그들의 국가는 하나님의 예정하심의 행위들(정당성)이라는 관점에서 진술된다. 그러나 거기서 끝나는 것만이 아니라, 그들의 적인 타인들은 악마적 활동과 관련되어 진술되고 있다는 것이다. 진짜 문제는 능숙하게 감추어 버

---

76 매우 흥미롭게도, 신화는 종종 가면 뒤에 숨겨놓은 어떤 "죄악"을 살짝 드러내 보여준다. 인식된 악을 조금 주입하는 조심스럽게 계획된 프로그램을 통해서, 신화는 일반화된 파괴의 위험에 대한 집단의 상상력을 둔감하게 만든다. 즉 신화는 범행과 희생시킴에 대한 근본적인 원인과 효과들을 숨기기 위한 가면 씌우기를 통해 "죄악에 대한 면역력"을 갖게 함으로 그것에 대해 무감각하게 만드는 것이다. Barthes, *Mythologies*, 150-55.

77 p.411-12를 보라.

리거나, 최소한 희미하게 만들어 버린다는 데 있다.

　이런 판에 박힌 듯한 진부한 형식의 틀에서는, 타인을 직시하지 않는다. 다만 타인은 악마화되고, 그 얼굴은 지워져 버리게 된다. 거기에는 우리 주변의 모든 바깥세상으로부터의 위협이 존재할 뿐만 아니라, 모든 일은 적그리스도가 오게 될 종말론적 배경을 바탕으로 발생한다. 마니교의 이원론적인 방식에서는 세상뿐만 아니라 세상과 하나님의 관계도 둘로 나누어진다. 하나님은 "우리"를 위하여 존재하고 "타인들"에 대하여는 적대적으로 존재한다. 수동과 능동, 하나님의 친구 대 하나님의 대적이라는 이분법으로서의 얼굴 지우기는 다음과 같은 허황된 주장에 근거한다. 타인들은 악의 영역에 있고 우리 국가는 고결한 영역에 있다. "우리"의 기독교 신앙과 헌신으로 인해 "우리"는 하나의 제물이 되고 타인들은 그들의 비기독교적인 자세와 불신앙으로 인해, 그들의 거짓과 어둠에 대한 추종으로 인해, 위협하는 존재가 된다. 그 설교자에 의하면, 개신교와 로마 가톨릭교 사이의 대화는 진실과 거짓 사이의 대화로 언급된다. 타인들과 마주 앉을 가능성은 전혀 없다.

　타인들의 얼굴을 지워버리는 기능은 분명하다. 본질적으로 악한 (이교도들, 마녀들, 하나님의 원수들) 외부인들의 주장으로 인해 생길 수 있는 죄책감으로부터 내부 집단을 정화하기 위한 기능이다. 그 죄악은 외부 사람들의 거짓말이다. 철두철미하게 그 동기는 자기 보존이다. 그러나 아이러니하게도 그 자기 보존이라는 동기는 죄와 파괴라는 나사를 더욱 깊이 박아 넣게 한다. 적을 더욱 저주하면 할수록, 죄악과 그 죄악들을 만들어 낼 필요가 점점 더 커지게 된다. 사실, 타인들의 얼굴 지워버리기는 철의 신학이 가지고 있는 가장 비극적인 모습들 가운데 하나이다. 그것은 계속해서 이런 수사학의 최종 결과를 인식하지도 못한 채 죄악과 파괴의 원형진을 강화하고 있다. 궁극적으로 철의 수사학은 스스로 해체되어야만 한다. 이것이 설교하는 바보들이 계속해서 주장하고 있는 바로 그것이다.

그러나 철의 수사학의 비극은 더욱더 깊어진다. 타인들의 얼굴을 지우는 과정에서 철의 수사학은 또한 절대타자이신 하나님의 얼굴도 지워버리게 된다. 단지 적의 이미지를 원형진을 이룬 수레라는 틀을 통해서 보고 형성하는 것만이 아니다. 전혀 다른 하나님의 이미지를 또한 형성하게 된다. 아파르트헤이트(원형진을 이룬 수레들)라는 고착화된 틀로 바라보면, 하나님은 대안적 가능성이 전혀 없는 고정된 이미지로 보일 수 있다. 이런 특이한 하나님의 이미지는 힘의 하나님의 이미지이다. 그 하나님은 원형진의 수레들에 쌓여있는 안전함 속에 숨어서 권세를 소유하고 있는 자들을 안정화시키는 일에 적합한 하나님이다. 그런 하나님은 철의 신학을 위해서 충분히 강한 하나님으로 나타난다. 이런 구조 안에서는 십자가에 박혀 산산조각이 난 그분을 인식한다는 것은 매우 어렵다.

십자가에서 파편화된 그분을 인식하기는커녕, 아파르트헤이트의 틀을 통해서 보이는 하나님은 극명하게 흑과 백을 구별하는, 어떤 불확실성이나, 어떤 질문이나, 어떤 의심도 없이 설교할 수 있는 그런 사람들의 하나님이다. 이런 하나님에 대해서, 더듬더듬하며 말할 필요가 없다. 다만 분명하게, 격언처럼 간결하게, 사실에 입각해서 강력하고 흔들림 없이 소위 자신의 입장에서의 진리라는 것을 선언하면 된다. 이런 철판을 입힌 하나님이 철의 수사학의 하나님이다.

이런 수사학을 통해서 예수의 삶과 죽음 그리고 부활로 계시되는 하나님의 얼굴은 최상의 경우 가면으로 가려지고 최악의 경우 지워져 버린다. 하나님은 약해질 수 없고, 십자가에서 파편처럼 부서지거나 흠모할 만한 모양이 없이 된다는 것을 상상할 수 없는 그런 하나님이 되어버린다. 이런 하나님에 대한 다른 그림(다른 틀)은 없거나, 있어도 참아낼 수 없는 것이다. 다른 대안적인 설교는 없다. 그 틀은 철로 고정되어 있다. 만약 어리석음의 수사학이 깊이 있는 신학적 기반(예수의 삶과 죽음 그리고 부활 안에 있는 어리석고 역설적인 하나님의 계시)을 가지고 있다면, 철의 수사학은 그것 자체의 신학적 전제를—기념비적이고, 힘이 있고, 철판을 입힌 하나님을—전적으로 따라간다.

7. 모호하고 간접적인 수사학

철의 수사학은 절대적인 명료함과 규칙 혹은 질서에 관심을 갖고 있다. 이런 명료함과 규칙은 엄격한 경계선들과 확실한 카테고리들을 가지고, 영구화, 동어 반복, 그리고 실체화와 더불어 존재한다. 실로 많은 설교가, 비록 우리가 논의했던 철의 수사학과 같은 극단적 형태가 아니더라도, 명료함과 규칙에 대해 관심을 갖고 있다. 설교자들은 초점을 분명히 언급할 수 있어야만 한다. 혹은 설교의 주제를 한 문장으로 언급할 수 있어야만 한다고 설교학자들은 반복적으로 강조한다.[78] 모호함은 설교학적 덕목으로 거의 고려되지 않는

---

78 심지어 설교의 열린 결론의 특성을 강조하고 청중의 통찰력을 이끌어 내는 것에 대한 중요성을 강조하는 설교학자들조차 설교의 한 가지 주제와 아이디어를 한 문장으로 언급하는 것에 대한 중요성을 계속해서 강조하곤 한다. 그 예로서 크레독의 획기적인 작품을 들 수 있다. Fred B. Cradock, *As One without Authority*, rev. ed. (St. Louis: Chalice, 2001), 80-82, 85.

다. 모호한 표현들은 아마 설교가 진행되는 동안 흥미를 유지하기 위해서 도움이 될 수도 있지만, 그 애매함은 설교의 마지막에는 반드시 해결되어야만 한다.

그러나 어리석음의 수사학은 종종 모호성을 다루고 간접성과 거래를 한다. 제4장에서 언급했듯이, 어릿광대는 수수께끼와 이야기들로 간접적으로 말한다. 이런 것들을 통해서 광대들은 세상의 틀을 다시 짜고 새로운 관점과 통찰을 불러내려고 한다. 그리고 5장에서 살폈던 것처럼, 예수는 의도적으로 모호한 수수께끼와 비유들을 이야기한다. 이런 것들로는 어떤 것이 해결되는 경우가 드물다. 그러나 이런 모호한 수수께끼와 비유들은 예수의 말씀을 듣는 이들에게 통찰력과 새로운 관점이 요구되는 경계성의 공간을 열어준다. 시대의 전환점에서 이중 음성적 수사학의 특성은 본질적으로 모호함과 간접성의 요소를 포함하고 있다. 설교자가 역동적인 관계에서 때로는 갈등 관계 속에서 구 시대와 새로운 시대 모두에게 동시에 말하려고 시도하는 것처럼, 그 경계성의 공간에서는 절대적 명료함과 규칙은 거의 선택할 수 없다. 그 공간에서는 통찰력이 늘 요구된다.

간접적인 수사학은, 그것의 의도적인 모호성으로 인해, 다양한 형태들을 가질 수 있다. 수수께끼들이 일차적인 예이다. 질문의 형태를 띠거나 아니거나에 상관없이, 그들은 본질적으로 상호적이고 대화적이다. 그들은 어떤 반응을 요구한다. 게다가, 하나 이상의 응답을 가능하게 하는 그들의 의도적인 모호성을 통해서, 수수께끼들은 카테고리들을 넘어서고 우리의 분류 도식들에 대해 질문을 던지는 방법으로 언어와 놀게 된다.[79] 수수께끼들은 즉각적으로 분명하게 나타나는 것보다는 전혀 새로운 준거 틀을 불러일으킴으로써 일한다. 수수께끼들은 모두 재형성하기에 대한 것이다. 그들은 항상 통찰과 분별을 요구한다.

유진 로우리(Eugene Lowry)의 포도원 일꾼들의 비유 설교에서 나오는 설교학적 수수께끼를 생각해 보자.[80] 계약이라는 틀로 이 수수께끼 같은 비유와 씨름한다면, 결론은 오직 하나 주인이 불공평하게 모든 일꾼들에게 똑같은 임금을 주었다는 것이다. 하지만 로우리는 다음의 수수께끼들로 그 상황을 재구성하고자 한다.

> 이제 나는 여러분이 세 살, 여섯 살, 그리고 아홉 살 된 세 명의 아이들을 가진 부모라는 상상을 해보시기를 원합니다. 자, 당신은 아홉 살짜리 큰 아이를 세 살 먹은 막내 아이보다 세배 더 사랑합니까? 그 큰 아이가 집에서 막내보다 세배 이상 당신을 도와줬다는 이유로요? 여러분이 아홉 살 먹은 큰 아이라면 세 살 때 당신이 했던 거보다 세배 더 당신의 부모님을 사랑하고 있습니까?[81]

매우 짧은 순간에, 설교를 듣는 회중은 질문에 답하기를 시작하

---

79 Thatcher, *Jesus the Riddler*, 12.
80 로우리는 설교에서 일어나는 재형성과 전복에 대한 생각의 일환으로서 수수께끼와 유사한 조크와 퍼즐 알아맞히기에 대해서 유용한 탐구를 했다. 다음의 책을 보라. Lowry, *Homiletical Plot*, 53-73.
81 Eugene L. Lowry, "Who Could Ask for Anything More?," in *How to Preach a Parable: Designs for Narrative Sermon* (Nashville: Abingdon, 1989), 120.

고 그 수수께끼의 의미들을 깨닫기 시작한다. 그다음 로우리는 그가 회중들에게 기대하는 반응을 이야기한다. "여러분은 그거 정말 어리석은 질문이라고 이야기할 겁니다. '우리는 가족인데, 정말 우리는 가족인데.' 그래서 그 이야기는 예수가 가족의 언약에 대해서 말씀하고 있는 것입니다." 사업 이야기를 하고 있는 것이 아니라는 것이다.[82] 로우리의 수수께끼에 대한 대답 그리고 그 비유에 대한 대답은 사업상 계약의 문제가 아니라 하나님과의 언약으로 우리가 처한 상황을 재구성하는 문제에 대한 것이다.

로우리의 설교는 의도적인 모호성을 띤 수수께끼의 가능성과 그것을 시도해 보는 도전들에 대해서 이야기하고 있다. 그의 수수께끼는 새로운 영역에서 그 본문의 문제를 재구성하고 새로운 방법들로 세상을 인지할 수 있도록 회중을 일깨운다. 로우리는 전형적인 수수께끼 문제에서처럼 예상되는 답을 알고 있을 뿐만 아니라, 그는 또한 수수께끼를 내는 사람들과는 다르게 그 스스로 그 대답을 제공하고 모호함을 해결한다. 또한 모호성을 유지하며 단 하나의 분명한 답도 주지 않고 오히려 경계성의 공간을 창조하며 분별력을 요구하는 예수의 비유와는 다르게, 로우리의 설교는 결론에서 명료성과 질서에 도달한다.[83] 사실 로우리의 설교 방법론에서, 설교는 의도적으로 모호함에서 출발하여 해결을 향해 움직인다.[84] 이와 같이 수수께

---

82 Lowry, "Who Could Ask?," 120.
83 실로, 수수께끼의 난제들 가운데 하나는 일반적으로 수수께끼는 하나의 답을 가지고 있을 것이라고 기대되는 것이다. 심지어 재구성된 수수께끼라 할지라도 말이다. 5장에서 분명하게 나타나듯이, 모든 예수의 수수께끼들과 비유들은 이런 형식을 따르지 않는다는 것이다.
84 실로, 로우리는 모호성을 "정복된 적"이라는 표현으로 이야기했다. *Homiletical Plot*, 29.

끼는 어리석음의 수사학의 중요한 형식이다. 그러나 이것은 또한 설교학적 도전이기도 하다.

데스몬드 투투는 다른 종류의 수수께끼를 제공한다. 그는 간접적인 방법으로 수사학적 재구성을 만들어내는 장인으로 그의 청중들을 더욱 심오한 모호함과 경계성적 공간으로 인도하는 수수께끼를 사용한다. 남아공 흑인들의 관점과 레이건 행정부에 대한 탁월한 연설에서, 투투는 하나의 수수께끼로 이야기를 시작한다.

> 이야기는 이렇게 시작합니다. 술에 취한 사람이 난처해 보이는 보행자에게 말을 걸기 위해서 길을 건넜습니다. 그리고 묻습니다. "이 길에 다…다른 편이 있나요?라고 내가 지금 무…묻습니다." 어찌할 바를 모르는 보행자가 대답했습니다. "당연히 저편에 있잖아요!" "이상하네" 술 취한 사람이 말합니다. 내가 저편에 있었을 때, 사람들이 그게 이쪽 편이라고 했는데.[85]

"이편이 다른 편일 때는 언제입니까?" 투투는 근원적인 질문을 던진다. 그리고 청중은 모든 "편"들이 상대적인 개념이 되었기에 그 "편들" 사이의 경계성의 공간에 남게 된다.[86] 이 수수께끼에는 분명

---

85 Tutu, *Hope and Suffering*, 111.
86 투투는, 종종 그가 했던 것처럼, 강력하고 직접적인 말들을 계속 했다. 레이건 행정부에 관한 경우에도, 어떤 불확실한 용어들 없이 레이건 행정부가 그 "편들"을 해산하는 데 전혀 도움이 되지 않았다고 지적하면서 강하게 말했다. 이런 도전적인 말들에 이어, 그는 묻는다. "당신들의 CIA가 지금 나를 잡기 위해서 나올 건가요?" 이런 질문을 가진 풍자가 그 당시 남아공 국민들과 아프리카 사람들을 구별하려는 시도를 이겨낼 수 있게 했었을 것이다. Tutu, *Hope and Suffering*, 121. 투투는 대담한

한 해답이 없다. 다만 통찰력을 요구하는 공간만 있을 뿐이다.

투투의 수수께끼는 상당한 반향을 불러일으켰지만, "편들"이라는 개념은 남아공 사회에 존재하는 고통스러운 현실이었고, 여전히 큰 영역에서 고통스러운 현실로 남아 있다. 어떤 사람에게 자유를 위한 전사였던 사람이 다른 사람에게는 테러리스트이었고, 그 반대도 되었다. 아파르트헤이트의 슬펐던 모든 시대는 사실 "편들"을 고착화하는데 기여했다고 할 수 있다. 투투의 열린 결말을 가진 수수께끼는 상호직면과 상호 수긍을 만들어내기 위해서 이런 "편들"의 개념을 느슨하게 만들었다. 절대로 바뀌지 않을 것 같은 현 상태로서의 "편"은 존재하지 않는다. 투투의 작은 이야기는 불확정적인 트릭스터 해석학의 걸작이라고 할 수 있다. 그것은 예수의 수수께끼들과 비유들 가운데 하나를 상기시킨다. 예수의 수수께끼들과 비유들은 명확한 해결책 없이 결론을 맺을 때가 많다. 오히려 그것들은 분별력을 요구하는 모호함으로 다음과 같이 결론을 맺는다.

> 이르시되 그런즉 가이사의 것은 가이사에게, 하나님의 것은 하나님께 바치라 하시니(마 22:21).

> 다윗이 그리스도를 주라 칭하였은즉 어찌 그의 자손이 되겠느냐 하시니(마 22:45).

예수의 수사학에 있어서 트릭스터 해석학의 특징과 같은 또 다른

광대들처럼, 그의 수수께끼들과 간접적인 방법들과 연결하여 직접적이고 날카로운 말들을 사용했다.

의도적인 모호성의 사용은 노예제도 시대의 이후로 아프리카계 미국인 설교자들에 의해 설교되는 이중 음성 설교들에서 발견될 수 있다.[87] 이러한 설교들은, 앞에서 보았듯이, 두 가지 차원에서 작동한다. 하나는 겉보기에 백인 청중에게 무해한 것으로 보이며, 또 다른 차원은 아프리카계 미국인들에게 암호화된 것이고 전복적인 것이다. 때때로 성경 이야기 자체가 이런 식으로 이중 음성을 가지고 있기도 하다. 이런 예는 19세기의 유명한 아프리카계 미국인 설교자 존 야스퍼(John Jasper)의 애굽의 개구리 재앙에 관한 설교의 한 부분에서 볼 수 있다.

> 여러분에 말씀드립니다. 나의 형제들이여 이 계획은 바로를 위한 일이었습니다. 그가 어느 날 말을 타다 궁전으로 돌아왔을 때 궁궐 전체가 개구리들로 가득했습니다. 개구리들은 이리저리 폴짝폴짝 뛰어 돌아다니며 바닥을 가득 덮어 버렸고 바로가 그의 큰 발을 내디딜 때마다 대리석 바닥 위에 그것들이 밟혀 으깨졌습니다. 그는 개구리들을 피하기 위해서 거실로 뛰어들어갔습니다. 그러나 개구리들은 고급 의자들 위에, 라운지에, 피아노 안에 온통 가득 차 있었습니다. 왕은 병이 날 지경으로 충격을 받았습니다. 저녁 식사 종이

---

87 5장에서 살펴보았듯이, 윌리엄 헤르조그(William R. Herzog)는 가이사의 것은 가이사에게, 하나님의 것은 하나님께라는 예수의 말씀은 "숨기는 것"이거나 "알리는 것"의 한 형태일 가능성이 있다고 주장한다. 예수는 실제로는 암호화되고 전복적인 본문 배후의 의미를 가진 말씀을 공개적으로 받아들일 수 있게 명백하게 만든다. William R. Herzog, "Dissembling, A Weapon," 339-60. 계시록의 저자는 또한 드러내는 일을 시작한다. 그것을 통해서 그는 구 시대의 한복판에서 새 시대에 대한 통찰이 가능하도록 한다.

울리고 저녁 식사를 하러 갔을 때, 하, 하, 하! 거기에도 개구리들 천지였습니다! 그가 앉을 때 의자 밑에 개구리가 으깨지는 것을 느낍니다. 접시 위에도 개구리, 고기 위에도 웅크리고 있고, 빵 위에서 뛰고 있고, 물을 마시려고 컵을 들었을 때 작은 개구리가 컵 안에서 수영을 하고 있습니다. 그가 포크로 피클을 찍으려 할 때 개구리가 찍힙니다. 그의 등줄기를 타고 내려가는 개구리들의 끈적임을 느낍니다. 왕비는 소리를 지르다가, 해지기 전까지 개구리들을 집 밖으로 깨끗하게 몰아내는 어떤 조치를 취하지 않으면 궁전을 떠날지도 모른다고 기진맥진한 음성으로 바로에게 말합니다. 왕비는 문제가 무엇인지 안다고 말합니다. 비천한 히브리인들의 하나님 때문이니 그녀는 나라 밖으로 그들을 내보내기를 원합니다. 바로는 그렇게 하겠다고 말합니다. 그러나 놀라운 거짓말쟁이입니다. 나에게 이야기하는 대부분의 정치인들하고 똑같습니다.[88]

출애굽기의 압박 받는 백성에 대한 이야기가 잘 표현되었기 때문에, 이 설교는 성경 이야기를 우스꽝스럽고 미묘한 시대착오적 이야기로 다시 만들어, 간접적인 목소리를 통해 체제 전복을 전달한다. 현대의 설교자들은, 트릭스터들 같이, 성경 이야기들을 이중 음성의 방식으로 이야기할 수 있다. 이중 음성의 방식이란 현대의 삶을 살고 있는 회중을 고착되지 않은 본문의 메시지를 깨달을 수 있는 자

---

[88] 다음에서 인용. Lischer, *Preacher King*, 31.

리로 초청하는 방식이다.[89]

수수께끼와 설전(signifying)과 더불어, 어리석음의 수사학은 사람들을 그에게로 이끄는 예수의 비유들처럼 간접적인 이야기들의 사용을 내포하고 있다.[90] 예수의 비유들이 관점을 재형성하고 복음의 부르심을 깨닫도록 회중을 초청하는 것처럼 어리석음의 수사학도 간접적인 이야기들을 사용한다. 간접적인 이야기와 같은 어릿광대의 고전적인 도구는 단지 회중의 흥미를 끌기 위한 목적만을 위한 것이 아니다. 오히려 그것은 전통과 구 시대의 합리적 행동들을 하나님의 기묘한 방식으로 파괴하기 위한 수단이다.[91] 수수께끼와 같은 성격을 가지고 있는 간접적 이야기들은 어떤 의미에서 이중 음성의 수사학이다. 이중 음성의 수사학 안에서 한 문제는 다른 어떤 것과 관련되어 이야기된다. 그 과정에서 회중의 깨달음이 요구된다.

---

89 이런 의미를 나타내는 이중 음성 설교들의 특별한 예를 위해서, 안드레 트로끄메(Andre Trocmé)의 어린이 설교 모음집을 보라. 이 설교는 나치 독일의 그늘이 드리워진 2차 대전 중 프랑스 라 샴봉에서 행해진 것이다. Andre Trocmé, *Angels and Donkeys: Tales for Christmas and Other Times*, trans. Nelly Trocmé Hewett (Intercourse, Pa.: Good Books, 1998). 실제로 이 설교들 가운데 하나는 당나귀의 "모순적인 기질"에 초점을 맞춘다(55-73).

90 크레독은 다음의 그의 책에서 간접적 소통의 설교학적 가치를 탐구했다. Fred Craddock, *Overhearing the Gospel: Preaching and Teaching the Faith to Persons Who Have Already Heard* (Nashville: Abingdon, 1978). 간접적 방식을 이용하는 것은 청자를 이야기의 참여자로 만들기 위해서이다. 이렇게 해서 그 혹은 그녀를 이야기에 의해서 만들어진 경계성의 공간 안으로 끌어들인다. 간접적인 이야기들은 또한 대화적 특성을 가지고 있다. 그 안에서 청자는 반응하거나 질문을 던지게 된다.

91 오토가 어릿광대의 수사학적 방책에 대해서 쓴 것과 같다. "그는 재밌는 이야기를 할 수 있다. 그 재밌는 이야기는 외관상 그 문제와 직접적인 관계가 없는 것처럼 보인다. 그러나 그 이야기는 왕의 체면을 전혀 손상하지 않으면서도 간접적으로 그의 요점을 분명하게 전달한다." Otto, *Fools Are Everywhere*, 130.

예수의 비유들과 더불어, 고전적인 성경의 예를 나단 선지자에게서 찾을 수 있다. 나단은 다윗 왕 앞에서 광대의 역할을 통해 말씀을 전했기 때문이다. 우리가 앞에서 언급했듯이, 바보와 선지자 사이에는 연결고리가 있다. 히브리의 선지자들은 종종 이스라엘 왕들과의 관계에서 어릿광대 같은 역할을 했다. 그들의 특별한 시적인 말씀으로, 때로는 바보같이 보이는 행동들을 통해서 왕의 일들을 방해하고, 거기에 도전하고, 세상을 재형성하면서 어릿광대같이 왕들에게 말씀을 전했다.[92] 밧세바를 강간하고 그녀의 남편 우리야를 죽였던 다윗 왕을 향한 나단의 도전보다 광대의 간접적 이야기의 특징을 더욱 분명하게 묘사하는 곳은 그 어디에도 없다. 나단은 왕에게 직접적으로 도전할 수 있는 위치에 있지 않았었다. 그리고 모든 설교자가 아는 대로, 종종 이런 직접적인 도전은 단지 저항을 만들어 낼 뿐이다(혹 왕이 결부된 경우 죽을 수도 있다!). 그래서 나단은 외관상 그저 이야기로 보이는 이야기를 한다. 다윗은 나단의 수사학적 함정으로 들어온다. 그리고 철커덕 걸려든다. 광대들이 하는 것과 똑같다.

> 여호와께서 나단을 다윗에게 보내시니 그가 다윗에게 가서 그에게 이르되 한 성읍에 두 사람이 있는데 한 사람은 부하고 한 사람은 가난하니 그 부한 사람은 양과 소가 심히 많으나 가난한 사람은 아무것도 없고 자기가 사서 기르는 작

---

[92] 이사야는 삼 년 동안 벌거벗은 채 있었다는 것을 기억하라(사 20장) 혹은 에스겔은 삼백구십 일을 옆으로 누워서 똥(인분 불) 위에다 빵을 구웠다는 것을 기억하라(겔 4:4-15).

은 암양 새끼 한 마리뿐이라 그 암양 새끼는 그와 그의 자식과 함께 자라며 그가 먹는 것을 먹으며 그의 잔으로 마시며 그의 품에 누우므로 그에게는 딸처럼 되었거늘 어떤 행인이 그 부자에게 오매 부자가 자기에게 온 행인을 위하여 자기의 양과 소를 아껴 잡지 아니하고 가난한 사람의 양 새끼를 빼앗아다가 자기에게 온 사람을 위하여 잡았나이다 하니 다윗이 그 사람으로 말미암아 노하여 나단에게 이르되 여호와의 살아 계심을 두고 맹세하노니 이 일을 행한 그 사람은 마땅히 죽을 자라 그가 불쌍히 여기지 아니하고 이런 일을 행하였으니 그 양 새끼를 네 배나 갚아 주어야 하리라 한지라

나단이 다윗에게 이르되 당신이 그 사람이라!(삼하 12:1-7).

나단은 경계성의 공간을 만든다. 거기서 세상에 대한 다윗의 인식은 변화될 가능성이 있다. 특별히 왕의 역할에 대한 그의 인식이 변화될 수도 있다. 따라서 나단은 다윗이 그 공간을 만들어 놓고 거기서 다윗이 자신의 권력 남용과 죄를 깨닫도록 도전한다.

이와 유사하게, 현대의 어릿광대-선지자라 할 수 있는 데스몬드 투투는 규칙적으로 이런 간접적 이야기를 관점의 변화를 일으키기 위해 사용한다. 남아프리카 공화국의 사십 주년 기념일에서 행해진 설교에서 투투는 이렇게 시작한다.

여러분 이 이야기 아시지요. 판 데르 메르베(Van der Merwe)

가 풀이 죽었습니다.[93] 미국과 소련이 그들의 엄청난 우주 계획을 위해 쿠드(남아프리카 얼룩영양)들을 가져가고 있었기 때문입니다. 그래서 그는 남아프리카가 거의 태양 근처까지 갈 수 있는 우주선을 진수시켰다고 공포했습니다. 사람들은 우주선이 목적지에 도달하기도 전에 기다란 숯덩어리가 될 것이라고 그를 공격하였습니다. 그러자 그는 태연하게 말했습니다. "아이고! 여러분 남아프리카 사람들이 그렇게 어리석다고(onnosel) 생각하지 마세요. 우리는 그저(sommar)[94] 우주선을 밤에 발사할 겁니다."

여러분 때때로 사람들은 우리가 어리석은지 아닌지, 국가인지 아닌지를 궁금해합니다.[95]

투투는 이 간접적인 이야기를 매우 지혜롭게 사용한다. 판 데르 메르베(전통적인 아프리카너 성)를 소개하고 아프리칸스 단어들을 사용함으로, 투투는 유머러스한 방법으로 이제 곧 말하려고 하는 남아공의 실패들, 특히 공화국이 사십 년 동안 존재하면서 저질렀던 권력 가진 사람들(대부분 아프리카너들)의 잘못된 선택에 관한 매우 심각한 문제를 다룸에 있어서 아프리카너들과 자신을 연결한다. 이 설교는

---

93 일반적인 아프리카너의 이름의 성은 종종 대중적 조크들에서 주요 인물들로 사용되곤 한다.
94 이 아프리칸스어는 번역하기 쉽지 않다. 이것은 틈을 메우는 형태의 말인데 종종 영어를 쓰는 남아공 사람들에 의해서 아프리칸스 속어로 사용되곤 한다.
95 Tutu, *Hope and Suffering*, 83. 또 다른 예로, 투투가 편견에 대해 자주 썼던 콕콕 찌르는 재미있는 간접적 농담의 방식을 보라. "특권과 기회에 접근할 수 있는 결정적인 육체적 공헌은 피부 색깔이라기보다는 코의 크기이다"(역주: 투투는 코가 상당히 크고 특이하게 생겼다). Allen, *Rabble-Rouser for Peace*, 380-81.

실제로 보타(P. W. Botha, 1981년 총리 대행)에게 남아공을 위한 네 가지 요점을 가진 계획을 제시함으로 결론을 낸다. 선지자 나단의 이야기처럼, 이것도 역시 그 이야기 안에 수사학적 함정을 가지고 있다.

나단과 투투의 이야기 형태의 간접적 방법이 보여주는 것처럼, 경계성의 움직임 속에서 일어나는 어리석음의 수사학은 궁극적으로 특별한 형식과 형태를 엄격하게 고수하는 것에 의존하지 않는다. 오히려 그것은 책에 나오는 예화들에서는 찾을 수 없는 타이밍에 의존한다. 단독 공연하는 코미디언처럼, 설교하는 바보들과 어릿광대들은 타이밍이 결정적이라는 사실은 알고 있다. 타이밍은 깨달음을 전제로 한다. 즉 기묘한 하나님에 대한 깨달음, 과거에도 있었고, 앞으로 존재하며, 지금 여기 살아 계신 놀라운 주님(curious *Kyrios*)에 대한 깨달음, 그리고 또한 누구에게 무엇을 언제 어떻게 말할 것인가에 대한 깨달음을 전제로 한다. 여기에 타이밍의 본질이 있다. 즉 수사의 함정에 빠지는 것이 아니라, 오히려 적절한 때에 선포된 말씀에 의해서 복음으로 바보가 되는 것이다.

그러나 또한 타이밍에 대한 더욱 깊은 신학적 측면이 있다. 이 측면에서 타이밍은 시간(시대)을 읽고 해석하는 것을 함의한다. 타이밍은 시간의 어떤 특별한 순간 안에 도래하는 하나님의 사건에 대한 기대를 수반한다. 그리고 시기적절한 방법으로 하나님의 미련한 복음을 선포하는 것을 의미한다. 신학적 용어로 하면, 타이밍은 설교하는 바보가 시간으로 들어오는 카이로스(*kairos*)를 알고 인정하는 것이다. 더 나아가서, 설교자는 그 카이로스의 사건을 밝히려고 즉각적인 시도를 한다. 설교하는 바보는 그 사건을 바라면서 즉흥 연주하듯이 연기(기도)한다. 여기서 설교하는 바보들의 지혜가 나온다. 즉 설교자는 그 카이로스가 어떠한 수사학적 형식들에 의해서 통제되거나 조작될 수 없음을 안다. 만약 그 카이로스가 유동성을 상실하거나 굳어져 버린다면, 그것은 하나님의 손을 떠난 것이고 관리하기 쉬운 고정된 어떤 사실로 변해 버린 것이다. 따라서 파편들은 딱 떨어지는 결론들이 되고 형태들은 고착된다. 그러므로 생성의 흐름은 막혀 버린다. 엄밀히 말하면, 설교하는 바보들은 말 그대로 프로테스탄트로서 저항한다. 그리고 그들은 이 세상을 뚫고 들어오는 하나님의 새로운 창조를 바라보며 세상의 견고함을 녹이기 위해 어리석음의 수사학을 채택한다.

8. 결론

복음은 미련하다. 설교는 어리석다. 설교자는 바보다. 그 미련함은 설교자의 수사학 자체를 포위하고 모든 인간적 방법을 무너뜨린다. 복음으로 형성된 설교의 언어도 미련하다. 그것은 관습에 얽매이지 않게 사용되는 관습적인 언어이다. 복음 그 자체처럼, 어리석음의 수사학도 구 시대의 가면을 벗기고 새로운 창조가 인식될 수 있는 공간을 열기 위해서 세상의 규범적인 담화를 무너뜨리고 어지럽힌다. 이런 수사학은 고착되지 않으며, 경계성의 특성을 가지고 있으며, 재미있고 창조적이며, 결코 폐쇄되어있지 않고 열려있다. 이것은 철의 수사학, 철의 신학 그리고 원형진의 수레들과 정반대의 것이다. 철의 수사학, 철의 신학 그리고 원형진의 수레, 이 모든 것들은 부동성, 통제, 안전 그리고 일반적으로 지배를 추구한다. 어리석음의 수사학은 증명 없이 용인되는 명제로서의 격언 혹은 격률(maxim)들로 움직이지 않는다. 어리석음의 수사학은 타인들에게 열려

있고, 파편들 가운데 일어나며, 역설과 비유, 패러디와 아이러니에 의해서 만들어진 이중 초점 공간들 가운데 피어난다. 이런 어리석음의 수사학은 진리를 완성된 생산품 혹은 시간에 상관없이 작동하는 처방전 같은 것으로 여기는 것에 반대한다. 또한 이런 식의 생산품 혹은 처방전으로서의 진리를 전달할 수 있다고 주장은 설교의 정의에 저항한다. 오히려 어리석음의 수사학은 하나님의 고착되지 않는 어리석음을 의지한다. 또한 형성과 재형성을 위해 일하시는 성령이 거하시는 하나님의 백성 공동체인 회중과 재미있게 합력한다. 어리석음의 수사학은 하나님의 어리석음을 의지하며 하나님의 백성들과 협력하면서 새로운 인식과 새로운 삶을 위한 경계성의 공간들(liminal spaces)을 열기 위해 노력한다.

참고 문헌

Abrahams, Roger D., ed. *Afro-American Folktales: Stories from Black Traditions in the New World*. New York: Pantheon Press, 1985.

Ackermann, Denise. *Tamar's Cry: Re-Reading an Ancient Text in the Midst of an HIV/AIDS Pandemic*. Stellenbosch: EFSA, 2001.

Allen, John. *Rabble-Rouser for Peace: The Authorized Biography of Desmond Tutu*. New York: Free Press, 2006.

Alves, Rubem A. *Tomorrow's Child: Imagination, Creativity, and the Rebirth of Culture*. London: SCM Press, 1972.

Arbuckle, Gerald A. *Grieving for Change: A Spirituality for Refounding Gospel Communities*. London: Geoffrey Chapman, 1991.

———. *Laughing with God: Humor, Culture, and Transformation*. Collegeville, Minn.: Liturgical Press, 2008.

Aristotle. *The Rhetoric and The Poetics of Aristotle*. Edited by Friedrich Solmsen. Translated by Rhys Roberts and Ingram Bywater. The Modern Library. New York: Random House, 1954.

Arnhart, Larry. *Aristotle on Political Reasoning: A Commentary on The Rhetoric*. Dekalb: Northern Illinois University Press, 1981.

Aulen, Gustav. *Christus Victor: A Historical Study of the Three Main Types of the Idea of the Atonement*. Translated by A. G. Hebert. New York: Macmillan, 1951.

Badiou, Alain. *Saint Paul: The Foundation of Universalism*. Translated by Ray Brassier. Stanford, Calif.: Stanford University Press, 2003.

Bainton, Roland H. *Erasmus of Christendom*. New York: Scribner, 1969.

Bakhtin, Mikhail. *Problems of Dostoevsky's Poetics*. Edited and translated by Caryl Emerson. Theory and History of Literature 8. Minneapolis: University of Minnesota Press, 1984.

———. *Rabelais and His World*. Translated by Helene Iswolsky. Bloomington: Indiana University Press, 1984.

Barnard, Marcel. "Flows of Worship in the Network Society: Liminality as Heuristic Concept in Practical Theology beyond Action Theory." *Die Skriflig* 44, no. 1 (2010): 67–84.

———. *Wat het oog heeft gezien: Verbeelding als sleutel van het credo*. Zoetermeer: Uitgeverij Meinema, 1997.

Barr, Alfred. *Picasso: Fifty Years of His Art*. New York: Simon & Schuster, 1946.

Barth, Karl. *Church Dogmatics*, IV, 1. Edited by Geoffrey W. Bromiley and Thomas F. Torrance. Translated by Geoffrey W. Bromiley. Edinburgh: T&T Clark, 1956.

———. *Homiletics*. Translated by Geoffrey W. Bromiley and Donald E. Daniels. Louisville: Westminster John Knox, 1991.

Barthes, Roland. *Mythologies*. Translated by Annette Lavers. Thetford, Norfolk: Lowe & Brydone, 1974.

Battle, Michael. *Reconciliation: The Ubuntu Theology of Desmond Tutu*. Cleveland: Pilgrim, 1997.

Beker, J. Christiaan. *Paul's Apocalyptic Gospel: The Coming Triumph of God*. Philadelphia: Fortress, 1982.

Bennet, David. "Parody, Postmodernism, and the Politics of Reading." *Critical Quarterly* 27 (1985): 27–43.

Benz, Ernst. "Heilige Narrheit." *Kyrios* 3 (1938): 1–55.

Berger, Peter. *Redeeming Laughter: The Comic Dimension of Human Experience*. Berlin: Walter de Gruyter, 1997.

Berkhof, Hendrikus. *Christian Faith*. Grand Rapids: Eerdmans, 1979.

Bleeker, Claas, J. "Het Masker: Verhulling of Openbaring?" In *Maskerspel: Zeven Essays*, 29–35. Amsterdam: SJP Bakker, 1955.

Bloom, Harold. "Introduction: Don Quixote, Sancho Panza, and Miguel de Cervantes Saavedra." In *Don Quixote* by Miguel de Cervantes (Ecco ed.), translated by Edith Grossman, xxi–xxxv. New York: Harper Collins, 2003; Ecco paperback edition, 2005.

Boesak, Allan. *Die Vinger van God: Preke oor Geloof en die Politiek*. Johannesburg: Ravan, 1979.

Boeve, Lieven. "Method in Postmodern Theology: A Case Study." In *The Presence of Transcendence: Thinking "Sacrament" in a Postmodern Age*, edited by Lieven Boeve and John C. Ries, 19–39. Annua Nuntia Lovaniensia 42. Leuven: Peeters, 2001.

Bohren, Rudolf. *Predigtlehre*. Munich: Kaiser, 1971.

Bond, L. Susan. *Trouble with Jesus: Women, Christology, and Preaching*. St. Louis: Chalice, 1999.

Bosch, David J. *A Spirituality of the Road*. Scottdale, Pa.: Herald Press, 1979.

Botman, H. Russel. "Covenantal Anthropology: Integrating Three Contemporary Discourses of Human Dignity." In *God and Human Dignity*, edited by R. Kendall Soulen and Linda Woodhead, 72–77. Grand Rapids: Eerdmans, 2006.

Brecht, Bertolt. *Stories of Mr. Keuner*. Translated by Martin Chalmers. San Francisco: City

Lights Books, 2001.
Brekus, Catherine. *Strangers and Pilgrims: Female Preaching in America, 1740–1845*. Chapel Hill: University of North Carolina Press, 1998.
Brits, H. J. "Metaforiese prediking aan die gevarieerde gehoor van die postmoderne eeu." *Ned Geref Teologiese Tydskrif* 46, no. 1–2 (2005): 69–77.
Brown, Alexandra R. *The Cross and Human Transformation: Paul's Apocalyptic Word in 1 Corinthians*. Minneapolis: Fortress, 1995.
Brown, Sally A. *Cross Talk: Preaching Redemption Here and Now*. Louisville: Westminster John Knox, 2008.
Brown, Teresa Fry. "An African American Woman's Perspective: Renovating Sorrow's Kitchen." In *Preaching Justice: Ethic and Cultural Perspectives*, edited by Christine Marie Smith, 43–61. Cleveland: United Church Press, 1998.
Brueggemann, Walter. *The Bible and Postmodern Imagination: Texts Under Negotiation*. London: SCM Press, 1993.
———. "Preaching as Reimagination." *Theology Today* 52 (1995): 313–29.
———. *The Prophetic Imagination*. Philadelphia: Fortress, 1978.
———. *Theology of the Old Testament: Testimony, Dispute, Advocacy*. Minneapolis: Fortress, 1997.
Bryant, Lynn Ross. *Imagination and the Life of the Spirit: An Introduction to the Study of Religion and Literature*. Chico, Calif.: Scholars Press, 1981.
Buchholz, Elke Linda, and Beate Zimmerman. *Pablo Picasso: Life and Work*. Cologne: Könemann, 1999.
Bussie, Jacqueline. *The Laughter of the Oppressed: Ethical and Theological Resistance in Wiesel, Morrison, and Endo*. New York: T&T Clark, 2007.
Buttrick, David. *Homiletic: Moves and Structures*. Philadelphia: Augsburg Fortress, 1987.
Calvin, John. *Institutes of the Christian Religion*. Edited by John T. McNeill. Translated by Ford Lewis Battles. 2 vols. Library of Christian Classics. Philadelphia: Westminster, 1960.
Campbell, Charles L. "The Folly of the Sermon on the Mount." In *Preaching the Sermon on the Mount: The World It Imagines*, edited by David Fleer and Dave Bland, 59–68. St. Louis: Chalice, 2007.
———. "Preacher as Ridiculous Person: Naked Street Preaching and Homiletical Foolishness." In Reid, *Slow of Speech*, 89–108.
———. *Preaching Jesus: New Directions for Homiletics in Hans Frei's Postliberal Theology*. Grand Rapids: Eerdmans, 1997.
———. *The Word before the Powers: An Ethic of Preaching*. Louisville: Westminster John Knox, 2002.
Campbell, Will D. *Writings on Reconciliation and Resistance*. Edited by Richard Goode. Eugene, Ore.: Cascade Books, 2010.
Cancik, Hubert. *Mythische und historische Wahrheit: Interpretationen zu Texten der hethitischen, biblischen und griechischen Historiographie*. Stuttgart: Katolisches Bibelwerk, 1970.
Capon, Robert Farrar. *The Foolishness of Preaching: Proclaiming the Gospel against the Wis-

dom of the World. Grand Rapids: Eerdmans, 1998.

Capps, Donald. "Nervous Laughter: Lament, Death Anxiety, and Humor." In *Lament: Reclaiming Practices in Pulpit, Pew, and Public Square*, edited by Sally A. Brown and Patrick D. Miller, 70–79. Louisville: Westminster John Knox, 2005.

———. *Reframing: A New Method in Pastoral Care*. Minneapolis: Fortress, 1990.

Caputo, John D. *The Weakness of God: A Theology of the Event*. Bloomington: Indiana University Press, 2006.

Carey, Greg. *Sinners: Jesus and His Earliest Followers*. Waco, Tex.: Baylor University Press, 2009.

Carter, Warren. *Matthew and the Margins: A Sociopolitical and Religious Reading*. Maryknoll, N.Y.: Orbis, 2000.

Castells, Manuel. *The Information Age: Economy, Society and Culture, Vol. 1: The Rise of the Network Society*, 2nd ed. Malden, Mass.: Blackwell, 2000.

Chesterton, G. K. *Orthodoxy*. (1908). Repr., Grand Rapids: Regent College Publishers, 2004.

Chrysostom. *Homilies on the Gospel of Saint Matthew*. Edited by Philip Schaff. New York: Christian Literature Publishers, 1886.

Cicero. *In Pisonem*, 73.377. In Perseus Digital Library, edited by Gregory R. Crane. Accessed July 30, 2011. http://perseus.uchicago.edu/perseus-cgi/citequery3. pl?dbname=PerseusLatinTexts&getid=1&query=Cic.%20Pis.%20 73.

Cilliers, Johan. *Binne die Kring-Dans van die Kuns: Die Betekenis van Estetika vir die Gereformeerde Liturgie*. Stellenbosch: Sun Press, 2006.

———. *Dancing with Deity: Re-imagining the Beauty of Worship*. Wellington, South Africa: Bybel-Media, 2012.

———. "Fides Quaerens Corporalitatem: Perspectives on Liturgical Embodiment." *Verbum et Ecclesia* 30, no.1 (2009): 50–64.

———. *God for Us? An Analysis and Assessment of Dutch Reformed Preaching during the Apartheid Years*. Stellenbosch: Sun Press, 2006.

———. "In Search of Meaning between Ubuntu and Into: Perspectives on Preaching in Post-apartheid South Africa." In *Preaching: Does It Make a Difference?*, edited by Mogens Lindhardt and Henning Thomsen, 77–88. Studia Homiletica 7. Frederiksberg: Aros Vorlag, 2010.

———. *The Living Voice of the Gospel: Revisiting the Basic Principles of Preaching*. Stellenbosch: Sun Press, 2004.

———. "Preaching as Language of Hope in a Context of HIV and AIDS." In *Preaching as a Language of Hope*, edited by Cas Vos, Lucy L. Hogan, and Johan H. Cilliers, 155–76. Studia Homiletica 6. Pretoria: Protea, 2007.

———. "Skrifbeskouing en Skrifhantering: perspektiewe op "n hermeneutiek van verwagting." *Verbum et Ecclesia* 29, no. 1 (2008): 62–76.

———. "Worshipping in the "In-Between" Times of Transition: Reflections on the Liminality of Liturgy." In *A Faithful Witness: Essays in Honour of Malan Nel*, edited by Hendrik Pieterse and Christo Thesnaar, 167–79. Wellington, South Africa: Bybel-Media, 2009.

Claassens, L. Juliana M. "Laughter and Tears: Carnivalistic Overtones in the Stories of Sarah and Hagar." *Perspectives in Religious Studies: Journal of the NABPR* 32, no. 3 (2005): 295–307.

———. *Wailing Women, Mothers, and Midwives: Reimagining God's Liberating Presence.* Louisville: Westminster John Knox, forthcoming.

Clader, Linda L. *Voicing the Vision: Imagination and Prophetic Preaching.* Harrisburg, Pa.: Morehouse, 2003.

Colie, Rosalie L. "Problems of Paradoxes." In Williams, *Twentieth Century Interpretations of* The Praise of Folly, 92–97.

Corley, Kathleen E. *Private Women, Public Meals: Social Conflict in the Synoptic Tradition.* Peabody, Mass.: Hendrickson, 1993.

Cox, Harvey. *The Feast of Fools: A Theological Essay on Festivity and Fantasy.* London: Harper Colophon, 1969.

Craddock, Fred. *As One without Authority.* Rev. ed. St. Louis: Chalice, 2001.

———. *Overhearing the Gospel: Preaching and Teaching the Faith to Persons Who Have Already Heard.* Nashville: Abingdon, 1978.

Croatto, J. Severino, "The Gods of Oppression." In *The Idols of Death and the God of Life: A Theology*, edited by Pablo Richard et al., translated by Barbara E. Campbell and Bonnie Shepard, 26–45. Maryknoll, N.Y.: Orbis, 1983.

Crossan, John Dominic. *In Parables: The Challenge of the Historical Jesus.* San Francisco: Harper & Row, 1973.

"Crucifix." Works of Art, Collection Database, Metropolitan Museum of Art. Accessed August 10, 2011. http://www.metmuseum.org/Works_of_Art/ collection_database/arts_of_africa%2C_oceania%2C_and_the_ameri cas/crucifix//objectview.aspx ?OID=50011006&collID=5&dd1=5.

Crwys-Williams, Jennifer. *In the Words of Nelson Mandela.* London: Penguin, 2005.

Dagan, Avigdor. *The Court Jesters.* Translated by Barbara Harshav. Philadelphia: The Jewish Publication Society, 1989.

de Cervantes, Miguel. *Don Quixote.* Translated by Edith Grossman. New York: Harper Collins, 2003; Ecco paperback edition, 2005.

de Knijff, Henri W. *Geest en Gestalte: O Noordmans' Bijbeluitlegging in Hermeneutisch Verband.* Kampen: Kok, 1985.

de Micheli, Mario. *Picasso: The Life and Work of the Artist Illustrated with 80 Colour Plates.* London: Thames & Hudson, 1967.

de Unamuno, Miguel. *The Tragic Sense of Life in Men and Nations.* Translated by Anthony Kerrigan. Princeton: Princeton University Press, 1972.

Dean, Leonard F. "*The Praise of Folly* and Its Background." In Williams, *Twentieth Century Interpretations of* The Praise of Folly, 40–60.

Decimus Iunius Iuvenalis. *Satura* 9.92. The Latin Library. Accessed September 19, 2010. http://www.thelatinlibrary.com/juvenal.html.

Dillard, Annie. *The Annie Dillard Reader.* New York: Harper Perennial, 1994.

Dostoevsky, Fyodor. *The Brothers Karamazov.* Translated by Richard Peaver and Larissa Volokhonsky. New York: Farrar, Straus & Giroux, 1990.

———. "The Dream of a Ridiculous Man: A Fantastic Story." In *The Best Short Stories of Fyodor Dostoevsky*, translated by David Magarshack, 263–85. New York: Modern Library, 2001.

Doty, William G. "A Lifetime of Trouble-Making: Hermes as Trickster." In Hynes and Doty, *Mythical Trickster Figures*, 46–65.

Douglas, Mary. "Seeing Everything in Black and White," 1–14. Accessed August 24, 2011. http://projects.chass.utoronto.ca/semiotics/cyber/douglas2.pdf.

Dube, Musa W. "*Talitha Cum* Hermeneutics of Liberation: Some African Women's Ways of Reading the Bible." In *The Bible and the Hermeneutics of Liberation*, edited by Alejandro F. Botta and Pablo R. Andinach, 133–45. Atlanta: Society of Biblical Literature, 2009.

Duff, Nancy J. "Atonement and the Christian Life: Reformed Doctrine from a Feminist Perspective." *Interpretation* 53 (1999): 21–33.

Eastman, Susan. *Recovering Paul's Mother Tongue: Language and Theology in Galatians*. Grand Rapids: Eerdmans, 2007.

Ebner, Martin. "Jesus—manchmal ein Schalk." *Katechetische Blätter* 4, no. 20 (2008): 242–47.

Eco, Umberto. *The Name of the Rose*. London: Picador, 1980.

———. *On Beauty*. London: Secker & Warburg, 2004.

Ellul, Jacques. *The Humiliation of the Word*. Translated by Joyce Main Hanks. Grand Rapids: Eerdmans, 1985.

Erasmus. *Praise of Folly*. Translated by Betty Radice. Introduction and notes by A. H. T. Levi. Middlesex, U.K.: Penguin Books, 1971.

Evdokimov, Paul. *The Art of the Icon: A Theology of Beauty*. New York: Oakwood, 1996.

Faber, Heije. *De pastor in het moderne zieken huis*. Assen, Netherlands: Van Gorcum en Comp, 1971.

Faggen, Robert. Introduction to *One Flew Over the Cuckoo's Nest*, by Ken Kesey, ix–xxviii. New York: Penguin, 2002.

Fedotov, G. P. "The Holy Fools." In *The Religious Mind II: The Middle Ages: The Thirteenth to the Fifteenth Centuries*, edited by John Meyendorff, 316–43. Cambridge, Mass.: Harvard University Press, 1966.

Ferguson, Everett. *Backgrounds of Early Christianity*. 3rd ed. Grand Rapids: Eerdmans, 2003

Fiorenza, Elisabeth Schüssler. Foreword to *Sermons Seldom Heard: Women Proclaim Their Lives*, edited by Annie Lally Milhaven, vii–ix. New York: Crossroad, 1991.

———. *In Memory of Her: A Feminist Theological Reconstruction of Christian Origins*. 10th anniv. ed,. New York: Crossroad, 1994.

Florence, Anna Carter. "At the River's Edge." In *A Chorus of Witnesses: Model Sermons for Today's Preacher*, edited by Thomas G. Long and Cornelius Plantinga Jr., 171–78. Grand Rapids: Eerdmans, 1994.

———. "Preacher as One "Out of Your Mind."" In Reid, *Slow of Speech*, 144–53.

———. *Preaching as Testimony*. Louisville: Westminster John Knox, 2007.

———. "The Preaching Imagination." In *Teaching Preaching as a Christian Practice: A*

New Approach to Homiletical Pedagogy, edited by Thomas G. Long and Leonora Tubbs Tisdale, 116–33. Louisville: Westminster John Knox, 2008.

Franks, Anne, and John Meteyard. "Liminality: The Transforming Grace of In-Between Places." Journal of Pastoral Care and Counseling 61, no. 3 (2007): 215–22.

Friedland, Roger and Richard D. Hecht. "The Powers of Place." In Religion, Violence, Memory, and Place, edited by Oren Baruch Stier and J. Shawn Landres, 17–36. Bloomington: Indiana University Press, 2006.

Gates, Henry Louis, Jr. The Signifying Monkey: A Theory of African-American Literary Criticism. New York: Oxford University Press, 1988.

Gaventa, Beverly Roberts. Our Mother Saint Paul. Louisville: Westminster John Knox, 2007.

Gilhus, Ingvild S. Laughing Gods, Weeping Virgins. London: Routledge, 1997.

Gilman, Sander L. The Parodic Sermon in European Perspective: Aspects of Liturgical Parody from the Middle Ages to the Twentieth Century. Wiesbaden: Franz Steiner, 1974.

Glassner, Barry. The Culture of Fear: Why Americans Are Afraid of the Wrong Things. New York: Basic Books, 1999.

Good, Edwin M. Irony in the Old Testament. Sheffield: Almond Press, 1981.

Grabner-Haider, Anton. Strukturen des Mythos: Theorie einer Lebenswelt. Frankfurt: Peter Lang, 1989.

Green, Garrett. Imagining God: Theology and the Religious Imagination. San Francisco: Harper & Row, 1989.

Green, Julien. God's Fool: The Life and Times of Francis of Assisi. Translated by Peter Heinegg. San Francisco: HarperSanFrancisco, 1987.

Green, Michael. Evangelism in the Early Church. London: Hodder & Stoughton, 1970.

Grözinger, Albrecht. Homiletik. Vol. 2 of Lehrbuch Praktische Theologie. Munich: Gütersloher, 2008.

———. "What Are the Consequences for the Language of the Sermon?: A Respond [sic] to the Lecture of Henning Thomsen." In Preaching: Does It Make a Difference?, edited by Mogens Lindhardt and Henning Thomsen, 47–51. Studia Homiletica 7. Frederiksberg: Aros Vorlag, 2010.

Hansen, Len, ed. The Legacy of Beyers Naude. Stellenbosch: Sun Press, 2005.

Harris, James Henry. The Word Made Plain: The Power and Promise of Preaching. Minneapolis: Fortress, 2004.

Harris, Max. Carnival and Other Christian Festivals: Folk Theology and Folk Performance. Austin: University of Texas Press, 2003.

Harrison, Beverly Wildung. "The Power of Anger in the Work of Love: Christian Ethics for Women and Other Strangers." In Feminist Theology: A Reader, edited by Ann Loades, 194–214. Louisville: Westminster John Knox, 1990.

Harrisville, Roy A. Fracture: The Cross as Irreconcilable in the Language and Thought of the Biblical Writers. Grand Rapids: Eerdmans, 2006.

Hays, Richard B. First Corinthians. Interpretation: A Bible Commentary for Preaching and Teaching. Louisville: Westminster John Knox, 1997.

Hendriks, H. Jurgens. The Future of the Church, the Church of the Future: Inaugural Lec-

ture. Stellenbosch: University Press, 2003.

Hengel, Martin. *Crucifixion: In the Ancient World and the Folly of the Message of the Cross*. Translated by John Bowden. Philadelphia: Fortress, 1977.

Herok, Stefan. "Frohe Botschaft, Ernst genommen." *Katechetische Blätter* 4, no. 20 (2008): 267–71.

Herzog, William R., II. "Dissembling, A Weapon of the Weak: The Case of Christ and Caesar in Mark 12:13-17 and Romans 13:1-7." *Perspectives in Religious Studies* 21 (1994): 339–60.

———. *Parables as Subversive Speech: Jesus as Pedagogue of the Oppressed*. Louisville: Westminster John Knox, 1994.

Huizinga, Johan. *Homo Ludens: A Study of the Play-Element in Culture*. Boston: Beacon, 1955.

Hurston, Zora Neale. "High John de Conquer." *The American Mercury* 57 (1943): 450–58.

———. *Mules and Men*. (1935). Repr., Bloomington: University of Indiana Press, 1978.

Hyde, Lewis. *Trickster Makes This World: Mischief, Myth, and Art*. New York: North Point, 1998.

Hyers, Conrad. *The Comic Vision and the Christian Faith: A Celebration of Life and Laughter*. New York: Pilgrim, 1981.

———. *And God Created Laughter: The Bible as Divine Comedy*. Atlanta: John Knox, 1987.

Hynes, William J., and William G. Doty. "Historical Overview of Theoretical Issues: The Problem of the Trickster." In Hynes and Doty, *Mythical Trickster Figures*, 13–32.

———. "Introducing the Fascinating and Perplexing Trickster Figure." In Hynes and Doty, *Mythical Trickster Figures*, 1–12.

———, eds. *Mythical Trickster Figures: Contours, Contexts, and Criticisms*. Tuscaloosa: University of Alabama Press, 1993.

Ivanov, Sergey A. *Holy Fools in Byzantium and Beyond*. Translated by Simon Franklin. Oxford: Oxford University Press, 2006.

Jamison, Kay Redfield. *Exuberance: The Passion for Life*. New York: Alfred A. Knopf, 2004.

Jones, Malcolm. "The Parodic Sermon in Medieval and Early Modern England." *Medium Aevum* 66, no. 1 (1997): 94–114.

Jónsson, Jakob. *Humor and Irony in the New Testament: Illuminated by Parallels in Talmud and Midrash*. Leiden: Brill, 1985.

Josuttis, Manfred. "Identität und Konversion." In *Identität im Wandel in Kirche und Gesellschaft*, edited by Dietrich Stollberg, 118–27. Göttingen: F. S. Richard Riess, 1998.

Jüngel, Eberhard. *Geistesgegenwart: Predigten II*. Munich: Kaiser, 1979.

Kaiser, Walter. "The Ironic Mock Encomium." In Williams, *Twentieth Century Interpretations of The Praise of Folly*, 78–91.

Kaminsky, Joel S. "Humor and the Theology of Hope: Isaac as a Humorous Figure." *Interpretation* 54 (2000): 363–75.

Kane, Sheba. "The Role of the Artist in Struggle: Mzwakhe Mbuli as a Contemporary *Imbongi*." Paper Presented at the African Studies Association Annual Meeting, New

York, October 18, 2007.
Katongole, Emmanuel. *The Sacrifice of Africa: A Political Theology for Africa*. Grand Rapids: Eerdmans, 2011.
Kaufmann, Ruth. "Picasso's Crucifixion of 1930." *The Burlington Magazine* 111 (1969): 553–61.
Kaunda, Chammah J. "Reclaiming the Feminine Image of God in *Lesa*: Implications for Bemba Christian Women at the Evangel Assembly of God Church in the Postmissionary Era." *Journal of Constructive Theology* 16, no. 1 (2010): 5–29.
Kaunda, Kenneth. *A Humanist in Africa: Letters to Colin Morris from Kenneth D. Kaunda*. London: Longman, 1966.
Kay, James F. "The Word of the Cross at the Turn of the Ages." *Interpretation* 53 (1999): 44–56.
Keck, Leander. *A Future for the Historical Jesus: The Place of Jesus in Preaching and Theology*. Philadelphia: Fortress, 1981.
Kelber, Werner. *Mark's Story of Jesus*. Philadelphia: Fortress, 1979.
Kennedy, Rodney. *The Creative Power of Metaphor: A Rhetorical Homiletics*. Lanham, Md.: University Press of America, 1993.
Kennesaw State University. "Auschwitz Memorial: Memory and Meaning." In Holocaust Memorials and Public Memory, Historic Sites–Amsterdam. Accessed September 19, 2010. http://www.kennesaw.edu/holocaust memorials/amsterdam.shtml.
Kermode, Frank. *The Genesis of Secrecy: On the Interpretation of Narrative*. Cambridge, Mass.: Harvard University Press, 1979.
Kesey, Ken. *One Flew Over the Cuckoo's Nest*. New York: Penguin, 2002.
Keshgegian, Flora A. *Redeeming Memories: A Theology of Healing and Transformation*. Nashville: Abingdon, 2000.
Kierkegaard, Søren. *Die Tagebücher, 1834–1855*. Munich: Kösel, 1949.
———. *Philosophische Brosamen und Unwissenschaftliche Nachschrift*. Unter Mitwirkung von Niels Thulstrup und der Kopenhagener Kierkegaard-Gesellschaft herausgegeben von Hermann Diem und Walter Rest. Köln: Bei Jakob Hegner, 1959.
King, Stephen. *It*. New York: Viking, 1986.
Kingston, Maxine Hong. *The Woman Warrior: Memoirs of a Girlhood among Ghosts*. New York: Vintage, 1976.
Knowles, Michael P., ed. *The Folly of Preaching: Models and Methods*. Grand Rapids: Eerdmans, 2007.
Kolakowski, Leszek. "The Priest and the Jester: Reflections on the Theological Heritage in Contemporary Thought." Translated by Pawel Mayewski. In *The Modern Polish Mind: An Anthology*, edited by Maria Kuncewicz, 301–26. Boston: Little, Brown, 1962.
Koontz, Gayle Gerber. "The Liberation of Atonement." *The Mennonite Quarterly Review* 63 (1989): 171–92.
Koopmans, Jelle. *Quatre Sermons Joyeux*. Geneva: Droz, 1984.
Kress, G. R., and R. Hodge. *Language as Ideology*. London: Routledge & Kegan Paul, 1979.

Kriel, Abraham. *Roots of African Thought: Sources of Power-A Pilot Study*. Pretoria: University of South Africa, 1989.

Krog, Antjie. *A Change of Tongue*. Johannesburg: Random House, 2003.

———. "Defense of Poetry, 2004: Antjie Krog." Accessed August 24, 2011. http://international.poetryinternationalweb.org/piw_cms/cms/cms_module/index.php?obj_id=368.

Krueger, Derek. *Symeon the Holy Fool: Leontius's Life and the Late Antique City*. Berkeley: University of California Press, 1996.

Kunin, Seth D. *God's Place in the World: Sacred Space and Sacred Place in Judaism*. New York: Cassell, 1998.

Lamotte, David. "White Flour." Accessed August 24, 2011. http://lowerdryad.wordpress.com/ white-flour-poem/.

Lathrop, Gordon W. *Holy Things: A Liturgical Theology*. Minneapolis: Fortress, 1993.

———. "*Ordo* and Coyote: Further Reflections on Order, Disorder and Meaning in Christian *Worship*." Worship 80 (2006): 194–212.

Léal, Brigitte. "The Artist, Clown and Demiurge." In *Picasso: From Caricature to Metamorphosis of Style*, edited by Brigitte Léal et al., 65–73. Burlington, Vt.: Lund Humphries, 2003.

Lee, Harper. *To Kill a Mockingbird*. London: Heinemann Educational, 1960.

Lee, Sang Hyun. "Worship on the Edge: Liminality and the Korean American Context." In *Making Room at the Table: An Invitation to Multicultural Worship*, edited by Brian K. Blount and Leonora Tubbs Tisdale, 96–107. Louisville: Westminster John Knox, 2001.

Leithart, Peter J. *Deep Exegesis: The Mystery of Reading Scripture*. Waco, Tex.: Baylor University Press, 2009.

Levicheva, Larisa. "Russian Salvation: From Jokes to Jesus." *Missiology: An International Review* 38, no. 3 (2010): 335–48.

Lewis, Ralph L., and Gregg Lewis. *Inductive Preaching: Helping People Listen*. Westchester, Ill.: Crossway, 1983.

Lieberman, Harold, and Edith Lieberman. "Throne of Straw." In *The Theater of the Holocaust: Four Plays*, edited by Robert Skloot, 113–96. Madison: University of Wisconsin Press, 1982.

Lindbeck, George. *The Nature of Doctrine: Religion and Theology in a Postliberal Age*. Philadelphia: Westminster, 1984.

Lischer, Richard. "The Limits of Story." *Interpretation* 38 (1984): 26–38.

———. *The Preacher King: Martin Luther King, Jr. and the Word That Moved America*. New York: Oxford University Press, 1995.

Long, Thomas G. *Matthew*. Westminster Bible Companion. Louisville: Westminster John Knox, 1997.

———. *The Witness of Preaching*. 2nd ed. Louisville: Westminster John Knox, 2005.

Lord, Jennifer. *Finding Language and Imagery: Words for Holy Speech*. Elements of Preaching. Minneapolis: Fortress, 2010.

Lorensen, Marlene Ringgard. "Carnivalized Preaching–In Dialogue with Bakhtin and

Other-Wise Homiletics," *Homiletic* 36, no. 1 (2011): 26–44. Accessed August 24, 2011. http://www.homiletic.net/viewarticle.php?id =156&layout=abstract.

Louw, Daniël J. *Cura Vitae: Illness and the Healing of Life in Pastoral Care and Counselling.* Wellington, South Africa: Lux Verbi.BM, 2008.

———. "Pastoraat as oorwinningsorg—oor die pastorale waarde van vreugde en humor in lyding." In *Dominee en Dokter by die Siekbed,* edited by David W. de Villiers and Jakobus A. S. Anthonissen, 178–99. Kaapstad: N. G. Kerk-Uitgewers, 1982.

———. *Wow, God! Oor die Verrassende Binnepret van Glo.* Wellington, South Africa: Lux Verbi.BM, 2007.

———. "Yster-wysbegeerte of Pastorale Sensitiwiteit? Voorsienigheidsgeloof en Lydsaamheid by Calvyn." In *Calvyn Aktueel?,* edited by Eddie Brown, 111– 27. Kaapstad: N. G. Kerk-Uitgewers, 1983.

Louw, Dirk J. *Ubuntu and the Challenges of Multiculturalism in Post-apartheid South Africa.* Utrecht: Zuidam & Uithof, 2002.

Lowry, Eugene L. *The Homiletical Plot: The Sermon as Narrative Art Form.* Exp. ed. Louisville: Westminster John Knox, 2000.

———. *How to Preach a Parable: Designs for Narrative Sermons.* Nashville: Abingdon, 1989.

Lukken, Gerard. *Liturgie en Zintuiglijkheid: Over de betekenis van lichamelijkheid in de liturgie.* Hilversum: Gooi & Sticht, 1990.

Lundblad, Barbara K. *Transforming the Stone: Preaching Through Resistance to Change.* Nashville: Abingdon, 2001.

Luther, Henning. *Religion und Alltag: Bausteine zu einer Praktischen Theologie des Subjekts.* Stuttgart: Radius, 1992.

Luther, Martin. *Concordia-Die Bekenntnisschriften der evangelisch-lutherischen Kirche.* Berlin: Verlag vom Evangelischen Bücher-Verein, 1862.

———. *Weimarer Ausgabe (WA).* Weimar: Hermann Böhlau, 1883.

Madeline, Laurence, and Marilyn Martin, eds. *Picasso and Africa.* Cape Town: Bell-Roberts, 2006.

Makarius, Laura. "The Myth of the Trickster: The Necessary Breaker of Taboos." In Hynes and Doty, *Mythical Trickster Figures,* 66–86.

Mandela, Nelson. *In the Words of Nelson Mandela.* London: Penguin, 2005.

———. *Long Walk to Freedom: The Autobiography of Nelson Mandela.* London: Abacus, 1995.

Marcus, Joel. "Crucifixion as Parodic Exaltation." *Journal of Biblical Literature* 125, no. 1 (2006): 73–87.

Marshall, Paule. *The Chosen Place, the Timeless People.* New York: Vintage, 1969.

Martyn, J. Louis. "The Apocalyptic Gospel in Galatians." *Interpretation* 54 (2000): 246–66.

———. "Epistemology at the Turn of the Ages." In *Theological Issues in the Letters of Paul,* 89–110. Nashville: Abingdon, 1997.

———. "From Paul to Flannery O'Connor with the Power of Grace." In *Theological Issues in the Letters of Paul,* 279–97. Nashville: Abingdon, 1997.

Matthiae, Gisela. *Clownin Gott: Eine feministische Dekonstruktion des Göttlichen.* Stuttgart:

W. Kohlhammer, 1999.
Mazamiza, Welile. "Re-reading the Bible in the Black Church: Towards a Hermeneutic of Orality and Literacy." *Journal of Black Theology in South Africa* 9, no. 2 (1995): 15–30.
McClure, John S. *Other-Wise Preaching: A Postmodern Ethic for Homiletics.* St. Louis: Chalice, 2001.
———. *The Roundtable Pulpit: Where Leadership and Preaching Meet.* Nashville: Abingdon, 1995.
McCracken, David. *The Scandal of the Gospels: Jesus, Story, and Offense.* New York: Oxford University Press, 1994.
McFague, Sallie. *Metaphorical Theology: Models of God in Religious Language.* Minneapolis: Augsburg Fortress, 1982.
———. *Models of God: Theology for an Ecological, Nuclear Age.* Philadelphia: Fortress, 1987.
———. *Speaking in Parables: A Study in Metaphor and Theology.* Philadelphia: Fortress, 1978.
McGann, Mary E. "Timely Wisdom, Prophetic Challenge: Rediscovering Clarence R. J. Rivers' Vision of Effective Worship." *Worship* 76, no. 1 (2002): 2–24.
McGrath, Alister E. *Luther's Theology of the Cross: Martin Luther's Theological Breakthrough.* Oxford: Blackwell, 1985.
McKenzie, Alyce M. *Preaching Proverbs: Wisdom for the Pulpit.* Louisville: Westminster John Knox, 1996.
Mdluli, Praisley. "Ubuntu-Botho: Inkatha's "People's Education."" *Transformation* 5 (1987): 60–77.
Merleau-Ponty, Maurice. *The Prose of the World.* Translated by John O'Neill. Evanston, Ill.: Northwestern University Press, 1973.
Mertin, Andreas. "Karikaturen: Das Christentum aufs Korn genommen." *Katechetische Blätter* 4, no. 20 (2008): 276–81.
Merton, Thomas. *Raids on the Unspeakable.* New York: New Directions, 1966.
Milk, Otto. *Martin Luther: Sy lewe en werk.* Genadendal, South Africa: Genadendalse Drukkery, 1975.
Minucius Felix. *Octavius IX. Catholic Encyclopedia, Fathers of the Church.* Accessed July 29, 2011. http://www.newadvent.org/fathers/0410.htm.
Mitchell, Henry. *Black Preaching: The Recovery of a Powerful Art.* Nashville: Abingdon, 1990.
Moltmann, Jurgen. *Theology and Joy.* London: SCM Press, 1971.
Muir, Edward. *Ritual in Early Modern Europe.* Cambridge: Cambridge University Press, 1997.
Murav, Harriet. *Holy Foolishness: Dostoevsky's Novels and the Poetics of Cultural Critique.* Stanford, Calif.: Stanford University Press, 1992.
Myers, Ched. *Binding the Strong Man: A Political Reading of Mark's Story of Jesus.* Maryknoll, N.Y.: Orbis, 1988.
Neven, Gerrit W. "De Kwintessens van Calvijn." In *Het calvinistisch ongemak: Calvijn als erflater en provocator van het Nederlandse protestantisme,* edited by Rinse Reeling Brouwer, Bert de Leede, and Klaas Spronk, 73–97. Kampen: Kok, 2009.

Nietzsche, Friedrich. *Thus Spoke Zarathustra*. Translated by R. J. Hollingdale. London: Penguin Classics, 1961.
Noordmans, Oepke. *Gestalte en Geest*. Amsterdam: Holland Uitgeversmaatschappij, 1956.
———. *Herschepping*. Zeist: Nederlandse Christen-Studentevereniging, 1934.
———. *Verzamelde Werken* 8. Kampen: Kok, 1990. Originally published as *Gestalte en Geest*, Amsterdam: Holland Uitgeversmaatschappij, 1956.
Nyamende, Abner, Smerts Dladloti, Daluxolo Hoho, M. Magibisela, and Simione Knanunu. *Imbongi Ijong' Exhantini*. Cape Town: Oxford University Press, 1995.
O'Connor, Flannery. *The Complete Stories of Flannery O'Connor*. New York: Farrar, Straus & Giroux, 1971.
———. *Mystery and Manners: Occasional Prose*. Edited by Sally Fitzgerald and Robert Fitzgerald. New York: Farrar, Straus, & Giroux, 1957.
O'Connor, Kathleen. "Humor, Turnabouts and Survival in the Book of Esther." In *Are We Amused? Humor about Women in the Biblical Worlds*, edited by Athalya Brenner, 52–64. London: T&T Clark, 2003.
Opelt, Ilona. "Esel." In *Reallexicon für Antike und Christentum*, vol. 6, edited by Ernst Dassmann, 564–95. Stuttgart: Anton Hiersemann, 1967.
Oppenheimer, Paul, ed. and trans. *Till Eulenspiegel: His Adventures*. New York: Routledge, 2001.
Otto, Beatrice K. *Fools Are Everywhere: The Court Jester Around the World*. Chicago: University of Chicago Press, 2001.
Parsons, Ben, and Bas Jongenelen. "'The Sermon on Saint Nobody': A Verse Translation of a Middle Dutch Parodic Sermon." *Journal of American Folklore* 123, no. 487 (2010): 92–107.
Pasewark, Kyle A. *A Theology of Power: Being Beyond Domination*. Minneapolis: Fortress, 1993.
Pelton, Robert D. *The Trickster in West Africa: A Study of Mythic Irony and Sacred Delight*. Berkeley: University of California Press, 1980.
———. "West African Trickster Figures: Web of Purpose, Dance of Delight." In Hynes and Doty, *Mythical Trickster Figures*, 122–40.
Penrose, Roland. *Picasso: His Life and Work*. London: Victor Gollancz, 1958.
Peterson, Eugene. *A Long Obedience in the Same Direction: Discipleship in an Instant Society*. Downers Grove, Ill.: InterVarsity, 2000.
Pieterse, Hendrik J. C., ed. *Desmond Tutu's Message: A Qualitative Analysis*. Kampen: Kok & Weinheim: Deutscher Studien, 1995.
———. "Hoe kom God aan die woord in die prediking? "n Vaste vertroue op God is teologies noodsaaklik." *Practical Theology in South Africa* 20, no. 2 (2005): 110–28.
Pitt-Watson, Ian. *Preaching: A Kind of Folly*. Philadelphia: Westminster, 1976.
Pliny the Elder. *Naturalis Historia*, 18.8.44. LacusCurtius. Accessed July 30, 2011. http://penelope.uchicago.edu/Thayer/L/Roman/Texts/Pliny_the_Elder/18*.html.
Pobee, John S. "In Search of Christology in Africa." In *Exploring Afro-Christology: Studies in the Intercultural History of Christianity*, vol. 79, edited by John S. Pobee, 9–20. Frankfurt am Main: Peter Lang, 1992.
Postma, Eward. "Dilettant, pilgrim, nar: De positie van C. W. Mönnich in cultuur en

theologie." *Jaarboek voor liturgie-onderzoek* 24 (2008): 239–47.
Powery, Luke. *Spirit Speech: Lament and Celebration in Preaching.* Nashville: Abingdon, 2009.
Punt, Jeremy. "Value of Ubuntu for Reading the Bible in Africa." In *Text and Context in New Testament Hermeneutics,* edited by J. N. K. Mugambi and Johannes A. Smit, 83–111. Nairobi: Acton, 2004.
Radday, Yehuda T., and Athalya Brenner, eds. *On Humor and the Comic in the Hebrew Bible.* Sheffield: Almond Press, 1990.
Radin, Paul. *The Trickster: A Study in American Indian Mythology.* (1956). Repr., New York: Schocken, 1972.
Rahner, Karl. *Das Grosse Kirchenjahr: geistliche Texte. Fastnacht: vom Lachen und Weinen des Christen.* Edited by A. Raffel. Freiburg: Herder, 1987.
Ramose, Mogobe B. *African Philosophy through Ubuntu.* Harare: Mond Books, 1999.
Rasmussen, Ann Marie. "Reading in Nuremberg's Fifteenth-Century Carnival Plays." In *Literary Studies and the Question of Reading,* edited by Richard Benson, Eric Downing, and Jonathan Hess, n.p. Rochester, N.Y.: Camden House, forthcoming.
Reid, Robert Stephen, ed. *Slow of Speech and Unclean Lips: Contemporary Images of Preaching Identity.* Eugene, Ore.: Cascade, 2010.
Resner, Andre, Jr. *Preacher and Cross: Person and Message in Theology and Rhetoric.* Grand Rapids: Eerdmans 1999.
Rhoads, David, Joanna Dewey, and Donald Michie. *Mark as Story: An Introduction to the Narrative of a Gospel.* 2nd ed. Minneapolis: Fortress, 1999.
Ricketts, Mac Linscott. "The North American Indian Trickster." *History of Religions* 5 (1966): 327–50.
———. "The Shaman and the Trickster." In Hynes and Doty, *Mythical Trickster Figures,* 87–105.
Ricoeur, Paul. "Between Rhetoric and Poetics." In *Essays on Aristotle's Rhetoric,* edited by Amelie O. Rorty, 324–84. Berkeley: University of California Press, 1966.
———. "Naming God." *Union Seminary Quarterly Review* 34, no. 4 (1979): 215–26.
———. "Parole et Symbole." *Revue des Sciences Religieuses* 49, no. 1–2 (1975): 142–61.
Ringleben, Joachim. "Metapher und Eschatologie bei Luther." *Zeitschrift für Theologie und Kirche* 100, no. 2 (2003): 223–40.
Roberts, John W. *From Trickster to Badman: The Black Folk Hero in Slavery and Freedom.* Philadelphia: University of Pennsylvania Press, 1989.
Rose, Lucy Atkinson. *Sharing the Word: Preaching in the Roundtable Church.* Louisville: Westminster John Knox, 1997.
Rose, Margaret A. *Parody/Meta-fiction: An Analysis of Parody as a Critical Mirror to the Writing and Reception of Fiction.* London: Croom Helm, 1979.
Ross, Ellen M. "Spiritual Experience and Women's Autobiography: The Rhetoric of Selfhood in *The Book of Margery Kemp.*" *Journal of the American Academy of Religion* 59, no. 3 (1991): 527–46.
Saward, John. *Perfect Fools: Folly for Christ's Sake in Catholic and Orthodox Spirituality.* Oxford: Oxford University Press, 1980.

Schiwy, Günther. *Abschied vom allmächtigen Gott.* Munich: Kösel, 1995.
Scott, James C. *Domination and the Arts of Resistance: Hidden Transcripts.* New Haven, Conn.: Yale University Press, 1990.
Scribner, Bob. "Reformation, Carnival and the World Turned Upside-Down." *Social History* 3 (October 1978): 303–29.
Setiloane, Gabriel M. *African Theology: An Introduction.* Johannesburg: Skotaville, 1989.
Shakespeare, William. *King Lear.* Edited by R. A. Foakes. The Arden Shakespeare, 3rd ser. London: Cengage Learning, 1997.
———. *Twelfth Night.* Edited by J. M. Lothian and T. W. Craik. The Arden Shakespeare. London: Routledge, 1995.
Shickman, Allan R. "The Fool's Mirror in *King Lear.*" *English Literary Renaissance* 21, no. 1 (1991): 75–86.
Shutte, Augustine. *Philosophy for Africa.* Rondebosch, South Africa: UCT Press, 1993.
Shutter, Marion Daniel. *Wit and Humor of the Bible-A Literary Study.* Boston: Arena, 1893.
Sigurdson, Ola. "How to Speak of the Body? Embodiment between Phenomenology and Theology." *Studia Theologica: Nordic Journal of Theology* 62, no. 1 (2008): 25–43.
Simon, Eckehard. "Carnival Obscenities in German Towns." In *Obscenity: Social Control and Artistic Creation in the European Middle Ages,* edited by Jan M. Ziolkowski, 192–213. Cultures, Beliefs, and Traditions: Medieval and Early Modern Peoples 4. Leiden: Brill, 1998.
Smit, Dirkie. "Wat Beteken Status Confessionis?" In *'n Oomblik van waarheid: Opstelle rondom die NG Sendingkerk se afkondiging van 'n status confessionis en die opstel van 'n konsepbelydenis,* edited by Daan Cloete and Dirkie Smit, 14–38. Kaapstad: Tafelberg Uitgewers, 1984.
Smith, Christine M. *Weaving the Sermon: Preaching in a Feminist Perspective.* Louisville: Westminster John Knox, 1989.
Smith, Edwin William. *African Ideas of God.* London: Edinburgh House, 1966.
Sommer, Robin Langley. *Picasso.* London: Bison, 1988.
Soskice, Janet Martin. *Metaphor and Religious Language.* Oxford: Oxford University Press, 1985.
Stanton, Graham N. *Jesus and Gospel.* Cambridge: Cambridge University Press, 2004.
Stewart, Elizabeth-Anne. *Jesus the Holy Fool.* Franklin, Wis.: Sheed & Ward, 1999.
Stringfellow, William. *An Ethic for Christians and Other Aliens in a Strange Land.* Waco, Tex.: Word, 1973. Repr., Eugene, Ore.: Wipf & Stock, 2004.
Sutton, Keith. *Picasso.* London: Paul Hamlyn, 1962.
Taylor, Steven M. "Saints for Sinners: The Transitional Role of the Fifteenth-Century Sermon Joyeux." *Fifteenth-Century Studies* 8 (1983): 211–26.
Tertullian. *Apology,* XVI, Logos Virtual Library. Accessed July 30, 2011.
Thatcher, Tom. *Jesus the Riddler: The Power of Ambiguity in the Gospels.* Louisville: Westminster John Knox, 2006.
Theron, Philippus F. "Dogma en Humor." *Dutch Reformed Theological Journal* 28, no. 4 (1987): 263–65.
———. *Die Ekklesia as Kosmies-Eskatologiese Teken.* Pretoria: N. G. Kerkboekhandel, 1978.

———. "Liberating Humour: Calvinism and the Comic Vision." In *Freedom*, edited by A. van Egmond and D. van Keulen, 208–24. Studies in Reformed Theology 1. Baarn: Callenbach, 1996.

Thompson, Diane Oenning. "Problems of the Biblical Word in Dostoevsky"s Poetics." In *Dostoevsky and the Christian Tradition*, edited by George Pattison and Diane Oenning Thompson, 69–100. Cambridge Studies in Russian Literature. Cambridge: Cambridge University Press, 2001.

Thompson, Ewa M. *Understanding Russia: The Holy Fool in Russian Culture*. New York: University Press of America, 1987.

Thompson, John B. *Studies in the Theory of Ideology.* Cambridge: Polity, 1984.

Tillich, Paul. "Born in the Grave." In *The Shaking of the Foundations,* 164–68. New York: Scribner, 1948.

Tisdale, Leonora Tubbs. *Prophetic Preaching: A Pastoral Approach.* Louisville: Westminster John Knox, 2010.

Tournier, Paul. *A Place for You.* New York: Harper & Row, 1968.

Triggs, Tony D., trans. *The Book of Margery Kempe: The Autobiography of the Madwoman of God.* Liguori, Mo.: Triumph, 1995.

Trocmé, Andre. *Angels and Donkeys: Tales for Christmas and Other Times*. Translated by Nelly Trocmé Hewett. Intercourse, Pa.: Good Books, 1998.

Troeger, Thomas H. *Creating Fresh Images for Preaching*. Valley Forge, Pa.: Judson, 1982.

———. *Imagining a Sermon*. Nashville: Abingdon, 1990.

Turner, Victor W., and Edith Turner. *Image and Pilgrimage in Christian Culture: Anthropological Perspectives*. Oxford: Basil Blackwell, 1978.

Tutu, Desmond. *Hope and Suffering: Sermons and Speeches.* Johannesburg: Skotaville, 1983.

———. "Opening Worship." In *The Road to Rustenburg: The Church Looking Forward to a New South Africa*, edited by Louw Alberts and Frank Chikane, 19–26. Cape Town: Struik Christian Books, 1991.

van Binsbergen, Wim. *Intercultural Encounters: African and Anthropological Lessons towards a Philosophy of Interculturality*. Münster: Lit Verlag, 2003.

Van der Kooi, Cornelis. *Als in een Spiegel: God kennen volgens Calvijn en Barth*. Kampen: Kok, 2002.

Van der Leeuw, Gerardus. *Sacramentstheologie*. Nijkerk: Callenbach, 1949.

van Gennep, Arnold. *The Rites of Passage*. Chicago: University of Chicago Press, 1960.

van Niekerk, Anton. "Humor en Lewensin." *Tydskrif vir Geesteswetenskappe* 26, no. 3 (1986): 184–93.

———. "Om oor God te praat: Analogiese spreke as skepping en onthulling." *Ned Geref Teologiese Tydskrif* 35, no. 2 (1994): 279–95.

van Trooswijk, Chris Doude. "Theopathie: Afrikaanse Kunst als Moeder van de Theologie." *Wereld en Zending: Tijdschrift voor Interculturele Theologie* 1 (2005): 18–26.

Van Wengen-Shute, Rosemary. "Time and Liturgy in George Herbert"s *The Temple*." *Theology* 106 (2003): 98–107.

Vecsey, Christopher. "The Exception Who Proves the Rules: Ananse the Akan Trickster." In Hynes and Doty, *Mythical Trickster Figures*, 106–21.

Via, Dan Otto, Jr. *The Parables: Their Literary and Existential Dimension.* Philadelphia: Fortress, 1967.
Vosloo, Robert. "Body and Health in the Light of the Theology of Dietrich Bonhoeffer." *Religion and Theology: A Journal of Contemporary Religious Discourse* 13, no. 1 (2006): 23–37.
Wainwright, Geoffrey. *The Ecumenical Moment: Crisis and Opportunity for the Church.* Grand Rapids: Eerdmans 1983.
Wallace, James A. *Imaginal Preaching: An Archetypal Perspective.* New York: Paulist, 1995.
Weaver, J. Denny. *The Nonviolent Atonement.* Grand Rapids: Eerdmans, 2001.
Welborn, L. L. *Paul, the Fool of Christ: A Study of 1 Corinthians 1–4 in the Comic-Philosophic Tradition.* Early Christianity in Context. London: T&T Clark, 2005.
Welch, Sharon D. *A Feminist Ethic of Risk.* Rev. ed. Minneapolis: Fortress, 2000.
Welsford, Enid. *The Fool: His Social and Literary History.* Gloucester, Mass.: Peter Smith, 1966.
Weyel, Birgit. "Predigt und Alltagskunst: Wilhelm Genazino und der poetische Blick auf das Leben." In *Religion–Ästhetik–Medien*, vol. 2 of *Ästhetik und Religion: Interdisziplinäre Beiträge zur Identität und Differenz von ästhetischer und religiöser Erfahrung*, edited by Wilhelm Gräb, Jörg Hermann, Lars Kulbarsch, Jörg Metelmann, and Birgit Weyel, 205–16. Frankfurt am Main: Peter Lang, 2007.
Whedbee, J. William. *The Bible and the Comic Vision.* Minneapolis: Fortress, 2002.
Willeford, William. *The Fool and His Scepter: A Study in Clowns and Jesters and Their Audience.* Evanston, Ill.: Northwestern University Press, 1969.
Williams, Kathleen, ed. *Twentieth Century Interpretations of* The Praise of Folly. Englewood Cliffs, N.J.: Prentice-Hall, 1969.
Wincelberg, Shimon. "Resort 76." In *The Theater of the Holocaust: Four Plays,* edited by Robert Skloot, 39–112. Madison: University of Wisconsin Press, 1982.
Wink, Walter. *Engaging the Powers: Discernment and Resistance in a World of Domination.* Minneapolis: Fortress, 1992.
———. *Jesus" Third Way: The Relevance of Nonviolence in South Africa Today.* Cape Town: Citadel, 1987.
———. *The Powers That Be: Theology for a New Millennium.* New York: Doubleday, 1998.
Wirt, Sherwood Eliot. "The Heresy of the Serious." *Christianity Today* 35 (April 8, 1991): 44–49.
Wright, N. T. *Jesus and the Victory of God.* Vol. 2 of *Christian Origins and the Question of God.* Minneapolis: Fortress, 1996.
Wright, Wendy. "Fools for Christ." *Weavings: A Journal of the Christian Spiritual Life* 9 (1994): 23–31.
Wyss, Stephan. *Der gekreuzigte Esel: Aufsätze zu einer christlichen Archäologie der Sinnlichkeit.* Freiburg: Schweiz, 1986.
Zander, Hans Conrad. "Warum lachen wir über die Religion?" *Katechetische Blätter* 4 (2008): 238–41.

색인

ㄱ

가면 쓰기 현상 | 370
가짜 찬사 | 208
거룩
    거룩한 바보 | 215
    거룩한 바보들 | 213, 214, 215, 216,
        222, 226, 230, 234, 244, 323, 324,
        328, 331, 338, 341, 343, 351
    거룩한 바보로서의 예수 | 234
    거룩한 바보 시므온 | 213
거울의 집 | 202, 211, 218
경계
    경계 | 6, 108, 119, 220, 233, 234, 238,
        239, 241, 243, 279, 280, 301, 327,
        340, 350, 360, 369, 397, 403, 404,
        406, 408
    경계선 넘기 | 119, 236
    경계성에 대한 두려움 | 158, 159

경계성의 부추김과 지탱을 위한 바보의
    역할 | 167
공동체 | 48, 124, 125, 126, 127, 128, 130,
    133, 154, 160, 369, 381
교회와 웃음 | 290, 291
구속적 폭력의 신화 | 159, 270
구 시대
    구 시대의 공포 | 400, 440
    구 시대의 권세 | 336, 429
    구 시대의 지혜 | 88, 277
    구 시대의 포로 | 225
    구 시대의 힘 | 21, 278, 336, 350, 374,
        425
권세
    권세들 | 278
    권세들의 가면 벗기기 | 374
그리스도의 몸 | 344, 349, 356, 385

ㄴ

노예제도 | 20, 21, 31, 148, 150, 196, 197, 198, 199, 200, 309, 312, 373, 456

놀이
  놀이 | 55, 288, 352
  놀이와 웃음 | 296
  놀이의 해석학 | 353

ㄷ

당나귀
  당나귀 | 39, 40, 42, 43, 44, 45, 46, 47, 52, 54, 57, 61, 65, 80, 134, 144, 182, 204, 226, 329, 378, 458
  당나귀 숭배 | 40, 44
  당나귀 축제일 | 43
돈키호테 | 54, 57, 58, 59, 60, 61, 64, 67, 163, 187
동어 반복 | 209, 409, 410, 412, 415, 450
두려움
  두려움 | 22, 112, 113, 114, 142, 157, 158, 159, 178, 186, 284, 291, 296, 307, 308, 309, 316, 337, 366, 371, 395, 426, 441, 442, 443, 444, 445
  두려움과 폭력 | 186, 284

ㄹ

레이로스 | 102, 103
루터의 십자가 신학 | 138

ㅁ

마귀 | 52, 177, 376, 426
마음 | 86, 89
막달라 마리아 | 56
모리아 | 85
몸 | 56, 63, 74, 87, 98, 127, 134, 149, 220, 242, 245, 299, 314, 340, 341, 342, 343, 344, 345, 349, 356, 369, 377, 385, 393, 437
무슬림 | 113, 154, 442
묵시
  묵시 | 73
  묵시적 | 105, 225
믿음
  믿음 | 238, 252, 340, 364
  믿음과 소망 | 306

ㅂ

바보
  바보들의 지혜 | 164, 46
  바보들의 축제 | 43, 180, 182, 184, 335
  바보로서의 설교자 | 105
  바보로서의 예수 | 234
바울
  바울의 몸 | 342
  바울의 수사학 | 89, 92, 266, 393, 435
반어적 직역주의 | 418, 419, 424, 427
벌거벗음 | 341
보편적 해석학 | 133
복음의 아이러니 | 104

부활 | 98, 99, 100, 101, 102, 123, 250, 251, 252
분별
　분별 | 216
　분별력을 요구하는 바보 | 235
블랙 코미디 | 75, 76, 78
비아냥거림 | 337, 416, 424, 425, 427, 429, 430, 433
비유 | 143, 146, 150, 151, 152, 166, 176, 235, 245, 253, 254, 255, 256, 257, 258, 259, 260, 261, 262, 362, 364, 367, 375, 389, 397, 406, 425, 441, 452
비탄 | 35, 124, 283, 289, 294, 312, 317, 318, 319, 320, 321, 322, 323, 324, 325, 326, 328
비텐베르크 제단화 | 60
비폭력 | 69, 81, 159, 248, 249, 265, 270, 276

ㅅ

새로운 창조의 파편들 | 360, 363
새 시대의 탄생 | 325
설교
　설교 놀이 | 182
　설교의 미련함 | 18, 22, 74, 96, 114, 137, 280
　설교의 수사학 | 389
　설교자의 수사학 | 389, 390, 393, 463
　설교하는 바보 | 240, 280, 281, 283, 289, 290, 295, 331, 332, 333, 334, 335, 336, 337, 338, 340, 345, 346, 347, 348, 349, 350, 351, 354, 355, 356, 358, 360, 363, 364, 365, 366, 369, 370, 373, 374, 378, 379, 380, 381, 382, 383, 387, 389, 393, 396, 402, 413, 419, 421, 422, 424, 429, 430, 449, 462
　설교 흉내내기 | 231
설전 | 90, 165, 199, 200, 249, 458
세상의 지혜 | 65, 229, 274, 276
수레들의 원형진 | 149, 350, 359, 360
수수께끼
　수수께끼 | 61, 203, 204, 233, 235, 245, 246, 247, 248, 249, 251, 252, 253, 254, 262, 352, 451, 452, 453, 454, 455, 458
　수수께끼의 특성 | 245
스펙터클 | 94
슬픔의 사람: 에이즈와 함께하는 그리스도 | 384
시대들 사이의 경계성 | 134, 389, 396
시민 평등권 운동 | 20
신학의 경계성 | 115
신화 | 18, 67, 71, 89, 104, 107, 159, 162, 165, 167, 172, 186, 231, 265, 270, 285, 412, 413, 414, 415, 446, 447
십자가
　십자가상 | 35, 50, 52, 53, 56, 58, 60, 61, 63, 65, 78, 124, 134, 288, 415
　십자가와 부활 | 99, 103, 105, 123, 132, 252, 350
　십자가의 미련함 | 38, 47, 74, 75, 79, 84, 88, 93, 97, 98, 99, 101, 103,

114, 187, 212, 213, 277, 288, 289, 367, 369, 382, 383
십자가의 지혜 | 187
십자가의 힘 | 68, 73
십자가형 | 40, 61, 75, 76, 77, 78, 82, 83, 97, 104, 342, 369, 415

ㅇ

아파르트헤이트 | 20, 21, 28, 31, 127, 134, 148, 159, 195, 299, 302, 303, 304, 305, 312, 336, 342, 366, 371, 372, 373, 410, 419, 429, 431, 439, 440, 441, 442, 449, 455
아프리카민족회의 | 152
어리석음
    어리석음의 수사학 | 12, 15, 389, 390, 393, 394, 395, 396, 397, 399, 400, 409, 410, 413, 414, 421, 424, 427, 429, 430, 434, 436, 450, 454, 458, 462, 464
    어리석음의 해석학 | 235
어릿광대
    어릿광대 | 6, 9, 10, 37, 45, 54, 55, 57, 86, 87, 89, 106, 110, 141, 142, 143, 144, 151, 163, 164, 173, 174, 175, 176, 376, 390, 417, 418, 419, 423, 451, 458, 459, 460, 462
    어릿광대로서의 하나님 | 141, 142
얼룩덜룩한 옷 | 333, 361
에이즈 | 35, 384, 385, 386
에토스 | 46, 93, 94

엔독사 | 92, 93
열린 진지함 | 113, 351, 390, 394
예수
    예수 그리스도와 성령 | 97
    예수의 설교 | 263, 266, 274, 275, 280
    예수의 수사학 | 266, 393, 455
    예수의 탄생 | 181, 184
우분투 | 128, 386, 436
웃음
    웃음과 인식론 | 295
    웃음의 신학 | 289, 290, 294, 306, 312
원수 | 99, 251, 265, 274, 398, 408, 448
유대인 대학살 | 148, 163
유머 | 13, 28, 38, 151, 153, 207, 245, 267, 271, 283, 284, 285, 286, 288, 289, 297, 299, 301, 302, 303, 311, 312, 313, 316, 317, 318, 323, 326, 422
은유 | 38, 42, 253, 254, 394, 397, 402, 403, 404, 405, 406, 409, 410, 424
이라크 전쟁 | 67, 68, 320, 367
이중 음성의 수사학 | 396, 397, 402, 417, 458
이중 초점 시야 | 262, 396, 436, 439, 440
익살 | 87, 214, 351
인종차별 | 20, 301
임봉기 | 29, 163, 166, 174, 175, 176, 186, 194

ㅈ

자기 비움 | 49, 343
자기 비하 | 116, 184, 343, 346, 381

재형성 | 115, 118, 119, 350, 351, 360
전쟁 | 80, 425
종말론 | 436
죽은 시인의 사회 | 368
죽음
    죽음 | 171, 192, 224, 262, 270, 288, 292, 331, 336, 367, 427, 449, 450
    죽음과 부활 | 173, 228
    죽음의 권세들 | 278
    죽음의 능력 | 142
증언 | 81, 85, 86, 103, 164, 231, 294, 364, 429
진실화해위원회 | 20

ㅊ

창의적 속임 | 198
철
    철의 수사학 | 394, 395, 409, 410, 412, 413, 414, 417, 421, 430, 431, 433, 434, 439, 441, 442, 443, 445, 447, 449, 450, 463
    철의 신학 | 39, 154, 157, 158, 159, 160, 162, 164, 173, 231, 237, 287, 295, 299, 303, 304, 305, 308, 309, 312, 324, 350, 354, 358, 370, 394, 395, 396, 410, 412, 415, 422, 441, 448, 449, 463
첫 번째 설교자들 | 102
초현실주의 | 54, 61, 62

ㅋ

카니발 | 27, 35, 43, 77, 81, 82, 90, 114, 164, 165, 176, 177, 178, 179, 180, 181, 182, 184, 185, 186, 188, 189, 190, 196, 205, 213, 218, 220, 228, 230, 231, 235, 288, 291, 292, 293, 295, 298, 307, 329, 331, 333, 340, 343, 370, 381, 435, 436
카이로스의 은혜 | 379
콩고 십자가상 | 53, 134

ㅌ

탄생 | 46, 160, 179, 180, 181, 182, 184, 208, 325, 328, 350, 362, 365, 399, 439, 440
트릭스터
    트릭스터 | 18, 37, 82, 119, 161, 163, 165, 171, 357, 404, 412, 417, 455, 457
    트릭스터와 카니발 | 220

ㅍ

파 사이드 | 153
파편
    파편 | 15, 35, 62, 64, 107, 119, 120, 121, 122, 123, 124, 132, 133, 134, 135, 141, 143, 144, 147, 148, 149, 154, 158, 162, 173, 174, 187, 201,

231, 235, 289, 299, 333, 335, 336,
349, 356, 360, 361, 363, 364, 367,
369, 390, 393, 396, 449, 463, 464
파편화된 정체성 | 123
팔복 | 266, 273
패러디 | 39, 40, 41, 43, 57, 58, 59, 76, 77,
78, 79, 80, 81, 82, 83, 85, 91, 113,
123, 152, 170, 177, 182, 185, 189,
211, 217, 220, 225, 227, 233, 285,
288, 296, 301, 302, 304, 397, 411,
415, 416, 421, 422, 423, 424, 429,
430, 433, 464
평화를 위한 라이베리아 여인들 | 341
폐쇄된 엄숙함 | 112, 113, 114, 148, 154,
159, 231, 270, 277, 279, 284, 285,
286, 288, 294, 312, 351, 353, 354,
358, 368, 421
포이에시스 | 355
표현주의 | 54, 61

384, 435, 439
훼방
훼방 | 69, 71
훼방과 경계성 | 74
힘의 신학 | 32, 138, 139, 284, 286, 308,
324

ㅎ

하나님
하나님의 말씀 | 7, 9, 276, 278, 338,
414
하나님의 사랑 | 376, 386
하나님의 약함 | 280
하나님의 지혜 | 65, 66, 73, 79, 85,
88, 98, 100, 103, 369
하나님의 힘 | 92, 95, 275
헤르메스 | 165, 166, 168, 169, 186, 245
화해 | 5, 128, 156, 265, 279, 299, 366,

하나님의 어릿광대: 복음의 어리석음과 설교의 아이러니
Preaching Fools: The Gospel as a Rhetoric of Folly

2014년 10월 6일 초판 발행

지은이 | 찰스 L. 캠벨 · 요한 H. 실리에
옮긴이 | 김대진

편 집 | 박상민, 윤지현
디자인 | 박희경, 김윤정
펴낸곳 | 사) 기독교문서선교회
등 록 | 제16-25호(1980. 1. 18)
주 소 | 서울시 서초구 방배로 68
전 화 | 02) 586-8761~3(본사) 031) 942-8761(영업부)
팩 스 | 02) 523-0131(본사) 031) 942-8763(영업부)
홈페이지 | www.clcbook.com
이메일 | clckor@gmail.com
온라인 | 기업은행 073-000308-04-020, 국민은행 043-01-0379-646
　　　　　예금주: 사)기독교문서선교회

ISBN 978-89-341-1404-8 (93230)

* 낙장 · 파본은 교환해 드립니다.

이 도서의 국립중앙도서관 출판시 도서목록(CIP)은
서지정보유통지원시스템 홈페이지(http://seoji.nl.go.kr)와
국가자료공동목록시스템(http://www.nl.go.kr/kolisnet)에서
이용하실 수 있습니다.
(CIP제어번호: CIP2014026776)